Andreas Frodl

Recht im Gesundheitsbetrieb

Andreas Frodl

Recht im Gesundheitsbetrieb

Gesetze und Verordnungen für die Betriebsführung im Gesundheitswesen

DE GRUYTER

Zusammengestellt von
Dr. Andreas Frodl
Von-Kleist-Str. 18
85435 Erding
frodl@t-online.de

ISBN 978-3-11-033370-1
e-ISBN 978-3-11-033558-3

Library of Congress Cataloging-in-Publication data
A CIP catalog record for this book has been applied for at the Library of Congress.

Bibliographic information published by the Deutsche Nationalbibliothek
Die Deutsche Nationalbibliothek verzeichnet diese Publikation in der Deutschen Nationalbibliografie; detaillierte bibliografische Daten sind im Internet über http://dnb.dnb.de abrufbar.

Datenkonvertierung und Satz: jürgen ullrich typosatz, 86720 Nördlingen
Druck: Hubert & Co. GmbH & Co. KG, Göttingen
♾ Gedruckt auf säurefreiem Papier
Printed in Germany

www.degruyter.com

Vorwort

Die Gesundheitsbranche ist der Wachstumsmarkt Nr. 1. Sie ist in vielen Volkswirtschaften der größte Sektor und verzeichnet zweistellige Zuwachsraten. Alleine in Deutschland umfasst das Umsatzvolumen mittlerweile über 275 Milliarden Euro, und mehr als 4 Millionen Angehörige unterschiedlicher Gesundheitsberufe arbeiten in ca. 200.000 Gesundheitseinrichtungen.

Die Mitarbeiter im Gesundheitswesen müssen nicht nur eine hohe Qualität der Leistung am Patienten sicherstellen, sondern mit ihrer Klinik oder Praxis möglichst auch wirtschaftlich erfolgreiche Ergebnisse erzielen. Sie sehen sich dabei vielfältigen rechtlichen Anforderungen gegenüber, die über das herkömmliche Arzt- und Medizinrecht hinausgehen.

Da beispielsweise bereits jede ärztliche Niederlassung mit der Führung eines Praxisbetriebs verbunden ist, gewinnt die Betriebsführung bei der Vielzahl an Arztpraxen, Zahnarztpraxen, Pflegeeinrichtungen, heilpraktische Einrichtungen, Krankenhäusern, Großkliniken, Vorsorge- und Rehabilitationseinrichtungen, Sanatorien und Kurheimen, Pflege- und Krankenheimen bzw. -stationen, Medizinischen Versorgungszentren, Praxen der Heilpraktiker und der physikalischen Therapie zunehmend an Bedeutung.

Medizin- und Arztrechtssammlungen bzw. -kommentare decken nur einen Teil rechtlicher Sachverhalte im betrieblichen Geschehen von Gesundheitseinrichtungen ab. Die Betriebsführung von Gesundheitsbetrieben umfasst jedoch über die rein medizinischen, pflegerischen Funktionen hinaus auch etwa die rechtlichen Aspekte des Einsatzes von Gesundheitspersonal, der Anwendung medizin-technischer Betriebsmittel, der Finanzierung oder auch des Rechnungswesens.

Die vorliegende Sammlung fasst mit ihren Erläuterungen über 100 für die Betriebsführung eines Gesundheitsbetriebs wichtigen Bundesgesetze und -verordnungen zusammen und dient damit für alle Angehörigen des Gesundheitswesens als kompaktes Nachschlagewerk. Für einen möglichst praktikablen Einsatz ist es folgendermaßen aufgebaut:

- Anhand des umfangreichen Stichwortverzeichnisses mit mehr als 1.500 Stichworten lässt sich zu einem gesuchten Thema schnell die jeweilige Rechtsgrundlage finden.
- Die Übersichten, die jeweils zu Beginn den einzelnen Gesetzen und Verordnungen eingefügt sind, ermöglichen einen raschen Überblick über deren Inhalte.
- Die wichtigsten Inhalte werden anschließend zusammenfassend dargestellt und sind mit den jeweiligen Fundstellen versehen.
- Die angegebenen Fundstellen ermöglichen eine gezielte Volltextrecherche, beispielsweise im Internet.

Mehr als 150 Beispiele belegen die Relevanz der aufgeführten Rechtsgrundlagen für die Betriebsführung im Gesundheitswesen.

Die vorliegende Zusammenstellung stellt keinen Kommentar, sondern eine auszugsweise Sammlung einschlägiger Bundesgesetze und -verordnungen dar. Die Gesetzes- und Verordnungstexte sind nicht vollständig abgedruckt, sondern nur auszugsweise und zusammenfassend wiedergegeben. Sie stellen daher auch keine amtliche Fassung dar, die der Papierausgabe des Bundesgesetzblattes zu entnehmen ist. Zugunsten der Lesbarkeit wurde auf die Zitierweise mit Anführungsstrichen verzichtet. Stattdessen wird allgemein darauf hingewiesen, dass der Text der jeweils angegebenen Fundstelle aus dem aufgeführten Gesetz bzw. der Verordnung weitestgehend unverändert übernommen wurde.

Erding, im Juli 2013

Dr. Andreas Frodl

Inhaltsverzeichnis

3. Patientenrecht (Pflegerecht)

4. Allgemeines Recht der Gesundheitsberufe (Medizinisches Berufsrecht)

Abkürzungsverzeichnis

AbgrV	Abgrenzungsverordnung
ÄApprO 2002	Approbationsordnung für Ärzte
ÄArbVtrG	Gesetz über befristete Arbeitsverträge mit Ärzten in der Weiterbildung
Ärzte-ZV	Zulassungsverordnung für Vertragsärzte
AG	Aktiengesellschaft
AGB	Allgemeine Geschäftsbedingungen
AGG	Allgemeines Gleichbehandlungsgesetz
AltPflAPrV	Altenpflege-Ausbildungs- und Prüfungsverordnung
AltPflG	Altenpflegegesetz
AMG	Arzneimittelgesetz
AMVerkRV	Verordnung über apothekenpflichtige und freiverkäufliche Arzneimittel
AMVV	Arzneimittelverschreibungsverordnung
ArbSchG	Arbeitsschutzgesetz
ArbStättV	Arbeitsstättenverordnung
ArbZG	Arbeitszeitgesetz
Art	Artikel
ArztWohnortG	Gesetz zur Einführung des Wohnortprinzips bei Honorarvereinbarungen für Ärzte und Zahnärzte
ASiG	Arbeitssicherheitsgesetz
AÜG	Arbeitnehmerüberlassungsgesetz
AusbEignMedPharmV	Verordnung über die fachliche Eignung für die Berufsausbildung der Medizinischen, Zahnmedizinischen und Tiermedizinischen Fachangestellten sowie der Pharmazeutisch-kaufmännischen Angestellten
BÄO	Bundesärzteordnung
BBiG	Berufsbildungsgesetz
BDSG	Bundesdatenschutzgesetz
BetrVG	Betriebsverfassungsgesetz
BGB	Bürgerliches Gesetzbuch
BGBl	Bundesgesetzblatt
BGG	Behindertengleichstellungsgesetz
BioStoffV	Biostoffverordnung
BPflV	Bundespflegesatzverordnung
BtMG	Betäubungsmittelgesetz
BtMVV	Betäubungsmittel-Verschreibungsverordnung
BUrlG	Bundesurlaubsgesetz
CE	Communauté Européenne
ChemG	Chemikaliengesetz
CPV	Common Procurement Vocabulary
DRG	Diagnosis Related Groups
EG	Europäische Gemeinschaft
EKG	Elektrokardiogramm
ErgThAPrV	Ergotherapeuten-Ausbildungs- und Prüfungsverordnung
ErgThG	Ergotherapeutengesetz

f	folgende
ff	fortfolgende
GBA	Gemeinsamer Bundesausschuss
GefStoffV	Gefahrstoffverordnung
GenTSV	Gentechnik-Sicherheitsverordnung
GesWFachwPrV	Verordnung über die Prüfung zum anerkannten Fortbildungsabschluss Geprüfter Fachwirt im Gesundheits- und Sozialwesen und Geprüfte Fachwirtin im Gesundheits- und Sozialwesen
GmbH	Gesellschaft mit beschränkter Haftung
GLP	Gute Laborpraxis
GOÄ	Gebührenordnung für Ärzte
GOP	Gebührenordnung für Psychologische Psychotherapeuten und Kinder- und Jugendlichenpsychotherapeuten
GOZ	Gebührenordnung für Zahnärzte
GWB	Gesetz gegen Wettbewerbsbeschränkungen
HebAPrV	Ausbildungs- und Prüfungsverordnung für Hebammen und Entbindungspfleger
HebG	Hebammengesetz
HeilprG	Heilpraktikergesetz
HeimG	Heimgesetz
HeimMindBauV	Heimmindestbauverordnung
HeimmwV	Heimmitwirkungsverordnung
HeimsicherungsV	Heimsicherungsverordnung
HGB	Handelsgesetzbuch
HWG	Heilmittelwerbegesetz
IfSG	Infektionsschutzgesetz
JArbSchG	Jugendarbeitsschutzgesetz
JArbSchUV	Jugendarbeitsschutzuntersuchungsverordnung
KBV	Kassenärztliche Bundesvereinigung
KflDiAusbV	Verordnung über die Berufsausbildung für Kaufleute in den Dienstleistungsbereichen Gesundheitswesen sowie Veranstaltungswirtschaft
KGaA	Kommanditgesellschaft auf Aktien
KHBV	Krankenhaus-Buchführungsverordnung
KHEntgG	Krankenhausentgeltgesetz
KHG	Krankenhausfinanzierungsgesetz
KHStatV	Krankenhausstatistik-Verordnung
KIV	Kaliumiodidverordnung
KJPsychTh-APrV	Ausbildungs- und Prüfungsverordnung für Kinder- und Jugendlichenpsychotherapeuten
KrPflAPrV	Ausbildungs- und Prüfungsverordnung für die Berufe in der Krankenpflege
KrPflG	Krankenpflegegesetz
KrWG	Kreislaufwirtschaftsgesetz
KSchG	Kündigungsschutzgesetz

KV	Kassenärztliche Vereinigung
KZBV	Kassenzahnärztliche Bundesvereinigung
KZV	Kassenzahnärztliche Vereinigung
LogAPrO	Ausbildungs- und Prüfungsordnung für Logopäden
LogopG	Gesetz über den Beruf des Logopäden
MD	Medizinischer Dienst
MedFAngAusbV	Verordnung über die Berufsausbildung zum Medizinischen Fachangestellten/zur Medizinischen Fachangestellten
MedizinalfachberufeV	Verordnung über die Ausbildungsförderung für Medizinalfachberufe
MitbestG	Mitbestimmungsgesetz
MPBetreibV	Medizinprodukte-Betreiberverordnung
MPG	Medizinproduktegesetz
MPKPV	Verordnung über klinische Prüfungen von Medizinprodukten
MPSV	Medizinprodukte-Sicherheitsplanverordnung
MPVerschrV	Verordnung über die Verschreibungspflicht von Medizinprodukten
MTA	Medizinisch-technische Assistentin, Medizinisch-technischer Assistent
MTA-APrV	Ausbildungs- und Prüfungsverordnung für technische Assistenten in der Medizin
MTAG	Gesetz über technische Assistenten in der Medizin
MuSchG	Mutterschutzgesetz
MuSchuArbV	Verordnung zum Schutze der Mütter am Arbeitsplatz
MVZ	Medizinisches Versorgungszentrum
NiSG	Gesetz zum Schutz vor nichtionisierender Strahlung bei der Anwendung am Menschen
Nr.	Nummer
OHG	Offene Handelsgesellschaft
OrthoptAPrV	Ausbildungs- und Prüfungsverordnung für Orthoptistinnen und Orthoptisten
OrthoptG	Orthoptistengesetz
PartGG	Partnerschaftsgesellschaftsgesetz
PatBeteiligungsV	Patientenbeteiligungsverordnung
PBV	Pflege-Buchführungsverordnung
PflegeArbbV	Pflegearbeitsbedingungenverordnung
PflegeStatV	Pflegestatistik-Verordnung
PTA	Pharmazeutisch-technische Assistentin, Pharmazeutisch-technischer Assistent
PTA-APrV	Ausbildungs- und Prüfungsverordnung für pharmazeutisch-technische Assistentinnen und pharmazeutisch-technische Assistenten
PsychTh-APrV	Ausbildungs- und Prüfungsverordnung für Psychologische Psychotherapeuten
PsychThG	Psychotherapeutengesetz
PublG	Publizitätsgesetz
RöV	Röntgenverordnung

ScheckG	Scheckgesetz
SchiedsAmtsO	Schiedsamtsverordnung
SGB	Sozialgesetzbuch
SozPflegerV	Verordnung über die Ausbildungsförderung für soziale Pflegeberufe
StrlSchV	Strahlenschutzverordnung
TFG	Transfusionsgesetz
TPG	Transplantationsgesetz
TPG-GewV	TPG-Gewebeverordnung,
TzBfG	Teilzeit- und Befristungsgesetz
VgV	Vergabeverordnung
VOF	Vergabeordnung für freiberufliche Leistungen
VOL/A	Vergabe- und Vertragsordnung für Leistungen
ZÄPrO	Approbationsordnung für Zahnärzte
Zahnärzte-ZV	Zulassungsverordnung für Vertragszahnärzte
ZahnmedAusbV	Verordnung über die Berufsausbildung zum Zahnmedizinischen Fachangestellten/zur Zahnmedizinischen Fachangestellten
Ziff.	Ziffer
ZHG	Zahnheilkundegesetz
ZMA	Zahnmedizinische Assistentin

1. Gesundheitsrechtliche Rahmenbedingungen (Allgemeines Gesundheitsrecht, Recht der Kranken- und Pflegeversicherung)

1.1 Heilmittelwerbegesetz (HWG)

1.1.1 Übersicht über die Regelungen des HWG

Medizinische Leistungsangebote und Produkte eines Gesundheitsbetriebs können unter Beachtung des Berufsrechts und des Gesetzes über die Werbung auf dem Gebiete des Heilwesens (Heilmittelwerbegesetz, HWG) in der Fassung der Bekanntmachung vom 19. Oktober 1994 (BGBl I S. 3068), zuletzt durch Artikel 5 des Gesetzes vom 19. Oktober 2012 (BGBl I S. 2192) geändert, umfassend dargestellt werden, wobei in den Marketingaktivitäten durch den Gesundheitsbetrieb stets der zu kommunizierende Nutzen für den Patienten im Vordergrund stehen sollte.

Beispiel: Ein Arzneimittelvertreter bietet einem Praxisinhaber eine Zuwendung in Form einer Sachleistung an. Es ist unter anderem dabei zu prüfen, ob es sich nach § 7 HWG um einen Gegenstand von geringem Wert handelt.

Tabelle 1 gibt einen Überblick über die Inhalte des HWG.

Tab. 1: Heilmittelwerbegesetz (HWG)

Fundstelle	Inhalt
§ 1	Anwendungsbereich
§ 2	Fachkreise
§ 3	Irreführende Werbung
§ 3a	Arzneimittel mit Zulassungspflicht
§ 4	Mindestangaben für Arzneimittelwerbung
§ 4a	Packungsbeilagen und Verordnungsfähigkeit
§ 5	Homöopathische Arzneimittel
§ 6	Gutachten, Zeugnisse, Wissenschaftliche Veröffentlichungen, Fachliteratur
§ 7	Zuwendungen und Werbeabgaben
§ 8	Teleshopping und Einzeleinfuhr
§ 9	Fernbehandlung
§ 10	Verschreibungspflichtige Arzneimittel; Arzneimittel mit psychotropen Wirkstoffen

Fundstelle	Inhalt
§ 11	Werbung außerhalb der Fachkreise
§ 12	Aufgeführte Krankheiten
§ 13	Unternehmenssitz außerhalb des Geltungsbereich des HWG
§ 14	Straftaten
§ 15	Ordnungswidrigkeiten
§ 16	Einziehung von Werbematerial
§ 17	Gesetz gegen den unlauteren Wettbewerb

1.1.2 Anwendungsbereich, Definition von Fachkreisen und irreführender Werbung im Heilmittelbereich

Der **Anwendungsbereich** des Heilmittelwerbegesetzes bezieht sich nach § 1 HWG hauptsächlich auf Arzneimittel im Sinne des Arzneimittelgesetzes (AMG), Medizinprodukte im Sinne des Medizinproduktegesetzes (MPG) sowie andere Mittel, Verfahren, Behandlungen und Gegenstände, soweit sich die Werbeaussage auf die Erkennung, Beseitigung oder Linderung von Krankheiten, Leiden, Körperschäden oder krankhaften Beschwerden bei Mensch oder Tier bezieht.

Nach § 1 HWG findet das Gesetz beispielsweise keine Anwendung auf die Werbung für Gegenstände zur Verhütung von Unfallschäden, beim elektronischen Handel mit Arzneimitteln auf das Bestellformular und die dort aufgeführten Angaben, soweit diese für eine ordnungsgemäße Bestellung notwendig sind, oder auf Verkaufskataloge und Preislisten für Arzneimittel, wenn die Verkaufskataloge und Preislisten keine Angaben enthalten, die über die zur Bestimmung des jeweiligen Arzneimittels notwendigen Angaben hinausgehen.

Als **Fachkreise** werden nach § 2 HWG Angehörige der Heilberufe oder des Heilgewerbes, Einrichtungen, die der Gesundheit von Mensch oder Tier dienen, oder sonstige Personen bezeichnet, soweit sie mit Arzneimitteln, Medizinprodukten, Verfahren, Behandlungen, Gegenständen oder anderen Mitteln erlaubterweise Handel treiben oder sie in Ausübung ihres Berufes anwenden.

Nach § 3 HWG liegt unzulässige, **Irreführende Werbung** unter anderem dann vor, wenn

- Arzneimitteln, Medizinprodukten, Verfahren, Behandlungen, Gegenständen oder anderen Mitteln eine therapeutische Wirksamkeit oder Wirkungen beigelegt werden, die sie nicht haben,
- fälschlich der Eindruck erweckt wird, dass ein Erfolg mit Sicherheit erwartet werden kann, bei bestimmungsgemäßem oder längerem Gebrauch keine schädlichen Wirkungen eintreten, die Werbung nicht zu Zwecken des Wettbewerbs veranstaltet wird, oder

- unwahre oder zur Täuschung geeignete Angaben über die Zusammensetzung oder Beschaffenheit von Arzneimitteln, Medizinprodukten, Gegenständen oder anderen Mitteln oder über die Art und Weise der Verfahren oder Behandlungen oder über die Person, Vorbildung, Befähigung oder Erfolge des Herstellers, Erfinders oder der für sie tätigen oder tätig gewesenen Personen gemacht werden.

Unzulässig ist auch Werbung für Arzneimittel, die der Zulassungspflicht unterliegen und die nicht nach den arzneimittelrechtlichen Vorschriften zugelassen sind oder als zugelassen gelten (§ 3a HWG).

1.1.3 Einzelne Werbeeinschränkungen und -verbote

Mindestangaben für Arzneimittel sind nach § 4 HWG beispielsweise Name oder Firma und Sitz des pharmazeutischen Unternehmers, Arzneimittelbezeichnung, dessen Zusammensetzung, Anwendungsgebiete, Gegenanzeigen und Nebenwirkungen, gegebenenfalls Warnhinweise für Behältnisse und äußere Umhüllungen sowie bei Arzneimitteln, die nur auf Verschreibung abgegeben werden dürfen, der entsprechende Hinweis. Bei der Werbung außerhalb von Fachkreisen ist ferner der Text „Zu Risiken und Nebenwirkungen lesen Sie die Packungsbeilage und fragen Sie Ihren Arzt oder Apotheker" gut lesbar und von den übrigen Werbeaussagen deutlich abgesetzt und abgegrenzt anzugeben.

Es ist unzulässig zu werben

- in der **Packungsbeilage** für andere Mittel bzw. Arzneimittel,
- außerhalb der Fachkreise für die im Rahmen der vertragsärztlichen Versorgung bestehende Verordnungsfähigkeit eines Arzneimittels (§ 4a HWG),
- für homöopathische Arzneimittel, die nach dem Arzneimittelgesetz registriert oder davon freigestellt sind, mit der Angabe von Anwendungsgebieten (§ 5 HWG),
- wenn **Gutachten** oder Zeugnisse veröffentlicht oder erwähnt werden, die nicht von wissenschaftlich oder fachlich hierzu berufenen Personen erstattet worden sind und nicht die Angabe des Namens, Berufes und Wohnortes der Person, die das Gutachten erstellt oder das Zeugnis ausgestellt hat, sowie den Zeitpunkt der Ausstellung des Gutachtens oder Zeugnisses enthalten,
- wenn auf wissenschaftliche, fachliche oder sonstige **Veröffentlichungen** Bezug genommen wird, ohne dass aus der Werbung hervorgeht, ob die Veröffentlichung das Arzneimittel, das Verfahren, die Behandlung, den Gegenstand oder ein anderes Mittel selbst betrifft, für die geworben wird, und ohne dass der Name des Verfassers, der Zeitpunkt der Veröffentlichung und die Fundstelle genannt werden,
- wenn aus der Fachliteratur entnommene Zitate, Tabellen oder sonstige Darstellungen nicht wortgetreu übernommen werden (§ 6 HWG),

- für den Bezug von Arzneimittel im Wege des Teleshopping oder der Einzeleinfuhr nach dem Arzneimittelgesetz (§ 8 HWG),
- für die Erkennung oder Behandlung von Krankheiten, Leiden, Körperschäden oder krankhaften Beschwerden, die auf Fernbehandlung und nicht auf eigener Wahrnehmung an dem zu Behandelnden beruht (§ 9 HWG).

*Nach § 7 HWG ist die Annahme von **Zuwendungen** als Angehöriger der Fachkreise beispielsweise dann zulässig, wenn es sich bei den Zuwendungen oder Werbegaben um Gegenstände von geringem Wert, die durch eine dauerhafte und deutlich sichtbare Bezeichnung des Werbenden oder des beworbenen Produktes oder beider gekennzeichnet sind, oder die Zuwendungen oder Werbegaben in der Erteilung von Auskünften oder Ratschlägen bestehen. Werbegaben für Angehörige der Heilberufe sind nur dann zulässig, wenn sie zur Verwendung in der ärztlichen, tierärztlichen oder pharmazeutischen Praxis bestimmt sind.*

Für **Verschreibungspflichtige Arzneimittel** darf nach § 10 HWG nur bei Ärzten, Zahnärzten, Tierärzten, Apothekern und Personen, die mit diesen Arzneimitteln erlaubterweise Handel treiben, geworben werden.

Außerhalb der Fachkreise darf nicht geworben werden

- für Arzneimittel, die psychotrope Wirkstoffe mit der Gefahr der Abhängigkeit enthalten und die dazu bestimmt sind, bei Menschen die Schlaflosigkeit oder psychische Störungen zu beseitigen oder die Stimmungslage zu beeinflussen (§ 10 HWG) und
- für Arzneimittel, Verfahren, Behandlungen, Gegenstände oder andere Mittel unter anderem
  - mit der Wiedergabe von Krankengeschichten sowie mit Hinweisen darauf, wenn diese in missbräuchlicher, abstoßender oder irreführender Weise erfolgt,
  - mit Werbeaussagen, die nahe legen, dass die Gesundheit durch die Nichtverwendung des Arzneimittels beeinträchtigt oder durch die Verwendung verbessert werden könnte,
  - mit Werbemaßnahmen, die sich ausschließlich oder überwiegend an Kinder unter 14 Jahren richten,
  - durch die Abgabe von Arzneimitteln, deren Muster oder Proben oder durch Gutscheine dafür (§ 11 HWG).

Nach § 12 HWG darf sich außerhalb der Fachkreise die Werbung für Arzneimittel und Medizinprodukte nicht auf die Erkennung, Verhütung, Beseitigung oder Linderung beispielsweise von nach dem Infektionsschutzgesetz meldepflichtige Krankheiten, Suchtkrankheiten, ausgenommen Nikotinabhängigkeit, oder krankhafte Komplikationen der Schwangerschaft, der Entbindung und des Wochenbetts beziehen.

Zuwiderhandlungen gegen das Verbot der irreführenden Werbung werden mit Freiheitsstrafen oder Geldstrafe bestraft (§ 14 HWG).

1.2 Sozialgesetzbuch (SGB) – Fünftes Buch (V): Gesetzliche Krankenversicherung

1.2.1 Übersicht über die Regelungen des SGB V

Nach § 1 Sozialgesetzbuch (SGB) – Fünftes Buch (V) über die Gesetzliche Krankenversicherung (Artikel 1 des Gesetzes vom 20. Dezember 1988, BGBl I S. 2477, 2482), zuletzt durch Artikel 4 Absatz 3 des Gesetzes vom 20. April 2013 (BGBl I S. 868) geändert, hat diese als Solidargemeinschaft die Aufgabe, die Gesundheit der Versicherten zu erhalten, wiederherzustellen oder ihren Gesundheitszustand zu bessern. Dazu enthält das SGB V Regelungen über den versicherten Personenkreis, die Leistungen der Krankenversicherung und ihre Finanzierung, die Beziehungen der Krankenkassen zu den Leistungserbringern, die Organisation der Krankenkassen, ihrer Verbände und des Medizinischen Dienstes sowie über den Umgang mit den Versicherungs- und Leistungsdaten.

Beispiel: Ein Krankenversicherter beantragt bei seiner Krankenkasse eine Auskunft über die von ihm in Anspruch genommenen Leistungen und deren Kosten. Nach § 305 SGB V muss ihm die Krankenkasse diese über einem Zeitraum von mindestens 18 Monaten vor der Antragstellung erteilen.

Tabelle 2 gibt einen Überblick über die Inhalte des SGB V.

Tab. 2: Sozialgesetzbuch (SGB) – Fünftes Buch (V): Gesetzliche Krankenversicherung

Kapitel	Abschnitt	Titel	Inhalt
1	Allgemeine Vorschriften		
2	Versicherter Personenkreis		
	1	Versicherung kraft Gesetzes	
	2	Versicherungsberechtigung	
	3	Versicherung der Familienangehörigen	
3	Leistungen der Krankenversicherung		
	1	Übersicht über die Leistungen	
	2	Gemeinsame Vorschriften	
	3	Leistungen zur Verhütung von Krankheiten, betriebliche Gesundheitsförderung und Prävention arbeitsbedingter Gesundheitsgefahren, Förderung der Selbsthilfe	
	4	Leistungen zur Früherkennung von Krankheiten	

Kapitel	Abschnitt	Titel	Inhalt
	5	Leistungen bei Krankheit	
		1	Krankenbehandlung
		2	Krankengeld
		3	Leistungsbeschränkungen
	6	Selbstbehalt, Beitragsrückzahlung	
	7	Zahnersatz	
	8	Fahrkosten	
	9	Zuzahlungen, Belastungsgrenze	
	10	Weiterentwicklung der Versorgung	
4	Beziehungen der Krankenkassen zu den Leistungserbringern		
	1	Allgemeine Grundsätze	
	2	Beziehungen zu Ärzten, Zahnärzten und Psychotherapeuten	
		1	Sicherstellung der vertragsärztlichen und vertragszahnärztlichen Versorgung
		2	Kassenärztliche und Kassenzahnärztliche Vereinigungen
		3	Verträge auf Bundes- und Landesebene
		4	Bundesleistungsverzeichnis, Vergütungen
		5	Schiedswesen
		6	Landesausschüsse und Gemeinsamer Bundesausschuss
		7	Voraussetzungen und Formen der Teilnahme von Ärzten und Zahnärzten an der Versorgung
		8	Bedarfsplanung, Unterversorgung, Überversorgung
		9	Wirtschaftlichkeits- und Abrechnungsprüfung
	3	Beziehungen zu Krankenhäusern und anderen Einrichtungen	
	4	Beziehungen zu Krankenhäusern und Vertragsärzten	
	5	Beziehungen zu Leistungserbringern von Heilmitteln	
	6	Beziehungen zu Leistungserbringern von Hilfsmitteln	
	7	Beziehungen zu Apotheken und pharmazeutischen Unternehmern	
	8	Beziehungen zu sonstigen Leistungserbringern	
	9	Sicherung der Qualität der Leistungserbringung	
	10	Eigeneinrichtungen der Krankenkassen	
	11	Beziehungen zu Leistungserbringern in der integrierten Versorgung	
	12	Beziehungen zu Leistungserbringern in Staaten, in denen die Verordnung (EWG) Nr. 1408/71 anzuwenden ist	

Kapitel	Abschnitt	Titel	Inhalt
	13	Beteiligung von Patientinnen und Patienten, Beauftragte oder Beauftragter der Bundesregierung für die Belange der Patientinnen und Patienten	
5	Sachverständigenrat zur Begutachtung der Entwicklung im Gesundheitswesen		
6	Organisation der Krankenkassen		
	1	Arten der Krankenkassen	
		1	Ortskrankenkassen
		2	Betriebskrankenkassen
		3	Innungskrankenkassen
		4	(weggefallen)
		5	Landwirtschaftliche Krankenkasse
		6	Deutsche Rentenversicherung Knappschaft-Bahn-See
		7	Ersatzkassen
		8	Kassenartenübergreifende Regelungen
	2	Wahlrechte der Mitglieder	
	3	Mitgliedschaft und Verfassung	
		1	Mitgliedschaft
		2	Satzung, Organe
	4	Meldungen	
7	Verbände der Krankenkassen		
8	Finanzierung		
	1	Beiträge	
		1	Aufbringung der Mittel
		2	Beitragspflichtige Einnahmen der Mitglieder
		3	Beitragssätze, Zusatzbeitrag
		4	Tragung der Beiträge
		5	Zahlung der Beiträge
	2	Beitragszuschüsse	
	3	Verwendung und Verwaltung der Mittel	
	4	Finanzausgleiche und Zuweisungen aus dem Gesundheitsfonds	
	5	Prüfung der Krankenkassen und ihrer Verbände	
9	Medizinischer Dienst der Krankenversicherung		
	1	Aufgaben	
	2	Organisation	

Kapitel	Abschnitt	Titel	Inhalt
10	Versicherungs- und Leistungsdaten, Datenschutz, Datentransparenz		
	1	Informationsgrundlagen	
		1	Grundsätze der Datenverwendung
		2	Informationsgrundlagen der Krankenkassen
	2	Übermittlung und Aufbereitung von Leistungsdaten, Datentransparenz	
		1	Übermittlung von Leistungsdaten
		2	Datentransparenz
		3	Datenlöschung, Auskunftspflicht
11	Straf- und Bußgeldvorschriften		
12	Überleitungsregelungen aus Anlass der Herstellung der Einheit Deutschlands		
13	Weitere Übergangsvorschriften		

1.2.2 Versicherter Personenkreis und Krankenversicherungsleistungen

Nach § 1 SGB V sind die Versicherten für ihre Gesundheit unter anderem durch eine gesundheitsbewusste Lebensführung mitverantwortlich. Die Krankenkassen sind nach § 4 SGB V rechtsfähige Körperschaften des öffentlichen Rechts mit Selbstverwaltung und haben den Versicherten dabei durch Aufklärung, Beratung und Leistungen zu helfen und nach § 2 SGB V Leistungen unter Beachtung des **Wirtschaftlichkeitsgebots** (§ 12 SGB V) zur Verfügung zu stellen. Diese Leistungen und sonstigen Ausgaben der Krankenkassen werden durch Beiträge solidarisch finanziert. Dazu entrichten die Mitglieder und die Arbeitgeber nach § 3 Beiträge SGB V, die sich in der Regel nach den beitragspflichtigen Einnahmen der Mitglieder richten, wobei für versicherte Familienangehörige keine Beiträge erhoben werden.

Bei der Festlegung des **Versicherten Personenkreises** wird zwischen **Versicherungspflichtigen** (§ 5 SGB V) und **Versicherungsfreien** (§ 6 SGB V) unterschieden.

Versicherungspflichtig *sind nach § 5 SGB V beispielsweise Arbeiter, Angestellte und zu ihrer Berufsausbildung Beschäftigte, die gegen Arbeitsentgelt beschäftigt sind, Personen in der Zeit, für die sie Arbeitslosengeld oder Unterhaltsgeld beziehen, Künstler und Publizisten nach näherer Bestimmung des Künstlersozialversicherungsgesetzes und andere mehr.* ***Versicherungsfrei*** *sind nach § 6 SGB V unter anderen Arbeiter und Angestellte, deren regelmäßiges Jahresarbeitsentgelt die Jahresarbeitsentgeltgrenze übersteigt Beamte, Richter, Soldaten auf Zeit sowie Berufssoldaten der Bundeswehr und sonstige Beschäftigte des Bundes, eines Landes, eines Gemeindeverbandes, einer Gemeinde, von öffentlich-rechtlichen Körperschaften, Anstalten, Stiftungen oder Verbänden öffentlich-rechtlicher Körperschaften oder deren Spitzenverbänden, wenn sie nach beamtenrechtlichen Vorschriften oder Grundsätzen bei Krankheit Anspruch auf Fortzahlung der Bezüge und auf Beihilfe oder Heilfürsorge haben.*

Versicherungsfreiheit besteht nach § 7 SGB V mit einigen Ausnahmen bei geringfügiger Beschäftigung, und nach § 8 SGB V ist eine **Befreiung von der Versicherungspflicht** unter bestimmten Voraussetzungen vorgesehen. Für eine **Freiwillige Versicherung** sind unter § 9 SGB V Beitrittsmöglichkeiten vorgegeben.

Im Rahmen der Familienversicherung nach § 10 SGB V sind beispielsweise versichert der Ehegatte, der Lebenspartner und die Kinder von Mitgliedern sowie die Kinder von familienversicherten Kindern, wenn diese Familienangehörigen unter anderem ihren Wohnsitz oder gewöhnlichen Aufenthalt im Inland haben, nicht freiwillig versichert sind und nicht hauptberuflich selbständig erwerbstätig sind.

Die **Krankenversicherungsleistungen** umfassen nach §§ 11ff SGB V unter anderem folgende **Leistungsarten**:
- Verhütung von Krankheiten und von deren Verschlimmerung sowie zur Empfängnisverhütung, bei Sterilisation und bei Schwangerschaftsabbruch: Prävention und Selbsthilfe, betriebliche Gesundheitsförderung, Prävention arbeitsbedingter Gesundheitsgefahren, Förderung der Selbsthilfe, primäre Prävention durch Schutzimpfungen, Verhütung von Zahnerkrankungen (Gruppenprophylaxe), Verhütung von Zahnerkrankungen (Individualprophylaxe), medizinische Vorsorgeleistungen, medizinische Vorsorge für Mütter und Väter, Empfängnisverhütung, Schwangerschaftsabbruch und Sterilisation etc. (§§ 20 bis 24b SGB V)
- Schwangerschaft und Mutterschaft: Ärztliche Betreuung und Hebammenhilfe, Versorgung mit Arznei-, Verband-, Heil- und Hilfsmitteln, Entbindung, häusliche Pflege, Haushaltshilfe, Mutterschaftsgeld etc. (§§ 24c bis 24i SGB V)
- Früherkennung von Krankheiten: Gesundheitsuntersuchungen, Kinderuntersuchung (§§ 25, 26 SGB V)
- Behandlung einer Krankheit: Krankenbehandlung, künstliche Befruchtung, ärztliche und zahnärztliche Behandlung, kieferorthopädische Behandlung, Arznei- und Verbandmittel, Heilmittel, Hilfsmittel, häusliche Krankenpflege, Soziotherapie, spezialisierte ambulante Palliativversorgung, Haushaltshilfe, Krankenhausbehandlung, stationäre und ambulante Hospizleistungen, Leistungen zur medizinischen Rehabilitation, medizinische Rehabilitation für Mütter und Väter, Belastungserprobung und Arbeitstherapie, ergänzende Leistungen zur Rehabilitation, nichtärztliche sozialpädiatrische Leistungen, Krankengeld etc. (§§ 27 bis 52 SGB V).

Zur Inanspruchnahme von Leistungen ist nach § 15 SGB V vor Beginn der Behandlung die **Krankenversichertenkarte** zum Nachweis der Berechtigung auszuhändigen.

*Eine **Leistungsbeschränkung** ist beispielsweise nach § 52 SGB V möglich, wenn sich Versicherte eine Krankheit vorsätzlich oder durch eine medizinisch nicht indizierte ästhetische Operation zugezogen haben.*

Versicherte haben nach § 55 SGB V Anspruch auf befundbezogene Festzuschüsse bei einer medizinisch notwendigen Versorgung mit **Zahnersatz**. Der Gemeinsame Bundesausschuss (GBA) bestimmt nach § 56 SGB V in Richtlinien die Befunde, für die **Festzuschüsse** gewährt werden und ordnet diesen prothetische **Regelversorgungen** zu. Der Spitzenverband Bund der Krankenkassen und die Kassenzahnärztliche Bundesvereinigung (KZBV) vereinbaren nach § 57 SGB V jeweils bis zum 30. September eines Kalenderjahres für das Folgejahr die Höhe der Vergütungen für die zahnärztlichen Leistungen bei den Regelversorgungen.

Versicherte haben nach § 60 SGB V Anspruch auf Übernahme der **Fahrkosten** durch die Krankenkasse, wenn sie im Zusammenhang mit einer Leistung der Krankenkasse aus zwingenden medizinischen Gründen notwendig sind, und sie haben nach § 61 SGB V während jedes Kalenderjahres nur **Zuzahlungen** bis zur **Belastungsgrenze** zu leisten.

Zur **Weiterentwicklung der Versorgung** können nach § 63f SGB V die Krankenkassen und ihre Verbände **Modellvorhaben** durchführen und vereinbaren.

1.2.3 Krankenkassen und Leistungserbringer

Die Rechtsbeziehungen der **Krankenkassen** zu den **Leistungserbringern** sind nach § 70f SGB V geprägt durch die Grundsätze der Qualität, Humanität, Wirtschaftlichkeit und Beitragsstabilität. So haben sie eine bedarfsgerechte und gleichmäßige, dem allgemein anerkannten Stand der medizinischen Erkenntnisse entsprechende Versorgung der Versicherten zu gewährleisten, und sie haben die Vereinbarungen über die Vergütungen so zu gestalten, dass Beitragserhöhungen ausgeschlossen werden, es sei denn, die notwendige medizinische Versorgung ist auch nach Ausschöpfung von Wirtschaftlichkeitsreserven nicht zu gewährleisten. Krankenkassen sind beispielsweise

- **Ortskrankenkassen**: Sie bestehen für abgegrenzte Regionen (§ 143 SGB V),
- **Betriebskrankenkassen**: Können für einen oder mehrere Betriebe errichtet werden, wenn in diesen Betrieben regelmäßig mindestens 1.000 Versicherungspflichtige beschäftigt werden und ihre Leistungsfähigkeit auf Dauer gesichert ist (§ 147 SGB V),
- **Innungskrankenkassen**: Können von Handwerksinnungen für die Handwerksbetriebe ihrer Mitglieder, die in die Handwerksrolle eingetragen sind, errichtet werden, wenn in den Handwerksbetrieben der Mitglieder der Handwerksinnung regelmäßig mindestens 1.000 Versicherungspflichtige beschäftigt werden und ihre Leistungsfähigkeit auf Dauer gesichert ist (§ 157 SGB V).
- **Ersatzkassen**: Am 31. Dezember 1992 bestehende Krankenkassen, bei denen Versicherte die Mitgliedschaft bis zum 31. Dezember 1995 durch Ausübung des Wahlrechts erlangen können (§ 168 SGB V).

Versicherungspflichtige und Versicherungsberechtigte können nach § 173 SGB V unter anderem die Ortskrankenkasse des Beschäftigungs- oder Wohnorts, jede Ersatzkasse, deren Zuständigkeit sich nach der Satzung auf den Beschäftigungs- oder Wohnort erstreckt oder eine Betriebs- oder Innungskrankenkasse, wenn die Satzung der Betriebs- oder Innungskrankenkasse dies vorsieht, wählen.

Ihre **Mitgliedschaft** beginnt nach §§ 186 ff SGB V mit dem Tag ihres Eintritts in das Beschäftigungsverhältnis bzw. ihres Beitritts in die Krankenkasse.

Die **Krankenkassenbeiträge** werden gemäß § 223 SGB V nach den beitragspflichtigen Einnahmen der Mitglieder bemessen, wobei nach § 226 SGB V bei versicherungspflichtig Beschäftigten im Wesentlichen das Arbeitsentgelt aus einer versicherungspflichtigen Beschäftigung bei der Beitragsbemessung zugrunde gelegt wird.

Die **Mittel** einer Krankenkasse umfassen nach § 259 SGB V die Betriebsmittel, das **Verwaltungsvermögen** und die **Rücklage**, die nach § 261 SGB V zur Sicherstellung ihrer Leistungsfähigkeit zu bilden ist.

Die Krankenkassen erhalten als Zuweisungen zur Deckung ihrer Ausgaben nach § 266 SGB V eine **Grundpauschale**, alters-, geschlechts- und risikoadjustierte Zu- und Abschläge zum Ausgleich der unterschiedlichen Risikostrukturen und Zuweisungen für sonstige Ausgaben aus dem **Gesundheitsfonds**, in dem das Bundesversicherungsamt als Sondervermögen unter anderem die eingehenden Beiträge verwaltet.

Die vertragsärztliche **Versorgung** gliedert sich nach § 73 SGB V in die hausärztliche und die fachärztliche Versorgung mit freier **Arztwahl** (§ 76 SGB V), wobei an der hausärztlichen Versorgung beispielsweise Allgemeinärzte, Kinderärzte und Internisten, die sie gewählt haben, teilnehmen, und an der fachärztlichen Versorgung die übrigen Fachärzte.

Die vertragsärztliche Versorgung umfasst beispielsweise die ärztliche und zahnärztliche Behandlung, Maßnahmen zur Früherkennung von Krankheiten, ärztliche Betreuung bei Schwangerschaft und Mutterschaft, Verordnung von Arznei-, Verband-, Heil- und Hilfsmitteln, Krankentransporten sowie Krankenhausbehandlung oder Behandlung in Vorsorge- oder Rehabilitationseinrichtungen, Verordnung von Leistungen zur medizinischen Rehabilitation und anderes mehr.

Die Kassenärztlichen Vereinigungen und die **Kassenärztlichen Bundesvereinigung** (KBV) haben nach § 75 SGB V für die **Sicherstellung** der vertragsärztlichen Versorgung zu sorgen und den Krankenkassen und ihren Verbänden gegenüber die Gewähr dafür zu übernehmen, dass die vertragsärztliche Versorgung den gesetzlichen und vertraglichen Erfordernissen entspricht. Bei ihnen werden nach § 79 SGB V eine **Vertreterversammlung** als Selbstverwaltungsorgan sowie ein hauptamtlicher Vorstand gebildet. Eine **Kassenärztliche Vereinigung** (KV) und eine **Kassenzahnärztliche Vereinigung** (KZV) wird nach § 77 SGB V von den Vertragsärzten zur Erfüllung der ihnen übertragenen Versorgungsaufgaben für den Bereich jedes Landes gebildet.

Die KVen schließen nach § 83 SGB V mit den für ihren Bezirk zuständigen Landesverbänden der Krankenkassen und den Ersatzkassen **Gesamtverträge** über die vertragsärztliche Versorgung der Mitglieder mit Wohnort in ihrem Bezirk. Nach § 84 SGB V treffen sie zur Sicherstellung der vertragsärztlichen Versorgung bis zum 30. November für das jeweils folgende Kalenderjahr eine **Arzneimittelvereinbarung**. Die Krankenkasse entrichtet nach Maßgabe der Gesamtverträge an die jeweilige Kassenärztliche Vereinigung gemäß § 85 SGB V eine **Gesamtvergütung** für die gesamte vertragsärztliche Versorgung. Die Kassenärztlichen Bundesvereinigungen vereinbaren nach § 87 SGB V mit dem Spitzenverband Bund der Krankenkassen einheitliche **Bewertungsmaßstäbe** für die ärztlichen und die zahnärztlichen Leistungen. Die KV verteilt nach § 87b die vereinbarten Gesamtvergütungen an die Ärzte, Psychotherapeuten, medizinischen Versorgungszentren sowie ermächtigten Einrichtungen, die an der vertragsärztlichen Versorgung teilnehmen, getrennt für die Bereiche der hausärztlichen und der fachärztlichen Versorgung. Kommt ein Vertrag über die vertragsärztliche Versorgung ganz oder teilweise nicht zustande, setzt nach § 89 SGB V das **Schiedsamt** mit der Mehrheit seiner Mitglieder innerhalb von drei Monaten den Vertragsinhalt fest.

Die KVen und die Krankenkassen prüfen nach § 106a SGB V auch die Rechtmäßigkeit und Plausibilität der **Abrechnungen** in der vertragsärztlichen Versorgung.

Die Kassenärztlichen Bundesvereinigungen, die Deutsche Krankenhausgesellschaft und der Spitzenverband Bund der Krankenkassen bilden nach § 91 SGB V einen **Gemeinsamen Bundesausschuss** (GBA).

Der GBA soll nach § 92 SGB V beispielsweise die zur Sicherung der ärztlichen Versorgung erforderlichen Richtlinien über die Gewährung für eine ausreichende, zweckmäßige und wirtschaftliche Versorgung der Versicherten beschließen, wie Richtlinien über die ärztliche Behandlung, zahnärztliche Behandlung einschließlich der Versorgung mit Zahnersatz sowie kieferorthopädische Behandlung, Maßnahmen zur Früherkennung von Krankheiten, Einführung neuer Untersuchungs- und Behandlungsmethoden, Bedarfsplanung, Qualitätssicherung und anderes mehr.

An der vertragsärztlichen Versorgung nehmen nach § 95 SGB V zugelassene Ärzte und zugelassene **Medizinische Versorgungszentren** (MVZ) sowie ermächtigte Ärzte und ermächtigte Einrichtungen teil, wobei sich um die **Zulassung** als Vertragsarzt jeder Arzt bewerben kann, der seine Eintragung in ein Arzt- oder Zahnarztregister nachweist.

Nach § 98 SGB V regeln **Zulassungsverordnungen** das Nähere über die Teilnahme an der vertragsärztlichen Versorgung sowie die zu ihrer Sicherstellung erforderliche **Bedarfsplanung** und die Beschränkung von Zulassungen. Liegt eine Überversorgung vor, so sind nach § 103 SGB V **Zulassungsbeschränkungen** anzuordnen.

Krankenkassen dürfen nach § 107 SGB V Krankenhausbehandlung nur durch zugelassene **Krankenhäuser** erbringen lassen, die nach den landesrechtlichen Vorschriften als Hochschulklinik anerkannt sind, als Plankrankenhäuser in den **Kran-**

kenhausplan eines Landes aufgenommen sind und einen Versorgungsvertrag mit den Landesverbänden der Krankenkassen und den Verbänden der Ersatzkassen abgeschlossen haben.

Im Krankenhaus erbrachte **Ambulante ärztliche Leistungen** werden gemäß § 120 SGB V nach den für Vertragsärzte geltenden Grundsätzen aus der vertragsärztlichen Gesamtvergütung vergütet.

Belegärzte sind nach § 121 SGB V nicht am Krankenhaus angestellte Vertragsärzte, die berechtigt sind, ihre Belegpatienten im Krankenhaus unter Inanspruchnahme der hierfür bereitgestellten Dienste, Einrichtungen und Mittel vollstationär oder teilstationär zu behandeln, ohne hierfür vom Krankenhaus eine Vergütung zu erhalten.

Heilmittel, die als Dienstleistungen abgegeben werden, insbesondere Leistungen der physikalischen Therapie, der Sprachtherapie oder der Ergotherapie, dürfen nach § 124 SGB V an Versicherte nur von zugelassenen Leistungserbringern abgegeben werden.

Apotheken sind nach § 129 SGB V bei der Abgabe verordneter Arzneimittel an Versicherte verpflichtet zur Abgabe eines preisgünstigen Arzneimittels in den Fällen, in denen der verordnende Arzt ein Arzneimittel nur unter seiner Wirkstoffbezeichnung verordnet oder die Ersetzung des Arzneimittels durch ein wirkstoffgleiches Arzneimittel nicht ausgeschlossen hat.

Zu den weiteren Leistungserbringern zählen insbesondere die Versorgung mit
- Haushaltshilfen (§ 132 SGB V),
- häuslicher Krankenpflege (§ 132a SGB V),
- Soziotherapie (§ 132b SGB V),
- sozialmedizinischen Nachsorgemaßnahmen (§ 132c SGB V),
- spezialisierte ambulante Palliativmaßnahmen (§ 132d SGB V),
- Schutzimpfungen (§ 132e SGB V),
- Krankentransportleistungen (§ 133 SGB V),
- Hebammenhilfe (§ 134a SGB V)
- integrierten Maßnahmen (§ 140 SGB V).

Die Leistungserbringer sind nach § 135a SGB V zur Sicherung und Weiterentwicklung der **Qualität** der von ihnen erbrachten Leistungen verpflichtet. Die Leistungen müssen dem jeweiligen Stand der wissenschaftlichen Erkenntnisse entsprechen und in der fachlich gebotenen Qualität erbracht werden.

Im Rahmen der **Patientenbeteiligung** sind die für die Wahrnehmung der Interessen der Patientinnen und Patienten und der Selbsthilfe chronisch kranker und behinderter Menschen maßgeblichen Organisationen nach § 140f SGB V in Fragen, die die Versorgung betreffen, zu beteiligen.

Zu den **Meldepflichten** des Arbeitgebers zählt unter anderem, die versicherungspflichtig Beschäftigten nach § 198 SGB V an die zuständige Krankenkasse zu melden.

Die Krankenkassen sind in den gesetzlich bestimmten Fällen oder wenn es nach Art, Schwere, Dauer oder Häufigkeit der Erkrankung oder nach dem Krankheitsverlauf erforderlich ist, verpflichtet, nach § 275 SGB V eine gutachtliche Stellungnahme des **Medizinischen Dienstes** (MD) der Krankenversicherung einzuholen. Er wird nach § 278 SGB V in jedem Land als eine von den Krankenkassen gemeinsam getragene Arbeitsgemeinschaft errichtet.

1.2.4 Versicherungs- und Leistungsdaten

Die Krankenkassen dürfen **Sozialdaten** für Zwecke der Krankenversicherung nach Maßgabe des 284 SGB V nur erheben und speichern, soweit diese für die dort genannten Zwecke erforderlich ist.

Sie dürfen Einzelangaben über die persönlichen und sachlichen Verhältnisse der Ärzte nach § 285 SGB V nur erheben und speichern, soweit dies zur Führung des Arztregisters, zur Sicherstellung und Vergütung der vertragsärztlichen Versorgung einschließlich der Überprüfung der Zulässigkeit und Richtigkeit der Abrechnung, zur Vergütung der ambulanten Krankenhausleistungen und belegärztlichen Leistungen und zur Erfüllung anderer Aufgaben erforderlich ist.

Die Krankenkassen und die Kassenärztlichen Vereinigungen müssen nach § 286 SGB V einmal jährlich eine **Datenübersicht** über die Art der von ihnen oder in ihrem Auftrag gespeicherten Sozialdaten erstellen und diese Übersicht der zuständigen Aufsichtsbehörde vorlegen.

Die Krankenkasse hat nach § 288 SGB V ein **Versichertenverzeichnis** zu führen, das alle Angaben zu enthalten hat, die unter anderem zur Feststellung der Versicherungspflicht oder -berechtigung sowie zur Bemessung und Einziehung der Beiträge notwendig sind.

Sie verwendet nach § 290 SGB V für jeden Versicherten eine **Krankenversichertennummer**, die aus einem unveränderbaren Teil zur Identifikation des Versicherten und einem veränderbaren Teil, der bundeseinheitliche Angaben zur Kassenzugehörigkeit enthält, besteht.

Die Krankenkasse stellt nach § 291f SGB V für jeden Versicherten eine **Krankenversichertenkarte** aus und erweitert sie zur Verbesserung von Wirtschaftlichkeit, Qualität und Transparenz der Behandlung zu einer **Elektronischen Gesundheitskarte.**

Beispielsweise muss die Gesundheitskarte nach § 291a SGB V geeignet sein, das Erheben, Verarbeiten und Nutzen von medizinischen Daten, soweit sie für die Notfallversorgung erforderlich sind, Befunden, Diagnosen, Therapieempfehlungen sowie Behandlungsberichten in elektronischer und maschinell verwertbarer Form für eine einrichtungsübergreifende, fallbezogene Kooperation (elektronischer Arztbrief), Daten über Befunde, Diagnosen, Therapiemaßnahmen, Behandlungsberichte sowie Impfungen für eine fall- und einrichtungsübergreifende Dokumentation über den

Patienten (elektronische Patientenakte), Erklärungen der Versicherten zur Organ- und Gewebespende und anderes mehr zu unterstützen.

Nach § 294 SGB V sind die an der vertragsärztlichen Versorgung teilnehmenden Ärzte und die übrigen Leistungserbringer verpflichtet, die für die Erfüllung der Aufgaben der Krankenkassen sowie der Kassenärztlichen Vereinigungen notwendigen Angaben, die aus der Erbringung, der Verordnung sowie der Abgabe von Versicherungsleistungen entstehen, aufzuzeichnen und den Krankenkassen, den Kassenärztlichen Vereinigungen oder den mit der Datenverarbeitung beauftragten Stellen mitzuteilen.

Zur **Abrechnung** ärztlicher Leistungen sind nach § 295 SGB V die an der vertragsärztlichen Versorgung teilnehmenden Ärzte und Einrichtungen verpflichtet, unter anderem in dem Abschnitt der Arbeitsunfähigkeitsbescheinigung, den die Krankenkasse erhält, die Diagnosen, in den Abrechnungsunterlagen für die vertragsärztlichen Leistungen die von ihnen erbrachten Leistungen einschließlich des Tages der Behandlung, bei ärztlicher Behandlung mit Diagnosen, bei zahnärztlicher Behandlung mit Zahnbezug und Befunden, in den Abrechnungsunterlagen sowie auf den Vordrucken für die vertragsärztliche Versorgung ihre Arztnummer, in Überweisungsfällen die Arztnummer des überweisenden Arztes maschinenlesbar aufzuzeichnen und zu übermitteln.

Beispielsweise sind nach § 301 SGB V die zugelassenen Krankenhäuser verpflichtet, den Krankenkassen bei Krankenhausbehandlung den Tag, die Uhrzeit und den Grund der Aufnahme sowie die Einweisungsdiagnose, die Aufnahmediagnose, bei einer Änderung der Aufnahmediagnose die nachfolgenden Diagnosen, die voraussichtliche Dauer der Krankenhausbehandlung sowie, falls diese überschritten wird, auf Verlangen der Krankenkasse die medizinische Begründung, bei Kleinkindern bis zu einem Jahr das Aufnahmegewicht, Datum und Art der im jeweiligen Krankenhaus durchgeführten Operationen und sonstigen Prozeduren, den Tag, die Uhrzeit und den Grund der Entlassung oder der Verlegung, bei externer Verlegung das Institutionskennzeichen der aufnehmenden Institution, bei Entlassung oder Verlegung die für die Krankenhausbehandlung maßgebliche Hauptdiagnose und die Nebendiagnosen, und anderes mehr im Wege elektronischer Datenübertragung oder maschinell verwertbar auf Datenträgern zu übermitteln.

Die Krankenkassen unterrichten nach § 305 SGB V die Versicherten im Rahmen ihres **Auskunftsrechts** auf deren Antrag über die in einem Zeitraum von mindestens 18 Monaten vor Antragstellung in Anspruch genommenen Leistungen und deren Kosten.

1.3 Sozialgesetzbuch (SGB) – Elftes Buch (XI): Soziale Pflegeversicherung

1.3.1 Übersicht über die Regelungen des SGB XI

Nach § 1 Sozialgesetzbuch (SGB) – Elftes Buch (XI) über die Soziale Pflegeversicherung (Artikel 1 des Gesetzes vom 26. Mai 1994, BGBl I S. 1014, 1015), zuletzt durch Artikel 2 Absatz 14 des Gesetzes vom 8. April 2013 (BGBl I S. 730) geändert, hat die Soziale Pflegeversicherung die Aufgabe, Pflegebedürftigen Hilfe zu leisten, die wegen der Schwere der Pflegebedürftigkeit auf solidarische Unterstützung angewiesen sind. Dazu enthält das SGB XI Regelungen über den versicherten Personenkreis, die Pflegeversicherungsleistungen, die Pflegekassen, die Leistungserbringer, die Pflegevergütung, die private Pflegeversicherung, die Qualitätssicherung in der Pflege und anderes mehr.

Beispiel: Von den Landesverbänden der Pflegekassen bestellte Sachverständige führen in einer stationären Pflegeeinrichtung eine unangemeldete Qualitätsprüfung durch. Sie sind nach § 114a SGB XI im Rahmen ihres Prüfauftrags dazu berechtigt.

Tabelle 3 gibt einen Überblick über die Inhalte des SGB XI.

Tab. 3: Sozialgesetzbuch (SGB) – Elftes Buch (XI): Soziale Pflegeversicherung

Kapitel	Abschnitt	Titel	Inhalt
1	Allgemeine Vorschriften		
2	Leistungsberechtigter Personenkreis		
3	Versicherungspflichtiger Personenkreis		
4	Leistungen der Pflegeversicherung		
	1	Übersicht über die Leistungen	
	2	Gemeinsame Vorschriften	
	3	Leistungen	
		1	Leistungen bei häuslicher Pflege
		2	Teilstationäre Pflege und Kurzzeitpflege
		3	Vollstationäre Pflege
		4	Pflege in vollstationären Einrichtungen der Hilfe für behinderte Menschen
	4	Leistungen für Pflegepersonen	

Kapitel	Abschnitt	Titel	Inhalt
	5	Leistungen für Versicherte mit erheblichem allgemeinem Betreuungsbedarf und Weiterentwicklung der Versorgungsstrukturen	
	6	Initiativprogramm zur Förderung neuer Wohnformen	
5	Organisation		
	1	Träger der Pflegeversicherung	
	2	Zuständigkeit, Mitgliedschaft	
	3	Meldungen	
	4	Wahrnehmung der Verbandsaufgaben	
6	Finanzierung		
	1	Beiträge	
	2	Beitragszuschüsse	
	3	Verwendung und Verwaltung der Mittel	
	4	Ausgleichsfonds, Finanzausgleich	
7	Beziehungen der Pflegekassen zu den Leistungserbringern		
	1	Allgemeine Grundsätze	
	2	Beziehungen zu den Pflegeeinrichtungen	
	3	Beziehungen zu sonstigen Leistungserbringern	
	4	Wirtschaftlichkeitsprüfungen und Qualitätssicherung	
8	Pflegevergütung		
	1	Allgemeine Vorschriften	
	2	Vergütung der stationären Pflegeleistungen	
	3	Vergütung der ambulanten Pflegeleistungen	
	4	Kostenerstattung, Landespflegeausschüsse, Pflegeheimvergleich	
	5	Integrierte Versorgung und Pflegestützpunkte	
9	Datenschutz und Statistik		
	1	Informationsgrundlagen	
		1	Grundsätze der Datenverwendung
		2	Informationsgrundlagen der Pflegekassen
	2	Übermittlung von Leistungsdaten	
	3	Datenlöschung, Auskunftspflicht	
	4	Statistik	
10	Private Pflegeversicherung		
11	Qualitätssicherung, Sonstige Regelungen zum Schutz der Pflegebedürftigen		
12	Bußgeldvorschrift		
13	Zulagenförderung der privaten Pflegevorsorge		

1.3.2 Versicherter Personenkreis und Pflegeversicherungsleistungen

In den Schutz der sozialen Pflegeversicherung sind nach § 1 SGB XI alle einbezogen, die in der gesetzlichen Krankenversicherung versichert sind. **Versicherungspflichtige** in der sozialen Pflegeversicherung sind nach § 20 SGB XI unter anderen die versicherungspflichtigen Mitglieder der gesetzlichen Krankenversicherung.

Pflegebedürftige sind nach § 14 SGB XI Personen, die wegen einer körperlichen, geistigen oder seelischen Krankheit oder Behinderung für die gewöhnlichen und regelmäßig wiederkehrenden Verrichtungen im Ablauf des täglichen Lebens auf Dauer, voraussichtlich für mindestens sechs Monate, in erheblichem oder höherem Maße der Hilfe bedürfen.

Für die Gewährung von Leistungen sind pflegebedürftige Personen nach § 15 SGB XI einer der folgenden drei **Pflegestufen** zuzuordnen:
- Pflegestufe I: Erheblich Pflegebedürftige sind Personen, die bei der Körperpflege, der Ernährung oder der Mobilität für wenigstens zwei Verrichtungen aus einem oder mehreren Bereichen mindestens einmal täglich der Hilfe bedürfen und zusätzlich mehrfach in der Woche Hilfen bei der hauswirtschaftlichen Versorgung benötigen.
- Pflegestufe II: Schwerpflegebedürftige sind Personen, die bei der Körperpflege, der Ernährung oder der Mobilität mindestens dreimal täglich zu verschiedenen Tageszeiten der Hilfe bedürfen und zusätzlich mehrfach in der Woche Hilfen bei der hauswirtschaftlichen Versorgung benötigen.
- Pflegestufe III: Schwerstpflegebedürftige sind Personen, die bei der Körperpflege, der Ernährung oder der Mobilität täglich rund um die Uhr, auch nachts, der Hilfe bedürfen und zusätzlich mehrfach in der Woche Hilfen bei der hauswirtschaftlichen Versorgung benötigen.

Die Pflegekassen beauftragen nach § 18 SGB XI den Medizinischen Dienst (MD) der Krankenversicherung oder andere unabhängige Gutachter mit der Prüfung, ob die Voraussetzungen der **Pflegebedürftigkeit** erfüllt sind und welche Stufe der Pflegebedürftigkeit vorliegt.

Nach § 28 SGB XI umfassen die **Pflegeversicherungsleistungen**
- Pflegesachleistungen (§ 36 SGB XI),
- Pflegegeld für selbst beschaffte Pflegehilfen (§ 37 SGB XI),
- Kombination von Geldleistungen und Sachleistungen (§ 38 SGB XI),
- zusätzliche Leistungen für Pflegebedürftige in ambulant betreuten Wohngruppen (§ 38a SGB XI).
- häusliche Pflege bei Verhinderung der Pflegeperson (§ 39 SGB XI),
- Pflegehilfsmittel und wohnumfeldverbessernde Maßnahmen (§ 40 SGB XI),
- Tagespflege und Nachtpflege (§ 41 SGB XI),
- Kurzzeitpflege (§ 42 SGB XI),
- vollstationäre Pflege (§ 43 SGB XI),

- Pflege in vollstationären Einrichtungen der Hilfe für behinderte Menschen (§ 43a SGB XI),
- Leistungen zur sozialen Sicherung der Pflegepersonen (§ 44 SGB XI),
- zusätzliche Leistungen bei Pflegezeit (§ 44a SGB XI),
- Pflegekurse für Angehörige und ehrenamtliche Pflegepersonen (§ 45 SGB XI),
- zusätzliche Betreuungsleistungen (§ 45b SGB XI)

und anderes mehr.

Versicherte erhalten nach § 33 SGB XI die Leistungen der Pflegeversicherung auf Antrag. Die Leistungen werden ab Antragstellung gewährt, frühestens jedoch von dem Zeitpunkt an, in dem die Anspruchsvoraussetzungen vorliegen.

1.3.3 Pflegekassen und Leistungserbringer

Träger der Pflegeversicherung sind nach § 46 SGB XI die **Pflegekassen**, die bei jeder Krankenkasse zu errichten sind. Sie sind rechtsfähige Körperschaften des öffentlichen Rechts mit Selbstverwaltung, und ihre Organe sind die der Krankenkassen, bei denen sie errichtet sind.

Die Mittel für die Pflegeversicherung werden nach § 54 SGB XI durch Beiträge sowie sonstige Einnahmen gedeckt. Die Mittel der Pflegekasse umfassen nach § 62 SGB XI die Betriebsmittel und die **Rücklage**.

Die Leistungsaufwendungen sowie die Verwaltungskosten der Pflegekassen werden gemäß § 66 SGB XI von allen Pflegekassen nach dem Verhältnis ihrer Beitragseinnahmen gemeinsam getragen, wozu zwischen allen Pflegekassen ein **Finanzausgleich** stattfindet.

Die Pflegekassen haben nach § 69 SGB XI im Rahmen ihrer Leistungsverpflichtung und ihres **Sicherstellungsauftrags** eine bedarfsgerechte und gleichmäßige, dem allgemein anerkannten Stand medizinisch-pflegerischer Erkenntnisse entsprechende pflegerische Versorgung der Versicherten zu gewährleisten. Sie schließen hierzu Versorgungsverträge sowie Vergütungsvereinbarungen mit den Trägern von Pflegeeinrichtungen, wobei sie im Rahmen des **Grundsatzes der Beitragssatzstabilität** nach § 70 SGB XI darauf achten müssen, dass ihre Leistungsausgaben die Beitragseinnahmen nicht überschreiten.

Die Pflegekasse hat nach § 99 SGB XI ein **Versichertenverzeichnis** zu führen und nach § 101 für jeden Versicherten eine **Versichertennummer** zu verwenden, die mit der Krankenversichertennummer ganz oder teilweise übereinstimmen darf.

Die **Pflegeeinrichtungen** pflegen, versorgen und betreuen nach § 11 SGB XI die Pflegebedürftigen, die ihre Leistungen in Anspruch nehmen, entsprechend dem allgemein anerkannten Stand medizinisch-pflegerischer Erkenntnisse. Inhalt und Organisation der Leistungen haben eine humane und aktivierende Pflege unter Achtung der Menschenwürde zu gewährleisten.

Pflegedienste sind nach § 71 SGB XI ambulante Pflegeeinrichtungen, die als selbständig wirtschaftende Einrichtungen unter ständiger Verantwortung einer ausgebildeten Pflegefachkraft Pflegebedürftige in ihrer Wohnung pflegen und hauswirtschaftlich versorgen. **Pflegeheime** sind stationäre Pflegeeinrichtungen als selbständig wirtschaftende Einrichtungen, in denen Pflegebedürftige unter ständiger Verantwortung einer ausgebildeten Pflegefachkraft gepflegt werden, ganztägig (vollstationär) oder tagsüber oder nachts (teilstationär) untergebracht und verpflegt werden können.

Die Pflegekassen dürfen ambulante und stationäre Pflege nach § 72 SGB XI nur durch zugelassene Pflegeeinrichtungen gewähren, mit denen ein **Versorgungsvertrag** besteht, in dem Art, Inhalt und Umfang der allgemeinen Pflegeleistungen festzulegen sind, die von der Pflegeeinrichtung im Rahmen ihres **Versorgungsauftrags** während der Dauer des Vertrages für die Versicherten erbracht werden müssen.

Zur Sicherstellung der **Häuslichen Pflege** und Betreuung sowie der hauswirtschaftlichen Versorgung soll die Pflegekasse nach § 77 SGB XI Verträge mit einzelnen geeigneten Pflegekräften schließen, um dem Pflegebedürftigen zu helfen, ein möglichst selbständiges und selbstbestimmtes Leben zu führen oder dem besonderen Wunsch des Pflegebedürftigen zur Gestaltung der Hilfe zu entsprechen.

Die an der Pflegeversorgung teilnehmenden Leistungserbringer sind nach § 105 SGB XI verpflichtet, in den Abrechnungsunterlagen die von ihnen erbrachten Leistungen nach Art, Menge und Preis einschließlich des Tages und der Zeit der Leistungserbringung aufzuzeichnen, in den Abrechnungsunterlagen ihr Kennzeichen sowie die Versichertennummer des Pflegebedürftigen anzugeben, bei der Abrechnung über die Abgabe von Hilfsmitteln die Bezeichnungen des Hilfsmittelverzeichnisses zu verwenden.

1.3.4 Pflegevergütung, Private Pflegeversicherung und Qualitätssicherung

Zugelassene Pflegeheime und Pflegedienste erhalten nach § 82 SGB XI eine leistungsgerechte **Pflegevergütung** für die allgemeinen Pflegeleistungen, die von den Pflegebedürftigen oder deren Kostenträgern zu tragen ist, sowie bei stationärer Pflege ein angemessenes Entgelt für Unterkunft und Verpflegung.

Pflegesätze sind nach § 84 SGB XI die Entgelte der Heimbewohner oder ihrer Kostenträger für die teil- oder vollstationären Pflegeleistungen des Pflegeheims sowie für die soziale Betreuung und, soweit kein Anspruch auf Krankenpflege besteht, für die medizinische Behandlungspflege. Art, Höhe und Laufzeit der Pflegesätze werden nach § 85 SGB XI zwischen dem Träger des Pflegeheimes und den Leistungsträgern vereinbart.

Nach § 89 SGB XI werden die **Vergütung der ambulanten Pflegeleistungen** und der hauswirtschaftlichen Versorgung, soweit nicht eine Gebührenordnung Anwendung findet, zwischen dem Träger des Pflegedienstes und den Leistungsträgern für alle Pflegebedürftigen nach einheitlichen Grundsätzen vereinbart.

Zur wohnortnahen Beratung, Versorgung und Betreuung der Versicherten richten die Pflegekassen und Krankenkassen nach § 92 SGB XI **Pflegestützpunkte** ein, sofern die zuständige oberste Landesbehörde dies bestimmt.

Die Pflegekassen dürfen personenbezogene Daten für Zwecke der Pflegeversicherung nur nach den Maßgaben des § 94 SGB XI erheben, verarbeiten und nutzen, und sie unterrichten nach § 108 SGB XI die Versicherten auf deren Antrag über die im jeweils letzten Geschäftsjahr in Anspruch genommenen Leistungen und deren Kosten.

Um sicherzustellen, dass die Belange der Personen, die zum Abschluss eines Pflegeversicherungsvertrages bei einem privaten Krankenversicherungsunternehmen im Rahmen einer **Privaten Pflegeversicherung** verpflichtet sind, ausreichend gewahrt werden und dass die Verträge auf Dauer erfüllbar bleiben, ohne die Interessen der Versicherten anderer Tarife zu vernachlässigen, werden die im Geltungsbereich dieses Gesetzes zum Betrieb der Pflegeversicherung befugten privaten Krankenversicherungsunternehmen zu Maßnahmen nach § 110 SGB XI verpflichtet.

Die Träger der Pflegeeinrichtungen bleiben nach § 112 SGB XI, unbeschadet des Sicherstellungsauftrags der Pflegekassen, für die **Qualität** der Leistungen ihrer Einrichtungen einschließlich der Sicherung und Weiterentwicklung der Pflegequalität verantwortlich. Der Medizinische Dienst der Krankenversicherung, der Prüfdienst des Verbandes der privaten Krankenversicherung e.V. und die von den Landesverbänden der Pflegekassen bestellten Sachverständigen sind nach § 114a SGB XI im Rahmen ihres Prüfauftrags jeweils berechtigt und verpflichtet, an Ort und Stelle zu überprüfen, ob die zugelassenen Pflegeeinrichtungen die Leistungs- und Qualitätsanforderungen erfüllen. Prüfungen in stationären Pflegeeinrichtungen sind grundsätzlich unangemeldet durchzuführen. **Qualitätsprüfungen** in ambulanten Pflegeeinrichtungen sind am Tag zuvor anzukündigen. Das Ergebnis einer jeden Qualitätsprüfung sowie die dabei gewonnenen Daten und Informationen sind nach § 115 SGB XI den Landesverbänden der Pflegekassen und den zuständigen Trägern der Sozialhilfe sowie den nach heimrechtlichen Vorschriften zuständigen Aufsichtsbehörden im Rahmen ihrer Zuständigkeit und bei häuslicher Pflege den zuständigen Pflegekassen zum Zwecke der Erfüllung ihrer gesetzlichen Aufgaben sowie der betroffenen Pflegeeinrichtung mitzuteilen.

Zulageberechtigte Personen, die in der sozialen oder privaten Pflegeversicherung versichert sind, haben nach § 126 SGB XI bei Vorliegen einer auf ihren Namen lautenden privaten Pflege-Zusatzversicherung Anspruch auf eine **Pflegevorsorgezulage**.

1.4 Verordnung über die Schiedsämter für die vertragsärztliche (vertragszahnärztliche) Versorgung (SchiedsAmtsO)

1.4.1 Übersicht über die Regelungen der SchiedsAmtsO

Die Verordnung über die Schiedsämter für die vertragsärztliche (vertragszahnärztliche) Versorgung (Schiedsamtsverordnung, SchiedsAmtsO) in der im Bundesgesetzblatt Teil III, Gliederungsnummer 827-10, veröffentlichten bereinigten Fassung, zuletzt durch Artikel 24 des Gesetzes vom 26. März 2007 (BGBl I S. 378) geändert, regelt unter anderem die Zusammensetzung der Bundes- und Landesschiedsämter, die Bestellung des Vorsitzenden und seines Stellvertreters, die Amtsdauer, die Abberufung, die Auslagenerstattung, die Geschäftsführung, die Kostenträgerschaft und das Schiedsamtsverfahren für die vertragsärztliche und vertragszahnärztliche Versorgung.

Beispiel: Auf Landesebene wird ein Vertrag über die kassenzahnärztliche Versorgung gekündigt und ein neuer kommt nicht zustande. Ein Antrag vor dem Schiedsamt wird von den Vertragsparteien auch nicht gestellt.
Nach § 13 SchiedsAmtsO beginnt das Schiedsamtsverfahren mit dem bei dem Schiedsamt von der zuständigen Aufsichtsbehörde mit Wirkung für die Vertragsparteien gestellten Antrag. Ist ein gekündigter Vertrag bis zum Ablauf der Kündigungsfrist nicht durch einen neuen Vertrag ersetzt, so beginnt das Schiedsamtsverfahren mit dem auf den Ablauf der Kündigungsfrist folgenden Tag.

Tabelle 4 gibt einen Überblick über die Inhalte der SchiedsAmtsO.

Tab. 4: Verordnung über die Schiedsämter für die vertragsärztliche (vertragszahnärztliche) Versorgung (SchiedsAmtsO)

Abschnitt	Inhalt
Gemeinsame Vorschriften für die Schiedsämter für die vertragsärztliche und für die vertragszahnärztliche Versorgung	Zusammensetzung der Bundes- und Landesschiedsämter; Bestellung des Vorsitzenden und seines Stellvertreters; Amtsdauer; Abberufung; Amtsniederlegung; Sitzungsteilnahme; Auslagenerstattung; Reisekosten; Geschäftsführung; Kostenträgerschaft; Schiedsamtsverfahren; Vorlage von Unterlagen; Entscheidungsfindung; Beschlussfähigkeit; Hinzuziehung von Sachverständigen und Zeugen; Gebühren
Schlussvorschriften	Überleitung, Inkrafttreten, Schlussformel

1.4.2 Organisation der Schiedsämter und Schiedsamtsverfahren

Die **Landesschiedsämter** bestehen nach § 1 SchiedsAmtsO aus dem unparteiischen Vorsitzenden, zwei weiteren unparteiischen Mitgliedern, vier Vertretern der Ärzte (Zahnärzte) und vier Vertretern der Krankenkassen.

Die **Bundesschiedsämter** bestehen aus dem unparteiischen Vorsitzenden, zwei weiteren unparteiischen Mitgliedern, vier Vertretern der Ärzte (Zahnärzte) und vier Vertretern der Krankenkassen.

Nach § 2 SchiedsAmtsO gelten der Vorsitzende und sein Stellvertreter sowie die zwei weiteren unparteiischen Mitglieder und deren Stellvertreter als bestellt, sobald sie sich den beteiligten Körperschaften gegenüber zur Amtsübernahme bereit erklärt haben.

Die **Amtsdauer** der Mitglieder der Schiedsämter beträgt nach § 3 SchiedsAmtsO vier Jahre, unbeschadet der Vorschrift des Sozialgesetzbuchs.

Die Vorsitzenden und ihre Stellvertreter sowie die zwei weiteren unparteiischen Mitglieder und deren Stellvertreter können nach § 4 SchiedsAmtsO aus wichtigem Grunde von der für die Aufsicht über die Geschäftsführung der Schiedsämter zuständigen Behörde abberufen werden. Die Vertreter der Ärzte (Zahnärzte) und ihre Stellvertreter sowie die Vertreter der Krankenkassen und ihre Stellvertreter können von den Körperschaften, die sie bestellt haben, abberufen werden.

Die **Amtsniederlegung** ist nach § 5 SchiedsAmtsO der für die Bestellung zuständigen Körperschaft gegenüber zu erklären.

Die von den Körperschaften bestellten Mitglieder der Schiedsämter oder ihre Stellvertreter haben nach § 7 SchiedsAmtsO Anspruch auf **Auslagenerstattung**. Sie erhalten nach §§ 8 ff SchiedsAmtsO **Reisekosten**.

Nach § 11 SchiedsAmtsO werden die Geschäfte der Landesschiedsämter bei den Landesverbänden der Ortskrankenkassen geführt, wenn und solange nicht die für die Sozialversicherung zuständige oberste Verwaltungsbehörde des Landes eine andere Stelle bestimmt hat. Die Geschäfte der Bundesschiedsämter werden bei dem Spitzenverband Bund der Krankenkassen geführt. Für die Dauer eines Schiedsamtsverfahrens, das nur eine Kassenart betrifft, werden die Geschäfte bei dem betroffenen Landesverband, den Ersatzkassen oder der Deutschen Rentenversicherung Knappschaft-Bahn-See geführt.

Die Körperschaften tragen nach § 12 SchiedsAmtsO die Kosten für die von ihnen bestellten Vertreter selbst.

Kommt ein Vertrag über die kassenärztliche (kassenzahnärztliche) Versorgung ganz oder teilweise nicht zustande, so beginnt nach § 13 SchiedsAmtsO das **Schiedsamtsverfahren** mit dem bei dem Schiedsamt von einer der Vertragsparteien gestellten Antrag, eine Einigung über den Inhalt eines Vertrages herbeizuführen. Stellt keine der Vertragsparteien einen Antrag, so beginnt das Schiedsamtsverfahren mit dem bei dem Schiedsamt von der zuständigen Aufsichtsbehörde mit Wirkung für die Vertragsparteien gestellten Antrag. Ist ein gekündigter Vertrag bis zum Ablauf der

Kündigungsfrist nicht durch einen neuen Vertrag ersetzt, so beginnt das Schiedsamtsverfahren mit dem auf den Ablauf der Kündigungsfrist folgenden Tag.

Das Schiedsamt entscheidet nach § 16 SchiedsAmtsO auf Grund mündlicher Verhandlung, zu der die Vertragsparteien zu laden sind.

Das Schiedsamt ist nach § 16a SchiedsAmtsO beschlussfähig, wenn seine Mitglieder oder deren stimmberechtigte Stellvertreter anwesend sind. Die **Beschlussfähigkeit** ist vom Vorsitzenden festzustellen und in die Niederschrift aufzunehmen; sie gilt für die Dauer der Sitzung, wenn und solange der Vorsitzende und die anderen unparteiischen Mitglieder oder deren Stellvertreter und mehr als die Hälfte der Mitglieder oder stimmberechtigten Stellvertreter anwesend bleibt.

Das Schiedsamt entscheidet nach § 18 SchiedsAmtsO mit einfacher Stimmenmehrheit. Stimmenthaltung ist nicht zulässig. Die Beratung und Beschlussfassung erfolgt in Abwesenheit der Vertreter der Vertragsparteien.

Die Entscheidung des Schiedsamts ist nach § 19 SchiedsAmtsO schriftlich zu erlassen, zu begründen und den beteiligten Vertragsparteien zuzustellen.

2. Wirtschaftsrechtliche Rahmenbedingungen (Allgemeines Wirtschaftsrecht)

2.1 Aktiengesetz (AktG)

2.1.1 Übersicht

Für Gesundheitsbetriebe in der Rechtsform einer Aktiengesellschaft (AG) treffen die Regelungen des Aktiengesetzes (AktG) vom 6. September 1965 (BGBl I S. 1089), zuletzt durch Artikel 3 des Gesetzes vom 20. Dezember 2012 (BGBl I S. 2751) geändert, zu.

Beispiel: Große Krankenhauskonzerne, wie beispielsweise RhönKlinikum, Asklepios, Fresenius und andere bestehen häufig in der Rechtsform einer Aktiengesellschaft.

Tabelle 5 gibt einen Überblick über die Inhalte des AktG.

Tab. 5: Aktiengesetz (AktG)

Buch	Teil	Abschnitt	Unterabschnitt	Inhalte
1	Aktiengesellschaft			
	1	Allgemeine Vorschriften		
	2	Gründung der Gesellschaft		
	3	Rechtsverhältnisse der Gesellschaft und der Gesellschafter		
	4	Verfassung der Aktiengesellschaft		
		1	Vorstand	
		2	Aufsichtsrat	
		3	Benutzung des Einflusses auf die Gesellschaft	
		4	Hauptversammlung	
			1	Rechte der Hauptversammlung
			2	Einberufung der Hauptversammlung
			3	Verhandlungsniederschrift. Auskunftsrecht
			4	Stimmrecht
			5	Sonderbeschluss
			6	Vorzugsaktien ohne Stimmrecht

Buch	Teil	Abschnitt	Unterabschnitt	Inhalte
			7	Sonderprüfung. Geltendmachung von Ersatzansprüchen
	5	Rechnungslegung. Gewinnverwendung		
		1	Jahresabschluss und Lagebericht	
		2	Prüfung des Jahresabschlusses	
			1	(weggefallen)
			2	Prüfung durch den Aufsichtsrat
		3	Feststellung des Jahresabschlusses. Gewinnverwendung	
			1	Feststellung des Jahresabschlusses
			2	Gewinnverwendung
			3	Ordentliche Hauptversammlung
		4	Bekanntmachung des Jahresabschlusses	
	6	Satzungsänderung. Maßnahmen der Kapitalbeschaffung und Kapitalherabsetzung		
		1	Satzungsänderung	
		2	Maßnahmen der Kapitalbeschaffung	
			1	Kapitalerhöhung gegen Einlagen
			2	Bedingte Kapitalerhöhung
			3	Genehmigtes Kapital
			4	Kapitalerhöhung aus Gesellschaftsmitteln
			5	Wandelschuldverschreibungen. Gewinnschuldverschreibungen
		3	Maßnahmen der Kapitalherabsetzung	
			1	Ordentliche Kapitalherabsetzung
			2	Vereinfachte Kapitalherabsetzung
			3	Kapitalherabsetzung durch Einziehung von Aktien
			4	Ausweis der Kapitalherabsetzung
	7	Nichtigkeit von Hauptversammlungsbeschlüssen und des festgestellten Jahresabschlusses. Sonderprüfung wegen unzulässiger Unterbewertung		
		1	Nichtigkeit von Hauptversammlungsbeschlüssen	
			1	Allgemeines
			2	Nichtigkeit bestimmter Hauptversammlungsbeschlüsse

Buch	Teil	Abschnitt	Unterabschnitt	Inhalte
		2		Nichtigkeit des festgestellten Jahresabschlusses
		3		Sonderprüfung wegen unzulässiger Unterbewertung
	8			Auflösung und Nichtigerklärung der Gesellschaft
		1		Auflösung
			1	Auflösungsgründe und Anmeldung
			2	Abwicklung
		2		Nichtigerklärung der Gesellschaft
2				Kommanditgesellschaft auf Aktien
3				Verbundene Unternehmen
	1			Unternehmensverträge
		1		Arten von Unternehmensverträgen
		2		Abschluss, Änderung und Beendigung von Unternehmensverträgen
		3		Sicherung der Gesellschaft und der Gläubiger
		4		Sicherung der außenstehenden Aktionäre bei Beherrschungs- und Gewinnabführungsverträgen
	2			Leitungsmacht und Verantwortlichkeit bei Abhängigkeit von Unternehme
		1		Leitungsmacht und Verantwortlichkeit bei Bestehen eines Beherrschungsvertrags
		2		Verantwortlichkeit bei Fehlen eines Beherrschungsvertrags
	3			Eingegliederte Gesellschaften
	4			Ausschluss von Minderheitsaktionären
	5			Wechselseitig beteiligte Unternehmen
	6			Rechnungslegung im Konzern
4				Sonder-, Straf- und Schlussvorschriften
	1			Sondervorschriften bei Beteiligung von Gebietskörperschaften
	2			Gerichtliche Auflösung
	3			Straf- und Bußgeldvorschriften. Schlussvorschriften

2.1.2 Gründung, Rechtsverhältnisse und Verfassung eines Gesundheitsbetriebs als AG

Die Aktiengesellschaft ist nach § 1 AktG als Gesellschaft mit eigener Rechtspersönlichkeit definiert, für deren Verbindlichkeiten das Gesellschaftsvermögen haftet und die über ein in Aktien zerlegtes **Grundkapital** verfügt.

Die **Aktien** können nach § 9 AktG entweder als Nennbetragsaktien oder als Stückaktien begründet werden, wobei sich der Anteil am Grundkapital bei Nennbetragsaktien nach dem Verhältnis ihres Nennbetrags zum Grundkapital und bei Stückaktien nach der Zahl der Aktien bestimmt.

Verbundene Unternehmen sind nach §§ 15ff AktG rechtlich selbständige Unternehmen und

- im Verhältnis zueinander in Mehrheitsbesitz stehende Unternehmen und mit Mehrheit beteiligte Unternehmen,
- abhängige und herrschende Unternehmen,
- Konzernunternehmen,
- wechselseitig beteiligte Unternehmen oder
- Vertragsteile eines Unternehmensvertrags.

Nach § 28 AktG sind die Aktionäre, die die Satzung festgestellt haben, die Gründer der Gesellschaft.

Die Satzung muss nach § 23 AktG beispielsweise die Firma und den Sitz der Gesellschaft, den Gegenstand des Unternehmens, die Höhe des Grundkapitals, die Zerlegung des Grundkapitals entweder in Nennbetragsaktien oder in Stückaktien, die Zahl der Mitglieder des Vorstands oder die Regeln, nach denen diese Zahl festgelegt wird, und anderes mehr bestimmen.

Die Gesellschaft ist nach § 36 AktG bei dem Gericht von allen Gründern und Mitgliedern des Vorstands und des Aufsichtsrats zur Eintragung in das Handelsregister anzumelden.

Nach § 54 AktG wird die Verpflichtung der Aktionäre zur Leistung der Einlagen durch den Ausgabebetrag der Aktien begrenzt. Ihr Anteil am Gewinn bestimmt sich nach ihren Anteilen am Grundkapital (§ 60 AktG).

Die Leitung einer Aktiengesellschaft obliegt dem **Vorstand**, der sie nach § 76 AktG unter eigener Verantwortung zu leiten hat.

Der Vorstand hat dem Aufsichtsrat nach § 90 AktG beispielsweise zu berichten über die beabsichtigte Geschäftspolitik und andere grundsätzliche Fragen der Unternehmensplanung (insbesondere die Finanz-, Investitions- und Personalplanung), die Rentabilität der Gesellschaft, insbesondere die Rentabilität des Eigenkapitals, den Gang der Geschäfte, insbesondere den Umsatz, und die Lage der Gesellschaft und anderes mehr.

Der **Aufsichtsrat** besteht nach § 95f AktG aus mindestens drei Mitgliedern, setzt sich beispielsweise bei Gesellschaften, für die das Mitbestimmungsgesetz gilt, aus Aufsichtsratsmitgliedern der Aktionäre und der Arbeitnehmer zusammen und hat nach § 111 AktG die Geschäftsführung zu überwachen.

In der **Hauptversammlung** üben die Aktionäre nach § 118 AktG ihre Rechte in den Angelegenheiten der Gesellschaft aus.

Die Hauptversammlung beschließt nach § 119 AktG beispielsweise über die Verwendung des Bilanzgewinns, die Entlastung der Mitglieder des Vorstands und des Aufsichtsrats, Satzungsänderungen, Maßnahmen der Kapitalbeschaffung und der Kapitalherabsetzung und anderes mehr.

Ihre Beschlüsse bedürfen nach § 133f AktG der Mehrheit der abgegebenen Stimmen (einfache Stimmenmehrheit), soweit nicht Gesetz oder Satzung eine größere Mehrheit oder weitere Erfordernisse bestimmen, und das Stimmrecht wird nach Aktiennennbeträgen, bei Stückaktien nach deren Zahl ausgeübt.

2.1.3 Rechnungslegung, Satzungsänderungen und AG-Auflösung

Der **Jahresabschluss** ist gemäß § 150 AktG nach dem Handelsgesetzbuch aufzustellen und in dessen Bilanz ist eine gesetzliche Rücklage zu bilden. Dort ist das Grundkapital nach § 152 AktG auch als gezeichnetes Kapital auszuweisen. Er ist vom Vorstand zusammen mit dem Lagebericht und dem Vorschlag für die Verwendung des Bilanzgewinns unverzüglich nach der Aufstellung gemäß § 170f dem Aufsichtsrat vorzulegen, der ihn zu prüfen und über das Ergebnis der Prüfung schriftlich an die Hauptversammlung zu berichten hat.

Jede **Satzungsänderung** bedarf nach § 179 AktG eines Beschlusses der Hauptversammlung, wobei die Befugnis zu Änderungen, die nur die Fassung betreffen, auch dem Aufsichtsrat übertragen werden kann.

Eine **Erhöhung** des Grundkapitals gegen Einlagen kann nach § 182 AktG nur mit einer Mehrheit beschlossen werden, die mindestens drei Viertel des bei der Beschlussfassung vertretenen Grundkapitals umfasst. Gleichzeitig kann die Satzung nach § 202 AktG den Vorstand für höchstens fünf Jahre nach Eintragung der Gesellschaft ermächtigen, das Grundkapital bis zu einem bestimmten Nennbetrag (genehmigtes Kapital) durch Ausgabe neuer Aktien gegen Einlagen zu erhöhen. Eine Erhöhung des Grundkapitals durch Umwandlung der Kapitalrücklage und von Gewinnrücklagen in Grundkapital kann die Hauptversammlung nach § 207 AktG beschließen.

Eine **Herabsetzung** des Grundkapitals kann nach § 222 AktG nur mit einer Mehrheit beschlossen werden, die mindestens drei Viertel des bei der Beschlussfassung vertretenen Grundkapitals umfasst. Die Satzung kann eine größere Kapitalmehrheit und weitere Erfordernisse bestimmen.

Eine **Anfechtung** von Beschlüssen der Hauptversammlung ist nach § 243 AktG wegen Verletzung des Gesetzes oder der Satzung durch Klage möglich.

Zur Anfechtung sind nach § 245 AktG beispielsweise unter anderen jeder in der Hauptversammlung erschienene Aktionär, wenn er die Aktien schon vor der Bekanntmachung der Tagesordnung erworben hatte und gegen den Beschluss Widerspruch zur Niederschrift erklärt hat oder auch jeder in der Hauptversammlung nicht erschienene Aktionär, wenn er zu der Hauptversammlung zu Unrecht nicht zugelassen worden ist oder die Versammlung nicht ordnungsgemäß einberufen oder der Gegenstand der Beschlussfassung nicht ordnungsgemäß bekanntgemacht worden ist, befugt.

Die **Auflösung** der Aktiengesellschaft kann nach § 262 AktG beispielsweise durch die Eröffnung des Insolvenzverfahrens über das Vermögen der Gesellschaft begründet sein. Wenn nicht über das Vermögen der Gesellschaft das Insolvenzverfahren eröffnet worden ist, findet gemäß § 264f AktG nach der Auflösung der Gesellschaft die **Abwicklung** statt, die die Vorstandsmitglieder als Abwickler besorgen. Das nach der Berichtigung der Verbindlichkeiten verbleibende Vermögen der Gesellschaft wird nach § 271 AktG unter die Aktionäre verteilt.

2.1.4 KGaA und Gesundheitsbetriebe als Verbundene Unternehmen

Die **Kommanditgesellschaft auf Aktien** (KGaA) ist nach § 278 AktG eine Gesellschaft

- mit eigener Rechtspersönlichkeit,
- bei der mindestens ein Gesellschafter den Gesellschaftsgläubigern unbeschränkt haftet (persönlich haftender Gesellschafter) und
- die übrigen an dem in Aktien zerlegten Grundkapital beteiligt sind, ohne persönlich für die Verbindlichkeiten der Gesellschaft zu haften (Kommanditaktionäre).

Bei der Eintragung der Gesellschaft in das Handelsregister sind nach § 282 AktG statt der Vorstandsmitglieder die persönlich haftenden Gesellschafter anzugeben sowie ihre Vertretungsbefugnis. In der Hauptversammlung haben die persönlich haftenden Gesellschafter nach § 285 AktG nur ein Stimmrecht für ihre Aktien. Die Hauptversammlung beschließt nach § 286 AktG über die Feststellung des Jahresabschlusses, wobei der Beschluss der Zustimmung der persönlich haftenden Gesellschafter bedarf. Der Aufsichtsrat führt nach § 287 AktG die Beschlüsse der Kommanditaktionäre aus, soweit die Satzung nichts anderes bestimmt. Die Auflösung der Gesellschaft und das Ausscheiden eines persönlich haftenden Gesellschafters ist nach § 289 AktG von allen persönlich haftenden Gesellschaftern zur Eintragung in das Handelsregister anzumelden. Die Abwicklung besorgen nach § 290 AktG alle persönlich haftenden Gesellschafter und eine oder mehrere von der Hauptversammlung gewählte Personen als Abwickler, wenn die Satzung nichts anderes bestimmt.

Unternehmensverträge sind nach § 291f AktG unter anderem

- Beherrschungsverträge, durch die eine AG oder KGaA die Leitung ihrer Gesellschaft einem anderen Unternehmen unterstellt,
- Gewinnabführungsverträge, durch die eine AG oder KGaA auf Aktien sich verpflichtet, ihren ganzen Gewinn an ein anderes Unternehmen abzuführen,

- Gewinngemeinschaftsverträge, durch die eine AG oder KGaA sich verpflichtet, ihren Gewinn oder den Gewinn einzelner ihrer Betriebe ganz oder zum Teil mit dem Gewinn anderer Unternehmen oder einzelner Betriebe anderer Unternehmen zur Aufteilung eines gemeinschaftlichen Gewinns zusammenzulegen,
- Betriebspachtverträge bzw. Betriebsüberlassungsverträge, durch die eine AG oder KGaA den Betrieb ihres Unternehmens einem anderen verpachtet oder sonst überlässt.

Ein Unternehmensvertrag wird nach § 293f AktG nur mit Zustimmung der Hauptversammlung wirksam und sein Bestehen, die Art des Unternehmensvertrages sowie der Name des anderen Vertragsteils sind vom Vorstand der Gesellschaft zur Eintragung in das Handelsregister anzumelden.

Ist der Jahresabschluss durch einen Abschlussprüfer zu prüfen, so ist nach § 313f AktG mit Ausnahme bei Gewinnabführungsverträgen gleichzeitig mit dem Jahresabschluss und dem Lagebericht auch der Bericht über die Beziehungen zu verbundenen Unternehmen dem Abschlussprüfer vorzulegen, und der Vorstand hat den Bericht über die Beziehungen zu verbundenen Unternehmen unverzüglich nach dessen Aufstellung dem Aufsichtsrat vorzulegen.

Nach § 319 AktG kann die Hauptversammlung einer AG die **Eingliederung** der Gesellschaft in eine andere Aktiengesellschaft mit Sitz im Inland (Hauptgesellschaft) beschließen, wenn sich alle Aktien der Gesellschaft in der Hand der zukünftigen Hauptgesellschaft befinden.

2.2 Betriebsverfassungsgesetz (BetrVG)

2.2.1 Übersicht

Das Betriebsverfassungsgesetz (BetrVG) in der Fassung der Bekanntmachung vom 25. September 2001 (BGBl I S. 2518), zuletzt durch Artikel 3 Absatz 4 des Gesetzes vom 20. April 2013 (BGBl I S. 868) geändert, regelt insbesondere die Zusammensetzung und Wahl von Betriebsräten und Jugendvertretungen sowie die Mitwirkung und Mitbestimmung der Arbeitnehmer in Gesundheitsbetrieben.

Beispiel: In eine Privatklinik mit 100 Mitarbeitern, darunter 10 Auszubildende, gibt es einen Betriebsrat. Für die Auszubildenden, von denen einige das 18. Lebensjahr noch nicht vollendet haben, gibt es eine eigene Jugend- und Auszubildendenvertretung.

Tabelle 6 gibt einen Überblick über die Inhalte des BetrVG.

Tab. 6: Betriebsverfassungsgesetz (BetrVG)

Teil	Abschnitt	Unterabschnitt	Inhalte
1	Allgemeine Vorschriften		
2	Betriebsrat, Betriebsversammlung, Gesamt- und Konzernbetriebsrat		
	1	Zusammensetzung und Wahl des Betriebsrats	
	2	Amtszeit des Betriebsrats	
	3	Geschäftsführung des Betriebsrats	
	4	Betriebsversammlung	
	5	Gesamtbetriebsrat	
	6	Konzernbetriebsrat	
3	Jugend- und Auszubildendenvertretung		
	1	Betriebliche Jugend- und Auszubildendenvertretung	
	2	Gesamt-Jugend- und Auszubildendenvertretung	
	3	Konzern-Jugend- und Auszubildendenvertretung	
4	Mitwirkung und Mitbestimmung der Arbeitnehmer		
	1	Allgemeines	
	2	Mitwirkungs- und Beschwerderecht des Arbeitnehmers	
	3	Soziale Angelegenheiten	
	4	Gestaltung von Arbeitsplatz, Arbeitsablauf und Arbeitsumgebung	
	5	Personelle Angelegenheiten	
		1	Allgemeine personelle Angelegenheiten
		2	Berufsbildung
		3	Personelle Einzelmaßnahmen
	6	Wirtschaftliche Angelegenheiten	
		1	Unterrichtung in wirtschaftlichen Angelegenheiten
		2	Betriebsänderungen
5	Besondere Vorschriften für einzelne Betriebsarten		
	1	Seeschifffahrt	
	2	Luftfahrt	
	3	Tendenzbetriebe und Religionsgemeinschaften	
6	Straf- und Bußgeldvorschriften		
7	Änderung von Gesetzen		
8	Übergangs- und Schlussvorschriften		

2.2.2 Wahl des Betriebsrats und Betriebsversammlung

Nach § 1 BetrVG werden in Betrieben mit in der Regel mindestens fünf ständigen wahlberechtigten Arbeitnehmern, von denen drei wählbar sind, Betriebsräte gewählt. Als Arbeitnehmerinnen und Arbeitnehmer im Sinne des Gesetzes gelten nach § 5 BetrVG Arbeiter und Angestellte einschließlich der zu ihrer Berufsausbildung Beschäftigten, unabhängig davon, ob sie im Betrieb, im Außendienst oder mit Telearbeit beschäftigt werden.

Wahlberechtigt sind alle Arbeitnehmer des Gesundheitsbetriebs, die das 18. Lebensjahr vollendet haben (§ 7 BetrVG), und wählbar sind alle Wahlberechtigten, die sechs Monate dem Betrieb angehören oder als in Heimarbeit Beschäftigte in der Hauptsache für den Betrieb gearbeitet haben (§ 8 BetrVG). Der **Betriebsrat** wird nach § 14 BetrVG in geheimer und unmittelbarer Wahl gewählt. Seine regelmäßige Amtszeit beträgt nach § 21 BetrVG vier Jahre.

Die Mitgliedschaft im Betriebsrat erlischt nach § 24 BetrVG beispielsweise unter anderem durch Ablauf der Amtszeit, Niederlegung des Betriebsratsamtes oder Beendigung des Arbeitsverhältnisses.

Die **Betriebsratssitzungen** finden in der Regel während der Arbeitszeit statt (§ 30 BetrVG), und auf Antrag von einem Viertel der Mitglieder des Betriebsrats kann ein Beauftragter einer im Betriebsrat vertretenen Gewerkschaft an den Sitzungen beratend teilnehmen (§ 31 BetrVG).

Die **Betriebsversammlung** besteht nach § 42 BetrVG aus den Arbeitnehmern des Betriebs und wird von dem Vorsitzenden des Betriebsrats geleitet.

Bestehen in einem Unternehmen mehrere Betriebsräte, so ist nach § 47 BetrVG ein **Gesamtbetriebsrat** zu errichten. Für einen Konzern nach dem AktG kann durch Beschlüsse der einzelnen Gesamtbetriebsräte gemäß § 54 BetrVG ein **Konzernbetriebsrat** errichtet werden. In Betrieben mit in der Regel mindestens fünf Arbeitnehmern, die das 18. Lebensjahr noch nicht vollendet haben (jugendliche Arbeitnehmer) oder die zu ihrer Berufsausbildung beschäftigt sind und das 25. Lebensjahr noch nicht vollendet haben, werden nach § 60 BetrVG **Jugend- und Auszubildendenvertretungen** gewählt.

2.2.3 Mitwirkung und Mitbestimmung der Arbeitnehmer in Gesundheitsbetrieben

Der Arbeitnehmer hat nach §§ 82ff BetrVG beispielsweise das Recht,
- in betrieblichen Angelegenheiten, die seine Person betreffen, von den nach Maßgabe des organisatorischen Aufbaus des Betriebs hierfür zuständigen Personen gehört zu werden,
- in die über ihn geführten Personalakten Einsicht zu nehmen,

- sich bei den zuständigen Stellen des Betriebs zu beschweren, wenn er sich vom Arbeitgeber oder von Arbeitnehmern des Betriebs benachteiligt oder ungerecht behandelt oder in sonstiger Weise beeinträchtigt fühlt.

Der Betriebsrat hat Beschwerden von Arbeitnehmern entgegenzunehmen und, falls er sie für berechtigt erachtet, beim Arbeitgeber auf Abhilfe hinzuwirken.

Die **Mitbestimmungerechte** des Betriebsrats erstrecken sich, soweit eine gesetzliche oder tarifliche Regelung nicht besteht, nach § 87 BetrVG beispielsweise unter anderem auf folgende Angelegenheiten:
- Fragen der Ordnung des Betriebs und des Verhaltens der Arbeitnehmer im Betrieb,
- Beginn und Ende der täglichen Arbeitszeit einschließlich der Pausen sowie Verteilung der Arbeitszeit auf die einzelnen Wochentage,
- vorübergehende Verkürzung oder Verlängerung der betriebsüblichen Arbeitszeit,
- Zeit, Ort und Art der Auszahlung der Arbeitsentgelte,
- Aufstellung allgemeiner Urlaubsgrundsätze und des Urlaubsplans sowie die Festsetzung der zeitlichen Lage des Urlaubs für einzelne Arbeitnehmer, wenn zwischen dem Arbeitgeber und den beteiligten Arbeitnehmern kein Einverständnis erzielt wird,
- Einführung und Anwendung von technischen Einrichtungen, die dazu bestimmt sind, das Verhalten oder die Leistung der Arbeitnehmer zu überwachen,
- Regelungen über die Verhütung von Arbeitsunfällen und Berufskrankheiten sowie über den Gesundheitsschutz im Rahmen der gesetzlichen Vorschriften oder der Unfallverhütungsvorschriften,
- Form, Ausgestaltung und Verwaltung von Sozialeinrichtungen, deren Wirkungsbereich auf den Betrieb, das Unternehmen oder den Konzern beschränkt ist,
- Zuweisung und Kündigung von Wohnräumen, die den Arbeitnehmern mit Rücksicht auf das Bestehen eines Arbeitsverhältnisses vermietet werden, sowie die allgemeine Festlegung der Nutzungsbedingungen,
- Fragen der betrieblichen Lohngestaltung, insbesondere die Aufstellung von Entlohnungsgrundsätzen und die Einführung und Anwendung von neuen Entlohnungsmethoden sowie deren Änderung,
- Festsetzung der Akkord- und Prämiensätze und vergleichbarer leistungsbezogener Entgelte, einschließlich der Geldfaktoren,
- Grundsätze über das betriebliche Vorschlagswesen,
- Grundsätze über die Durchführung von Gruppenarbeit.

Der Betriebsrat ist nach § 102 BetrVG vor jeder **Kündigung** zu hören. Der Arbeitgeber hat ihm die Gründe für die Kündigung mitzuteilen. Eine ohne Anhörung des Betriebsrats ausgesprochene Kündigung ist unwirksam.

Der Betriebsrat kann nach § 103 BetrVG einer ordentlichen Kündigung widersprechen, wenn unter anderem beispielsweise der Arbeitgeber bei der Auswahl des zu kündigenden Arbeitnehmers soziale Gesichtspunkte nicht oder nicht ausreichend berücksichtigt hat, der zu kündigende Arbeitnehmer an einem anderen Arbeitsplatz im selben Betrieb oder in einem anderen Betrieb des Unternehmens weiterbeschäftigt werden kann oder die Weiterbeschäftigung des Arbeitnehmers nach zumutbaren Umschulungs- oder Fortbildungsmaßnahmen möglich ist.

Insbesondere bei Gesundheitsbetrieben in öffentlicher Trägerschaft ist folgendes zu berücksichtigen:

Nach § 118 BetrVG findet dieses Gesetz keine Anwendung auf Religionsgemeinschaften und ihre karitativen und erzieherischen Einrichtungen unbeschadet deren Rechtsform.

Nach § 130 BetrVG findet dieses Gesetz auch keine Anwendung auf Verwaltungen und Betriebe des Bundes, der Länder, der Gemeinden und sonstiger Körperschaften, Anstalten und Stiftungen des öffentlichen Rechts.

2.3 Bürgerliches Gesetzbuch (BGB)

2.3.1 Übersicht

Das Bürgerliche Gesetzbuch (BGB) in der Fassung der Bekanntmachung vom 2. Januar 2002 (BGBl I S. 42, 2909; 2003 I S. 738), zuletzt durch Artikel 7 des Gesetzes vom 7. Mai 2013 (BGBl I S. 1122) geändert, regelt die wichtigsten Gebiete des Privatrechts. Mit seinen zahlreichen Vorgaben, wie beispielsweise über schuldrechtliche Verträge oder über Rechte an beweglichen Sachen und Grundstücken, ist es auch für die Gesundheitsbetriebe eine wichtige Rechtsgrundlage. Von besonderer Bedeutung für die Betriebsführung sind hierbei insbesondere das 1. Buch mit dem Allgemeinen Teil, das 2. Buch mit dem Recht der Schuldverhältnisse sowie das 3. Buch mit dem Sachenrecht.

Beispiele: Eine Zahnarztpraxis erwirbt ein Desinfektionsgerät im Rahmen eines Kaufs auf Probe (BGB, Buch 2, Abschnitt 8, Titel 1, Untertitel 2: Besondere Arten des Kaufs). Eine Klinik vermietet Räume an einen Belegarzt (BGB, Buch 2, Abschnitt 8, Titel 2: Mietvertrag). Für den Erwerb eines Praxisgebäudes lässt der Praxiseigentümer eine Grundschuld bestellen (BGB, Buch 3, Abschnitt 7, Titel 2: Grundschuld).

Tabelle 7 gibt einen Überblick über die Inhalte des BGB.

Tab. 7: Bürgerliches Gesetzbuch (BGB)

Buch	Abschnitt	Titel	Untertitel	Kapitel	Unterkapitel	Inhalt
1	Allgemeiner Teil					
	1	Personen				
		1	Natürliche Personen, Verbraucher, Unternehmer			
		2	Juristische Personen			
			1	Vereine		
				1	Allgemeine Vorschriften	
				2	Eingetragene Vereine	
			2	Stiftungen		
			3	Juristische Personen des öffentlichen Rechts		
	2	Sachen und Tiere				
	3	Rechtsgeschäfte				
		1	Geschäftsfähigkeit			
		2	Willenserklärung			
		3	Vertrag			
		4	Bedingung und Zeitbestimmung			
		5	Vertretung und Vollmacht			
		6	Einwilligung und Genehmigung			
	4	Fristen, Termine				
	5	Verjährung				
		1	Gegenstand und Dauer der Verjährung			
		2	Hemmung, Ablaufhemmung und Neubeginn der Verjährung			
		3	Rechtsfolgen der Verjährung			
	6	Ausübung der Rechte, Selbstverteidigung, Selbsthilfe				
	7	Sicherheitsleistung				
2	Recht der Schuldverhältnisse					
	1	Inhalt der Schuldverhältnisse				
		1	Verpflichtung zur Leistung			
		2	Verzug des Gläubigers			
	2	Gestaltung rechtsgeschäftlicher Schuldverhältnisse durch Allgemeine Geschäftsbedingungen				
	3	Schuldverhältnisse aus Verträgen				
		1	Begründung, Inhalt und Beendigung			

Buch	Abschnitt	Titel	Untertitel	Kapitel	Unterkapitel	Inhalt
			1	Begründung		
			2	Besondere Vertriebsformen		
			3	Anpassung und Beendigung von Verträgen		
			4	Einseitige Leistungsbestimmungsrechte		
		2	Gegenseitiger Vertrag			
		3	Versprechen der Leistung an einen Dritten			
		4	Draufgabe, Vertragsstrafe			
		5	Rücktritt; Widerrufs- und Rückgaberecht bei Verbraucherverträgen			
			1	Rücktritt		
			2	Widerrufs- und Rückgaberecht bei Verbraucherverträgen		
	4	Erlöschen der Schuldverhältnisse				
		1	Erfüllung			
		2	Hinterlegung			
		3	Aufrechnung			
		4	Erlass			
	5	Übertragung einer Forderung				
	6	Schuldübernahme				
	7	Mehrheit von Schuldnern und Gläubigern				
	8	Einzelne Schuldverhältnisse				
		1	Kauf, Tausch			
			1	Allgemeine Vorschriften		
			2	Besondere Arten des Kaufs		
				1	Kauf auf Probe	
				2	Wiederkauf	
				3	Vorkauf	
			3	Verbrauchsgüterkauf		
			4	Tausch		
		2	Teilzeit-Wohnrechteverträge, Verträge über langfristige Urlaubsprodukte, Vermittlungsverträge und Tauschsystemverträge			
		3	Darlehensvertrag; Finanzierungshilfen und Ratenlieferungsverträge zwischen einem Unternehmer und einem Verbraucher			
			1	Darlehensvertrag		
			2	Finanzierungshilfen zwischen einem Unternehmer und einem Verbraucher		

Buch	Abschnitt	Titel	Untertitel	Kapitel	Unterkapitel	Inhalt
			3	Ratenlieferungsverträge zwischen einem Unternehmer und einem Verbraucher		
			4	Unabdingbarkeit, Anwendung auf Existenzgründer		
		4	Schenkung			
		5	Mietvertrag, Pachtvertrag			
			1	Allgemeine Vorschriften für Mietverhältnisse		
			2	Mietverhältnisse über Wohnraum		
				1	Allgemeine Vorschriften	
				2	Die Miete	
					1	Vereinbarungen über die Miete
					2	Regelungen über die Miethöhe
				3	Pfandrecht des Vermieters	
				4	Wechsel der Vertragsparteien	
				5	Beendigung des Mietverhältnisses	
					1	Allgemeine Vorschriften
					2	Mietverhältnisse auf unbestimmte Zeit
					3	Mietverhältnisse auf bestimmte Zeit
					4	Werkwohnungen
				6	Besonderheiten bei der Bildung von Wohnungseigentum an vermieteten Wohnungen	
			3	Mietverhältnisse über andere Sachen		
			4	Pachtvertrag		
			5	Landpachtvertrag		
		6	Leihe			
		7	Sachdarlehensvertrag			
		8	Dienstvertrag und ähnliche Verträge			
			1	Dienstvertrag		
			2	Behandlungsvertrag		
		9	Werkvertrag und ähnliche Verträge			
			1	Werkvertrag		
			2	Reisevertrag		

Buch	Abschnitt	Titel	Untertitel	Kapitel	Unterkapitel	Inhalt
		10	Mäklervertrag			
			1	Allgemeine Vorschriften		
			2	Vermittlung von Verbraucherdarlehensverträgen		
			3	Ehevermittlung		
		11	Auslobung			
		12	Auftrag Geschäftsbesorgungsvertrag und Zahlungsdienste			
			1	Auftrag		
			2	Geschäftsbesorgungsvertrag		
			3	Zahlungsdienste		
				1	Allgemeine Vorschriften	
				2	Zahlungsdienstevertrag	
				3	Erbringung und Nutzung von Zahlungsdiensten	
					1	Autorisierung von Zahlungsvorgängen; Zahlungsauthentifizierungsinstrumente
					2	Ausführung von Zahlungsvorgängen
					3	Haftung
		13	Geschäftsführung ohne Auftrag			
		14	Verwahrung			
		15	Einbringung von Sachen bei Gastwirten			
		16	Gesellschaft			
		17	Gemeinschaft			
		18	Leibrente			
		19	Unvollkommene Verbindlichkeiten			
		20	Bürgschaft			
		21	Vergleich			
		22	Schuldversprechen, Schuldanerkenntnis			
		23	Anweisung			
		24	Schuldverschreibung auf den Inhaber			
		25	Vorlegung von Sachen			
		26	Ungerechtfertigte Bereicherung			
		27	Unerlaubte Handlungen			

Buch	Abschnitt	Titel	Unter-titel	Kapitel	Unter-kapitel	Inhalt
3	Sachenrecht					
	1	Besitz				
	2	Allgemeine Vorschriften über Rechte an Grundstücken				
	3	Eigentum				
		1	Inhalt des Eigentums			
		2	Erwerb und Verlust des Eigentums an Grundstücken			
		3	Erwerb und Verlust des Eigentums an beweglichen Sachen			
			1	Übertragung		
			2	Ersitzung		
			3	Verbindung, Vermischung, Verarbeitung		
			4	Erwerb von Erzeugnissen und sonstigen Bestandteilen einer Sache		
			5	Aneignung		
			6	Fund		
		4	Ansprüche aus dem Eigentum			
		5	Miteigentum			
	4	Dienstbarkeiten				
		1	Grunddienstbarkeiten			
		2	Nießbrauch			
			1	Nießbrauch an Sachen		
			2	Nießbrauch an Rechten		
			3	Nießbrauch an einem Vermögen		
		3	Beschränkte persönliche Dienstbarkeiten			
	5	Vorkaufsrecht				
	6	Reallasten				
	7	Hypothek, Grundschuld, Rentenschuld				
		1	Hypothek			
		2	Grundschuld, Rentenschuld			
			1	Grundschuld		
			2	Rentenschuld		
	8	Pfandrecht an beweglichen Sachen und an Rechten				
		1	Pfandrecht an beweglichen Sachen			
		2	Pfandrecht an Rechten			

Buch	Abschnitt	Titel	Untertitel	Kapitel	Unterkapitel	Inhalt
4	Familienrecht					
	1	Bürgerliche Ehe				
		1	Verlöbnis			
		2	Eingehung der Ehe			
			1	Ehefähigkeit		
			2	Eheverbote		
			3	Ehefähigkeitszeugnis		
			4	Eheschließung		
		3	Aufhebung der Ehe			
		4	Wiederverheiratung nach Todeserklärung			
		5	Wirkungen der Ehe im Allgemeinen			
		6	Eheliches Güterrecht			
			1	Gesetzliches Güterrecht		
			2	Vertragliches Güterrecht		
				1	Allgemeine Vorschriften	
				2	Gütertrennung	
				3	Gütergemeinschaft	
					1	Allgemeine Vorschriften
					2	Verwaltung des Gesamtgutes durch den Mann oder die Frau
					3	Gemeinschaftliche Verwaltung des Gesamtguts durch den Ehegatten
					4	Auseinandersetzung des Gesamtguts
					5	Fortgesetzte Gütergemeinschaft
			3	Güterrechtsregister		
		7	Scheidung der Ehe			
			1	Scheidungsgründe		
			1a	Behandlung der Ehewohnung und der Haushaltsgegenstände anlässlich der Scheidung		
			2	Unterhalt des geschiedenen Ehegatten		
				1	Grundsatz	
				2	Unterhaltsberechtigung	

Buch	Abschnitt	Titel	Untertitel	Kapitel	Unterkapitel	Inhalt
				3	Leistungsfähigkeit und Rangfolge	
				4	Gestaltung des Unterhaltsanspruchs	
				5	Ende des Unterhaltsanspruchs	
			3	Versorgungsausgleich		
		8	Kirchliche Verpflichtungen			
	2	Verwandtschaft				
		1	Allgemeine Vorschriften			
		2	Abstammung			
		3	Unterhaltspflicht			
			1	Allgemeine Vorschriften		
			2	Besondere Vorschriften für das Kind und seine nicht miteinander verheirateten Eltern		
		4	Rechtsverhältnis zwischen den Eltern und dem Kind im Allgemeinen			
		5	Elterliche Sorge			
		6	Beistandschaft			
		7	Annahme als Kind			
			1	Annahme Minderjähriger		
			2	Annahme Volljähriger		
	3	Vormundschaft, Rechtliche Betreuung, Pflegschaft				
		1	Vormundschaft			
			1	Begründung der Vormundschaft		
			2	Führung der Vormundschaft		
			3	Fürsorge und Aufsicht des Familiengerichts		
			4	Mitwirkung des Jugendamts		
			5	Befreite Vormundschaft		
			6	Beendigung der Vormundschaft		
		2	Rechtliche Betreuung			
		3	Pflegschaft			
5	Erbrecht					
	1	Erbfolge				
	2	Rechtliche Stellung des Erben				
		1	Annahme und Ausschlagung der Erbschaft, Fürsorge des Nachlassgerichts			

Buch	Abschnitt	Titel	Untertitel	Kapitel	Unterkapitel	Inhalt
		2	Haftung des Erben für die Nachlassverbindlichkeiten			
			1	Nachlassverbindlichkeiten		
			2	Aufgebot der Nachlassgläubiger		
			3	Beschränkung der Haftung des Erben		
			4	Inventarerrichtung, unbeschränkte Haftung des Erben		
			5	Aufschiebende Einreden		
		3	Erbschaftsanspruch			
		4	Mehrheit von Erben			
			1	Rechtsverhältnis der Erben untereinander		
			2	Rechtsverhältnis zwischen den Erben und den Nachlassgläubigern		
	3	Testament				
		1	Allgemeine Vorschriften			
		2	Erbeinsetzung			
		3	Einsetzung eines Nacherben			
		4	Vermächtnis			
		5	Auflage			
		6	Testamentsvollstrecker			
		7	Errichtung und Aufhebung eines Testaments			
		8	Gemeinschaftliches Testament			
	4	Erbvertrag				
	5	Pflichtteil				
	6	Erbunwürdigkeit				
	7	Erbverzicht				
	8	Erbschein				
	9	Erbschaftskauf				

2.3.2 Unternehmer, Vereine, Stiftungen, Sachen, Rechtsgeschäfte und Verjährung

Als **Unternehmer** gelten nach § 14 BGB natürliche oder juristische Personen oder eine rechtsfähige Personengesellschaft, die bei Abschluss eines Rechtsgeschäfts in Ausübung ihrer gewerblichen oder selbständigen beruflichen Tätigkeit handelt.

Nach § 21 BGB erlangt ein **Verein**, dessen Zweck nicht auf einen wirtschaftlichen Geschäftsbetrieb gerichtet ist, Rechtsfähigkeit durch Eintragung in das Vereinsregister des zuständigen Amtsgerichts.

Zur Entstehung einer rechtsfähigen **Stiftung** sind nach § 80 BGB das Stiftungsgeschäft und die Anerkennung durch die zuständige Behörde des Landes erforderlich, in dem die Stiftung ihren Sitz haben soll.

Nur körperliche Gegenstände sind nach § 90f BGB **Sachen**, wobei Tiere durch besondere Gesetze geschützt sind und ausdrücklich nicht dazu zählen.

Das BGB führt bei Sachen beispielsweise folgende Definitionen auf:
- *Verbrauchbare Sachen: Bewegliche Sachen, deren bestimmungsmäßiger Gebrauch in dem Verbrauch oder in der Veräußerung besteht (§ 92 BGB).*
- *Wesentliche Bestandteile: Bestandteile, die voneinander nicht getrennt werden können, ohne dass der eine oder der andere zerstört oder in seinem Wesen verändert wird (§ 93 BGB). Zu den wesentlichen Bestandteilen eines Grundstücks gehören nach § 94 BGB beispielsweise die mit dem Grund und Boden fest verbundenen Sachen, insbesondere Gebäude, sowie die Erzeugnisse des Grundstücks, solange sie mit dem Boden zusammenhängen.*
- *Zubehör: Bewegliche Sachen, die, ohne Bestandteile der Hauptsache zu sein, dem wirtschaftlichen Zwecke der Hauptsache zu dienen bestimmt sind und zu ihr in einem dieser Bestimmung entsprechenden räumlichen Verhältnis stehen (§ 97 BGB).*

Für **Rechtsgeschäfte** als geschäftsunfähig werden nach § 104 BGB angesehen, Kinder, die das siebente Lebensjahr noch nicht vollendet haben und Personen, die sich in einem die freie Willensbestimmung ausschließenden Zustand krankhafter Störung der Geistestätigkeit befinden, sofern nicht der Zustand seiner Natur nach ein vorübergehender ist. Ihre **Willenserklärungen** sind nach § 105 BGB nichtig.

Ein **Vertrag** kommt nach § 151 BGB durch die Annahme des Antrags zustande, ohne dass die Annahme dem Antragenden gegenüber erklärt zu werden braucht, wenn eine solche Erklärung nach der Verkehrssitte nicht zu erwarten ist oder der Antragende auf sie verzichtet hat.

Eine Willenserklärung, die jemand innerhalb der ihm zustehenden Vertretungsmacht im Namen des Vertretenen abgibt, wirkt nach § 164 BGB unmittelbar für und gegen den Vertretenen. Die Erteilung der **Vollmacht** erfolgt nach § 167 BGB durch Erklärung gegenüber dem zu Bevollmächtigenden oder dem Dritten, dem gegenüber die Vertretung stattfinden soll.

Hängt nach § 182 BGB die Wirksamkeit eines Vertrags oder eines einseitigen Rechtsgeschäfts, das einem anderen gegenüber vorzunehmen ist, von der **Zustimmung** eines Dritten ab, so kann die Erteilung sowie die Verweigerung der Zustimmung sowohl dem einen als dem anderen Teil gegenüber erklärt werden.

Ist nach § 187f BGB der Beginn eines Tages der für den Anfang einer **Frist** maßgebende Zeitpunkt, so wird dieser Tag bei der Berechnung der Frist mitgerechnet, und eine nach Tagen bestimmte Frist endigt mit dem Ablauf des letzten Tages der Frist.

Nach § 189 BGB werden beispielsweise zur Fristberechnung folgende Zeiträume verstanden:
- *Unter einem halben Jahr eine Frist von sechs Monaten,*
- *unter einem Vierteljahr eine Frist von drei Monaten,*
- *unter einem halben Monat eine Frist von 15 Tagen.*

Die regelmäßige **Verjährungsfrist** beträgt nach § 195 BGB drei Jahre. Ansprüche auf Übertragung des Eigentums an einem Grundstück sowie auf Begründung, Übertragung oder Aufhebung eines Rechts an einem Grundstück oder auf Änderung des Inhalts eines solchen Rechts sowie die Ansprüche auf die Gegenleistung verjähren nach § 196 BGB hingegen in zehn Jahren. Sofern sie beispielsweise nach §§ 203ff BGB nicht gehemmt wird, ist nach ihrem Eintritt der Schuldner gemäß § 214 BGB berechtigt, die Leistung zu verweigern.

2.3.3 Inhalte und Arten von Schuldverhältnissen

Aufgrund eines Schuldverhältnisses ist nach § 241 BGB der Gläubiger berechtigt, von dem Schuldner eine Leistung zu fordern, wobei diese auch in einem Unterlassen bestehen kann. Ist ein **Leistungsort** für die Leistung weder bestimmt noch aus den Umständen, insbesondere aus der Natur des Schuldverhältnisses, zu entnehmen, so hat nach § 269 BGB die Leistung an dem Ort zu erfolgen, an welchem der Schuldner zur Zeit der Entstehung des Schuldverhältnisses seinen Wohnsitz hatte. Geld hat der Schuldner im Zweifel auf seine Gefahr und seine Kosten dem Gläubiger an dessen Wohnsitz als **Zahlungsort** zu übermitteln (§ 270 BGB). Ist als **Leistungszeit** eine Zeit für die Leistung weder bestimmt noch aus den Umständen zu entnehmen, so kann der Gläubiger die Leistung sofort verlangen, der Schuldner sie sofort bewirken (§ 271 BGB).

Wer zum **Schadensersatz** verpflichtet ist, hat nach § 249 BGB den Zustand herzustellen, der bestehen würde, wenn der zum Ersatz verpflichtende Umstand nicht eingetreten wäre. Verletzt der Schuldner eine Pflicht aus dem Schuldverhältnis, so kann der Gläubiger nach § 280 BGB Ersatz des hierdurch entstehenden Schadens verlangen. Dies gilt nicht, wenn der Schuldner die Pflichtverletzung nicht zu vertreten hat. Wer vorsätzlich oder fahrlässig das Leben, den Körper, die Gesundheit, die Freiheit, das Eigentum oder ein sonstiges Recht eines anderen widerrechtlich verletzt, ist nach § 823 BGB dem anderen zum Ersatz des daraus entstehenden Schadens verpflichtet.

Allgemeine Geschäftsbedingungen (AGB) sind nach § 305 BGB alle für eine Vielzahl von Verträgen vorformulierten Vertragsbedingungen, die eine Vertragspartei (Verwender) der anderen Vertragspartei bei Abschluss eines Vertrags stellt. Gleichgültig ist, ob

- die Bestimmungen einen äußerlich gesonderten Bestandteil des Vertrags bilden,
- in die Vertragsurkunde selbst aufgenommen werden,
- welchen Umfang sie haben,
- in welcher Schriftart sie verfasst sind,
- welche Form der Vertrag hat.

Nach § 311 BGB ist zur Begründung eines Schuldverhältnisses durch Rechtsgeschäft sowie zur Änderung des Inhalts eines Schuldverhältnisses ein **Vertrag** zwischen den Beteiligten erforderlich, soweit nicht das Gesetz ein anderes vorschreibt. Verträge, durch den sich der eine Teil verpflichtet, das Eigentum an einem Grundstück zu übertragen oder zu erwerben, bedürfen nach § 311b BGB der notariellen Beurkundung.

Durch einen **Kaufvertrag** wird nach § 433 BGB der Verkäufer einer Sache verpflichtet, dem Käufer die Sache zu übergeben und das Eigentum an der Sache zu verschaffen. Der Verkäufer hat dem Käufer die Sache frei von Sach- und Rechtsmängeln zu verschaffen.

Bei einem **Kauf auf Probe** steht nach § 454 BGB die Billigung des gekauften Gegenstandes im Belieben des Käufers und der Verkäufer ist verpflichtet, dem Käufer die Untersuchung des Gegenstandes zu gestatten.

Wer nach § 463 BGB in Ansehung eines Gegenstandes zum **Vorkauf** berechtigt ist, kann das Vorkaufsrecht ausüben, sobald der Verpflichtete mit einem Dritten einen Kaufvertrag über den Gegenstand geschlossen hat.

Durch einen **Darlehensvertrag** wird nach § 488 BGB der Darlehensgeber verpflichtet, dem Darlehensnehmer einen Geldbetrag in der vereinbarten Höhe zur Verfügung zu stellen. Der Darlehensnehmer ist verpflichtet, einen geschuldeten Zins zu zahlen und bei Fälligkeit das zur Verfügung gestellte Darlehen zurückzuzahlen.

Eine **Schenkung** ist nach § 516 BGB eine Zuwendung, durch die jemand aus seinem Vermögen einen anderen bereichert, wenn beide Teile darüber einig sind, dass die Zuwendung unentgeltlich erfolgt.

Bei einem **Mietvertrag** wird der Vermieter nach § 535 BGB verpflichtet, dem Mieter den Gebrauch der Mietsache während der Mietzeit zu gewähren und der Mieter ist verpflichtet, dem Vermieter die vereinbarte Miete zu entrichten.

Durch den **Pachtvertrag** wird der Verpächter nach § 581 BGB verpflichtet, dem Pächter den Gebrauch des verpachteten Gegenstands und den Genuss der Früchte, soweit sie nach den Regeln einer ordnungsmäßigen Wirtschaft als Ertrag anzusehen sind, während der Pachtzeit zu gewähren und der Pächter ist verpflichtet, dem Verpächter die vereinbarte Pacht zu entrichten

Durch einen **Dienstvertrag** wird nach § 611 BGB derjenige, welcher Dienste zusagt, zur Leistung der versprochenen Dienste, der andere Teil zur Gewährung der vereinbarten Vergütung verpflichtet.

Durch den **Behandlungsvertrag** wird nach § 630a BGB derjenige, welcher die medizinische Behandlung eines Patienten zusagt (Behandelnder), zur Leistung der versprochenen Behandlung, der andere Teil (Patient) zur Gewährung der vereinbarten Vergütung verpflichtet, soweit nicht ein Dritter zur Zahlung verpflichtet ist.

Nach § 630c BGB ist der Behandelnde beispielsweise verpflichtet, dem Patienten in verständlicher Weise zu Beginn der Behandlung und, soweit erforderlich, in deren Verlauf sämtliche für die Behandlung wesentlichen Umstände zu erläutern, insbesondere

- *die Diagnose,*
- *die voraussichtliche gesundheitliche Entwicklung,*
- *die Therapie und*
- *die zu und nach der Therapie zu ergreifenden Maßnahmen.*

Bei einem **Werkvertrag** wird nach § 631 BGB der Unternehmer zur Herstellung des versprochenen Werkes, der Besteller zur Entrichtung der vereinbarten Vergütung verpflichtet, wobei Gegenstand des Werkvertrags sowohl die Herstellung oder Veränderung einer Sache als auch ein anderer durch Arbeit oder Dienstleistung herbeizuführender Erfolg sein kann.

Durch den **Bürgschaftsvertrag** verpflichtet sich nach § 765 BGB der Bürge gegenüber dem Gläubiger eines Dritten, für die Erfüllung der Verbindlichkeit des Dritten einzustehen.

2.3.4 Besitz, Eigentum, Dienstbarkeiten und Reallasten

Der **Besitz** an einer Sache wird nach § 854 BGB durch die Erlangung der tatsächlichen Gewalt über die Sache erworben und geht nach § 857 BGB auf den Erben über. Wer dem Besitzer ohne dessen Willen den Besitz entzieht oder ihn im Besitz stört, handelt, sofern nicht das Gesetz die Entziehung oder die Störung gestattet, nach § 858 BGB widerrechtlich in verbotener Eigenmacht. Der Besitzer darf sich dieser nach § 859 BGB mit Gewalt erwehren, und wird ihm eine bewegliche Sache mittels verbotener Eigenmacht weggenommen, so darf er sie dem auf frischer Tat betroffenen oder verfolgten Täter mit Gewalt wieder abnehmen.

Bei einem **Eigentum** an einer Sache kann der Eigentümer, soweit nicht das Gesetz oder Rechte Dritter entgegenstehen, nach § 903 BGB mit der Sache nach Belieben verfahren und andere von jeder Einwirkung ausschließen.

Zur Übertragung des Eigentums an einer beweglichen Sache ist nach § 929 BGB erforderlich, dass der Eigentümer die Sache dem Erwerber übergibt und beide darüber einig sind, dass das Eigentum übergehen soll. Ist der Erwerber im Besitz der Sache, so genügt die Einigung über den Übergang des Eigentums.

Nach § 873 BGB ist zur Übertragung des Eigentums an einem Grundstück, zur Belastung eines Grundstücks mit einem Recht sowie zur Übertragung oder Belastung eines solchen Rechts die Einigung des Berechtigten und des anderen Teils über den Eintritt der Rechtsänderung und die Eintragung der Rechtsänderung in das Grundbuch erforderlich, soweit nicht das Gesetz ein anderes vorschreibt.

Der Eigentümer kann nach § 985 BGB von dem Besitzer die Herausgabe der Sache verlangen.

Bei einem **Fund** hat derjenige, der eine verlorene Sache findet und an sich nimmt, nach § 965f BGB dem Verlierer oder dem Eigentümer oder einem sonstigen Empfangsberechtigten unverzüglich Anzeige zu machen, und er ist zur Verwahrung der Sache verpflichtet. Kennt der Finder die Empfangsberechtigten nicht oder ist ihm ihr Aufenthalt unbekannt, so hat er den Fund und die Umstände, welche für die Ermittelung der Empfangsberechtigten erheblich sein können, unverzüglich der zuständigen Behörde anzuzeigen, sofern die Sache nicht mehr als zehn Euro wert ist.

Im Rahmen einer **Grunddienstbarkeit** kann nach § 1018 BGB ein Grundstück zugunsten des jeweiligen Eigentümers eines anderen Grundstücks in der Weise belastet werden, dass

- dieser das Grundstück in einzelnen Beziehungen benutzen darf oder
- auf dem Grundstück gewisse Handlungen nicht vorgenommen werden dürfen oder
- die Ausübung eines Rechts ausgeschlossen ist, das sich aus dem Eigentum an dem belasteten Grundstück dem anderen Grundstück gegenüber ergibt.

Ein Grundstück kann nach § 1105 BGB auch mit einer **Reallast** belegt werden, so dass an denjenigen, zu dessen Gunsten die Belastung erfolgt, wiederkehrende Leistungen aus dem Grundstück zu entrichten sind, beispielsweise als **Hypothek**, die nach § 1113 BGB als eine bestimmte Geldsumme zur Befriedigung wegen einer ihm zustehenden Forderung aus dem Grundstück zu zahlen ist.

Ein Grundstück kann nach § 1191 BGB ferner in der Weise belastet werden, dass in Form einer **Grundschuld** an denjenigen, zu dessen Gunsten die Belastung erfolgt, eine bestimmte Geldsumme aus dem Grundstück zu zahlen ist.

Bewegliche Sachen können nach § 1204f zur Sicherung einer Forderung mit einem **Pfandrecht** belegt und dadurch in der Weise belastet werden, dass der Gläubiger berechtigt ist, Befriedigung aus der Sache zu suchen. Dazu ist erforderlich, dass der Eigentümer die Sache dem Gläubiger übergibt und beide darüber einig sind, dass dem Gläubiger das Pfandrecht zustehen soll. Ist der Gläubiger im Besitz der Sache, so genügt die Einigung über die Entstehung des Pfandrechts. Nach § 1228 BGB erfolgt die Befriedigung des Pfandgläubigers aus dem Pfande durch Verkauf.

2.4 Gesetz betreffend die Gesellschaften mit beschränkter Haftung (GmbHG)

2.4.1 Übersicht über die Regelungen des GmbHG

Für Gesundheitsbetriebe in der Rechtsform einer Gesellschaft mit beschränkter Haftung (GmbH) treffen die Regelungen des GmbH-Gesetzes (Gesetz betreffend die Gesellschaften mit beschränkter Haftung, GmbHG) in der im Bundesgesetzblatt Teil III, Gliederungsnummer 4123-1, veröffentlichten bereinigten Fassung, zuletzt durch Artikel 7 des Gesetzes vom 21. März 2013 (BGBl I S. 556) geändert, zu.

Beispiel: Ein Medizinisches Versorgungszentrum (MVZ) wird von mehreren Gesellschaftern als GmbH gegründet.

Tabelle 8 gibt einen Überblick über die Inhalte des GmbHG.

Tab. 8: Gesetz betreffend die Gesellschaften mit beschränkter Haftung (GmbHG)

Abschnitte	Inhalt
Errichtung der Gesellschaft	Zweck; Gründerzahl; Form und Inhalt des Gesellschaftsvertrags; Firma; Sitz, Anmeldung, Ersatzansprüche, Bekanntmachungen der Gesellschaft; Stammkapital; Geschäftsanteil; Unternehmergesellschaft; Geschäftsführer; Überbewertung der Sacheinlagen; Verzicht auf Ersatzansprüche, Eintragung
Rechtsverhältnisse der Gesellschaft und der Gesellschafter	Juristische Person; Handelsgesellschaft; Einlagepflicht; Übertragung, Versteigerung von Geschäftsanteilen; Rechtsstellung bei Wechsel der Gesellschafter oder Veränderung des Umfangs ihrer Beteiligung; Erwerb vom Nichtberechtigten; Mitberechtigung am Geschäftsanteil; Leistung der Einlagen; Verzugszinsen; Kaduzierung; Haftung der Rechtsvorgänger; Aufbringung von Fehlbeträgen; Zwingende Vorschriften; Nachschusspflicht; Ergebnisverwendung; Kapitalerhaltung; Erstattung verbotener Rückzahlungen; Rückzahlung von Gewinn; Erwerb eigener Geschäftsanteile; Einziehung von Geschäftsanteilen
Vertretung und Geschäftsführung	Vertretung der Gesellschaft; Angaben auf Geschäftsbriefen; Beschränkungen der Vertretungsbefugnis; Widerruf der Bestellung; Anmeldung der Geschäftsführer; Liste der Gesellschafter; Buchführung; Bilanz; Vorlage des Jahresabschlusses und des Lageberichts; Haftung der Geschäftsführer; Kreditgewährung aus Gesellschaftsvermögen; Stellvertreter von Geschäftsführern; Rechte und Aufgabenkreis der Gesellschafter; Abstimmung; Gesellschafterversammlung; Einberufung der Versammlung; Minderheitsrechte; Auskunfts- und Einsichtsrecht; Aufsichtsrat
Abänderungen des Gesellschaftsvertrags	Form, Anmeldung und Eintragung der Satzungsänderung; Erhöhung des Stammkapitals; Genehmigtes Kapital; Kapitalerhöhung mit Sacheinlagen; Leistungen auf das neue Stammkapital; Anmeldung der Erhöhung; Ablehnung der Eintragung; Kapitalerhöhung aus Gesellschaftsmitteln; Ausweisung von Kapital- und Gewinnrücklagen; Zugrundelegung der letzten Jahresbilanz; Prüfung; Anforderungen an die Bilanz; Vorherige Bekanntgabe des Jahresabschlusses; Arten der Kapitalerhöhung; Anmeldung und Eintragung des Erhöhungsbeschlusses; Verteilung der Geschäftsanteile; Teilrechte; Ausübung der Rechte; Teilnahme an der Erhöhung des Stammkapitals; Verhältnis der Rechte; Beziehungen zu Dritten; Gewinnbeteiligung der neuen Geschäftsanteile; Anschaffungskosten; Herabsetzung des Stammkapitals; Beträge aus Rücklagenauflösung und Kapitalherabsetzung; Nichteintritt angenommener Verluste; Gewinnausschüttung; Beschluss über die Kapitalherabsetzung; Kapitalherabsetzung bei gleichzeitiger Erhöhung des Stammkapitals

Abschnitte	Inhalt
Auflösung und Nichtigkeit der Gesellschaft	Auflösungsgründe; Auflösung durch Urteil; Auflösung durch eine Verwaltungsbehörde; Haftung für Zahlungen nach Zahlungsunfähigkeit oder Überschuldung; Anmeldung und Eintragung der Auflösung; Aufgaben, Anmeldung und Zeichnung der Liquidatoren; Rechtsverhältnisse von Gesellschaft und Gesellschaftern; Eröffnungsbilanz; Rechte und Pflichten; Vermögensverteilung; Sperrjahr; Schluss der Liquidation; Nichtigkeitsklage; Heilung von Mängeln durch Gesellschafterbeschluss; Wirkung der Nichtigkeit
Ordnungs-, Straf- und Bußgeldvorschriften	Anmeldepflichtige; Zwangsgelder; Falsche Angaben; Verletzung der Verlustanzeigepflicht und Geheimhaltungspflicht

2.4.2 Errichtung und Rechtsverhältnisse eines Gesundheitsbetriebs als GmbH

Das GmbHG enthält zunächst Regelungen zum Zweck der Gesellschaft (§ 1 GmbHG), ihre Gründerzahl (§ 2 GmbHG), sowie Form und Inhalt des Gesellschaftsvertrags.

*Nach § 3 GmbHG muss der **Gesellschaftsvertrag** beispielsweise die Firma und den Sitz der Gesellschaft, den Gegenstand des Unternehmens, den Betrag des Stammkapitals sowie die Zahl und die Nennbeträge der Geschäftsanteile, die jeder Gesellschafter gegen Einlage auf das Stammkapital (Stammeinlage) übernimmt, enthalten.*

Nach § 5 GmbHG muss die Summe der Nennbeträge aller **Geschäftsanteile** mit dem **Stammkapital** übereinstimmen.

Die GmbH muss einen oder mehrere **Geschäftsführer** haben (§ 6 GmbHG) und ist bei dem Gericht, in dessen Bezirk sie ihren Sitz hat, zur Eintragung in das Handelsregister anzumelden (§ 7 GmbHG).

Nach § 10 GmbHG sind bei der Eintragung in das Handelsregister beispielsweise die Firma und der Sitz der Gesellschaft, eine inländische Geschäftsanschrift, der Gegenstand des Unternehmens, die Höhe des Stammkapitals, der Tag des Abschlusses des Gesellschaftsvertrags und die Personen der Geschäftsführer anzugeben.

Ein Gesundheitsbetrieb in der Rechtsform einer GmbH stellt nach § 13 GmbHG eine **Juristische Person** dar, hat selbständig ihre Rechte und Pflichten, kann bspw. vor Gericht klagen und verklagt werden und gilt als Handelsgesellschaft im Sinne des Handelsgesetzbuchs (HGB). Für ihre Verbindlichkeiten haftet den Gläubigern derselben nur das Gesellschaftsvermögen.

Auf jeden Geschäftsanteil ist nach § 14 GmbHG eine **Einlage** zu leisten und die Geschäftsanteile sind veräußerlich und vererblich (§ 15 GmbHG).

Von der Verpflichtung zur Leistung der Einlagen können die Gesellschafter gemäß § 19 GmbHG nicht befreit werden. Daher gibt es beispielsweise auch eine Verpflichtung zur Entrichtung von **Verzugszinsen** (§ 19 GmbHG), Regelungen zur Versteigerung von Geschäftsanteilen (§ 23 GmbHG), bis hin zu einer nach dem Gesellschaftsvertrag zu beschließenden **Nachschusspflicht** (§§ 26 ff GmbHG).

Im Rahmen der **Ergebnisverwendung** haben die Gesellschafter der Gesundheitsbetriebs-GmbH nach § 29 GmbHG Anspruch auf den Jahresüberschuss zuzüglich eines Gewinnvortrags und abzüglich eines Verlustvortrags, soweit nicht anderweitige Regelungen der Gesetzesnorm dies einschränken. Bis auf einige in § 30 GmbHG vorgesehene Ausnahmen darf das zur **Kapitalerhaltung** des Stammkapitals erforderliche Vermögen der Gesellschaft an die Gesellschafter nicht ausgezahlt werden.

Die Einziehung (Amortisation) von Geschäftsanteilen darf nach § 34 GmbHG nur erfolgen, soweit sie im Gesellschaftsvertrag zugelassen ist.

2.4.3 GmbH-Geschäftsführung, Gesellschaftsvertragsänderungen und GmbH-Auflösung

Die gerichtliche und außergerichtliche **Vertretung** der GmbH obliegt nach § 35 GmbHG den Geschäftsführern gemeinschaftlich, soweit der Gesellschaftsvertrag nichts anderes bestimmt.

Nach § 35a GmbHG müssen auf allen Geschäftsbriefen beispielsweise die Rechtsform und der Sitz der Gesellschaft, das Registergericht des Sitzes der Gesellschaft und die Nummer, unter der die Gesellschaft in das Handelsregister eingetragen ist, sowie alle Geschäftsführer und, sofern die Gesellschaft einen Aufsichtsrat gebildet und dieser einen Vorsitzenden hat, der Vorsitzende des Aufsichtsrats mit dem Familiennamen und mindestens einem ausgeschriebenen Vornamen angegeben werden.

Die Bestellung der **Geschäftsführer** ist zu jeder Zeit widerruflich (§ 38 GmbHG) und jede Änderung in den Personen der Geschäftsführer sowie die Beendigung der Vertretungsbefugnis eines Geschäftsführers sind zur Eintragung in das Handelsregister anzumelden (§ 39 GmbHG). Die Geschäftsführer sind verpflichtet, für die ordnungsmäßige **Buchführung** der Gesellschaft zu sorgen (§ 40 GmbHG), und sie haben den **Jahresabschluss** und den Lagebericht unverzüglich nach der Aufstellung den Gesellschaftern zum Zwecke der Feststellung des Jahresabschlusses vorzulegen (§ 42a GmbHG). Nach § 43 GmbHG haben die Geschäftsführer in den Angelegenheiten der Gesellschaft die Sorgfalt eines ordentlichen Geschäftsmannes anzuwenden und haften bei der Verletzung ihrer Obliegenheiten solidarisch für den entstandenen Schaden.

*Der Bestimmung der **Gesellschafter** unterliegen nach § 46 GmbHG beispielsweise die Feststellung des Jahresabschlusses und die Verwendung des Ergebnisses, die Bestellung und die Abberu-*

fung von Geschäftsführern sowie die Entlastung derselben, die Einforderung der Einlagen, die Rückzahlung von Nachschüssen und anderes mehr.

Die Beschlüsse der Gesellschafter werden in **Versammlungen** gefasst (§ 48 GmbHG), die durch die Geschäftsführer einberufen werden (§ 49 GmbHG). Die Gesellschafter haben nach § 51a GmbHG Auskunftsrechte über die Angelegenheiten der Gesellschaft und Einsichtsrechte über deren Bücher und Schriften. Ist nach dem Gesellschaftsvertrag ein Aufsichtsrat bestellt, so sind teilweise Bestimmungen des Aktiengesetzes (AktG) anzuwenden (§ 52 GmbHG).

Eine **Satzungsänderung** des Gesellschaftsvertrags kann nur durch Beschluss der Gesellschafter erfolgen (§ 53 GmbHG) und ist zur Eintragung in das Handelsregister anzumelden (§ 54 GmbHG). Beschlossene **Kapitalerhöhungen** des Stammkapitals bedürfen nach § 55 GmbHG zur Übernahme jedes Geschäftsanteils an dem erhöhten Kapital einer notariell aufgenommenen oder beglaubigten Erklärung des Übernehmers und müssen, nachdem das erhöhte Kapital durch Übernahme von Geschäftsanteilen gedeckt ist, ebenfalls zur Eintragung in das Handelsregister angemeldet werden (§ 57 GmbHG).

*Bei einer **Kapitalherabsetzung** sind nach § 58 GmbHG beispielsweise unter anderem per Bekanntmachung die Gläubiger der Gesellschaft aufzufordern, sich zu melden und diese bei Nichtzustimmung wegen der erhobenen Ansprüche zu befriedigen oder sicherzustellen.*

Auflösungsgründe für die Auflösung einer Gesundheitsbetriebs-GmbH können nach § 60 GmbHG beispielsweise der Ablauf der im Gesellschaftsvertrag bestimmten Zeit, ein Beschluss der Gesellschafter mit einer Mehrheit von drei Vierteilen der abgegebenen Stimmen (sofern im Gesellschaftsvertrag nicht ein anderes bestimmt ist) oder auch die Eröffnung eines Insolvenzverfahrens sein. Die Auflösung der Gesellschaft ist zur Eintragung in das Handelsregister anzumelden (§ 65 GmbHG). Ihre **Liquidation** erfolgt außer dem Fall des Insolvenzverfahrens nach § 66 GmbHG durch die Geschäftsführer, wenn sie nicht durch den Gesellschaftsvertrag oder durch Beschluss der Gesellschafter anderen Personen übertragen wird.

Aufgaben im Rahmen der Liquidation sind nach § 70 GmbHG beispielsweise die laufenden Geschäfte zu beendigen, die Verpflichtungen der aufgelösten Gesellschaft zu erfüllen, die Forderungen derselben einzuziehen und das Vermögen der Gesellschaft in Geld umzusetzen.

Mit Beendigung der Liquidation und Legung der Schlussrechnung ist nach § 74 GmbHG der Liquidationsschluss zur Eintragung in das Handelsregister anzumelden und die GmbH ist zu löschen. Die Bücher und Schriften der Gesellschaft sind für die Dauer von zehn Jahren einem der Gesellschafter oder einem Dritten in Verwahrung zu geben.

2.5 Gesetz gegen Wettbewerbsbeschränkungen (GWB)

2.5.1 Übersicht über die Regelungen des GWB

Das Gesetz gegen Wettbewerbsbeschränkungen (GWB) in der Fassung der Bekanntmachung vom 15. Juli 2005 (BGBl I S. 2114; 2009 I S. 3850), zuletzt durch Artikel 1 u. Artikel 4 Absatz 2 des Gesetzes vom 5. Dezember 2012 (BGBl I S. 2403) geändert, umfasst Wettbewerbsregeln, Zusammenschlusskontrollen und Vergabeverfahren zur Vermeidung von Wettbewerbsbeschränkungen, die auch im Gesundheitswesen auftreten können.

Beispiel: Eine öffentliche Gesundheitseinrichtung plant bauliche Erweiterungen. Als Öffentlicher Auftraggeber muss sie Bauleistungen gemäß § 97 GWB im Wettbewerb und im Wege transparenter Vergabeverfahren beschaffen.

Tabelle 9 gibt einen Überblick über die Inhalte des GWB.

Tab. 9: Gesetz gegen Wettbewerbsbeschränkungen (GWB)

Teil	Abschnitt	Ziff.	Inhalt
1	Wettbewerbsbeschränkungen		
	1		Wettbewerbsbeschränkende Vereinbarungen, Beschlüsse und abgestimmte Verhaltensweisen
	2		Marktbeherrschung, wettbewerbsbeschränkendes Verhalten
	3		Anwendung des europäischen Wettbewerbsrechts
	4		Wettbewerbsregeln
	5		Sonderregeln für bestimmte Wirtschaftsbereiche
	6		Befugnisse der Kartellbehörden, Sanktionen
	7		Zusammenschlusskontrolle
	8		Monopolkommission
	9		Markttransparenzstellen für den Großhandel mit Strom und Gas und für Kraftstoffe
		I	Markttransparenzstelle für den Großhandel im Bereich Strom und Gas
		II	Markttransparenzstelle für Kraftstoffe
		III	Evaluierung
2	Kartellbehörden		
	1		Allgemeine Vorschriften
	2		Bundeskartellamt

Teil	Abschnitt	Ziff.	Inhalt
3	Verfahren und Rechtsschutz bei überlangen Gerichtsverfahren		
	1	Verwaltungssachen	
		I	Verfahren vor den Kartellbehörden
		II	Beschwerde
		III	Rechtsbeschwerde
		IV	Gemeinsame Bestimmungen
	2	Bußgeldverfahren	
	3	Vollstreckung	
	4	Bürgerliche Rechtsstreitigkeiten	
	5	Gemeinsame Bestimmungen	
4	Vergabe öffentlicher Aufträge		
	1	Vergabeverfahren	
	2	Nachprüfungsverfahren	
		I	Nachprüfungsbehörden
		II	Verfahren vor der Vergabekammer
	3	Sonstige Regelungen	
5	Anwendungsbereich des Gesetzes		
6	Übergangs- und Schlussbestimmungen		
Anlage (zu § 98 Nr. 4) Tätigkeiten auf dem Gebiet der Trinkwasser- oder Energieversorgung oder des Verkehrs			

2.5.2 Wettbewerbsbeschränkungen und Kartellbehörden

Vereinbarungen zwischen Unternehmen, Beschlüsse von Unternehmensvereinigungen und aufeinander abgestimmte Verhaltensweisen, die eine Verhinderung, Einschränkung oder Verfälschung des Wettbewerbs bezwecken oder bewirken, sind nach § 1 GWB verboten.

Davon freigestellt sind nach § 2 GWB Vereinbarungen zwischen Unternehmen, Beschlüsse von Unternehmensvereinigungen oder aufeinander abgestimmte Verhaltensweisen, die unter angemessener Beteiligung der Verbraucher an dem entstehenden Gewinn zur Verbesserung der Warenerzeugung oder -verteilung oder zur Förderung des technischen oder wirtschaftlichen Fortschritts beitragen, ohne dass den beteiligten Unternehmen

- Beschränkungen auferlegt werden, die für die Verwirklichung dieser Ziele nicht unerlässlich sind, oder

– Möglichkeiten eröffnet werden, für einen wesentlichen Teil der betreffenden Waren den Wettbewerb auszuschalten.

Die missbräuchliche Ausnutzung einer **Marktbeherrschenden Stellung** durch ein oder mehrere Unternehmen ist nach § 19 GWB verboten.

Nach dem **Diskriminierungsverbot** des § 20 GWB dürfen marktbeherrschende Unternehmen, Vereinigungen von miteinander im Wettbewerb stehenden Unternehmen und Unternehmen, die Preise binden, ein anderes Unternehmen in einem Geschäftsverkehr, der gleichartigen Unternehmen üblicherweise zugänglich ist, weder unmittelbar noch mittelbar unbillig behindern oder gegenüber gleichartigen Unternehmen ohne sachlich gerechtfertigten Grund unmittelbar oder mittelbar unterschiedlich behandeln.

Nach dem **Boykottverbot** des § 21 GWB dürfen Unternehmen und Vereinigungen von Unternehmen nicht ein anderes Unternehmen oder Vereinigungen von Unternehmen in der Absicht, bestimmte Unternehmen unbillig zu beeinträchtigen, zu Liefersperren oder Bezugssperren auffordern.

Wirtschafts- und Berufsvereinigungen können nach § 24 GWB für ihren Bereich **Wettbewerbsregeln** aufstellen. Sie sind Bestimmungen, die das Verhalten von Unternehmen im Wettbewerb regeln zu dem Zweck, einem den Grundsätzen des lauteren oder der Wirksamkeit eines leistungsgerechten Wettbewerbs zuwiderlaufenden Verhalten im Wettbewerb entgegenzuwirken und ein diesen Grundsätzen entsprechendes Verhalten im Wettbewerb anzuregen. Ihre Anerkennung erfolgt nach § 26 GWB durch Verfügung der Kartellbehörde und sie sind nach § 27 GWB im Bundesanzeiger zu veröffentlichen.

Die **Kartellbehörde** kann nach § 32 GWB Unternehmen oder Vereinigungen von Unternehmen verpflichten, eine Zuwiderhandlung gegen eine Vorschrift dieses Gesetzes oder gegen den Vertrag zur Gründung der Europäischen Gemeinschaft abzustellen. Kartellbehörden sind nach § 48 GWB das Bundeskartellamt, das Bundesministerium für Wirtschaft und Technologie und die nach Landesrecht zuständigen obersten Landesbehörden.

Hat ein Unternehmen vorsätzlich oder fahrlässig gegen eine Vorschrift dieses Gesetzes, gegen den Vertrag zur Gründung der Europäischen Gemeinschaft oder eine Verfügung der Kartellbehörde verstoßen und dadurch einen wirtschaftlichen Vorteil erlangt, kann die Kartellbehörde nach § 34 GWB die **Abschöpfung** des wirtschaftlichen Vorteils anordnen und dem Unternehmen die Zahlung eines entsprechenden Geldbetrags auferlegen.

Ein **Zusammenschluss** unter Berücksichtigung der Vorgaben des § 35 GWB, von dem zu erwarten ist, dass er eine marktbeherrschende Stellung begründet oder verstärkt, ist nach § 36 GWB vom Bundeskartellamt zu untersagen, es sei denn, die beteiligten Unternehmen weisen nach, dass durch den Zusammenschluss auch Verbesserungen der Wettbewerbsbedingungen eintreten und dass diese Verbesserungen die Nachteile der Marktbeherrschung überwiegen.

Der Bundesminister für Wirtschaft und Technologie erteilt gemäß § 42 GWB auf Antrag die **Ministererlaubnis** zu einem vom Bundeskartellamt untersagten Zusammenschluss, wenn im Einzelfall die Wettbewerbsbeschränkung von gesamtwirtschaftlichen Vorteilen des Zusammenschlusses aufgewogen wird oder der Zusammenschluss durch ein überragendes Interesse der Allgemeinheit gerechtfertigt ist.

Die **Monopolkommission** erstellt nach § 44 GWB alle zwei Jahre ein Gutachten, in dem sie den Stand und die absehbare Entwicklung der Unternehmenskonzentration in der Bundesrepublik Deutschland beurteilt, die Anwendung der Vorschriften über die Zusammenschlusskontrolle würdigt sowie zu sonstigen aktuellen wettbewerbspolitischen Fragen Stellung nimmt.

2.5.3 Verfahren vor den Kartellbehörden und Vergabe öffentlicher Aufträge

Die Kartellbehörde leitet nach § 54 GWB ein **Kartellverfahren** von Amts wegen oder auf Antrag ein. Sie hat nach § 56 GWB den Beteiligten Gelegenheit zur Stellungnahme zu geben und kann nach § 57 GWB alle Ermittlungen führen und alle Beweise erheben, die erforderlich sind.

Gegen Verfügungen der Kartellbehörde ist nach § 63 GWB die Beschwerde zulässig. Sie kann auch auf neue Tatsachen und Beweismittel gestützt werden.

Das **Beschwerdegericht** entscheidet nach § 69 GWB über die Beschwerde auf Grund mündlicher Verhandlung und erforscht nach § 70 GWB den Sachverhalt von Amts wegen.

Fähig, am Verfahren vor der Kartellbehörde, am Beschwerdeverfahren und am Rechtsbeschwerdeverfahren beteiligt zu sein, sind nach § 77 GWB außer natürlichen und juristischen Personen auch nichtrechtsfähige Personenvereinigungen.

Öffentliche Auftraggeber beschaffen Waren, Bau- und Dienstleistungen gemäß § 97 GWB im Wettbewerb und im Wege transparenter Vergabeverfahren. Die Teilnehmer an einem **Vergabeverfahren** sind gleich zu behandeln, es sei denn, eine Benachteiligung ist auf Grund dieses Gesetzes ausdrücklich geboten oder gestattet.

Mittelständische Interessen sind bei der Vergabe öffentlicher Aufträge vornehmlich zu berücksichtigen. Leistungen sind in der Menge aufgeteilt (Teillose) und getrennt nach Art oder Fachgebiet (Fachlose) zu vergeben. Mehrere **Teil- oder Fachlose** dürfen zusammen vergeben werden, wenn wirtschaftliche oder technische Gründe dies erfordern. Aufträge werden an fachkundige, leistungsfähige sowie gesetzestreue und zuverlässige Unternehmen vergeben. Für die Auftragsausführung können zusätzliche Anforderungen an Auftragnehmer gestellt werden, die insbesondere soziale, umweltbezogene oder innovative Aspekte betreffen, wenn sie im sachlichen Zusammenhang mit dem Auftragsgegenstand stehen und sich aus der Leistungsbeschreibung ergeben. Andere oder weitergehende Anforderungen dürfen an Auftragnehmer nur gestellt werden, wenn dies durch Bundes- oder Landesgesetz vorgesehen ist.

Der **Zuschlag** wird auf das wirtschaftlichste Angebot erteilt.

Die Unternehmen haben Anspruch darauf, dass der Auftraggeber die Bestimmungen über das Vergabeverfahren einhält.

Öffentliche Auftraggeber im Sinne des GWB sind nach § 98 GWB unter anderem natürliche oder juristische Personen des privaten Rechts sowie juristische Personen des öffentlichen Rechts, in den Fällen, in denen sie für Tiefbaumaßnahmen, für die Errichtung von Krankenhäusern, Sport-, Erholungs- oder Freizeiteinrichtungen, Schul-, Hochschul- oder Verwaltungsgebäuden oder für damit in Verbindung stehende Dienstleistungen und Auslobungsverfahren von Stellen, die unter Nummern 1 bis 3 fallen, Mittel erhalten, mit denen diese Vorhaben zu mehr als 50 vom Hundert finanziert werden,

Öffentliche Aufträge sind entgeltliche Verträge von öffentlichen Auftraggebern mit Unternehmen über die Beschaffung von Leistungen, die Liefer-, Bau- oder Dienstleistungen zum Gegenstand haben, Baukonzessionen und Auslobungsverfahren, die zu Dienstleistungsaufträgen führen sollen.

Dieser Teil des GWB gilt nach § 100 GWB für Aufträge, deren Auftragswert den jeweils festgelegten **Schwellenwert** erreicht oder überschreitet. Der Schwellenwert ergibt sich beispielsweise unter anderem aus der **Vergabeverordnung**.

Die Vergabe von öffentlichen Liefer-, Bau- und Dienstleistungsaufträgen erfolgt nach § 101 GWB in offenen Verfahren, in nicht offenen Verfahren, in Verhandlungsverfahren oder im wettbewerblichen Dialog.

- **Offene Verfahren**: Verfahren, in denen eine unbeschränkte Anzahl von Unternehmen öffentlich zur Abgabe von Angeboten aufgefordert wird.
- **Nichtoffene Verfahren**: Wird öffentlich zur Teilnahme, aus dem Bewerberkreis sodann eine beschränkte Anzahl von Unternehmen zur Angebotsabgabe aufgefordert.
- **Verhandlungsverfahren**: Verfahren, bei denen sich der Auftraggeber mit oder ohne vorherige öffentliche Aufforderung zur Teilnahme an ausgewählte Unternehmen wendet, um mit einem oder mehreren über die Auftragsbedingungen zu verhandeln.

Unbeschadet der Prüfungsmöglichkeiten von Aufsichtsbehörden unterliegt die Vergabe öffentlicher Aufträge gemäß § 102 GWB der **Nachprüfung** durch die **Vergabekammern**.

Das GWB findet nach § 130 GWB auch Anwendung auf Unternehmen, die ganz oder teilweise im Eigentum der öffentlichen Hand stehen oder die von ihr verwaltet oder betrieben werden.

2.6 Handelsgesetzbuch (HGB)

2.6.1 Übersicht über die Regelungen des HGB

Das Handelgesetzbuch (HGB) in der im Bundesgesetzblatt Teil III, Gliederungsnummer 4100-1, veröffentlichten bereinigten Fassung, zuletzt durch Artikel 1 des Gesetzes vom 20. April 2013 (BGBl I S. 831) geändert, enthält eine Vielzahl von Regelungen, die kaufmännische Tätigkeiten und damit auch die Betriebsführung im Gesundheitswesen betreffen.

Beispiel: Das HGB enthält beispielsweise im 3. Buch neben Vorschriften für alle Kaufleute auch ergänzende Vorschriften für Gesundheitsbetriebe in der Rechtsform von Kapitalgesellschaften (Aktiengesellschaften, Kommanditgesellschaften auf Aktien und Gesellschaften mit beschränkter Haftung).

Tabelle 10 gibt einen Überblick über die Inhalte des HGB.

Tab. 10: Handelsgesetzbuch (HGB)

Buch	Abschnitt	Unterabschnitt	Titel	Inhalt
1	Handelsstand			
	1	Kaufleute		
	2	Handelsregister; Unternehmensregister		
	3	Handelsfirma		
	4	Handelsbücher		
	5	Prokura und Handlungsvollmacht		
	6	Handlungsgehilfen und Handlungslehrlinge		
	7	Handelsvertreter		
	8	Handelsmakler		
	9	Bußgeldvorschriften		
2	Handelsgesellschaften und stille Gesellschaft			
	1	Offene Handelsgesellschaft		
			1	Errichtung der Gesellschaft
			2	Rechtsverhältnis der Gesellschafter untereinander
			3	Rechtsverhältnis der Gesellschafter zu Dritten
			4	Auflösung der Gesellschaft und Ausscheiden von Gesellschaftern

Buch	Abschnitt	Unterabschnitt	Titel	Inhalt
			5	Liquidation der Gesellschaft
			6	Verjährung. Zeitliche Begrenzung der Haftung
	2	Kommanditgesellschaft		
	3	Stille Gesellschaft		
3	Handelsbücher			
	1	Vorschriften für alle Kaufleute		
		1	Buchführung; Inventar	
		2	Eröffnungsbilanz. Jahresabschluss	
			1	Allgemeine Vorschriften
			2	Ansatzvorschriften
			3	Bewertungsvorschriften
		3	Aufbewahrung und Vorlage	
		4	Landesrecht	
	2	Ergänzende Vorschriften für Kapitalgesellschaften (Aktiengesellschaften, Kommanditgesellschaften auf Aktien und Gesellschaften mit beschränkter Haftung) sowie bestimmte Personenhandelsgesellschaften		
		1	Jahresabschluss der Kapitalgesellschaft und Lagebericht	
			1	Allgemeine Vorschriften
			2	Bilanz
			3	Gewinn- und Verlustrechnung
			4	(weggefallen)
			5	Anhang
			6	Lagebericht
		2	Konzernabschluss und Konzernlagebericht	
			1	Anwendungsbereich
			2	Konsolidierungskreis
			3	Inhalt und Form des Konzernabschlusses
			4	Vollkonsolidierung
			5	Bewertungsvorschriften
			6	Anteilmäßige Konsolidierung
			7	Assoziierte Unternehmen
			8	Konzernanhang
			9	Konzernlagebericht
			10	Konzernabschluss nach internationalen Rechnungslegungsstandards

Buch	Abschnitt	Unterabschnitt	Titel	Inhalt
		3	Prüfung	
		4	Offenlegung. Prüfung durch den Betreiber des Bundesanzeigers	
		5	Verordnungsermächtigung für Formblätter und andere Vorschriften	
		6	Straf- und Bußgeldvorschriften; Ordnungsgelder	
	3	Ergänzende Vorschriften für eingetragene Genossenschaften		
	4	Ergänzende Vorschriften für Unternehmen bestimmter Geschäftszweige		
		1	Ergänzende Vorschriften für Kreditinstitute und Finanzdienstleistungsinstitute	
			1	Anwendungsbereich
			2	Jahresabschluss, Lagebericht, Zwischenabschluss
			3	Bewertungsvorschriften
			4	Währungsumrechnung
			5	Konzernabschluss, Konzernlagebericht, Konzernzwischenabschluss
			6	Prüfung
			7	Offenlegung
			8	Straf- und Bußgeldvorschriften, Ordnungsgelder
		2	Ergänzende Vorschriften für Versicherungsunternehmen und Pensionsfonds	
			1	Anwendungsbereich
			2	Jahresabschluss, Lagebericht
			3	Bewertungsvorschriften
			4	Versicherungstechnische Rückstellungen
			5	Konzernabschluss, Konzernlagebericht
			6	Prüfung
			7	Offenlegung
			8	Straf- und Bußgeldvorschriften, Ordnungsgelder
	5	Privates Rechnungslegungsgremium. Rechnungslegungsbeirat		
	6	Prüfstelle für Rechnungslegung		
4	Handelsgeschäfte			
	1	Allgemeine Vorschriften		
	2	Handelskauf		
	3	Kommissionsgeschäft		

Buch	Abschnitt	Unterabschnitt	Titel	Inhalt
	4	Frachtgeschäft		
		1	Allgemeine Vorschriften	
		2	Beförderung von Umzugsgut	
		3	Beförderung mit verschiedenartigen Beförderungsmitteln	
	5	Speditionsgeschäft		
	6	Lagergeschäft		
5	Seehandel			
	1	Allgemeine Vorschriften		
	2	Reeder und Reederei		
	3	Kapitän		
	4	Frachtgeschäft zur Beförderung von Gütern		
	5	Beförderung von Reisenden und ihrem Gepäck		
	6	–		
	7	Haverei		
			1	Große (gemeinschaftliche) Haverei und besondere Haverei
			2	Schaden durch Zusammenstoß von Schiffen
	8	Bergung		
	9	Schiffsgläubiger		
	10	(weggefallen)		
	11	Verjährung		

2.6.2 Kaufmannseigenschaft, Firma und Vollmacht im Gesundheitswesen

Nach § 1f HGB ist **Kaufmann**, wer ein Handelsgewerbe betreibt, wobei als Handelsgewerbe jeder Gewerbebetrieb gilt (es sei denn, ein in kaufmännischer Weise eingerichteter Geschäftsbetrieb ist nicht erforderlich), zumal wenn die Firma des Unternehmens in das Handelsregister eingetragen ist.

Als **Firma** eines Kaufmanns gilt nach § 17 HGB der Name, unter dem er seine Geschäfte betreibt und die Unterschrift abgibt. Unter dieser kann er klagen und verklagt werden.

Die **Prokura** ermächtigt nach § 49f HGB zu allen Arten von gerichtlichen und außergerichtlichen Geschäften und Rechtshandlungen, die der Betrieb eines Handelsgewerbes mit sich bringt. Die Beschränkung ihres Umfangs ist Dritten gegenüber unwirksam.

Erfolgt die Ermächtigung ohne Erteilung der Prokura, aber zum Betrieb eines Handelsgewerbes oder zur Vornahme einer bestimmten zu einem Handelsgewerbe gehörigen Art von Geschäften oder zur Vornahme einzelner zu einem Handelsgewerbe gehöriger Geschäfte, so erstreckt sich die **Vollmacht** (Handlungsvollmacht) auf alle Geschäfte und Rechtshandlungen, die der Betrieb eines derartigen Handelsgewerbes oder die Vornahme derartiger Geschäfte gewöhnlich mit sich bringt.

*Nach § 49 HGB ist beispielsweise der **Prokurist** zur Veräußerung und Belastung von Grundstücken nur ermächtigt, wenn ihm diese Befugnis besonders erteilt ist. Der **Handlungsbevollmächtigte** bedarf nach § 54 HGB darüber hinaus beispielsweise auch zur Eingehung von Wechselverbindlichkeiten, zur Aufnahme von Darlehen und zur Prozessführung eine besondere Befugnis.*

Als **Handelsgehilfe** gilt nach § 59 HGB, wer in einem Handelsgewerbe zur Leistung kaufmännischer Dienste gegen Entgelt angestellt ist.

Handelsvertreter sind nach § 84 HGB selbständige Gewerbetreibende, die ständig damit betraut sind, für einen anderen Unternehmer Geschäfte zu vermitteln oder in dessen Namen abzuschließen. Als selbständig gilt, wer im Wesentlichen frei seine Tätigkeit gestalten und seine Arbeitszeit bestimmen kann.

Die Rechte und Pflichten als **Handelsmakler** übernimmt nach § 93 HGB, wer gewerbsmäßig für andere Personen, ohne von ihnen auf Grund eines Vertragsverhältnisses ständig mit der Vermittlung von Verträgen über Anschaffung oder Veräußerung von Waren oder Wertpapieren, über Versicherungen, Güterbeförderungen, Schiffsmiete oder sonstige Gegenstände des Handelsverkehrs betraut ist.

2.6.3 Offene Handelsgesellschaft, Kommanditgesellschaft und Stille Gesellschaft

Als **Offene Handelsgesellschaft** (OHG) gilt nach § 105 HGB eine Gesellschaft, deren Zweck auf den Betrieb eines Handelsgewerbes unter gemeinschaftlicher Firma gerichtet und wenn bei keinem der Gesellschafter die Haftung gegenüber den Gesellschaftsgläubigern beschränkt ist. Sie kann nach § 124 HGB unter ihrer Firma Rechte erwerben und Verbindlichkeiten eingehen, Eigentum und andere dingliche Rechte an Grundstücken erwerben, vor Gericht klagen und verklagt werden. Ihre Gesellschafter haften für die Verbindlichkeiten der OHG als Gesamtschuldner persönlich.

Die **Kommanditgesellschaft** (KG) ist nach § 161 HGB eine Gesellschaft, deren Zweck auf den Betrieb eines Handelsgewerbes unter gemeinschaftlicher Firma gerichtet ist, wenn bei einem oder bei einigen von den Gesellschaftern die Haftung gegenüber den Gesellschaftsgläubigern auf den Betrag einer bestimmten Vermögenseinlage beschränkt ist (Kommanditisten), während bei dem anderen Teil der Gesellschafter eine Beschränkung der Haftung nicht stattfindet (persönlich haftende

Gesellschafter). Die Kommanditisten sind nach § 164 HGB von der Führung der Geschäfte der Gesellschaft ausgeschlossen, und sie können einer Handlung der persönlich haftenden Gesellschafter nicht widersprechen, es sei denn, dass die Handlung über den gewöhnlichen Betrieb des Handelsgewerbes der Gesellschaft hinausgeht.

*Bei der **GmbH & Co KG** handelt es sich beispielsweise um eine Kommanditgesellschaft (KG), an der eine Gesellschaft mit beschränkter Haftung (GmbH) als Komplementär beteiligt ist. Weil die Hauptgesellschaft eine KG ist, stellt sie rechtlich eine Personengesellschaft dar. Haftungseinschränkungen ergeben sich durch die GmbH mit ihrem auf einen Haftungshöchstbetrag begrenzten Vermögen und durch die Kommanditisten, die grundsätzlich ebenfalls nur bis zur Höhe ihrer Einlage einstehen müssen.*

Bei einer **Stillen Gesellschaft** wird nach § 230 HGB der Inhaber aus den in dem Betrieb geschlossenen Geschäften allein berechtigt und verpflichtet. Der stille Gesellschafter beteiligt sich mit einer Vermögenseinlage an dem Handelsgewerbe, das ein anderer betreibt, und hat die Einlage so zu leisten, dass sie in das Vermögen des Inhabers des Handelsgeschäfts übergeht. Nach § 231 HGB kann im Gesellschaftsvertrag bestimmt werden, dass der stille Gesellschafter nicht am Verlust beteiligt sein soll.

2.6.4 Vorschriften für alle Kaufleute, Kapitalgesellschaften und Handelsgeschäfte

Nach § 238 HGB ist jeder Kaufmann verpflichtet, Bücher zu führen und in diesen seine Handelsgeschäfte und die Lage seines Vermögens nach den Grundsätzen ordnungsmäßiger Buchführung ersichtlich zu machen. Die **Buchführung** muss so beschaffen sein, dass sie einem sachverständigen Dritten innerhalb angemessener Zeit einen Überblick über die Geschäftsvorfälle und über die Lage des Unternehmens vermitteln kann. Die Geschäftsvorfälle müssen sich in ihrer Entstehung und Abwicklung verfolgen lassen.

Die Eintragungen in Büchern und die sonst erforderlichen Aufzeichnungen müssen nach § 239 HGB
- vollständig,
- richtig,
- zeitgerecht und
- geordnet

vorgenommen werden.

Nach § 240 HGB hat jeder Kaufmann hat zu Beginn seines Handelsgewerbes seine Grundstücke, seine Forderungen und Schulden, den Betrag seines baren Geldes sowie seine sonstigen Vermögensgegenstände genau zu verzeichnen und dabei den Wert der einzelnen Vermögensgegenstände und Schulden anzugeben. Er hat demnächst für den Schluss eines jeden Geschäftsjahrs ein solches **Inventar** aufzustellen.

Zu Beginn des Handelsgewerbes und für den Schluss eines jeden Geschäftsjahrs ist nach § 242 HGB ein das Verhältnis des Vermögens und der Schulden darstellender Abschluss (Eröffnungsbilanz, Bilanz) aufzustellen. Für den Schluss eines jeden Geschäftsjahrs ist eine Gegenüberstellung der Aufwendungen und Erträge des Geschäftsjahrs (Gewinn- und Verlustrechnung) aufzustellen. Die Bilanz und die Gewinn- und Verlustrechnung bilden den **Jahresabschluss.**

Nach §§ 243ff HGB muss der Jahresabschluss beispielsweise
- *nach den Grundsätzen ordnungsmäßiger Buchführung aufgestellt werden,*
- *klar und übersichtlich sein,*
- *innerhalb der einem ordnungsmäßigen Geschäftsgang entsprechenden Zeit aufgestellt werden,*
- *in deutscher Sprache und in Euro verfasst sein,*
- *vom Kaufmann unter Angabe des Datums unterzeichnet werden.*

Für die Bewertung der im Jahresabschluss ausgewiesenen Vermögensgegenstände und Schulden gelten nach § 252 HGB unter anderem folgende **Bewertungsgrundsätze:**
- Die Wertansätze in der Eröffnungsbilanz des Geschäftsjahrs müssen mit denen der Schlussbilanz des vorhergehenden Geschäftsjahrs übereinstimmen,
- die Vermögensgegenstände und Schulden sind zum Abschlussstichtag einzeln zu bewerten,
- es ist vorsichtig zu bewerten und alle vorhersehbaren Risiken und Verluste sind zu berücksichtigen,
- Aufwendungen und Erträge des Geschäftsjahrs sind unabhängig von den Zeitpunkten der entsprechenden Zahlungen im Jahresabschluss zu berücksichtigen,
- die auf den vorhergehenden Jahresabschluss angewandten Bewertungsmethoden sind beizubehalten.

Nach § 257 HGB sind unter anderem Buchungsbelege, Handelsbücher, Inventare, Eröffnungsbilanzen, Jahresabschlüsse, Lageberichte, Konzernabschlüsse, Konzernlageberichte sowie die zu ihrem Verständnis erforderlichen Arbeitsanweisungen und sonstigen Organisationsunterlagen zehn Jahre aufzubewahren.

Kapitalgesellschaften haben nach § 264 HGB den Jahresabschluss um einen Anhang zu erweitern, der mit der Bilanz und der Gewinn- und Verlustrechnung eine Einheit bildet, sowie einen Lagebericht aufzustellen. Die **Bilanz** ist in Kontoform aufzustellen und nach einem in § 266 HGB vorgegebenen Schema zu gliedern. Die **Gewinn- und Verlustrechnung** hat in Staffelform nach dem Gesamtkostenverfahren oder dem Umsatzkostenverfahren sowie nach der in § 275 wiedergegebenen Gliederung zu erfolgen.

*Der **Anhang** muss nach § 285 HGB beispielsweise eine ganze Reihe von Pflichtangaben enthalten, wie unter anderem*

- *Art und Zweck sowie Risiken und Vorteile von nicht in der Bilanz enthaltenen Geschäften, soweit dies für die Beurteilung der Finanzlage notwendig ist;*
- *die durchschnittliche Zahl der während des Geschäftsjahrs beschäftigten Arbeitnehmer getrennt nach Gruppen;*
- *für die Mitglieder des Geschäftsführungsorgans, eines Aufsichtsrats, eines Beirats oder einer ähnlichen Einrichtung jeweils für jede Personengruppe die für die Tätigkeit im Geschäftsjahr gewährten Gesamtbezüge sowie die Gesamtbezüge der früheren Mitglieder der bezeichneten Organe und ihrer Hinterbliebenen,*
- *alle Mitglieder des Geschäftsführungsorgans und eines Aufsichtsrats, auch wenn sie im Geschäftsjahr oder später ausgeschieden sind, mit dem Familiennamen und mindestens einem ausgeschriebenen Vornamen,*
- *das von dem Abschlussprüfer für das Geschäftsjahr berechnete Gesamthonorar,*
- *zu den Rückstellungen für Pensionen und ähnliche Verpflichtungen das angewandte versicherungsmathematische Berechnungsverfahren sowie die grundlegenden Annahmen der Berechnung, wie Zinssatz, erwartete Lohn- und Gehaltssteigerungen und zugrunde gelegte Sterbetafeln.*

Im **Lagebericht** sind nach § 289 HGB der Geschäftsverlauf einschließlich des Geschäftsergebnisses und die Lage der Kapitalgesellschaft so darzustellen, dass ein den tatsächlichen Verhältnissen entsprechendes Bild vermittelt wird.

Wenn eine Kapitalgesellschaft (Mutterunternehmen) mit Sitz im Inland auf ein anderes Unternehmen (Tochterunternehmen) unmittel- oder mittelbar einen beherrschenden Einfluss ausüben kann, so ist nach § 290 HGB in den ersten fünf Monaten des Konzerngeschäftsjahrs für das vergangene Konzerngeschäftsjahr ein **Konzernabschluss** und ein Konzernlagebericht aufzustellen. Er besteht nach § 297 HGB aus der Konzernbilanz, der Konzern-Gewinn- und Verlustrechnung, dem Konzernanhang, der **Kapitalflussrechnung** und dem **Eigenkapitalspiegel** und kann um eine **Segmentberichterstattung** erweitert werden.

Die Pflicht zur **Prüfung** durch einen Abschlussprüfer besteht nach § 316 HGB für Kapitalgesellschaften, die nicht kleine im Sinne des § 267 Abs. 1 sind. Hat keine Prüfung des Jahresabschlusses und des Lageberichts stattgefunden, so kann der Jahresabschluss nicht festgestellt werden.

Handelsgeschäfte sind nach § 343 HGB alle Geschäfte eines Kaufmanns, die zum Betrieb seines Handelsgewerbes gehören.

Als **Kommissionär** gilt nach § 383 HGB, wer es gewerbsmäßig übernimmt, Waren oder Wertpapiere für Rechnung eines anderen (des Kommittenten) in eigenem Namen zu kaufen oder zu verkaufen.

Durch einen **Frachtvertrag** wird der Frachtführer nach § 407 HGB verpflichtet, das Gut zum Bestimmungsort zu befördern und dort an den Empfänger abzuliefern.

Ein **Speditionsvertrag** verpflichtet nach § 453 HGB den Spediteur, die Versendung des Gutes zu besorgen.

Durch einen **Lagervertrag** wird der Lagerhalter nach § 467 HGB verpflichtet, das Gut zu lagern und aufzubewahren.

2.7 Partnerschaftsgesellschaftsgesetz (PartGG)

2.7.1 Übersicht über die Regelungen des PartGG

Das Gesetz über Partnerschaftsgesellschaften Angehöriger Freier Berufe (Partnerschaftsgesellschaftsgesetz, PartGG) vom 25. Juli 1994 (BGBl I S. 1744), zuletzt durch Artikel 22 des Gesetzes vom 23. Oktober 2008 (BGBl I S. 2026) geändert, umfasst Regelungen zum Partnerschaftsvertrag, der Anmeldung und Eintragung von Partnerschaften, ihrem Rechtsverhältnis und ihrer Auflösung. Nach § 1 PartGG ist die Partnerschaft eine Gesellschaft, in der sich Angehörige Freier Berufe zur Ausübung ihrer Berufe zusammenschließen. Dazu zählen unter anderem die selbständige Berufstätigkeit der Ärzte, Zahnärzte, Tierärzte, Heilpraktiker, Krankengymnasten, Hebammen und Heilmasseure.

Beispiel: Drei Mediziner betreiben eine Partnerschaftsgesellschaft, für die Gläubigeransprüche vorliegen. Nach § 8 PartGG haften den Gläubigern für Verbindlichkeiten der Partnerschaft neben dem Vermögen der Partnerschaft die Partner als Gesamtschuldner.

Tabelle 11 gibt einen Überblick über die Inhalte des PartGG.

Tab. 11: Partnerschaftsgesellschaftsgesetz (PartGG)

Fundstelle	Inhalt
§ 1	Voraussetzungen der Partnerschaft
§ 2	Name der Partnerschaft
§ 3	Partnerschaftsvertrag
§ 4	Anmeldung der Partnerschaft
§ 5	Inhalt der Eintragung, anzuwendende Vorschriften
§ 6	Rechtsverhältnis der Partner untereinander
§ 7	Wirksamkeit im Verhältnis zu Dritten, rechtliche Selbständigkeit, Vertretung
§ 8	Haftung für Verbindlichkeiten der Partnerschaft
§ 9	Ausscheiden eines Partners, Auflösung der Partnerschaft
§ 10	Liquidation der Partnerschaft, Nachhaftung
§ 11	Übergangsvorschriften

2.7.2 Partnerschaftsvertrag und Rechtsverhältnis von Partnerschaftsgesellschaften im Gesundheitswesen

Die Partnerschaftsgesellschaft übt nach § 1 PartGG kein Handelsgewerbe aus. Angehörige einer **Partnerschaft** können nur natürliche Personen sein. Die Berufsausübung in der Partnerschaft kann in Vorschriften über einzelne (Gesundheits-)Berufe ausgeschlossen oder von weiteren Voraussetzungen abhängig gemacht werden.

Der **Partnerschaftsname** muss nach § 2 PartGG den Namen mindestens eines Partners, den Zusatz „und Partner" oder „Partnerschaft" sowie die Berufsbezeichnungen aller in der Partnerschaft vertretenen Berufe enthalten.

Der **Partnerschaftsvertrag** bedarf nach § 3 PartGG der Schriftform und muss enthalten

- den Namen und den Sitz der Partnerschaft,
- den Namen und den Vornamen sowie den in der Partnerschaft ausgeübten Beruf und den Wohnort jedes Partners,
- den Gegenstand der Partnerschaft.

Auf die Anmeldung der Partnerschaft in das **Partnerschaftsregister** sind nach § 4 PartGG die Vorschriften des HGB entsprechend anzuwenden. Die Anmeldung hat die in vorgeschriebenen Angaben, das Geburtsdatum jedes Partners und die Vertretungsmacht der Partner zu enthalten.

Die Partner erbringen nach § 6 ihre beruflichen Leistungen unter Beachtung des für sie geltenden Berufsrechts.

Hinsichtlich der **Partnerschaftsvertretung** kann die Partnerschaft nach § 7 PartGG als Prozess- oder Verfahrensbevollmächtigte beauftragt werden. Sie handelt durch ihre Partner und Vertreter, in deren Person die für die Erbringung rechtsbesorgender Leistungen gesetzlich vorgeschriebenen Voraussetzungen im Einzelfalle vorliegen müssen, und ist in gleichem Umfang wie diese postulationsfähig.

Für die **Partnerschaftshaftung** gilt: Für Verbindlichkeiten der Partnerschaft haften nach § 8 PartGG den Gläubigern neben dem Vermögen der Partnerschaft die Partner als Gesamtschuldner.

Für die **Partnerschaftsliquidation** sind nach § 10 PartGG die Vorschriften über die Liquidation der offenen Handelsgesellschaft entsprechend anwendbar.

2.8 Scheckgesetz (ScheckG)

2.8.1 Übersicht über die Regelungen des ScheckG

Obwohl das Ausstellen und die Vorlage von Schecks im alltäglichen Geschäftsverkehr eher abnehmen, sind in den in Gesundheitsbetrieben vorkommenden Fällen die Regelungen des Scheckgesetzes (ScheckG) in der im Bundesgesetzblatt Teil III,

Gliederungsnummer 4132-1, veröffentlichten bereinigten Fassung, zuletzt durch Artikel 154 des Gesetzes vom 19. April 2006 (BGBl I S. 866) geändert, zu beachten.

Beispiel: Ein Praxisinhaber erhält von einem Dentaldepot für eine zurückgenommene Lieferung statt einer Gutschrift einen Verrechnungsscheck.

Tabelle 12 gibt einen Überblick über die Inhalte des ScheckG.

Tab. 12: Scheckgesetz (ScheckG)

Abschnitt	Inhalt
1	Ausstellung und Form des Schecks
2	Übertragung
3	Scheckbürgschaft
4	Vorlegung und Zahlung
5	Gekreuzter Scheck und Verrechnungsscheck
6	Rückgriff mangels Zahlung
7	Ausfertigung mehrerer Stücke eines Schecks
8	Änderungen
9	Verjährung
10	Allgemeine Vorschriften
11	Ergänzende Vorschriften
12	Geltungsbereich der Gesetze

2.8.2 Ausstellung, Form und Übertragung von Schecks

Bei der **Scheckausstellung** und **Scheckform** ist zu beachten, dass ein Scheck nach Art 1 ScheckG wesentliche Angaben enthält, wie beispielsweise die Bezeichnung als Scheck, die unbedingte Anweisung, eine bestimmte Geldsumme zu zahlen, den Namen dessen, der zahlen soll (Bezogener), den Zahlungsort, den Tag und den Ort der Ausstellung sowie die Unterschrift des Ausstellers.

Bezogener darf nach Art 3 ScheckG nur ein Bankier sein, bei dem der Aussteller ein Guthaben hat, und gemäß einer ausdrücklichen oder stillschweigenden Vereinbarung, wonach der Aussteller das Recht hat, über dieses Guthaben mittels Schecks zu verfügen. Als **Bankier** gelten nach Art 54 ScheckG diejenigen Anstalten des öffentlichen Rechts, diejenigen unter staatlicher Aufsicht stehenden Anstalten sowie diejenigen in das Genossenschaftsregister eingetragenen Genossenschaften, die sich nach den für ihren Geschäftsbetrieb maßgebenden Bestimmungen mit der Annahme von Geld und der Leistung von Zahlungen für fremde Rechnung befassen, ferner die unter amtlicher Aufsicht stehenden Sparkassen, wenn sie die nach Landesrecht für sie geltenden Aufsichtsbestimmungen erfüllen sowie die in das Handelsregister eingetragenen Firmen, die gewerbsmäßig Bankiergeschäfte betreiben.

Ein Scheck kann
- nicht angenommen werden (Art 4 ScheckG),
- zahlbar gestellt werden an den Inhaber oder an eine bestimmte Person, mit oder ohne den ausdrücklichen Vermerk „an Order" oder mit dem Vermerk „nicht an Order" oder mit einem gleichbedeutenden Vermerk (Art 5 ScheckG),
- an die eigene Order des Ausstellers lauten oder für Rechnung eines Dritten gezogen werden (Art 6 ScheckG),
- bei einem Dritten, am Wohnort des Bezogenen oder an einem anderen Ort, zahlbar gestellt werden, sofern der Dritte Bankier ist (Art 8 ScheckG).

Ein in den Scheck aufgenommener **Zinsvermerk** gilt als nicht geschrieben (Art 7 ScheckG), und ist die **Schecksumme** in Buchstaben und in Ziffern angegeben, so gilt bei Abweichungen die in Buchstaben angegebene Summe (Art 9 ScheckG).

Für die Zahlung des Schecks haftet nach Art 12 ScheckG der **Scheckaussteller**.

Eine **Scheckübertragung** durch Indossament kann nach Art 14 ScheckG bei auf eine bestimmte Person zahlbar gestellte Schecks mit oder ohne den ausdrücklichen Vermerk „an Order" stattfinden. Das Indossament kann auch auf den Aussteller oder jeden anderen Scheckverpflichteten lauten.

Das **Indossament**
- muss unbedingt sein (Art 15 ScheckG),
- muss auf den Scheck oder ein mit dem Scheck verbundenes Blatt (Anhang) gesetzt werden (Art 16 ScheckG),
- muss von dem Indossanten unterschrieben werden (Art 16 ScheckG),
- überträgt alle Rechte aus dem Scheck (Art 17 ScheckG),
- haftet mangels eines entgegenstehenden Vermerks für die Zahlung (Art 18 ScheckG).

Wer einen durch Indossament übertragbaren Scheck in Händen hat, gilt nach Art 19 ScheckG als rechtmäßiger Inhaber, sofern er sein Recht durch eine ununterbrochene Reihe von Indossamenten nachweist.

Die Zahlung der Schecksumme kann nach Art 25 ScheckG ganz oder teilweise durch **Scheckbürgschaft** gesichert werden. Die Bürgschaftserklärung wird nach Art 26 ScheckG auf den Scheck oder auf einen Anhang gesetzt. Der Scheckbürge haftet nach Art 27 ScheckG in der gleichen Weise wie derjenige, für den er sich verbürgt hat.

2.8.3 Vorlegung, Zahlung und Verrechnungsschecks

Für die **Scheckzahlung** gilt nach Art 28 ScheckG, dass ein Scheck bei Sicht und am Tag der **Vorlegung** zahlbar ist, auch wenn er vor Eintritt des auf ihm angegebenen Ausstellungstags zur Zahlung vorgelegt wird.

Ein Scheck, der in dem Land der Ausstellung zahlbar ist, muss nach Art 29 ScheckG binnen acht Tagen zur Zahlung vorgelegt werden.

Der Inhaber kann nach Art 40 ScheckG gegen die Indossanten, den Aussteller und die anderen Scheckverpflichteten **Rückgriff** nehmen, wenn der rechtzeitig vorgelegte Scheck nicht eingelöst und die Verweigerung der Zahlung festgestellt worden ist.

Der Inhaber kann nach Art 45 ScheckG im Wege des Rückgriffs beispielsweise unter anderem die Schecksumme, soweit der Scheck nicht eingelöst worden ist, die Kosten des Protests und Zinsen verlangen.

Der **Protest** oder die gleichbedeutende Feststellung muss nach Art 41 ScheckG vor Ablauf der Vorlegungsfrist vorgenommen werden. Alle Scheckverpflichteten haften dem Inhaber nach Art 44 ScheckG als Gesamtschuldner.

Die Einlieferung in eine **Abrechnungsstelle** steht nach Art 31 ScheckG der Vorlegung zur Zahlung gleich, und ein **Widerruf** des Schecks ist nach Art 32 ScheckG erst nach Ablauf der Vorlegungsfrist wirksam. Die Vorlegung und der Protest eines Schecks können nach Art 55 ScheckG nur an einem Werktag, jedoch nicht an einem Sonnabend, stattfinden.

Der Aussteller sowie jeder Inhaber eines **Verrechnungsschecks** kann nach Art 39 ScheckG durch den quer über die Vorderseite gesetzten Vermerk „nur zur Verrechnung“ oder durch einen gleichbedeutenden Vermerk untersagen, dass der Scheck bar bezahlt wird.

Erfolgt eine **Scheckänderung** im Text eines Schecks, so haften nach Art 51 ScheckG diejenigen, die ihre Unterschrift nach der Änderung auf den Scheck gesetzt haben, entsprechend dem geänderten Text; wer früher unterschrieben hat, haftet nach dem ursprünglichen Text.

3. Patientenrecht (Pflegerecht)

3.1 Heimgesetz (HeimG)

3.1.1 Übersicht über die Regelungen des HeimG

Das Heimgesetz (HeimG) vom 5. November 2001 (BGBl I S. 2970), zuletzt durch Artikel 3 Satz 2 des Gesetzes vom 29. Juli 2009 (BGBl I S. 2319) geändert, hat nach § 2 HeimG zum Zweck,

- die Würde sowie die Interessen und Bedürfnisse der Bewohnerinnen und Bewohner von Heimen vor Beeinträchtigungen zu schützen,
- die Selbständigkeit, die Selbstbestimmung und die Selbstverantwortung der Bewohnerinnen und Bewohner zu wahren und zu fördern,
- die Einhaltung der dem Träger des Heims gegenüber den Bewohnerinnen und Bewohnern obliegenden Pflichten zu sichern,
- die Mitwirkung der Bewohnerinnen und Bewohner zu sichern,
- eine dem allgemein anerkannten Stand der fachlichen Erkenntnisse entsprechende Qualität des Wohnens und der Betreuung zu sichern,
- die Beratung in Heimangelegenheiten zu fördern sowie
- die Zusammenarbeit der für die Durchführung dieses Gesetzes zuständigen Behörden mit den Trägern und deren Verbänden, den Pflegekassen, dem Medizinischen Dienst der Krankenversicherung sowie den Trägern der Sozialhilfe zu fördern.

Beispiel: Im Rahmen der Überwachung wird bei einem privaten Heimbetreiber festgestellt, dass für pflegebedürftige Bewohnerinnen und Bewohner nach § 11 HeimG zwar Pflegeplanungen aufgestellt, aber deren Umsetzungen nicht ausreichend aufgezeichnet werden.

Tabelle 13 gibt einen Überblick über die Inhalte des HeimG.

Tab. 13: Heimgesetz (HeimG)

Fundstelle	Inhalt
§ 1	Anwendungsbereich
§ 2	Zweck des Gesetzes
§ 3	Leistungen des Heims, Rechtsverordnungen
§ 4	Beratung
§ 5	Heimvertrag

Fundstelle	Inhalt
§ 6	Anpassungspflicht
§ 7	Erhöhung des Entgelts
§ 8	Vertragsdauer
§ 9	Abweichende Vereinbarungen
§ 10	Mitwirkung der Bewohnerinnen und Bewohner
§ 11	Anforderungen an den Betrieb eines Heims
§ 12	Anzeige
§ 13	Aufzeichnungs- und Aufbewahrungspflicht
§ 14	Leistungen an Träger und Beschäftigte
§ 15	Überwachung
§ 16	Beratung bei Mängeln
§ 17	Anordnungen
§ 18	Beschäftigungsverbot, kommissarische Heimleitung
§ 19	Untersagung
§ 20	Zusammenarbeit, Arbeitsgemeinschaften
§ 21	Ordnungswidrigkeiten
§ 22	Berichte
§ 23	Zuständigkeit und Durchführung des Gesetzes
§ 24	Anwendbarkeit der Gewerbeordnung
§ 25	Fortgeltung von Rechtsverordnungen
§ 25a	Erprobungsregelungen
§ 26	Übergangsvorschriften

3.1.2 Heimbetrieb und Mitwirkung der Bewohnerinnen und Bewohner

Nach § 1 HeimG sind **Heime** Einrichtungen, die dem Zweck dienen, ältere Menschen oder pflegebedürftige oder behinderte Volljährige aufzunehmen, ihnen Wohnraum zu überlassen sowie Betreuung und Verpflegung zur Verfügung zu stellen oder vorzuhalten, und die in ihrem Bestand von Wechsel und Zahl der Bewohnerinnen und Bewohner unabhängig sind und entgeltlich betrieben werden. Das HeimG gilt auch mit einigen Ausnahmen für Einrichtungen der Tages- und der Nachtpflege, allerdings beispielsweise nicht für Krankenhäuser im Sinne des Krankenhausfinanzierungsgesetzes.

Die Heime sind nach § 3 HeimG verpflichtet, ihre **Heimleistungen** nach dem jeweils allgemein anerkannten Stand fachlicher Erkenntnisse zu erbringen.

Die Bewohnerinnen und Bewohner wirken nach § 10 HeimG durch einen **Heimbeirat** in Angelegenheiten des Heimbetriebs wie Unterkunft, Betreuung, Aufenthaltsbedingungen, Heimordnung, Verpflegung und Freizeitgestaltung mit.

Die Anforderungen an den **Heimbetrieb** sehen nach § 11 HeimG vor, dass ein Heim nur betrieben werden darf, wenn der Träger und die Leitung unter anderem

- die Würde sowie die Interessen und Bedürfnisse der Bewohnerinnen und Bewohner vor Beeinträchtigungen schützen,
- die Selbständigkeit, die Selbstbestimmung und die Selbstverantwortung der Bewohnerinnen und Bewohner wahren und fördern,
- eine angemessene Qualität der Betreuung der Bewohnerinnen und Bewohner, auch soweit sie pflegebedürftig sind, in dem Heim selbst oder in angemessener anderer Weise einschließlich der Pflege nach dem allgemein anerkannten Stand medizinisch-pflegerischer Erkenntnisse sowie die ärztliche und gesundheitliche Betreuung sichern,
- die Eingliederung behinderter Menschen fördern,
- den Bewohnerinnen und Bewohnern eine nach Art und Umfang ihrer Betreuungsbedürftigkeit angemessene Lebensgestaltung ermöglichen und die erforderlichen Hilfen gewähren,
- die hauswirtschaftliche Versorgung sowie eine angemessene Qualität des Wohnens erbringen,
- sicherstellen, dass für pflegebedürftige Bewohnerinnen und Bewohner Pflegeplanungen aufgestellt und deren Umsetzung aufgezeichnet werden,
- gewährleisten, dass in Einrichtungen der Behindertenhilfe für die Bewohnerinnen und Bewohner Förder- und Hilfepläne aufgestellt und deren Umsetzung aufgezeichnet werden,
- einen ausreichenden Schutz der Bewohnerinnen und Bewohner vor Infektionen gewährleisten und sicherstellen, dass von den Beschäftigten die für ihren Aufgabenbereich einschlägigen Anforderungen der Hygiene eingehalten werden, und
- sicherstellen, dass die Arzneimittel bewohnerbezogen und ordnungsgemäß aufbewahrt und die in der Pflege tätigen Mitarbeiterinnen und Mitarbeiter mindestens einmal im Jahr über den sachgerechten Umgang mit Arzneimitteln beraten werden.

Nach § 11 HeimG darf ein Heim beispielsweise auch nur betrieben werden, wenn der Träger die notwendige Zuverlässigkeit, insbesondere die wirtschaftliche Leistungsfähigkeit zum Betrieb des Heims, besitzt, sicherstellt, dass die Zahl der Beschäftigten und ihre persönliche und fachliche Eignung für die von ihnen zu leistende Tätigkeit ausreicht, angemessene Entgelte verlangt und ein Qualitätsmanagement betreibt.

Der Träger hat gemäß § 13 HeimG eine **Aufzeichnungs- und Aufbewahrungspflicht** und hat nach dieser und den Grundsätzen einer ordnungsgemäßen Buch- und Aktenführung Aufzeichnungen über den Betrieb zu machen und die Qualitätssicherungsmaßnahmen und deren Ergebnisse so zu dokumentieren, dass sich aus ihnen der ordnungsgemäße Betrieb des Heims ergibt.

Dem Träger ist es nach § 14 HeimG untersagt, sich von oder zugunsten von Bewohnerinnen und Bewohnern oder den Bewerberinnen und Bewerbern um einen Heimplatz Geld- oder geldwerte Leistungen über das vereinbarte **Heimentgelt** hinaus versprechen oder gewähren zu lassen.

Die Heime werden nach § 15 HeimG von den zuständigen Behörden durch wiederkehrende oder anlassbezogene **Heimprüfungen** überwacht. Die Prüfungen können jederzeit angemeldet oder unangemeldet erfolgen.

Werden festgestellte Mängel nicht abgestellt, so können nach § 17 HeimG gegenüber den Trägern **Anordnungen** erlassen werden, die zur Beseitigung einer eingetretenen oder Abwendung einer drohenden Beeinträchtigung oder Gefährdung des Wohls der Bewohnerinnen und Bewohner, zur Sicherung der Einhaltung der dem Träger gegenüber den Bewohnerinnen und Bewohnern obliegenden Pflichten oder zur Vermeidung einer Unangemessenheit zwischen dem Entgelt und der Leistung des Heims erforderlich sind.

Dem Träger kann nach § 18 HeimG durch ein **Beschäftigungverbot** die weitere Beschäftigung der Leitung, eines Beschäftigten oder einer sonstigen Mitarbeiterin oder eines sonstigen Mitarbeiters ganz oder für bestimmte Funktionen oder Tätigkeiten untersagt werden, wenn Tatsachen die Annahme rechtfertigen, dass sie die für ihre Tätigkeit erforderliche Eignung nicht besitzen.

Eine **Untersagung** des Heimbetriebs ist nach § 19 HeimG vorzunehmen, wenn die Anforderungen des § 11 HeimG nicht erfüllt sind und Anordnungen nicht ausreichen.

3.2 Heimmindestbauverordnung (HeimMindBauV)

3.2.1 Übersicht über die Regelungen der HeimMindBauV

Die Verordnung über bauliche Mindestanforderungen für Altenheime, Altenwohnheime und Pflegeheime für Volljährige (Heimmindestbauverordnung, HeimMindBauV) vom 3. Mai 1983 (BGBl I S. 550), durch Artikel 5 der Verordnung vom 25. November 2003 (BGBl I S. 2346) geändert, ist nach § 1 HeimMindBauV auf Einrichtungen im Sinne des Heimgesetzes anzuwenden, die in der Regel mindestens sechs Personen aufnehmen.

Beispiel: In einem Altenheim müssen wegen Umbaumaßnahmen jeweils drei Personen in einem Raum untergebracht werden. Nach den Besonderen Vorschriften für Altenheime und gleichartige Einrichtungen sind gemäß § 14 HeimMindBauV Wohnplätze für mehr als zwei Personen nur ausnahmsweise mit Zustimmung der zuständigen Behörde zulässig, wobei für die dritte Person die zusätzliche Wohnfläche wenigstens je 6 qm betragen muss.

Tabelle 14 gibt einen Überblick über die Inhalte der HeimMindBauV.

Tab. 14: Heimmindestbauverordnung (HeimMindBauV)

Teil	Abschnitt	Inhalt
1	Gemeinsame Vorschriften	
2	Besondere Vorschriften	
	1	Altenheime und gleichartige Einrichtungen
	2	Altenwohnheime und gleichartige Einrichtungen
	3	Pflegeheime für Volljährige und gleichartige Einrichtungen
	4	Einrichtungen mit Mischcharakter
3	Einrichtungen für behinderte Volljährige	
4	Fristen und Befreiungen	
5	Ordnungswidrigkeiten und Schlussbestimmungen	

3.2.2 Bauliche Mindestanforderungen an Altenheime, Altenwohnheime und Pflegeheime

Wohn- und Pflegeplätze müssen nach § 2 HeimMindBauV unmittelbar von einem Flur erreichbar sein, der den Heimbewohnern, dem Personal und den Besuchern allgemein zugänglich ist.

Flure, die von Heimbewohnern benutzt werden, dürfen nach § 3 HeimMindBauV innerhalb eines Geschosses keine oder nur solche Stufen haben, die zusammen mit einer geeigneten Rampe angeordnet sind und müssen in Pflegeheimen und Pflegeabteilungen zu den Pflegeplätzen so bemessen sein, dass auf ihnen bettlägerige Bewohner transportiert werden können. Ebenso wie **Treppen** sind sie an beiden Seiten mit festen Handläufen zu versehen.

Nach § 4 HeimMindBauV muss in Einrichtungen, in denen bei regelmäßiger Benutzung durch die Bewohner mehr als eine Geschoßhöhe zu überwinden ist oder in denen Rollstuhlbenutzer in nicht stufenlos zugänglichen Geschossen untergebracht sind, mindestens ein **Aufzug** vorhanden sein.

Die **Fußbodenbeläge** der von Heimbewohnern benutzten Räume und Verkehrsflächen müssen nach § 5 HeimMindBauV rutschfest sein.

Nach § 6 HeimMindBauV müssen die **Lichtschalter** ohne Schwierigkeit zu bedienen, in Treppenräumen und Fluren bei Dunkelheit die **Nachtbeleuchtung** in Betrieb und in Wohn-, Schlaf- und Gemeinschaftsräumen Anschlüsse zum Betrieb von **Leselampen** vorhanden sein.

Räume, in denen Pflegebedürftige untergebracht sind, müssen nach § 7 HeimMindBauV mit einer **Rufanlage** ausgestattet sein, die von jedem Bett aus bedient werden kann.

In den Einrichtungen muss in jedem Gebäude nach § 8 HeimMindBauV mindestens ein **Fernsprecher** vorhanden sein, über den die Bewohner erreichbar sind und der von nicht bettlägerigen Bewohnern ohne Mithören Dritter benutzt werden kann.

Wohn-, Schlaf- und Sanitärräume müssen nach § 9 HeimMindBauV im **Notfall** von außen zugänglich sein, und in Pflegeheimen und Pflegeabteilungen müssen die Türen zu den Pflegeplätzen so breit sein, dass durch sie bettlägerige Bewohner transportiert werden können.

Bei **Sanitären Anlagen** müssen nach § 10 HeimMindBauV

- Badewannen und Duschen in Gemeinschaftsanlagen bei ihrer Benutzung einen Sichtschutz haben,
- Badewannen eine sichere Ein- und Ausstiegsmöglichkeit haben,
- Badewannen, Duschen und Spülaborte mit Haltegriffen versehen sein,
- in Einrichtungen mit Rollstuhlbenutzern für diese Personen geeignete sanitäre Anlagen in ausreichender Zahl vorhanden sein.

Wirtschaftsräume müssen nach § 11 HeimMindBauV in der erforderlichen Zahl und Größe vorhanden sein, soweit die Versorgung nicht durch Betriebe außerhalb des Heimes sichergestellt ist.

Durch eine geeignete **Heizanlage** ist nach § 12 HeimMindBauV für alle Räume, Treppenräume, Flure und sanitäre Anlagen eine den Bedürfnissen der Heimbewohner angepasste Temperatur sicherzustellen.

Beim **Gebäudezugang** der von den Bewohnern benutzten Gebäude einer Einrichtung soll die Eingangsebene nach § 13 HeimMindBauV von der öffentlichen Verkehrsfläche stufenlos erreichbar sein und der Zugang muss beleuchtbar sein.

Nach den Besonderen Vorschriften für **Altenheime** und gleichartige Einrichtungen müssen gemäß § 14 HeimMindBauV Wohnplätze für eine Person mindestens einen Wohnschlafraum mit einer **Wohnfläche** von 12 qm und Wohnplätze für zwei Personen einen solchen mit einer Wohnfläche von 18 qm umfassen. Wohnplätze für mehr als zwei Personen sind nur ausnahmsweise mit Zustimmung der zuständigen Behörde, Wohnplätze für mehr als vier Personen sind nicht zulässig. Für die dritte oder vierte Person muss die zusätzliche Wohnfläche wenigstens je 6 qm betragen. Wohnplätze für bis zu zwei Personen müssen über einen Waschtisch mit Kalt- und Warmwasseranschluss verfügen. Bei Wohnplätzen für mehr als zwei Personen muss ein zweiter Waschtisch mit Kalt- und Warmwasseranschluss vorhanden sein.

In jeder Einrichtung müssen nach § 15 HeimMindBauV mindestens folgende **Funktions- und Zubehörräume** vorhanden sein:

- ausreichende Kochgelegenheiten für die Bewohner,
- ein Abstellraum für die Sachen der Bewohner,
- in Einrichtungen mit Mehrbettzimmern ein Einzelzimmer zur vorübergehenden Nutzung durch Bewohner,
- ein Leichenraum, wenn nicht eine kurzfristige Überführung der Leichen sichergestellt ist.

Die Einrichtung muss nach § 16 HeimMindBauV mindestens einen **Gemeinschaftsraum** von 20 qm Nutzfläche haben. In Einrichtungen mit mehr als 20 Bewohnern muss eine Nutzfläche von mindestens 1 qm je Bewohner zur Verfügung stehen.

In jeder Einrichtung muss ein **Therapieraum** für Bewegungstherapie oder Gymnastik vorhanden sein, wenn nicht geeignete Gymnastik- und Therapieräume in zumutbarer Entfernung außerhalb der Einrichtung von den Heimbewohnern regelmäßig benutzt werden können.

Für jeweils bis zu acht Bewohner müssen nach § 18 HeimMindBauV im gleichen Geschoß mindestens ein Spülabort mit Handwaschbecken vorhanden sein und für jeweils bis zu 20 Bewohner im gleichen Gebäude mindestens eine Badewanne oder eine Dusche zur Verfügung stehen.

Nach den Besonderen Vorschriften für **Altenwohnheime** und gleichartige Einrichtungen müssen nach § 19 HeimMindBauV Wohnplätze für eine Person mindestens einen Wohnschlafraum mit einer Wohnfläche von 12 qm ferner eine Küche, eine Kochnische oder einen Kochschrank umfassen und über einen Sanitärraum mit Waschtisch mit Kalt- und Warmwasseranschluss und Spülklosett verfügen. Bei Wohnplätzen für zwei Personen muss die Wohnfläche des Wohnschlafraumes oder getrennter Wohn- und Schlafräume mindestens 18 qm betragen.

Nach § 21 HeimMindBauV müssen in jeder Einrichtung mindestens ein Abstellraum für die Sachen der Heimbewohner und besondere Wasch- und Trockenräume zur Benutzung durch die Heimbewohner vorhanden sein.

Für jeweils bis zu 20 Bewohner muss im gleichen Gebäude mindestens eine Badewanne oder eine Dusche zur Verfügung stehen.

Nach den Besonderen Vorschriften für **Pflegeheime** für Volljährige und gleichartige Einrichtungen müssen nach § 23 HeimMindBauV Pflegeplätze mindestens einen Wohnschlafraum mit einer Wohnfläche von 12 qm für einen Bewohner, 18 qm für zwei, 24 qm für drei und 30 qm für vier Bewohner umfassen. Wohnschlafräume für mehr als vier Bewohner sind nicht zulässig.

Funktions- und Zubehörräume müssen nach § 24 HeimMindBauV in ausreichender Zahl vorhanden und den Besonderheiten der Pflegebedürftigkeit angepasst sein.

Die Nutzflächen von Gemeinschaftsräumen müssen nach § 25 HeimMindBauV so angelegt sein, dass auch Bettlägerige an Veranstaltungen und Zusammenkünften teilnehmen können.

Nach § 27 HeimMindBauV müssen für jeweils bis zu vier Bewohner in unmittelbarer Nähe des Wohnschlafraumes ein Waschtisch mit Kalt- und Warmwasseranschluss und für jeweils bis zu acht Bewohner ein Spülabort vorhanden sein und für jeweils bis zu 20 Bewohner im gleichen Gebäude mindestens eine Badewanne und eine Dusche zur Verfügung stehen.

In **Behinderteneinrichtungen** für Volljährige sind nach § 29 HeimMindBauV bei der Anwendung der Verordnung die besonderen Bedürfnisse der Bewohner, die sich insbesondere aus Art und Schwere der Behinderungen ergeben, zu berücksichtigen.

3.3 Heimmitwirkungsverordnung (HeimmwV)

3.3.1 Übersicht über die Regelungen der HeimmwV

Die Verordnung über die Mitwirkung der Bewohnerinnen und Bewohner in Angelegenheiten des Heimbetriebes (Heimmitwirkungsverordnung, HeimmwV) vom 25. Juli 2002 (BGBl I S. 2896) bezieht sich nach § 1 HeimmwV hauptsächlich auf die Angelegenheiten des Heimbetriebes, auf die Maßnahmen bei der Sicherung einer angemessenen Qualität der Betreuung und auf die Leistungs- und Qualitätsvereinbarungen.

Beispiel: Der Träger eines Heims möchte bauliche Veränderungen vornehmen. Nach § 30 HeimmwV wirkt der Heimbeirat an diesbezüglichen Entscheidungen mit.

Tabelle 15 gibt einen Überblick über die Inhalte der HeimmwV.

Tab. 15: Heimmitwirkungsverordnung (HeimmwV)

Teil	Abschnitt	Inhalt
1	Heimbeirat und Heimfürsprecher	
	1	Bildung und Zusammensetzung von Heimbeiräten
	2	Amtszeit des Heimbeirates
	3	Geschäftsführung des Heimbeirates
	4	Stellung der Heimbeiratsmitglieder
	5	Heimfürsprecher
2	Mitwirkung des Heimbeirates und des Heimfürsprechers	
3	Ordnungswidrigkeiten und Schlussvorschriften	

3.3.2 Heimbeirat und Heimfürsprecher

Die Mitwirkung der Bewohnerinnen und Bewohner in Heimen erfolgt nach § 1 HeimmwV durch **Heimbeiräte**, deren Mitglieder von den Bewohnerinnen und Bewohnern der Heime gewählt werden. Die Träger des Heims haben nach § 2 HeimmwV auf die Bildung von Heimbeiräten hinzuwirken.

Wahlberechtigt sind für die **Heimbeiratswahl** nach § 3 HeimmwV alle Personen, die am Wahltag im Heim wohnen und wählbar sind die Bewohnerinnen und Bewohner des Heims, deren Angehörige, sonstige Vertrauenspersonen der Bewohnerinnen und Bewohner, Mitglieder von örtlichen Seniorenvertretungen und von örtlichen Behindertenorganisationen sowie von der zuständigen Behörde vorgeschlagene Personen. Der Heimbeirat wird gemäß § 5 HeimmwV in gleicher, geheimer und unmittelbarer Wahl gewählt. Spätestens acht Wochen vor Ablauf der Amtszeit bestellt der Heimbeirat nach § 6 HeimmwV drei Wahlberechtigte als Wahlausschuss und eine oder einen von ihnen als Vorsitzende oder als Vorsitzenden. Der Wahlausschuss bestimmt nach § 7 HeimmwV Ort und Zeit der Wahl und informiert die Bewohnerinnen und Bewohner und die zuständige Behörde über die bevorstehende Wahl. Der Wahltermin ist mindestens vier Wochen vor der Wahl bekannt zu geben.

Die regelmäßige **Heimbeiratsamtszeit** beträgt nach § 12 HeimmwV zwei Jahre. Die Mitglieder des Heimbeirates führen nach § 22 HeimmwV ihr Amt unentgeltlich und ehrenamtlich aus. Die Mitglieder des Heimbeirates dürfen bei der Erfüllung ihrer Aufgaben gemäß § 23 HeimmwV nicht behindert und wegen ihrer Tätigkeit nicht benachteiligt oder begünstigt werden. Sie haben nach § 24 HeimmwV über die ihnen bei Ausübung des Amtes bekannt gewordenen Angelegenheiten oder Tatsachen Stillschweigen zu bewahren.

Nach § 30 HeimmwV wirkt der Heimbeirat bei Entscheidungen der Leitung oder des Trägers beispielsweise unter anderem in folgenden Angelegenheiten mit:

- *Aufstellung oder Änderung der Musterverträge für Bewohnerinnen und Bewohner und der Heimordnung,*
- *Maßnahmen zur Verhütung von Unfällen,*
- *Änderung der Entgelte des Heims,*
- *Planung oder Durchführung von Veranstaltungen,*
- *Alltags- und Freizeitgestaltung,*
- *Unterkunft, Betreuung und Verpflegung,*
- *Erweiterung, Einschränkung oder Einstellung des Heimbetriebes,*
- *Zusammenschluss mit einem anderen Heim,*
- *Änderung der Art und des Zweckes des Heims oder seiner Teile,*
- *umfassende bauliche Veränderungen oder Instandsetzungen des Heims,*
- *Maßnahmen zur Förderung einer angemessenen Qualität der Betreuung.*

Der Heimbeirat wählt nach § 16 HeimmwV mit der Mehrheit seiner Mitglieder den **Heimbeiratsvorsitz** und dessen Stellvertretung. Eine Bewohnerin oder ein Bewohner soll den Vorsitz innehaben.

Heimbeiratsbeschlüsse werden nach § 18 HeimmwV mit einfacher Stimmenmehrheit der anwesenden Mitglieder gefasst. Bei Stimmengleichheit entscheidet die Stimme der Vorsitzenden oder des Vorsitzenden. Der Heimbeirat ist beschlussfähig, wenn mindestens die Hälfte seiner Mitglieder anwesend ist.

Nach § 19 HeimmwV ist über jede Verhandlung des Heimbeirates eine **Sitzungsniederschrift** aufzunehmen, die mindestens die Sitzungsteilnehmer, den Wortlaut der Beschlüsse und die Stimmenmehrheit, mit der sie gefasst sind, enthält. Die Niederschrift ist von der Vorsitzenden oder dem Vorsitzenden und einem weiteren Mitglied zu unterzeichnen.

Der Heimbeirat soll nach § 20 HeimmwV mindestens einmal im Amtsjahr eine **Bewohnerversammlung** abhalten. Auf Verlangen des Heimbeirates hat die Leitung des Heims an der Bewohnerversammlung teilzunehmen. Der Heimbeirat kann die Leitung von der Bewohnerversammlung insgesamt oder von einzelnen Tagesordnungspunkten ausschließen.

Der Träger gewährt dem Heimbeirat nach § 21 HeimmwV die zur Erfüllung seiner Aufgaben erforderlichen Hilfen für Kosten und **Sachaufwand** des Heimbeirates und stellt insbesondere die Räumlichkeiten zur Verfügung.

Die zuständige Behörde hat nach § 25 HeimmwV unverzüglich einen **Heimfürsprecher** zu bestellen, sobald die Voraussetzungen für seine Bestellung nach § 10 Abs. 4 des HeimmwV gegeben sind. Von der Bestellung eines Heimfürsprechers kann nach § 28a HeimmwV die zuständige Behörde absehen, wenn ein Ersatzgremium besteht, das die Mitwirkung der Bewohnerinnen und Bewohner auf andere Weise gewährleisten und die Aufgaben des Heimbeirates übernehmen kann.

3.4 Heimsicherungsverordnung (HeimsicherungsV)

3.4.1 Übersicht über die Regelungen der HeimsicherungsV

Die Verordnung über die Pflichten der Träger von Altenheimen, Altenwohnheimen und Pflegeheimen für Volljährige im Falle der Entgegennahme von Leistungen zum Zweck der Unterbringung eines Bewohners oder Bewerbers (Heimsicherungsverordnung, HeimsicherungsV) vom 24. April 1978 (BGBl I S. 553), durch Artikel 18 des Gesetzes vom 27. Dezember 2003 (BGBl I S. 3022) geändert, regelt nach § 1 HeimsicherungsV die Pflichten des Trägers einer Einrichtung, der Geld oder geldwerte Leistungen zum Zwecke der Unterbringung eines Bewohners oder Bewerbers entgegennimmt.

Beispiel: Für die Prüfung nach § 19 HeimsicherungsV beauftragt der Träger einen Wirtschaftsprüfer, der einen Prüfungsbericht mit einem Vermerk erstellt, ob der Träger die ihm obliegenden Pflichten nach §§ 5–15 HeimsicherungsV eingehalten hat.

Tabelle 16 gibt einen Überblick über die Inhalte der HeimsicherungsV.

Tab. 16: Heimsicherungsverordnung (HeimsicherungsV)

Teil	Inhalt
Allgemeine Vorschriften	Anwendungsbereich; Begriff des Trägers; Verpflichtung anderer Personen; zwingende Vorschriften

Teil	Inhalt
Pflichten des Trägers	Anzeige- und Informationspflicht; Verwendungszweck; Beschränkungen; getrennte Verwaltung; Leistungen zum Betrieb; Verrechnung, Rückzahlung; Sicherheitsleistungen; Formen der Sicherheit; Versicherungspflicht; Auskunftspflicht Rechnungslegung
Prüfung der Einhaltung der Pflichten	Prüfung; Aufzeichnungspflicht; Prüfer; Prüfungsbericht
Ordnungswidrigkeiten und Schlussvorschriften	Ordnungswidrigkeiten; Übergangsvorschriften und Befreiungen; Berlin-Klausel; Inkrafttreten

3.4.2 Pflichten des Trägers bei der Entgegennahme von Geld oder geldwerten Leistungen

Als Leistungen zum Zwecke der Unterbringung gelten nach § 1 HeimsicherungsV **Leistungen**, die über das laufende Entgelt hinaus zum Bau, zum Erwerb, zur Instandsetzung, zur Ausstattung oder zum Betrieb einer Einrichtung gewährt werden.

Nach § 5 HeimsicherungsV hat der Träger einer Einrichtung den Vertragspartner rechtzeitig und schriftlich vor Abschluss eines Vertrages über Leistungen im Sinne des § 1 über die sich aus diesem Vertrag ergebenden Rechte und Pflichten, insbesondere über die Sicherung der Rückzahlungsansprüche, zu informieren.

Die Entgegennahme der Leistungen unterliegt nach § 7 HeimsicherungsV Beschränkungen: Leistungen im Sinne des § 1 dürfen von dem Träger einer Einrichtung nur bis zu einer Höhe von insgesamt 30 vom Hundert der im Finanzierungsplan ausgewiesenen Kosten der Maßnahmen entgegengenommen werden. Die Entgegennahme von Leistungen im Sinne des § 1 ist unzulässig, wenn die Eigenleistungen des Trägers 20 vom Hundert der im Finanzierungsplan ausgewiesenen Kosten der Maßnahmen nicht erreichen.

Der Träger darf gemäß § 6 HeimsicherungsV Leistungen im Sinne des § 1 nur zum vorgesehenen **Verwendungszweck** zur Vorbereitung und Durchführung der von den Vertragsparteien bestimmten Maßnahmen verwenden. Diese Maßnahmen müssen sich auf Einrichtungen beziehen, in denen der Leistende oder derjenige, zu dessen Gunsten die Leistung erbracht wird, untergebracht ist oder untergebracht werden soll.

Der Träger hat nach § 7 HeimsicherungsV eine getrennte **Verwaltung** durchzuführen und die ihm gewährten Leistungen im Sinne des § 1 bis zu ihrer bestimmungsmäßigen Verwendung getrennt von seinem Vermögen durch die Einrichtung eines Sonderkontos für Rechnung der einzelnen Bewerber oder Bewohner bei einem Kreditinstitut zu verwalten.

Nach § 10 HeimsicherungsV gilt

- für eine **Verrechnung**: Sollen Leistungen im Sinne des § 1 einschließlich ihrer Zinsen mit dem Entgelt verrechnet werden, so sind Art, Umfang und Zeitpunkt der Verrechnung in dem Heimvertrag festzulegen,
- für eine **Rückzahlung**: Soweit Leistungen nicht verrechnet werden, sind sie innerhalb von sechs Monaten nach Beendigung des Heimvertrages zurückzuzahlen.

Der Träger einer Einrichtung hat nach § 11 HeimsicherungsV bei Entgegennahme von Leistungen im Sinne des § 1 etwaige Ansprüche auf Rückzahlung durch **Sicherheitsleistungen** abzusichern. Die Sicherheiten sind so zu leisten, dass die Gefahr eines nicht unerheblichen finanziellen Ausfalles für den Bewohner oder den Bewerber, insbesondere infolge Zahlungsunfähigkeit des Trägers, ausgeschlossen wird.

Für Einrichtungen, die mit Leistungen im Sinne des § 1 gebaut, erworben, instandgesetzt, ausgestattet oder betrieben werden, besteht nach § 13 HeimsicherungsV **Versicherungspflicht**. Sie sind bei einem im Bundesgebiet zum Geschäftsbetrieb befugten öffentlichen oder privaten Versicherungsunternehmen in Form einer gleitenden Neuwertversicherung gegen Feuer-, Sturm- und Leitungswasserschäden zu versichern. In gleicher Weise ist für das Inventar der Einrichtung, das der Sicherung von Leistungen im Sinne des § 1 dient, eine Versicherung gegen Feuer, Einbruchdiebstahl und Leitungswasserschäden abzuschließen.

Wenn Leistungen im Sinne des § 1 mit dem Entgelt verrechnet werden, besteht nach § 14 HeimsicherungsV **Auskunftspflicht**, nach der der Bewohner einmal jährlich von dem Träger Auskunft über seinen Kontostand verlangen kann.

Auch hat der Träger bei Beendigung des Heimvertrages mit einem Bewohner eine Pflicht zur **Rechnungslegung** über die Verrechnung der von ihm empfangenen Leistungen im Sinne des § 1, die Höhe der zu entrichtenden Zinsen, den noch zurückzuzahlenden Betrag.

Der Träger hat nach § 15 HeimsicherungsV eine **Prüfungspflicht** und die Einhaltung seiner Pflichten für jedes Kalenderjahr, spätestens bis zum 30. September des folgenden Jahres, durch einen geeigneten Prüfer prüfen zu lassen. Das Ergebnis der Prüfung ist nach § 19 HeimsicherungsV unverzüglich nach ihrer Durchführung in einem Prüfungsbericht festzuhalten. Dieser Bericht muss den Vermerk enthalten, ob und gegebenenfalls in welcher Form der Träger gegen die ihm obliegenden Pflichten verstoßen hat.

Er hat ferner gemäß § 17 HeimsicherungsV eine **Aufzeichnungspflicht** und vom Zeitpunkt der Entgegennahme der Leistungen im Sinne des § 1 prüfungsfähige Aufzeichnungen zu machen sowie Unterlagen und Belege zu sammeln.

3.5 Patientenbeteiligungsverordnung (PatBeteiligungsV)

3.5.1 Übersicht über die Regelungen der PatBeteiligungsV

Die Verordnung zur Beteiligung von Patientinnen und Patienten in der Gesetzlichen Krankenversicherung (Patientenbeteiligungsverordnung, PatBeteiligungsV) vom 19. Dezember 2003 (BGBl I S. 2753), durch Artikel 457 der Verordnung vom 31. Oktober 2006 (BGBl I S. 2407) geändert, definiert in § 1 PatBeteiligungsV maßgebliche Organisationen für die Wahrnehmung der Interessen der Patientinnen und Patienten und der Selbsthilfe chronisch kranker und behinderter Menschen auf Bundesebene.

Beispiel: Für die Anerkennung als maßgebliche Organisation auf Bundesebene muss ein neugegründeter Patientenverband unter anderem gemäß § 4 in Verbindung mit § 1 PatBeteiligungsV nachweisen, dass er gemeinnützige Zwecke verfolgt.

Tabelle 18 gibt einen Überblick über die Inhalte der PatBeteiligungsV.

Tab. 18: Patientenbeteiligungsverordnung (PatBeteiligungsV)

Fundstelle	Inhalt
§ 1	Anforderungen an maßgebliche Organisationen auf Bundesebene
§ 2	Anerkannte Organisationen
§ 3	Anerkennung weiterer Organisationen
§ 4	Verfahren der Beteiligung
§ 5	Inkrafttreten

3.5.2 Patientenorganisationen und ihre Beteiligung

Nach § 1 PatBeteiligungsV sind maßgebliche Organisationen für die **Interessenswahrnehmung** der Interessen der Patientinnen und Patienten und der Selbsthilfe chronisch kranker und behinderter Menschen auf Bundesebene im Sinne des Sozialgesetzbuchs Organisationen, die

- nach ihrer Satzung ideell und nicht nur vorübergehend die Belange von Patientinnen und Patienten oder der Selbsthilfe fördern,
- in ihrer inneren Ordnung demokratischen Grundsätzen entsprechen,
- gemäß ihrem Mitgliederkreis dazu berufen sind, die Interessen von Patientinnen und Patienten oder der Selbsthilfe chronisch kranker und behinderter Menschen auf Bundesebene zu vertreten,

- zum Zeitpunkt der Anerkennung mindestens drei Jahre bestehen und in diesem Zeitraum bundesweit tätig gewesen sind,
- die Gewähr für eine sachgerechte Aufgabenerfüllung bieten; dabei sind Art und Umfang der bisherigen Tätigkeit, der Mitgliederkreis und die Leistungsfähigkeit zu berücksichtigen,
- durch Offenlegung ihrer Finanzierung nachweisen können, dass sie neutral und unabhängig arbeiten, und
- gemeinnützige Zwecke verfolgen.

Als anerkannte Organisationen gelten nach § 2 PatBeteiligungsV beispielsweise der Deutsche Behindertenrat, die Bundesarbeitsgemeinschaft der PatientInnenstellen, die Deutsche Arbeitsgemeinschaft Selbsthilfegruppen e.V. und der Verbraucherzentrale Bundesverband e.V.

Nach § 3 PatBeteiligungsV kann für weitere Organisationen als maßgebliche Organisationen auf Bundesebene die **Anerkennung** erfolgen, wenn sie die in § 1 aufgeführten Kriterien erfüllen und diese nachweisen.

Das **Beteiligungsverfahren** sieht nach § 4 PatBeteiligungsV vor, dass die anerkannten Organisationen zur Wahrnehmung der im Sozialgesetzbuch genannten Mitberatungsrechte einvernehmlich zu spezifischen Themen sachkundige Personen benennen, von denen mindestens die Hälfte selbst Betroffene sein sollen. Dabei ist das Einvernehmen kenntlich zu machen. Die sachkundigen Personen haben ein Mitberatungsrecht, aber kein Stimmrecht.

Die Beteiligung nach dem Sozialgesetzbuch muss frühzeitig erfolgen. Dazu werden den anerkannten Organisationen die erforderlichen Unterlagen rechtzeitig und vollständig zur Verfügung gestellt und ihnen eine angemessene Frist zur Stellungnahme eingeräumt.

4. Allgemeines Recht der Gesundheitsberufe (Medizinisches Berufsrecht)

4.1 Approbationsordnung für Ärzte (ÄApprO 2002)

4.1.1 Übersicht über die Regelungen der ÄApprO 2002

Die Approbationsordnung für Ärzte (ÄApprO 2002) vom 27. Juni 2002 (BGBl I S. 2405), zuletzt durch Artikel 2 der Verordnung vom 7. Januar 2013 (BGBl I S. 34) geändert, umfasst Regelungen zur ärztlichen Ausbildung, Prüfung und Approbation.

Beispiel: Ein Prüfling hat im schriftlichen Teil des Ersten Prüfungsabschnitts 55% der Fragen richtig beantwortet. Gemäß § 14 ÄApprO 2002 hat er allerdings nur bestanden, wenn er mindestens 60% der gestellten Prüfungsfragen zutreffend beantwortet oder wenn die Zahl der vom Prüfling zutreffend beantworteten Fragen um nicht mehr als 22% die durchschnittlichen Prüfungsleistungen der Prüflinge unterschreitet, die nach der Mindeststudienzeit von zwei Jahren beim Ersten Abschnitt der Ärztlichen Prüfung und sechs Jahren beim Zweiten Abschnitt der Ärztlichen Prüfung erstmals an der Prüfung teilgenommen haben.

Tabelle 19 gibt einen Überblick über die Inhalte der ÄApprO 2002.

Tab. 19: Approbationsordnung für Ärzte (ÄApprO 2002)

Abschnitt	Unter-abschnitt	Inhalt
1	Die ärztliche Ausbildung	
2	Allgemeine Prüfungsbestimmungen	
3	Die Ärztliche Prüfung	
	1	Der Erste Abschnitt der Ärztlichen Prüfung
	2	Zweiter Abschnitt der Ärztlichen Prüfung
4	Tätigkeit als Arzt im Praktikum	
5	Die Approbation	
6	Modellstudiengang	
7	Übergangsregelungen	
8	Schlussbestimmungen	
Anlage 1 (zu § 2 Abs. 1 Satz 2, § 41 Abs. 2 Nr. 9) Praktische Übungen, Kurse und Seminare, deren Besuch bei der Meldung zum Ersten Abschnitt der Ärztlichen Prüfung nachzuweisen sind		
Anlage 2 (zu § 2 Abs. 7 Satz 1) Bescheinigung		

Abschnitt	Unter-abschnitt	Inhalt
Anlage 2a (zu § 2 Absatz 7 Satz 1) Bescheinigung zur Meldung zum Ersten Abschnitt der Ärztlichen Prüfung		
Anlage 2b (zu § 2 Absatz 7 Satz 1) Bescheinigung zur Meldung zum Zweiten Abschnitt der Ärztlichen Prüfung		
Anlage 3 (zu § 2 Abs. 8 Satz 2) Wahlfächer für die Zulassung zum Zweiten Abschnitt der Ärztlichen Prüfung		
Anlage 4 (zu § 3 Absatz 5, § 10 Absatz 5) Bescheinigung über das Praktische Jahr		
Anlage 5 (zu § 6 Abs. 4 Satz 2) Zeugnis über den Krankenpflegedienst		
Anlage 6 (zu § 7 Abs. 4 Satz 2) Zeugnis über die Tätigkeit als Famulus		
Anlage 7 (zu § 15 Abs. 8, § 41 Abs. 2 Nr. 9) Niederschrift über den mündlich-praktischen Teil des Ersten Abschnitts der Ärztlichen Prüfung		
Anlage 8 (zu § 15 Abs. 8) Niederschrift über den mündlich-praktischen Teil des Zweiten Abschnitts der Ärztlichen Prüfung		
Anlage 9 (zu § 23 Abs. 2 Satz 1, § 41 Abs. 2 Nr. 9) Anzahl und Verteilung der Prüfungsfragen im Ersten Abschnitt der Ärztlichen Prüfung		
Anlage 10 (zu § 23 Abs. 2 Satz 2, § 41 Abs. 2 Nr. 9) Prüfungsstoff für den Ersten Abschnitt der Ärztlichen Prüfung		
Anlage 11 (zu § 2 Abs. 8, § 26, § 41 Abs. 2 Nr. 9) Zeugnis Erster Prüfungsabschnitt		
Anlage 12 (zu § 2 Abs. 8 Satz 4, § 13 Abs. 4, § 27 Abs. 5 Satz 3, § 32, § 33 Abs. 2, § 41 Abs. 3 und § 43 Abs. 2 Satz 7) Zeugnis über die Ärztliche Prüfung		
Anlage 13 (weggefallen)		
Anlage 14 (zu § 40 Satz 1) Approbationsurkunde		
Anlage 15 (zu § 29 Abs. 3 Satz 2) Prüfungsstoff für den Zweiten Abschnitt der Ärztlichen Prüfung		

4.1.2 Ärztliche Ausbildung, Prüfung und Approbation

Die **Ärztliche Ausbildung** umfasst nach § 1 ÄApprO 2002
- ein Studium der Medizin von sechs Jahren an einer Universität oder gleichgestellten Hochschule (Universität), das eine zusammenhängende praktische Ausbildung (Praktisches Jahr) von 48 Wochen einschließt;
- eine Ausbildung in erster Hilfe;
- einen Krankenpflegedienst von drei Monaten;
- eine Famulatur von vier Monaten und
- die Ärztliche Prüfung, die in zwei Abschnitten abzulegen ist.

Die **Ärztliche Regelstudienzeit** beträgt einschließlich der Prüfungszeit für den Zweiten Abschnitt der Ärztlichen Prüfung sechs Jahre und drei Monate.

Die ärztliche Prüfung wird abgelegt:
- der Erste Abschnitt der Ärztlichen Prüfung nach einem Studium der Medizin von zwei Jahren und
- der Zweite Abschnitt der Ärztlichen Prüfung nach einem Studium der Medizin von vier Jahren einschließlich eines Praktischen Jahres nach Bestehen des Ersten Abschnitts der Ärztlichen Prüfung.

Das **Praktische Jahr** beginnt nach § 3 ÄApprO 2002 nicht vor Ablauf von zwei Jahren und zehn Monaten nach Bestehen des Ersten Abschnitts der Ärztlichen Prüfung. Die Ausbildung gliedert sich in Ausbildungsabschnitte von je 16 Wochen
- in Innerer Medizin,
- in Chirurgie und
- in der Allgemeinmedizin oder in einem der übrigen, nicht in den Nummern 1 und 2 genannten, klinisch-praktischen Fachgebiete.

Als Nachweis über die **Erste-Hilfe-Ausbildung** gelten nach § 5 ÄApprO 2002 unter anderem insbesondere
- eine Bescheinigung des Arbeiter-Samariter-Bundes Deutschland e. V., des Deutschen Roten Kreuzes, der Johanniter-Unfall-Hilfe oder des Malteser Hilfsdienstes e. V.,
- das Zeugnis über eine abgeschlossene Ausbildung in einem bundesgesetzlich geregelten Beruf im Gesundheitswesen, sofern die Ausbildung in erster Hilfe in der Ausbildungs- und Prüfungsverordnung vorgeschrieben ist und Gegenstand der Ausbildung war,
- eine Bescheinigung über die Ausbildung als Schwesternhelferin oder Pflegediensthelfer oder über eine Sanitätsausbildung,
- eine Bescheinigung eines Trägers der öffentlichen Verwaltung, insbesondere der Bundeswehr, der Polizei oder der Bundespolizei, über die Ausbildung in erster Hilfe.

Die Teilnahme an einer Ausbildung in erster Hilfe ist bei der Meldung zum Ersten Abschnitt der Ärztlichen Prüfung nachzuweisen.

Der dreimonatige **Krankenpflegedienst** ist nach § 6 ÄApprO 2002 vor Beginn des Studiums oder während der unterrichtsfreien Zeiten des Studiums vor der Meldung zum Ersten Abschnitt der Ärztlichen Prüfung in einem Krankenhaus oder einer Rehabilitationseinrichtung mit einem vergleichbaren Pflegeaufwand abzuleisten.

Die **Famulatur** hat nach § 7 ÄApprO 2002 den Zweck, die Studierenden mit der ärztlichen Patientenversorgung in Einrichtungen der ambulanten und stationären Krankenversorgung vertraut zu machen. Sie wird abgeleistet
- für die Dauer eines Monats in einer Einrichtung der ambulanten Krankenversorgung, die ärztlich geleitet wird, oder einer geeigneten ärztlichen Praxis,

- für die Dauer von zwei Monaten in einem Krankenhaus oder in einer stationären Rehabilitationseinrichtung und
- für die Dauer eines Monats wahlweise in einer der in Nummer 1 oder Nummer 2 genannten Einrichtungen.

Der Antrag auf **Prüfungszulassung** ist gemäß § 10 ÄApprO 2002 schriftlich in der von der nach Landesrecht zuständigen Stelle vorgeschriebenen Form zu stellen und dem Antrag sind beizufügen
bei der Meldung zum Ersten Abschnitt der Ärztlichen Prüfung
- die Geburtsurkunde, bei Verheirateten auch die Eheurkunde,
- der Nachweis der Hochschulzugangsberechtigung, bei Zeugnissen, die im Ausland erworben worden sind, auch der Anerkennungsbescheid der nach Landesrecht zuständigen Stelle,
- das Studienbuch oder die an der jeweiligen Universität zum Nachweis der Studienzeiten an seine Stelle tretenden Unterlagen,
- die Bescheinigungen oder eine zusammenfassende Bescheinigung über die erfolgreiche Teilnahme an den nach dieser Verordnung vorgeschriebenen Unterrichtsveranstaltungen,
- die Nachweise über die Teilnahme an einer Ausbildung in erster Hilfe und über die Ableistung des Krankenpflegedienstes;

bei der Meldung zum Zweiten Abschnitt der Ärztlichen Prüfung
- die Geburtsurkunde, bei Verheirateten auch die Eheurkunde,
- das Studienbuch oder die an der jeweiligen Universität zum Nachweis der Studienzeiten an seine Stelle tretenden Unterlagen,
- die Bescheinigungen oder eine zusammenfassende Bescheinigung über die erfolgreiche Teilnahme an den nach dieser Verordnung vorgeschriebenen Unterrichtsveranstaltungen,
- das Zeugnis über das Bestehen des Ersten Abschnitts der Ärztlichen Prüfung.

Bei der Meldung zum Zweiten Abschnitt der Ärztlichen Prüfung sind außerdem der Nachweis über die Ableistung der Famulatur sowie die Leistungsnachweise nach § 27 beizufügen.

Geprüft wird beim Ersten und Zweiten Abschnitt der **Ärztlichen Prüfung** nach § 13 ÄApprO 2002 schriftlich und mündlich-praktisch. Der Erste und Zweite Abschnitt der Ärztlichen Prüfung sind jeweils bestanden, wenn der schriftliche und der mündlich-praktische Teil bestanden sind. Wenn ein Prüfungsteil nicht bestanden wird, so muss nur der nichtbestandene Teil wiederholt werden.

In der **Schriftlichen Ärztlichen Prüfung** hat der Prüfling nach § 14 ÄApprO 2002 unter Aufsicht schriftlich gestellte Aufgaben zu lösen. Er hat dabei anzugeben, welche der mit den Aufgaben vorgelegten Antworten er für zutreffend hält. Für die schriftlichen Prüfungen sind bundeseinheitliche Termine abzuhalten. Der schriftliche Teil des Ersten und Zweiten Abschnitts der Ärztlichen Prüfung ist bestanden, wenn der Prüfling mindestens 60 Prozent der gestellten Prüfungsfragen zutreffend beantwortet hat oder wenn die Zahl der vom Prüfling zutreffend beantworteten Fragen um nicht mehr als 22 Prozent die durchschnittlichen Prüfungsleistungen der Prüflinge unterschreitet, die nach der Mindeststudienzeit von zwei Jahren beim Ersten Abschnitt der Ärztlichen Prüfung und sechs Jahren beim Zweiten Abschnitt der Ärztlichen Prüfung erstmals an der Prüfung teilgenommen haben.

Die **Mündlich-praktische Prüfung** des Ersten und Zweiten Abschnitts der Ärztlichen Prüfung wird nach § 15 ÄApprO 2002 jeweils vor einer Prüfungskommission abgelegt.

Tritt ein Prüfling nach seiner Zulassung von einem Prüfungsabschnitt oder einem Prüfungsteil zurück, so hat er nach § 18 ÄApprO 2002 die Gründe für seinen **Prüfungsrücktritt** unverzüglich der nach Landesrecht zuständigen Stelle mitzuteilen. Genehmigt die nach Landesrecht zuständige Stelle den Rücktritt, so gilt der Prüfungsabschnitt oder der Prüfungsteil als nicht unternommen. Versäumt ein Prüfling einen Prüfungstermin oder gibt er die Aufsichtsarbeit nicht oder nicht rechtzeitig ab oder unterbricht er die Prüfung, so hat er den Prüfungsabschnitt oder den Prüfungsteil nach § 19 ÄApprO 2002 nicht bestanden. Die einzelnen Teile des Ersten und Zweiten Abschnitts der Ärztlichen Prüfung können nach § 20 ÄApprO 2002 zweimal wiederholt werden.

Der schriftliche Teil des **Ersten Prüfungsabschnitts** der Ärztlichen Prüfung betrifft nach § 22 ÄApprO 2002 die Stoffgebiete
- Physik für Mediziner und Physiologie,
- Chemie für Mediziner und Biochemie/Molekularbiologie,
- Biologie für Mediziner und Anatomie,
- Grundlagen der Medizinischen Psychologie und der Medizinischen Soziologie.

Im mündlich-praktischen Teil des Ersten Abschnitts der Ärztlichen Prüfung wird der Prüfling in den Fächern
- Anatomie,
- Biochemie/Molekularbiologie und
- Physiologie

geprüft. Über das Bestehen des Ersten Abschnitts der Ärztlichen Prüfung wird nach § 26 ÄApprO 2002 ein Zeugnis erteilt.

Der schriftliche Teil im **Zweiten Prüfungsabschnitt** wird nach § 29 ÄApprO 2002 fallbezogen, insbesondere durch Fallstudien, gestaltet. Prüfungsgegenstand sind insbesondere
- die berufspraktischen Anforderungen an den Arzt,
- die wichtigsten Krankheitsbilder,
- fächerübergreifende und
- problemorientierte Fragestellungen.

Die mündlich-praktische Prüfung bezieht sich gemäß § 30 ÄApprO 2002 in jedem Fall auf patientenbezogene Fragestellungen aus der Inneren Medizin, der Chirurgie und dem Gebiet, auf dem der Prüfling seine praktische Ausbildung erfahren hat.

Über das Bestehen des Zweiten Abschnitts der Ärztlichen Prüfung wird nach § 32 ÄApprO 2002 ein Zeugnis erteilt.

Die nach Landesrecht zuständige Stelle ermittelt die **Gesamtnote** für die bestandene Ärztliche Prüfung gemäß § 33 ÄApprO 2002 wie folgt: Der Zahlenwert für den Ersten Abschnitt der Ärztlichen Prüfung und der mit zwei vervielfachte Zahlenwert für den Zweiten Abschnitt der Ärztlichen Prüfung werden addiert und die Summe durch drei geteilt.

Der **Approbationsantrag** als Arzt ist nach § 39 ÄApprO 2002 an die zuständige Stelle des Landes zu richten, in dem der Antragsteller den Zweiten Abschnitt der Ärztlichen Prüfung bestanden hat. Die **Approbationsurkunde** wird gemäß § 40 ÄApprO 2002 ausgestellt.

4.2 Zulassungsverordnung für Vertragsärzte (Ärzte-ZV)

4.2.1 Übersicht über die Regelungen der Ärzte-ZV

Die Zulassungsverordnung für Vertragsärzte (Ärzte-ZV) in der im Bundesgesetzblatt Teil III, Gliederungsnummer 8230-25, veröffentlichten bereinigten Fassung, zuletzt durch Artikel 4a des Gesetzes vom 20. Februar 2013 (BGBl I S. 277) geändert, umfasst Regelungen zum Arztregister, zur Bedarfsplanung, zur Unter- und Überversorgung sowie zur Ärztlichen Zulassung.

Beispiel: Ein Vertragsarzt lässt sich aufgrund eines Skiunfalls 2 Monate lang vertreten. Nach § 32 Ärzte-ZV ist bei Krankheit eine Vertretung bis zur Dauer von drei Monaten innerhalb von zwölf Monaten zulässig.

Tabelle 20 gibt einen Überblick über die Inhalte der Ärzte-ZV.

Tab. 20: Zulassungsverordnung für Vertragsärzte (Ärzte-ZV)

Abschnitt	Inhalt
1	Arztregister
2	Bildung und Abgrenzung der Zulassungsbezirke
3	Bedarfsplanung
4	Unterversorgung
4a	Überversorgung

Abschnitt	Inhalt
5	Voraussetzungen für die Zulassung
6	Zulassung und Vertragsarztsitz
7	Ruhen, Entziehung und Ende der Zulassung
8	Ermächtigung
9	Vertreter, Assistenten, angestellte Ärzte und Berufsausübungsgemeinschaft
10	Zulassungs- und Berufungsausschüsse
11	Verfahren vor den Zulassungs- und Berufungsausschüssen
12	Gebühren
13	Übergangs- und Schlussbestimmungen
Anlage (zu § 2 Abs. 2) Muster für das Arztregister	

4.2.2 Arztregister, Bedarfsplanung, Ärztliche Versorgung und Zulassung

Die Zulassungsverordnung für Vertragsärzte (Ärzte-ZV) gilt nach § 1 Ärzte-ZV für die von der Kassenärztlichen Vereinigung im **Arztregister** erfassten zugelassenen Ärzte und Psychotherapeuten, Ärzte und Psychotherapeuten, die die Voraussetzungen des Sozialgesetzbuches erfüllen und ihre Eintragung beantragt haben sowie für Psychotherapeuten und dort angestellte Psychotherapeuten, medizinische Versorgungszentren und dort angestellte Ärzte und Psychotherapeuten sowie bei Vertragsärzten angestellten Ärzte und Psychotherapeuten. Die Eintragung in das Arztregister ist nach § 3 Ärzte-ZV bei der zuständigen Kassenärztlichen Vereinigung zu beantragen und setzt voraus

- die Approbation als Arzt,
- der erfolgreiche Abschluss entweder einer allgemeinmedizinischen Weiterbildung oder einer Weiterbildung in einem anderen Fachgebiet mit der Befugnis zum Führen einer entsprechenden Gebietsbezeichnung oder der Nachweis einer Qualifikation, die gemäß Sozialgesetzbuch anerkannt ist.

Der Arzt ist nach § 4 Ärzte-ZV in das Arztregister des Zulassungsbezirks einzutragen, in dem er seinen Wohnort hat. Sofern er keinen Wohnort im Geltungsbereich dieser Verordnung hat, steht ihm die Wahl des Arztregisters frei.

Die **Zulassungsbezirke** werden nach § 11 Ärzte-ZV von den Kassenärztlichen Vereinigungen und den Landesverbänden der Krankenkassen sowie den Ersatzkassen gemeinsam gebildet und abgegrenzt.

Der **Bedarfsplan** ist nach § 12 Ärzte-ZV für den Bereich einer Kassenärztlichen Vereinigung aufzustellen und hat Feststellungen zu enthalten insbesondere über

- die ärztliche Versorgung auch unter Berücksichtigung der Arztgruppen,
- Einrichtungen der Krankenhausversorgung sowie der sonstigen medizinischen Versorgung, soweit sie Leistungen der vertragsärztlichen Versorgung erbringen und erbringen können,
- Bevölkerungsdichte und -struktur,
- Umfang und Art der Nachfrage nach vertragsärztlichen Leistungen, ihre Deckung sowie ihre räumliche Zuordnung im Rahmen der vertragsärztlichen Versorgung,
- für die vertragsärztliche Versorgung bedeutsame Verkehrsverbindungen.

Weist der Bedarfsplan einen Bedarf an Vertragsärzten für einen bestimmten Versorgungsbereich aus und werden über einen Zeitraum von mehr als sechs Monaten Vertragsarztsitze dort nicht besetzt, so hat die Kassenärztliche Vereinigung aufgrund der **Unterversorgung** gemäß § 15 Ärzte-ZV spätestens nach Ablauf dieses Zeitraums Vertragsarztsitze in den für ihre amtlichen Bekanntmachungen vorgesehenen Blättern auszuschreiben.

Eine **Überversorgung** ist nach § 16b Ärzte-ZV anzunehmen, wenn der allgemeine bedarfsgerechte Versorgungsgrad um 10 vom Hundert überschritten ist. Stellt der Landesausschuss fest, dass eine Überversorgung vorliegt, so hat er mit verbindlicher Wirkung für einen oder mehrere Zulassungsausschüsse **Zulassungsbeschränkungen** anzuordnen.

Der **Zulassungsantrag** muss nach § 18 Ärzte-ZV schriftlich gestellt werden und in ihm ist anzugeben, für welchen Vertragsarztsitz und unter welcher Arztbezeichnung die Zulassung beantragt wird.

Über den Antrag befindet nach § 19 Ärzte-ZV der **Zulassungsausschuss** durch Beschluss.

Die **Zulassung** verpflichtet nach § 19a Ärzte-ZV den Arzt, die vertragsärztliche Tätigkeit vollzeitig auszuüben. Sie erfolgt nach § 24 Ärzte-ZV für den **Vertragsarztsitz** als Ort der Niederlassung als Arzt. Der Verzicht auf die Zulassung wird nach § 28 Ärzte-ZV mit dem Ende des auf den Zugang der Verzichtserklärung des Vertragsarztes beim Zulassungsausschuss folgenden Kalendervierteljahrs wirksam.

Der Vertragsarzt hat die vertragsärztliche Tätigkeit nach § 32 Ärzte-ZV persönlich in freier Praxis auszuüben. Bei Krankheit, Urlaub oder Teilnahme an ärztlicher Fortbildung oder an einer Wehrübung kann er sich innerhalb von zwölf Monaten bis zur Dauer von drei Monaten vertreten lassen. Eine Vertragsärztin kann sich in unmittelbarem zeitlichen Zusammenhang mit einer Entbindung bis zu einer Dauer von zwölf Monaten vertreten lassen. Dauert die **Vertragsarztvertretung** länger als eine Woche, so ist sie der Kassenärztlichen Vereinigung mitzuteilen.

Die Beschäftigung von **Assistenten** bedarf der Genehmigung der Kassenärztlichen Vereinigung und darf nur erfolgen,

- wenn dies im Rahmen der Aus- oder Weiterbildung oder aus Gründen der Sicherstellung der vertragsärztlichen Versorgung erfolgt,

- während Zeiten der Erziehung von Kindern bis zu einer Dauer von 36 Monaten, wobei dieser Zeitraum nicht zusammenhängend genommen werden muss, und
- während der Pflege eines pflegebedürftigen nahen Angehörigen in häuslicher Umgebung bis zu einer Dauer von sechs Monaten.

Ein Widerspruch gegen einen Beschluss des Zulassungsausschusses ist nach § 44 Ärzte-ZV schriftlich oder zur Niederschrift der Geschäftsstelle des Berufungsausschusses beim Berufungsausschuss einzulegen.

4.3 Altenpflegegesetz (AltPflG)

4.3.1 Übersicht über die Regelungen des AltPflG

Das Gesetz über die Berufe in der Altenpflege (Altenpflegegesetz, AltPflG) in der Fassung der Bekanntmachung vom 25. August 2003 (BGBl I S. 1690), zuletzt durch Artikel 1 des Gesetzes vom 13. März 2013 (BGBl I S. 446) geändert, umfasst Regelungen zur Ausbildung und zum Erbringen von Dienstleistungen in der Altenpflege.

Beispiel: Eine Schülerin weist als Ausbildungsvoraussetzung einen Hauptschulabschluss und eine Erlaubnis als Krankenpflegehelferin nach. Sie erfüllt damit die Voraussetzungen des § 6 AltPflG, sofern sie nicht in gesundheitlicher Hinsicht zur Ausübung des Berufes ungeeignet ist.

Tabelle 21 gibt einen Überblick über die Inhalte des AltPflG.

Tab. 21: Altenpflegegesetz (AltPflG)

Abschnitt	Inhalt
1	Erlaubnis
2	Ausbildung in der Altenpflege
3	Erbringen von Dienstleistungen
4	Ausbildungsverhältnis
5	Kostenregelung
6	Zuständigkeiten
7	Bußgeldvorschriften
8	Keine Anwendung des Berufsbildungsgesetzes
9	Übergangsvorschriften

4.3.2 Erlaubnis und Ausbildung in der Altenpflege

Die Erlaubnis die Berufsbezeichnungen „Altenpflegerin“ oder „Altenpfleger“ zu führen ist nach § 2 AltPflG auf Antrag zu erteilen, wenn die antragstellende Person

- die durch dieses Gesetz vorgeschriebene Ausbildung abgeleistet und die jeweils vorgeschriebene Prüfung bestanden hat,
- sich nicht eines Verhaltens schuldig gemacht hat, aus dem sich die Unzuverlässigkeit zur Ausübung des Berufs ergibt,
- nicht in gesundheitlicher Hinsicht zur Ausübung des Berufs ungeeignet ist und
- über die für die Ausübung der Berufstätigkeit erforderlichen Kenntnisse der deutschen Sprache verfügt.

Die **Altenpflegeausbildung** dauert nach § 4 AltPflG unabhängig vom Zeitpunkt der staatlichen Prüfung drei Jahre. Sie besteht aus theoretischem und praktischem Unterricht und einer praktischen Ausbildung. Der Unterricht wird in Altenpflegeschulen erteilt und die praktische Ausbildung wird in folgenden Einrichtungen vermittelt:

- in einem Heim im Sinne des Heimgesetzes oder in einer stationären Pflegeeinrichtung im Sinne des Sozialgesetzbuchs, wenn es sich dabei um eine Einrichtung für alte Menschen handelt, und
- in einer ambulanten Pflegeeinrichtung im Sinne des Sozialgesetzbuchs, wenn deren Tätigkeitsbereich die Pflege alter Menschen einschließt.

Ausbildungsvoraussetzung ist nach § 6 AltPflG, dass die Bewerberin oder der Bewerber nicht in gesundheitlicher Hinsicht zur Ausübung des Berufes ungeeignet ist sowie

- der Realschulabschluss oder ein anderer als gleichwertig anerkannter Bildungsabschluss oder eine andere abgeschlossene zehnjährige Schulbildung, die den Hauptschulabschluss erweitert, oder
- der Hauptschulabschluss oder ein als gleichwertig anerkannter Bildungsabschluss, sofern eine erfolgreich abgeschlossene, mindestens zweijährige Berufsausbildung oder die Erlaubnis als Krankenpflegehelferin oder Krankenpflegehelfer oder eine landesrechtlich geregelte, erfolgreich abgeschlossene Ausbildung von mindestens einjähriger Dauer in der Altenpflegehilfe oder Krankenpflegehilfe nachgewiesen wird, oder
- eine andere abgeschlossene zehnjährige allgemeine Schulbildung.

Nach § 10 AltPflG dürfen als **Dienstleistungserbringer** Staatsangehörige eines Vertragsstaates des Europäischen Wirtschaftsraumes, die zur Ausübung des Berufs der Altenpflegerin und des Altenpflegers in einem anderen Vertragsstaat des Europäischen Wirtschaftsraumes auf Grund einer nach deutschen Rechtsvorschriften abgeschlossenen Ausbildung oder auf Grund eines den Anforderungen entsprechenden Ausbildungsnachweises berechtigt sind und

- die in einem Mitgliedstaat rechtmäßig niedergelassen sind oder,
- wenn der Beruf der Altenpflegerin und des Altenpflegers oder die Ausbildung zu diesem Beruf im Niederlassungsmitgliedstaat nicht reglementiert ist, diesen Beruf während der vorhergehenden zehn Jahre mindestens zwei Jahre im Niederlassungsmitgliedstaat rechtmäßig ausgeübt haben,

im Sinne des Artikels 50 des EG-Vertrages vorübergehend und gelegentlich ihren Beruf im Geltungsbereich dieses Gesetzes ausüben.

Der Träger der praktischen Ausbildung, der eine Person zur Ausbildung nach dem AltPflG einstellt, hat nach § 13 AltPflG mit dieser einen schriftlichen **Ausbildungsvertrag** für die gesamte Dauer der Ausbildung nach Maßgabe der Vorschriften dieses Abschnitts zu schließen.

Der Träger der praktischen Ausbildung hat nach § 15 AltPflG

- die Ausbildung in einer durch ihren Zweck gebotenen Form planmäßig, zeitlich und sachlich gegliedert so durchzuführen, dass das Ausbildungsziel in der vorgesehenen Ausbildungszeit erreicht werden kann,
- der Schülerin und dem Schüler kostenlos die Ausbildungsmittel, Instrumente und Apparate zur Verfügung zu stellen, die zur praktischen Ausbildung und zum Ablegen der jeweils vorgeschriebenen Prüfung erforderlich sind,
- sicherzustellen, dass die praktische Ausbildung gemäß § 4 Abs. 3 durchgeführt wird.

Die Schülerin und der Schüler sind nach § 16 AltPflG insbesondere verpflichtet,

- an den vorgeschriebenen Ausbildungsveranstaltungen teilzunehmen,
- die ihnen im Rahmen der Ausbildung übertragenen Aufgaben und Verrichtungen sorgfältig auszuführen,
- die für Beschäftigte in den jeweiligen Einrichtungen geltenden Bestimmungen über die Schweigepflicht einzuhalten und über Betriebsgeheimnisse Stillschweigen zu wahren.

Der Träger der praktischen Ausbildung hat nach § 17 AltPflG der Schülerin oder dem Schüler für die gesamte Dauer der Ausbildung eine angemessene **Ausbildungsvergütung** zu zahlen.

Das Ausbildungsverhältnis beginnt nach 18 AltPflG mit der Probezeit, die sechs Monate beträgt. Es endet nach § 19 AltPflG unabhängig vom Zeitpunkt der staatlichen Prüfung mit dem Ablauf der Ausbildungszeit.

Wird die Schülerin oder der Schüler im Anschluss an das Ausbildungsverhältnis beschäftigt, ohne dass hierüber ausdrücklich etwas vereinbart worden ist, so gilt nach § 21 AltPflG ein Arbeitsverhältnis auf unbestimmte Zeit als begründet.

Der Träger der praktischen Ausbildung kann nach § 24 AltPflG die Kosten der Ausbildungsvergütung sowie die von ihm zu erstattenden Weiterbildungskosten in den Entgelten oder Vergütungen für seine Leistungen berücksichtigen. Ausgenommen sind:

- die Aufwendungen für die Vorhaltung, Instandsetzung oder Instandhaltung von Ausbildungsstätten,
- die laufenden Betriebskosten (Personal- und Sachkosten) der Ausbildungsstätten sowie
- die Verwaltungskosten für ein Ausgleichsverfahren nach § 25.

4.4 Bundesärzteordnung (BÄO)

4.4.1 Übersicht über die Regelungen der BÄO

Die Bundesärzteordnung (BÄO) in der Fassung der Bekanntmachung vom 16. April 1987 (BGBl I S. 1218), zuletzt durch Artikel 4c des Gesetzes vom 20. Februar 2013 (BGBl I S. 277) geändert, umfasst Regelungen zum ärztlichen Beruf, zur Approbation und Erlaubnis sowie zur Gebührenordnung und zum Erbringen von Dienstleistungen.

Beispiel: Der Arztberuf zählt zu den Freien Berufen, was in § 1 BÄO festgelegt ist.

Tabelle 22 gibt einen Überblick über die Inhalte der BÄO.

Tab. 22: Bundesärzteordnung (BÄO)

Teil	Inhalt
I	Der ärztliche Beruf
II	Die Approbation
III	Die Erlaubnis
IV	Erbringen von Dienstleistungen
V	Gebührenordnung
VI	Zuständigkeiten
VII	Strafvorschriften
VIII	Übergangs- und Schlussvorschriften
Anlage (zu § 3 Abs. 1 Satz 2) Liste länderbezogener Ausbildungsnachweise	

4.4.2 Ärztliche Approbation, Erlaubnis, Dienstleistungen und Gebührenordnung

Nach § 1 BÄO ist der ärztliche Beruf kein Gewerbe, sondern ein freier Beruf.

Wer den ärztlichen Beruf ausüben will, bedarf nach § 2 BÄO der **Approbation** als Arzt, wobei eine vorübergehende oder eine auf bestimmte Tätigkeiten beschränkte Ausübung des ärztlichen Berufs auch aufgrund einer Erlaubnis zulässig ist. Ausübung des ärztlichen Berufs ist die Ausübung der Heilkunde unter der Berufsbezeichnung „Arzt“ oder „Ärztin“. Die Berufsbezeichnung „Arzt“ oder „Ärztin“ darf nach § 2a BÄO nur führen, wer als Arzt approbiert oder nach zur Ausübung des ärztlichen Berufs befugt ist.

Die Approbation als Arzt ist nach § 3 BÄO auf Antrag zu erteilen, wenn der Antragsteller
- sich nicht eines Verhaltens schuldig gemacht hat, aus dem sich seine Unwürdigkeit oder Unzuverlässigkeit zur Ausübung des ärztlichen Berufs ergibt,
- nicht in gesundheitlicher Hinsicht zur Ausübung des Berufs ungeeignet ist,
- nach einem Studium der Medizin an einer wissenschaftlichen Hochschule von mindestens sechs Jahren, von denen mindestens acht, höchstens zwölf Monate auf eine praktische Ausbildung in Krankenhäusern oder geeigneten Einrichtungen der ärztlichen Krankenversorgung entfallen müssen, die ärztliche Prüfung im Geltungsbereich dieses Gesetzes bestanden hat,
- über die für die Ausübung der Berufstätigkeit erforderlichen Kenntnisse der deutschen Sprache verfügt.

Die **Ärztliche Berufsausübungserlaubnis** zur vorübergehenden Ausübung des ärztlichen Berufs kann nach § 10 BÄO auf Antrag Personen erteilt werden, die eine abgeschlossene Ausbildung für den ärztlichen Beruf nachweisen.

Staatsangehörige eines Mitgliedstaates der Europäischen Union oder eines anderen Vertragsstaates des Abkommens über den Europäischen Wirtschaftsraum, oder eines Vertragsstaates, dem Deutschland und die Europäische Gemeinschaft oder Deutschland und die Europäische Union vertraglich einen entsprechenden Rechtsanspruch eingeräumt haben, die zur Ausübung des ärztlichen Berufs in einem der übrigen Mitgliedstaaten der Europäischen Union oder in einem anderen Vertragsstaat des Abkommens über den Europäischen Wirtschaftsraum oder einem Vertragsstaat, dem Deutschland und die Europäische Gemeinschaft oder Deutschland und die Europäische Union vertraglich einen entsprechenden Rechtsanspruch eingeräumt haben, auf Grund einer nach deutschen Rechtsvorschriften abgeschlossenen ärztlichen Ausbildung oder auf Grund eines in der Anlage oder in § 14b genannten ärztlichen Ausbildungsnachweises berechtigt sind, dürfen nach § 10b BÄO als **Dienstleistungserbringer** im Sinne des Artikels 50 des EG-Vertrages vorübergehend und gelegentlich den ärztlichen Beruf im Geltungsbereich dieses Gesetzes ausüben.

Die Entgelte für ärztliche Tätigkeit können nach § 11 BÄO in einer **Gebührenordnung** geregelt werden. In dieser Gebührenordnung sind Mindest- und Höchstsätze für die ärztlichen Leistungen festzusetzen. Dabei ist den berechtigten Interessen der Ärzte und der zur Zahlung der Entgelte Verpflichteten Rechnung zu tragen.

4.5 Ergotherapeutengesetz (ErgThG)

4.5.1 Übersicht über die Regelungen des ErgThG

Das Gesetz über den Beruf der Ergotherapeutin und des Ergotherapeuten (Ergotherapeutengesetz, ErgThG) vom 25. Mai 1976 (BGBl I S. 1246), zuletzt durch Artikel 50 des Gesetzes vom 6. Dezember 2011 (BGBl I S. 2515) geändert, umfasst Regelungen zur Erlaubnis, die Ausbildung und über zuständige Behörden.

Beispiel: Eine Schülerin weist eine nach ihrem Hauptschulabschluss abgeschlossene Berufsausbildung von mindestens zweijähriger Dauer nach. Sie erfüllt damit die Zualssungsvoraussetzungen nach § 4 ErgThG.

Tabelle 23 gibt einen Überblick über die Inhalte des ErgThG.

Tab. 23: Ergotherapeutengesetz (ErgThG)

Abschnitt	Inhalt
1	Erlaubnis
2	Zuständigkeiten
3	Bußgeldvorschrift
4	Übergangsvorschriften
5	Schlussvorschriften

4.5.2 Erlaubnis, Ausbildung und Zuständigkeiten für Ergotherapeuten

Wer eine Tätigkeit unter der Berufsbezeichnung „Ergotherapeutin“ oder „Ergotherapeut“ ausüben will, bedarf nach § 1 ErgThG der Erlaubnis, die nach § 2 ErgThG erteilt wird, wenn der Antragsteller

- nach einer dreijährigen Ausbildung die staatliche Prüfung für Ergotherapeuten bestanden hat,
- sich nicht eines Verhaltens schuldig gemacht hat, aus dem sich die Unzuverlässigkeit zur Ausübung des Berufs ergibt,
- nicht in gesundheitlicher Hinsicht zur Ausübung des Berufs ungeeignet ist und

- über die für die Ausübung der Berufstätigkeit erforderlichen Kenntnisse der deutschen Sprache verfügt.

Die **Ergotherapeutenausbildung** nach diesem Gesetz wird gemäß § 4 ErgThG an staatlich anerkannten Schulen für Ergotherapeuten durchgeführt. Zur Ausbildung wird zugelassen, wer eine abgeschlossene Realschulbildung, eine andere gleichwertige Ausbildung oder eine nach Hauptschulabschluss abgeschlossene Berufsausbildung von mindestens zweijähriger Dauer nachweist.

Nach § 5a ErgThG dürfen Staatsangehörige eines Vertragsstaates des Europäischen Wirtschaftsraumes, die zur Ausübung des Berufs des Ergotherapeuten in einem anderen Vertragsstaat des Europäischen Wirtschaftsraumes auf Grund einer nach deutschen Rechtsvorschriften abgeschlossenen Ausbildung oder auf Grund eines den Anforderungen entsprechenden Ausbildungsnachweises berechtigt sind und

- die in einem Mitgliedstaat rechtmäßig niedergelassen sind oder,
- wenn der Beruf des Ergotherapeuten oder die Ausbildung zu diesem Beruf im Niederlassungsmitgliedstaat nicht reglementiert ist, diesen Beruf während der vorhergehenden zehn Jahre mindestens zwei Jahre im Niederlassungsmitgliedstaat rechtmäßig ausgeübt haben,

dürfen als **Dienstleistungserbringer** im Sinne des Artikels 50 des EG-Vertrages vorübergehend und gelegentlich ihren Beruf im Geltungsbereich dieses Gesetzes ausüben.

Die Landesregierung bestimmt nach § 6 ErgThG die zur Durchführung dieses Gesetzes zuständigen Behörden.

4.6 Hebammengesetz (HebG)

4.6.1 Übersicht über die Regelungen des HebG

Das Gesetz über den Beruf der Hebamme und des Entbindungspflegers (Hebammengesetz, HebG) vom 4. Juni 1985 (BGBl I S. 902), zuletzt durch Artikel 39 des Gesetzes vom 6. Dezember 2011 (BGBl I S. 2515) geändert, umfasst Regelungen zur Erlaubnis, zu vorbehaltenen Tätigkeiten und zur Ausbildung von Hebammen und des Entbindungspflegern.

> *Beispiel: Eine Frauenärztin schlägt einer Schwangeren vor, auch Geburtshilfe zu leisten. Nach § 4 HebG sind Ärztinnen und Ärzte jedoch verpflichtet, dafür Sorge zu tragen, dass bei einer Entbindung eine Hebamme oder ein Entbindungspfleger zugezogen wird.*

Tabelle 24 gibt einen Überblick über die Inhalte des HebG.

Tab. 24: Hebammengesetz (HebG)

Abschnitt	Inhalt
1	Erlaubnis
2	Vorbehaltene Tätigkeiten
3	Ausbildung
4	Ausbildungsverhältnis
5	Erbringen von Dienstleistungen, zwischenstaatliche Verträge
6	Zuständigkeiten
7	Bußgeldvorschriften
8	Anwendung des Berufsbildungsgesetzes
9	Übergangsvorschriften
9a	Überleitungsregelung aus Anlass der Herstellung der Einheit Deutschlands
10	Schlußvorschriften
Anlage (zu § 2 Abs. 2 Satz 1) Liste länderbezogener Ausbildungsnachweise	

4.6.2 Erlaubnis, vorbehaltene Tätigkeiten und Ausbildung von Hebammen und Entbindungspflegern

Wer die Berufsbezeichnung „Hebamme“ oder „Entbindungspfleger“ führen will, bedarf nach § 1 HebG der Erlaubnis.

Eine Erlaubnis nach § 2 HebG auf Antrag zu erteilen, wenn der Antragsteller

- die durch dieses Gesetz vorgeschriebene Ausbildungszeit abgeleistet und die staatliche Prüfung bestanden hat,
- sich nicht eines Verhaltens schuldig gemacht hat, aus dem sich die Unzuverlässigkeit zur Ausübung des Berufs ergibt,
- nicht in gesundheitlicher Hinsicht zur Ausübung des Berufs ungeeignet ist und
- über die für die Ausübung der Berufstätigkeit erforderlichen Kenntnisse der deutschen Sprache verfügt.

Zur Leistung von Geburtshilfe sind aufgrund **Vorbehaltener Tätigkeiten** nach § 4 HebG, abgesehen von Notfällen, außer Ärztinnen und Ärzten nur Personen mit einer Erlaubnis zur Führung der Berufsbezeichnung „Hebamme” oder „Entbindungspfleger” sowie Dienstleistungserbringer im Sinne des § 1 berechtigt. Die Ärztin und der Arzt sind verpflichtet, dafür Sorge zu tragen, dass bei einer Entbindung eine Hebamme oder ein Entbindungspfleger zugezogen wird. **Geburtshilfe** umfasst Überwachung des Geburtsvorgangs von Beginn der Wehen an, Hilfe bei der Geburt und Überwachung des Wochenbettverlaufs.

Die **Hebammen und Entbindungspflegerausbildung** schließt nach § 6 HebG mit der staatlichen Prüfung ab und dauert unabhängig vom Zeitpunkt der staatlichen Prüfung drei Jahre. Sie besteht aus theoretischem und praktischem Unterricht und einer praktischen Ausbildung. Unterricht und praktische Ausbildung werden in staatlich anerkannten Hebammenschulen an Krankenhäusern vermittelt.

Voraussetzung für den Zugang zu einer Ausbildung ist nach § 7 HebG die gesundheitliche Eignung zur Ausübung des Berufs, sowie

- der Realschulabschluss oder eine gleichwertige Schulbildung oder eine andere abgeschlossene zehnjährige Schulbildung oder
- der Hauptschulabschluss oder eine gleichwertige Schulbildung, sofern der Bewerber eine mindestens zweijährige Pflegevorschule erfolgreich besucht hat oder eine Berufsausbildung mit einer vorgesehenen Ausbildungsdauer von mindestens zwei Jahren erfolgreich abgeschlossen hat oder
- die Erlaubnis als Krankenpflegehelferin oder Krankenpflegehelfer.

Der Träger der Ausbildung, der einen anderen zur Ausbildung nach diesem Gesetz einstellt, hat gemäß § 11 mit diesem einen schriftlichen **Ausbildungsvertrag** nach Maßgabe der Vorschriften dieses Abschnitts zu schließen.

Der Träger der Ausbildung hat nach § 13 HebG

- die Ausbildung in einer durch ihren Zweck gebotenen Form planmäßig, zeitlich und sachlich gegliedert so durchzuführen, dass das Ausbildungsziel in der vorgesehenen Ausbildungszeit erreicht werden kann,
- der Schülerin und dem Schüler kostenlos die Ausbildungsmittel, Instrumente und Apparate zur Verfügung zu stellen, die zur Ausbildung und zum Ablegen der staatlichen Prüfung erforderlich sind.

Die Schülerin und der Schüler sind nach § 14 HebG insbesondere verpflichtet,

- an den vorgeschriebenen Ausbildungsveranstaltungen teilzunehmen,
- die ihnen im Rahmen der Ausbildung aufgetragenen Verrichtungen sorgfältig auszuführen,
- die für Beschäftigte im Krankenhaus geltenden Bestimmungen über die Schweigepflicht einzuhalten und über Betriebsgeheimnisse Stillschweigen zu wahren.

Der Träger der Ausbildung hat nach § 15 HebG der Schülerin und dem Schüler eine **Ausbildungsvergütung** zu gewähren.

Das Ausbildungsverhältnis beginnt nach § 16 mit der Probezeit, die sechs Monate beträgt, und endet nach § 17 HebG mit dem Ablauf der Ausbildungszeit.

Werden die Schülerin und der Schüler im Anschluss an das Ausbildungsverhältnis beschäftigt, ohne dass hierüber ausdrücklich etwas vereinbart worden ist, so gilt nach § 19 HebG ein Arbeitsverhältnis auf unbestimmte Zeit als begründet.

Staatsangehörige eines Vertragsstaates des Europäischen Wirtschaftsraumes, die zur Ausübung des Berufs der Hebamme in einem anderen Vertragsstaat des Europäischen Wirtschaftsraumes auf Grund einer nach deutschen Rechtsvorschriften abgeschlossenen Ausbildung oder auf Grund eines den Anforderungen des § 2 Abs. 3 entsprechenden Ausbildungsnachweises berechtigt und in einem Mitgliedstaat rechtmäßig niedergelassen sind, dürfen nach § 22 HebG als **Dienstleistungserbringer** im Sinne des Artikels 50 des EG-Vertrages vorübergehend und gelegentlich ihren Beruf im Geltungsbereich dieses Gesetzes ausüben.

4.7 Heilpraktikergesetz (HeilprG)

4.7.1 Übersicht über die Regelungen des HeilprG

Das Gesetz über die berufsmäßige Ausübung der Heilkunde ohne Bestallung (Heilpraktikergesetz, HeilprG) in der im Bundesgesetzblatt Teil III, Gliederungsnummer 2122-2, veröffentlichten bereinigten Fassung, zuletzt durch Artikel 15 des Gesetzes vom 23. Oktober 2001 (BGBl I S. 2702) geändert, umfasst Regelungen zur Erlaubnis und Einschränkungen für die Tätigkeit als Heilpraktiker.

Beispiel: Ein Heilpraktiker zieht von Stadt zu Stadt und bietet vor Ort in jeweils dafür immer wieder neu angemieteten Räumen die Ausübung der Heilkunde an. Nach § 3 HeilprG berechtigt die Erlaubnis nach § 1 nicht zur Ausübung der Heilkunde im Umherziehen.

Tabelle 25 gibt einen Überblick über die Inhalte des HeilprG.

Tab. 25: Heilpraktikergesetz (HeilprG)

Fundstelle	Inhalt
§ 1	Erlaubnis
§ 2	Glaubhaftmachung besonderer Leistungen
§ 3	Umherziehen
§ 4	(weggefallen)
§ 5	Strafvorschriften
§ 5a	Ordnungswidrigkeiten
§ 6	Ausübung der Zahnheilkunde
§ 7	Schlussvorschriften
§ 8	Inkrafttreten

4.7.2 Erlaubnis und Einschränkungen für Heilpraktiker

Wer die Heilkunde, ohne als Arzt bestallt zu sein, ausüben will, bedarf nach § 1 HeilprG dazu der Erlaubnis.

Heilkundeausübung im Sinne des HeilprG ist jede berufs- oder gewerbsmäßig vorgenommene Tätigkeit zur Feststellung, Heilung oder Linderung von Krankheiten, Leiden oder Körperschäden bei Menschen, auch wenn sie im Dienste von anderen ausgeübt wird.

Wer die Heilkunde bisher berufsmäßig ausgeübt hat und weiterhin ausüben will, erhält die Erlaubnis nach Maßgabe der Durchführungsbestimmungen; er führt die Berufsbezeichnung **Heilpraktiker**.

Nach § 3 HeilprG berechtigt die Erlaubnis nach § 1 nicht zur Ausübung der Heilkunde im **Umherziehen**.

Die Ausübung der Zahnheilkunde fällt nach § 6 HeilprG nicht unter die Bestimmungen des HeilprG.

4.8 Krankenpflegegesetz (KrPflG)

4.8.1 Übersicht über die Regelungen des KrPflG

Das Gesetz über die Berufe in der Krankenpflege (Krankenpflegegesetz, KrPflG) vom 16. Juli 2003 (BGBl I S. 1442), zuletzt durch Artikel 35 des Gesetzes vom 6. Dezember 2011 (BGBl I S. 2515) geändert, umfasst Regelungen zur Erlaubnis, zur Ausbildung und zum Ausbildungsverhältnis für Berufe in der Krankenpflege.

Beispiel: Eine Krankenpflegeschülerin wird im Anschluss an das Ausbildungsverhältnis weiterbeschäftigt, ohne dass hierüber ausdrücklich etwas vereinbart worden ist. Nach § 16 KrPflG gilt damit ein Arbeitsverhältnis auf unbestimmte Zeit als begründet.

Tabelle 26 gibt einen Überblick über die Inhalte des KrPflG.

Tab. 26: Krankenpflegegesetz (KrPflG)

Abschnitt	Inhalt
Erlaubnis zum Führen von Berufsbezeichnungen	Führen der Berufsbezeichnungen; Voraussetzungen für die Erteilung der Erlaubnis; Unterrichtungspflichten
Ausbildung	Ausbildungsziel; Dauer und Struktur der Ausbildung; Staatliche Prüfung bei Ausbildungen nach § 4 Abs. 7; Voraussetzungen für den Zugang zur Ausbildung; Anrechnung gleichwertiger Ausbildungen; Anrechnung von Fehlzeiten; Verordnungsermächtigung

Abschnitt	Inhalt
Ausbildungsverhältnis	Ausbildungsvertrag; Pflichten des Trägers der Ausbildung; Pflichten der Schülerin und des Schülers; Ausbildungsvergütung; Probezeit Ende des Ausbildungsverhältnisses; Kündigung des Ausbildungsverhältnisses; Beschäftigung im Anschluss an das Ausbildungsverhältnis; Nichtigkeit von Vereinbarungen; Mitglieder geistlicher Gemeinschaften, Diakonissen, Diakonieschwestern; Modellvorhaben nach § 4 Abs. 7
Erbringen von Dienstleistungen	Dienstleistungserbringer; Verwaltungszusammenarbeit; Pflichten des Dienstleistungserbringers
Zuständigkeiten	Aufgaben der zuständigen Behörden
Bußgeldvorschriften	Ordnungswidrigkeiten
Anwendungsvorschriften	Nichtanwendung des Berufsbildungsgesetzes; Weitergeltung der Erlaubnis zur Führung der Berufsbezeichnungen; Weitergeltung staatlicher Anerkennungen von Schulen; Erlaubnis bei Vorlage von Nachweisen anderer EWR-Vertragsstaaten; Befristung; Evaluation
Anlage (zu § 2 Abs. 4 Satz 1) Liste länderbezogener Ausbildungsnachweise	

4.8.2 Ausbildung und Erlaubnis für Berufe in der Krankenpflege

Die Erlaubnis die Berufsbezeichnungen „Gesundheits- und Krankenpflegerin" oder „Gesundheits- und Krankenpfleger" oder „Gesundheits- und Kinderkrankenpflegerin" oder „Gesundheits- und Kinderkrankenpfleger" zu führen ist nach § 2 KrPflG auf Antrag zu erteilen, wenn die Antragstellerin oder der Antragsteller

- die durch dieses Gesetz vorgeschriebene Ausbildungszeit abgeleistet und die staatliche Prüfung bestanden hat,
- sich nicht eines Verhaltens schuldig gemacht hat, aus dem sich die Unzuverlässigkeit zur Ausübung des Berufs ergibt,
- nicht in gesundheitlicher Hinsicht zur Ausübung des Berufs ungeeignet ist und
- über die für die Ausübung der Berufstätigkeit erforderlichen Kenntnisse der deutschen Sprache verfügt.

Die **Krankenpflegeausbildung** schließt nach § 4 KrPflG mit der staatlichen Prüfung ab; sie dauert unabhängig vom Zeitpunkt der staatlichen Prüfung in Vollzeitform drei Jahre, in Teilzeitform höchstens fünf Jahre. Sie besteht aus theoretischem und praktischem Unterricht und einer praktischen Ausbildung. Der Unterricht wird in staatlich anerkannten Schulen an Krankenhäusern oder in staatlich anerkannten Schulen, die mit Krankenhäusern verbunden sind, vermittelt.

Ausbildungsvoraussetzung ist nach § 5 KrPflG

- dass die Bewerberin oder der Bewerber nicht in gesundheitlicher Hinsicht zur Ausübung des Berufs ungeeignet ist und

- der Realschulabschluss oder eine andere gleichwertige, abgeschlossene Schulbildung oder
- den erfolgreichen Abschluss einer sonstigen zehnjährigen allgemeinen Schulausbildung oder
- der Hauptschulabschluss oder eine gleichwertige Schulbildung, zusammen mit einer erfolgreich abgeschlossenen Berufsausbildung mit einer vorgesehenen Ausbildungsdauer von mindestens zwei Jahren oder einer Erlaubnis als Krankenpflegehelferin oder Krankenpflegehelfer oder einer erfolgreich abgeschlossenen landesrechtlich geregelten Ausbildung von mindestens einjähriger Dauer in der Krankenpflegehilfe oder Altenpflegehilfe.

Zwischen dem Träger der Ausbildung und der Schülerin oder dem Schüler ist nach § 9 KrPflG ein schriftlicher **Ausbildungsvertrag** zu schließen.

Der Träger der Ausbildung hat nach § 10 KrPflG

- die Ausbildung in einer durch ihren Zweck gebotenen Form planmäßig, zeitlich und sachlich gegliedert so durchzuführen, dass das Ausbildungsziel in der vorgesehenen Ausbildungszeit erreicht werden kann und
- der Schülerin und dem Schüler kostenlos die Ausbildungsmittel einschließlich der Fachbücher, Instrumente und Apparate zur Verfügung zu stellen, die zur Ausbildung und zum Ablegen der staatlichen Prüfung erforderlich sind.

Die Schülerin und der Schüler haben sich nach § 11 KrPflG zu bemühen, die genannten Kompetenzen zu erwerben, die erforderlich sind, um das Ausbildungsziel zu erreichen. Sie sind insbesondere verpflichtet,

- an den vorgeschriebenen Ausbildungsveranstaltungen teilzunehmen,
- die ihnen im Rahmen der Ausbildung übertragenen Aufgaben und Verrichtungen sorgfältig auszuführen und
- die geltenden Bestimmungen über die Schweigepflicht einzuhalten und über Betriebsgeheimnisse Stillschweigen zu wahren.

Der Träger der Ausbildung hat der Schülerin und dem Schüler nach § 12 KrPflG eine angemessene **Ausbildungsvergütung** zu gewähren.

Das Ausbildungsverhältnis beginnt nach § 13 KrPflG mit der Probezeit und endet nach § 14 KrPflG mit dem Ablauf der Ausbildungszeit. Werden die Schülerin und der Schüler im Anschluss an das Ausbildungsverhältnis beschäftigt, ohne dass hierüber ausdrücklich etwas vereinbart worden ist, so gilt nach § 16 KrPflG ein Arbeitsverhältnis auf unbestimmte Zeit als begründet.

Staatsangehörige eines Vertragsstaates des Europäischen Wirtschaftsraumes, die zur Ausübung des Berufs der Krankenschwester oder des Krankenpflegers, die für die allgemeine Pflege verantwortlich sind, in einem anderen Vertragsstaat des Europäischen Wirtschaftsraumes auf Grund einer nach deutschen Rechtsvorschriften abgeschlossenen Ausbildung oder auf Grund eines den Anforderungen des § 2

Abs. 4 oder Abs. 5a entsprechenden Ausbildungsnachweises berechtigt und in einem Mitgliedstaat rechtmäßig niedergelassen sind, dürfen nach § 19 KrPflG als **Dienstleistungserbringer** im Sinne des Artikels 50 des EG-Vertrages vorübergehend und gelegentlich ihren Beruf im Geltungsbereich dieses Gesetzes ausüben.

4.9 Gesetz über den Beruf des Logopäden (LogopG)

4.9.1 Übersicht über die Regelungen des LogopG

Das Gesetz über den Beruf des Logopäden vom 7. Mai 1980 (BGBl I S. 529), zuletzt durch Artikel 52 des Gesetzes vom 6. Dezember 2011 (BGBl I S. 2515) geändert, umfasst Regelungen zur Ausbildung und zur Erlaubnis, eine Tätigkeit unter der Berufsbezeichnung „Logopäde" oder „Logopädin" auszuüben.

Beispiel: Ein Antragsteller hat nach einer dreijährigen Ausbildung die staatliche Prüfung für Logopäden bestanden. Er erhält die Erlaubnis, eine Tätigkeit unter der Berufsbezeichnung „Logopäde" auszuüben.

Tabelle 27 gibt einen Überblick über die Inhalte des LogopG.

Tab. 27: Logopäden (LogopG)

Abschnitt	Inhalt
I	Die Erlaubnis
II	Zuständigkeiten
III	Bußgeldvorschrift
IV	Übergangsvorschriften
V	Anwendung des Verwaltungsverfahrensgesetzes
VI	Schlussvorschriften

4.9.2 Ausbildung und Erlaubnis für Logopäden

Eine Erlaubnis eine Tätigkeit unter der Berufsbezeichnung „Logopäde" oder „Logopädin" auszuüben wird nach § 2 LogopG erteilt, wenn der Antragsteller
- nach einer dreijährigen Ausbildung die staatliche Prüfung für Logopäden bestanden hat,
- sich nicht eines Verhaltens schuldig gemacht hat, aus dem sich die Unzuverlässigkeit zur Ausübung des Berufs ergibt,

- nicht in gesundheitlicher Hinsicht zur Ausübung des Berufs ungeeignet ist und
- über die für die Ausübung der Berufstätigkeit erforderlichen Kenntnisse der deutschen Sprache verfügt.

Die **Logopädenausbildung** wird nach § 4 LogopG an staatlich anerkannten Schulen für Logopäden durchgeführt.

Ausbildungsvoraussetzung ist eine abgeschlossene Realschulbildung, eine andere gleichwertige Ausbildung oder eine nach Hauptschulabschluss.

Staatsangehörige eines Vertragsstaates des Europäischen Wirtschaftsraumes, die zur Ausübung des Berufs des Logopäden in einem anderen Vertragsstaat des Europäischen Wirtschaftsraumes auf Grund einer nach deutschen Rechtsvorschriften abgeschlossenen Ausbildung oder auf Grund eines den Anforderungen entsprechenden Ausbildungsnachweises berechtigt sind und die in einem Mitgliedstaat rechtmäßig niedergelassen sind oder, wenn der Beruf des Logopäden oder die Ausbildung zu diesem Beruf im Niederlassungsmitgliedstaat nicht reglementiert ist, diesen Beruf während der vorhergehenden zehn Jahre mindestens zwei Jahre im Niederlassungsmitgliedstaat rechtmäßig ausgeübt haben, dürfen nach § 5a als **Dienstleistungserbringer** im Sinne des Artikels 50 des EG-Vertrages vorübergehend und gelegentlich ihren Beruf im Geltungsbereich dieses Gesetzes ausüben.

4.10 Gesetz über technische Assistenten in der Medizin (MTAG)

4.10.1 Übersicht über die Regelungen des MTAG

Das Gesetz über technische Assistenten in der Medizin (MTA-Gesetz, MTAG) vom 2. August 1993 (BGBl I S. 1402), zuletzt durch Artikel 41 des Gesetzes vom 6. Dezember 2011 (BGBl I S. 2515) geändert, umfasst Regelungen zur Ausbildung, Erlaubnis und zu vorbehaltenen Tätigkeiten für Technische Assistenten in der Medizin.

Beispiel: In einer kardiologischen Praxis wird ein EKG durchgeführt. Als einfache Funktionsprüfung unterliegt es nicht den Technischen Assistenten in der Medizin vorbehaltenen Tätigkeiten nach § 9 MTAG.

Tabelle 28 gibt einen Überblick über die Inhalte des MTAG.

Tab. 28: Gesetz über technische Assistenten in der Medizin (MTAG)

Abschnitt	Inhalt
1	Erlaubnis
2	Ausbildung
3	Vorbehaltene Tätigkeiten
3a	Erbringen von Dienstleistungen
4	Zuständigkeiten
5	Bußgeldvorschriften
6	Übergangs- und Schlussvorschriften

4.10.2 Ausbildung, Erlaubnis und vorbehaltene Tätigkeiten für Technische Assistenten in der Medizin

Wer eine der Berufsbezeichnungen
- „Medizinisch-technische Laboratoriumsassistentin" oder „Medizinisch-technischer Laboratoriumsassistent",
- „Medizinisch-technische Radiologieassistentin" oder „Medizinisch-technischer Radiologieassistent",
- „Medizinisch-technische Assistentin für Funktionsdiagnostik" oder „Medizinisch-technischer Assistent für Funktionsdiagnostik" oder
- „Veterinärmedizinisch-technische Assistentin" oder „Veterinärmedizinisch-technischer Assistent"

(technische Assistenten in der Medizin) führen will, bedarf nach § 1 MTAG der Erlaubnis.

Die Erlaubnis ist nach § 2 MTAG auf Antrag zu erteilen, wenn der Antragsteller
- die vorgeschriebene Ausbildung abgeleistet und die staatliche Prüfung bestanden hat,
- sich nicht eines Verhaltens schuldig gemacht hat, aus dem sich die Unzuverlässigkeit zur Ausübung des Berufs ergibt,
- nicht in gesundheitlicher Hinsicht zur Ausübung des Berufs ungeeignet ist und
- über die für die Ausübung der Berufstätigkeit erforderlichen Kenntnisse der deutschen Sprache verfügt.

Die **Technische Assistentenausbildung** in der Medizin dauert nach § 4 MTAG drei Jahre und besteht aus theoretischem und praktischem Unterricht und einer praktischen Ausbildung. Sie wird durch staatlich anerkannte Schulen für technische Assistenten in der Medizin vermittelt. Schulen, die nicht an einem Krankenhaus eingerichtet sind, haben die praktische Ausbildung im Rahmen einer Regelung mit einem Krankenhaus oder anderen geeigneten medizinischen Einrichtungen sicherzustellen. Die Ausbildung schließt mit der staatlichen Prüfung ab.

Ausbildungsvoraussetzung ist nach § 5 MTAG
- die gesundheitliche Eignung zur Ausübung des Berufs und
- der Realschulabschluss oder eine gleichwertige Ausbildung oder eine andere abgeschlossene zehnjährige Schulbildung, die den Hauptschulabschluss erweitert, oder eine nach Hauptschulabschluss oder einem gleichwertigen Abschluss abgeschlossene Berufsausbildung von mindestens zweijähriger Dauer.

Folgende **Vorbehaltene Tätigkeiten** auf dem Gebiet der Humanmedizin dürfen beispielsweise nach § 9 MTAG durchgeführt werden nur von
- Medizinisch-technischen Laboratoriumsassistenten: Technische Aufarbeitung des histologischen und zytologischen Untersuchungsmaterials, technische Beurteilung der Präparate auf ihre Brauchbarkeit zur ärztlichen Diagnose; Durchführung von Untersuchungsgängen in der morphologischen Hämatologie, Immunhämatologie und Hämostaseologie einschließlich Ergebniserstellung, Qualitäts- und Plausibilitätskontrolle; Durchführung von Untersuchungsgängen in der Klinischen Chemie einschließlich Ergebniserstellung, Qualitäts- und Plausibilitätskontrolle; Durchführung von Untersuchungsgängen in der Mikrobiologie, Parasitologie und Immunologie einschließlich Ergebniserstellung, Qualitäts- und Plausibilitätskontrolle; ausgenommen von genannten Tätigkeiten sind einfache klinisch-chemische Analysen sowie einfache qualitative und semiquantitative Untersuchungen von Körperflüssigkeiten, Ausscheidungen und Blut;
- Medizinisch-technischen Radiologieassistenten: Durchführung der technischen Arbeiten und Beurteilung ihrer Qualität in der Radiologischen Diagnostik und anderen bildgebenden Verfahren einschließlich Qualitätssicherung; technische Mitwirkung in der Strahlentherapie bei der Erstellung des Bestrahlungsplanes und dessen Reproduktion am Patienten einschließlich Qualitätssicherung; technische Mitwirkung in der nuklearmedizinischen Diagnostik und Therapie einschließlich Qualitätssicherung; Durchführung meßtechnischer Aufgaben in der Dosimetrie und im Strahlenschutz in der Radiologischen Diagnostik, der Strahlentherapie und der Nuklearmedizin;
- Medizinisch-technische Assistenten für Funktionsdiagnostik: Durchführung von Untersuchungsgängen in der Funktionsdiagnostik des Nervensystems und der Sinnesorgane einschließlich Ergebniserstellung, Qualitäts- und Plausibilitätskontrolle; Durchführung von Untersuchungsgängen in der kardiovaskulären Funktionsdiagnostik einschließlich Ergebniserstellung, Qualitäts- und Plausibilitätskontrolle; Durchführung von Untersuchungsgängen in der pulmologischen Funktionsdiagnostik einschließlich Ergebniserstellung, Qualitäts- und Plausibilitätskontrolle; technische Mitwirkung im Rahmen der chirur-

gischen und invasiven Funktionsdiagnostik; ausgenommen von den genannten Tätigkeiten sind einfache vor- oder nachbereitende Tätigkeiten und einfache Funktionsprüfungen, wie das Elektrokardiogramm, die Ergometrie und die Spirometrie;

- Veterinärmedizinisch-technische Assistenten: Durchführung von Untersuchungsgängen an Lebensmitteln tierischer Herkunft einschließlich Ergebniserstellung, Qualitäts- und Plausibilitätskontrolle; Durchführung von Untersuchungsgängen in der Spermatologie einschließlich Ergebniserstellung, Qualitäts- und Plausibilitätskontrolle; ausgenommen von den genannten Tätigkeiten sind einfache klinisch-chemische Analysen sowie einfache qualitative und semiquantitative Untersuchungen von Körperflüssigkeiten, Ausscheidungen und Blut; Tätigkeiten, deren Ergebnisse der Erkennung einer Krankheit und der Beurteilung ihres Verlaufs dienen, dürfen von den in § 1 genannten Personen nur auf ärztliche, zahnärztliche oder tierärztliche oder auf Anforderung einer Heilpraktikerin oder eines Heilpraktikers ausgeübt werden.

Ausnahmen sind in § 10 MTAG geregelt.

Staatsangehörige eines Vertragsstaates des Europäischen Wirtschaftsraumes, die zur Ausübung des Berufs des Medizinisch-technischen Laboratoriumsassistenten, Medizinisch-technischen Radiologieassistenten, Medizinisch-technischen Assistenten für Funktionsdiagnostik oder Veterinärmedizinisch-technischen Assistenten in einem anderen Vertragsstaat des Europäischen Wirtschaftsraumes auf Grund einer nach deutschen Rechtsvorschriften abgeschlossenen Ausbildung oder auf Grund eines den Anforderungen entsprechenden Ausbildungsnachweises berechtigt sind und die in einem Mitgliedstaat rechtmäßig niedergelassen sind oder, wenn der Beruf des Medizinisch-technischen Laboratoriumsassistenten, Medizinisch-technischen Radiologieassistenten, Medizinisch-technischen Assistenten für Funktionsdiagnostik oder Veterinärmedizinisch-technischen Assistenten oder die Ausbildung zu diesen Berufen im Niederlassungsmitgliedstaat nicht reglementiert ist, einen dieser Berufe während der vorhergehenden zehn Jahre mindestens zwei Jahre im Niederlassungsmitgliedstaat rechtmäßig ausgeübt haben, dürfen nach § 10a MTAG als **Dienstleistungserbringer** im Sinne des Artikels 50 des EG-Vertrages vorübergehend und gelegentlich ihren Beruf im Geltungsbereich dieses Gesetzes ausüben.

4.11 Orthoptistengesetz (OrthoptG)

4.11.1 Übersicht über die Regelungen des OrthoptG

Das Gesetz über den Beruf der Orthoptistin und des Orthoptisten (Orthoptistengesetz, OrthoptG) vom 28. November 1989 (BGBl I S. 2061), zuletzt durch Artikel 54 des

Gesetzes vom 6. Dezember 2011 (BGBl I S. 2515) geändert, umfasst Regelungen zur Erlaubnis und zur Ausbildung von Orthoptisten.

Beispiel: Ein Schüler verfügt über die gesundheitliche Eignung und über eine nach einem Hauptschulabschluss abgeschlossene Berufsausbildung von zweijähriger Dauer. Er erfüllt damit die Ausbildungsvoraussetzungen nach § 5 OrthoptG.

Tabelle 29 gibt einen Überblick über die Inhalte des OrthoptG.

Tab. 29: Orthoptistengesetz (OrthoptG)

Abschnitt	Inhalt
I	Erlaubnis
II	Ausbildung
III	Zuständigkeiten
IV	Bußgeldvorschriften
V	Übergangsvorschriften
VI	Schlussvorschriften

4.11.2 Erlaubnis und Ausbildung für Orthoptisten

Die Erlaubnis die Berufsbezeichnung „Orthoptistin“ oder „Orthoptist“ zu führen ist nach § 2 OrthoptG auf Antrag zu erteilen, wenn der Antragsteller

- die vorgeschriebene Ausbildung abgeleistet und die staatliche Prüfung bestanden hat,
- sich nicht eines Verhaltens schuldig gemacht hat, aus dem sich die Unzuverlässigkeit zur Ausübung des Berufs ergibt,
- nicht in gesundheitlicher Hinsicht zur Ausübung des Berufs ungeeignet ist und
- über die für die Ausübung der Berufstätigkeit erforderlichen Kenntnisse der deutschen Sprache verfügt.

Die **Orthoptistenausbildung** besteht nach § 4 OrthoptG aus theoretischem und praktischem Unterricht und einer praktischen Ausbildung. Sie wird durch staatlich anerkannte Schulen für Orthoptisten an Krankenhäusern vermittelt, schließt mit der staatlichen Prüfung ab und dauert drei Jahre.

Ausbildungsvoraussetzung ist nach § 5 OrthoptG

- die gesundheitliche Eignung zur Ausübung des Berufs und
- der Realschulabschluss oder eine gleichwertige Ausbildung oder eine andere abgeschlossene zehnjährige Schulbildung, die den Hauptschulabschluss erwei-

tert, oder eine nach Hauptschulabschluss oder einem gleichwertigen Abschluss abgeschlossene Berufsausbildung von mindestens zweijähriger Dauer.

Nach § 8a OrthoptG dürfen Staatsangehörige eines Vertragsstaates des Europäischen Wirtschaftsraumes, die zur Ausübung des Berufs des Orthoptisten in einem anderen Vertragsstaat des Europäischen Wirtschaftsraumes auf Grund einer nach deutschen Rechtsvorschriften abgeschlossenen Ausbildung oder auf Grund eines den Anforderungen entsprechenden Ausbildungsnachweises berechtigt sind und die in einem Mitgliedstaat rechtmäßig niedergelassen sind oder, wenn der Beruf des Orthoptisten oder die Ausbildung zu diesem Beruf im Niederlassungsmitgliedstaat nicht reglementiert ist, diesen Beruf während der vorhergehenden zehn Jahre mindestens zwei Jahre im Niederlassungsmitgliedstaat rechtmäßig ausgeübt haben, als **Dienstleistungserbringer** im Sinne des Artikels 50 des EG-Vertrages vorübergehend und gelegentlich ihren Beruf im Geltungsbereich dieses Gesetzes ausüben.

4.12 Psychotherapeutengesetz (PsychThG)

4.12.1 Übersicht über die Regelungen des PsychThG

Das Gesetz über die Berufe des Psychologischen Psychotherapeuten und des Kinder- und Jugendlichenpsychotherapeuten (Psychotherapeutengesetz, PsychThG) vom 16. Juni 1998 (BGBl I S. 1311), zuletzt durch Artikel 34a des Gesetzes vom 6. Dezember 2011 (BGBl I S. 2515) geändert, umfasst Regelungen zur Berufsausübung, Approbation, Erlaubnis, Ausbildung und Gebührenordnung bei Privatbehandlung für Psychotherapeuten.

Beispiel: Ein Psychotherapeut stellt eine Rechnung für privat erbrachte Leistungen. Grundlage hierfür ist eine Gebührenordnung nach § 9 PsychThG.

Tabelle 30 gibt einen Überblick über die Inhalte des PsychThG.

Tab. 30: Psychotherapeutengesetz (PsychThG)

Fundstelle	Inhalt
§ 1	Berufsausübung
§ 2	Approbation
§ 2a	Unterrichtungspflichten
§ 3	Rücknahme, Widerruf und Ruhen der Approbation, Verzicht
§ 4	Erlaubnis

Fundstelle	Inhalt
§ 5	Ausbildung und staatliche Prüfung
§ 6	Ausbildungsstätten
§ 7	Ausschluss der Geltung des Berufsbildungsgesetzes
§ 8	Ermächtigung zum Erlass von Rechtsverordnungen
§ 9	Gebührenordnung bei Privatbehandlung
§ 9a	Dienstleistungserbringer
§ 9b	Verwaltungszusammenarbeit
§ 9c	Pflichten des Dienstleistungserbringers
§ 10	Zuständigkeiten
§ 11	Wissenschaftliche Anerkennung
§ 12	Übergangsvorschriften

4.12.2 Approbation, Erlaubnis, Ausbildung und Gebührenordnung für Psychotherapeuten

Wer die heilkundliche Psychotherapie unter der Berufsbezeichnung „Psychologische Psychotherapeutin“ oder „Psychologischer Psychotherapeut“ oder die heilkundliche Kinder- und Jugendlichenpsychotherapie unter der Berufsbezeichnung „Kinder- und Jugendlichenpsychotherapeutin“ oder „Kinder- und Jugendlichenpsychotherapeut“ ausüben will, bedarf nach § 1 PsychThG der **Approbation** als Psychologischer Psychotherapeut oder Kinder- und Jugendlichenpsychotherapeut. Sie ist nach § 2 PsychThG auf Antrag zu erteilen, wenn der Antragsteller

- die vorgeschriebene Ausbildung abgeleistet und die staatliche Prüfung bestanden hat,
- sich nicht eines Verhaltens schuldig gemacht hat, aus dem sich die Unwürdigkeit oder Unzuverlässigkeit zur Ausübung des Berufs ergibt,
- nicht in gesundheitlicher Hinsicht zur Ausübung des Berufs ungeeignet ist und
- über die für die Ausübung der Berufstätigkeit erforderlichen Kenntnisse der deutschen Sprache verfügt.

Die **Psychotherapeutenausbildung** dauert nach § 5 PsychThG in Vollzeitform jeweils mindestens drei Jahre, in Teilzeitform jeweils mindestens fünf Jahre. Sie besteht aus einer praktischen Tätigkeit, die von theoretischer und praktischer Ausbildung begleitet wird, und schließt mit Bestehen der staatlichen Prüfung ab.

Ausbildungsvoraussetzung ist für eine Ausbildung zum

- Psychologischen Psychotherapeuten: Eine im Inland an einer Universität oder gleichstehenden Hochschule bestandene Abschlussprüfung im Studiengang

Psychologie, die das Fach Klinische Psychologie einschließt und gemäß dem Hochschulrahmengesetz der Feststellung dient, ob der Student das Ziel des Studiums erreicht hat; ein in einem Mitgliedstaat der Europäischen Union oder einem anderen Vertragsstaat des Abkommens über den Europäischen Wirtschaftsraum erworbenes gleichwertiges Diplom im Studiengang Psychologie oder ein in einem anderen Staat erfolgreich abgeschlossenes gleichwertiges Hochschulstudium der Psychologie;

- Kinder- und Jugendlichenpsychotherapeuten: Die im Inland an einer staatlichen oder staatlich anerkannten Hochschule bestandene Abschlussprüfung in den Studiengängen Pädagogik oder Sozialpädagogik; ein in einem anderen Mitgliedstaat der Europäischen Union oder einem anderen Vertragsstaat des Abkommens über den Europäischen Wirtschaftsraum erworbenes Diplom in den Studiengängen Pädagogik oder Sozialpädagogik oder ein in einem anderen Staat erfolgreich abgeschlossenes gleichwertiges Hochschulstudium.

Nach § 6 PsychThG werden die Ausbildungen an Hochschulen oder an anderen Einrichtungen vermittelt, die als **Ausbildungsstätten** für Psychotherapie oder als Ausbildungsstätten für Kinder- und Jugendlichenpsychotherapie staatlich anerkannt sind.

Nach § 9 PsychThG werden die Entgelte für psychotherapeutische Tätigkeiten von Psychologischen Psychotherapeuten und Kinder- und Jugendlichenpsychotherapeuten geregelt. In dieser **Gebührenordnung** sind Mindest- und Höchstsätze für die psychotherapeutischen Leistungen festzusetzen.

Staatsangehörige eines Mitgliedstaats der Europäischen Union oder eines anderen Vertragsstaates des Abkommens über den Europäischen Wirtschaftsraum, die zur Ausübung des Berufs des Psychologischen Psychotherapeuten oder des Kinder- und Jugendlichenpsychotherapeuten in einem anderen Mitgliedstaat der Europäischen Union oder einem anderen Vertragsstaat des Abkommens über den Europäischen Wirtschaftsraum auf Grund einer nach deutschen Rechtsvorschriften abgeschlossenen Ausbildung oder auf Grund eines den Anforderungen entsprechenden Ausbildungsnachweises berechtigt sind und die in einem Mitgliedstaat rechtmäßig niedergelassen sind oder, wenn der Beruf des Psychologischen Psychotherapeuten oder des Kinder- und Jugendlichenpsychotherapeuten oder die Ausbildung zu diesen Berufen im Niederlassungsmitgliedstaat nicht reglementiert ist, einen dieser Berufe während der vorhergehenden zehn Jahre mindestens zwei Jahre im Niederlassungsmitgliedstaat rechtmäßig ausgeübt haben, dürfen nach § 9a PsychThG als **Dienstleistungserbringer** im Sinne des Artikels 50 des EG-Vertrages vorübergehend und gelegentlich ihren Beruf im Geltungsbereich dieses Gesetzes ausüben.

4.13 Approbationsordnung für Zahnärzte (ZÄPrO)

4.13.1 Übersicht über die Regelungen der ZÄPrO

Die Approbationsordnung für Zahnärzte (ZÄPrO) in der im Bundesgesetzblatt Teil III, Gliederungsnummer 2123-2, veröffentlichten bereinigten Fassung, zuletzt durch Artikel 34 des Gesetzes vom 6. Dezember 2011 (BGBl I S. 2515) geändert, umfasst Regelungen zur Ausbildung, naturwissenschaftlichen und zahnärztlichen Vorprüfung, zahnärztlichen Prüfung und Approbation für Zahnärzte.

Beispiel: Ein Prüfungskandidat erreicht in der Abschlussprüfung ein Gesamtergebnis von 79. Dies entspricht der Bewertung „gut".

Tabelle 31 gibt einen Überblick über die Inhalte der ZÄPrO.

Tab. 31: Approbationsordnung für Zahnärzte (ZÄPrO)

Abschnitt	Unterabschnitt	Inhalt
I	Zahnärztliche Ausbildung	
II	Prüfungsbestimmungen	
	A	Allgemeine Bestimmungen
	B	Naturwissenschaftliche Vorprüfung
	C	Zahnärztliche Vorprüfung
	D	Zahnärztliche Prüfung
III	Erteilung der Approbation als Zahnarzt	
IV	Ausnahmebewilligung	
V	Sonderbestimmungen	
VI	Schluss- und Übergangsbestimmungen	
Anlage 1 (zu § 19 Abs. 4) (Muster 1) Zeugnis über die Teilnahme an anatomischen Präparierübungen/dem physikalischen, chemischen, physiologischen, physiologisch-chemischen Praktikum/dem mikroskopisch-anatomischen Kursus/dem Kursus der technischen Propädeutik/dem Phantomkursus der Zahnersatzkunde		
Anlage 2 (zu § 24 Abs. 1 S. 1) (Muster 2) Zeugnis über die naturwissenschaftliche Vorprüfung		
Anlage 2a (zu § 24 Abs. 1 letzter Satz) (Muster 2 a) Zeugnis über die naturwissenschaftliche Vorprüfung (mit Wiederholungsprüfung)		
Anlage 3 (zu § 31 Abs. 2) (Muster 3) Zeugnis über die zahnärztliche Vorprüfung		
Anlage 3a (zu § 31 Abs. 2) (Muster 3 a) Zeugnis über die zahnärztliche Vorprüfung (mit Wiederholungsprüfung)		

Abschnitt	Unter-abschnitt	Inhalt
Anlage 4 (zu § 36 Abs. 2) (Muster 4) Praktikantenschein		
Anlage 5 (zu § 58 Abs 3) (Muster 5) Zeugnis über die zahnärztliche Prüfung		
Anlage 6 (zu § 59 Abs 6) Approbationsurkunde		

4.13.2 Ausbildung, Prüfung und Approbation für Zahnärzte

Die **Zahnärztliche Ausbildung** umfasst nach § 2 ZÄPrO
- ein Studium der Zahnheilkunde von zehn Semestern an einer wissenschaftlichen Hochschule, das sich aus einem vorklinischen und einem klinischen Teil von je fünf Semestern zusammensetzt;
- folgende staatliche Prüfungen: die naturwissenschaftliche Vorprüfung, die zahnärztliche Vorprüfung und die zahnärztliche Prüfung.

Die **Regelstudienzeit** beträgt einschließlich der Prüfungszeit für die zahnärztliche Prüfung zehn Semester und sechs Monate.

Die Prüfungen werden nach § 4 ZÄPrO vor einer staatlichen **Prüfungskommission** (Prüfungsausschuss) abgelegt.

Das Gesuch um **Prüfungszulassung** ist nach § 8 ZÄPrO an den Vorsitzenden zu richten, der über die Zulassung entscheidet, soweit diese Verordnung nichts anderes bestimmt und dem Gesuch ist nach § 9 ZÄPrO der Nachweis der Hochschulzugangsberechtigung beizufügen.

Für jeden Prüfling nimmt der Vorsitzende nach § 14 eine **Niederschrift** auf, in der die Namen der Prüfer, die Prüfungsfächer oder Prüfungsabschnitte, die Prüfungstage, die Urteile und das Gesamtergebnis der Prüfung anzugeben sind.

Bei der Meldung zur **Naturwissenschaftlichen Vorprüfung** hat der Studierende gemäß § 19 ZÄPrO nachzuweisen, dass er nach Erlangung der Hochschulzugangsberechtigung mindestens zwei Semester an deutschen Universitäten ordnungsgemäß Zahnheilkunde studiert hat. Außerdem sind Nachweise darüber beizufügen, dass der Studierende
- folgende Vorlesungen gehört hat: während eines Semesters eine Vorlesung über Zoologie oder Biologie, während zweier Semester je eine Vorlesung über Physik und Chemie;
- während eines Semesters an einem physikalischen und einem chemischen Praktikum regelmäßig und mit Erfolg teilgenommen hat.

Die naturwissenschaftliche Vorprüfung umfasst nach § 21 ZÄPrO die Fächer Physik, Chemie, Zoologie. An die Stelle der Prüfung in Zoologie kann auch eine Prüfung in Biologie treten. Ist die Leistung in einem Prüfungsfach mit „nicht genügend“ beurteilt worden, so ist nach § 22 ZÄPrO die Prüfung in diesem Fach nicht bestanden und muss in diesem Fach wiederholt werden. Die naturwissenschaftliche Vorprüfung ist im Ganzen nicht bestanden und muss in allen Fächern wiederholt werden, wenn das Urteil in einem Fach „schlecht“ oder in zwei Fächern „mangelhaft“ oder „nicht genügend“ lautet. Die Prüfung wird nicht fortgesetzt, sobald feststeht, dass sie im Ganzen nicht bestanden ist. Wer die Wiederholungsprüfung nicht besteht, hat die naturwissenschaftliche Vorprüfung nicht bestanden. Er wird zu einer nochmaligen naturwissenschaftlichen Prüfung nicht zugelassen.

Nach Abschluss jeder Prüfung und Wiederholungsprüfung stellt der Prüfer gemäß § 23 ZÄPrO ein **Einzelzeugnis** aus, das unmittelbar dem Vorsitzenden zu übersenden ist. Der Vorsitzende ermittelt das Gesamtergebnis der bestandenen Prüfung aus der Summe der erteilten Noten. Über das Ergebnis der naturwissenschaftlichen Vorprüfung erhält der Studierende ein Zeugnis.

Bei der Meldung zur **Zahnärztlichen Vorprüfung** hat der Studierende gemäß § 26 ZÄPrO nachzuweisen, dass er die naturwissenschaftliche Vorprüfung vollständig bestanden und nach Erlangung der Hochschulzugangsberechtigung mindestens fünf Semester an deutschen Universitäten Zahnheilkunde studiert hat. Eine im Ausland vollständig bestandene der naturwissenschaftlichen Vorprüfung verwandte und gleichwertige Prüfung kann als Ersatz der naturwissenschaftlichen Vorprüfung anerkannt werden. Dem Gesuch sind außerdem unter anderem das Zeugnis über die vollständig bestandene naturwissenschaftliche Vorprüfung beizufügen, sowie Nachweise beizufügen, dass der Studierende

- folgende Vorlesungen gehört hat: Während eines Semesters je eine Vorlesung über Histologie und Entwicklungsgeschichte, während zweier Semester je eine Vorlesung über Physiologie, physiologische Chemie und Werkstoffkunde, während dreier Semester eine Vorlesung über Anatomie;
- an folgenden praktischen Übungen regelmäßig und mit Erfolg teilgenommen hat: Während eines Semesters an den anatomischen Präparierübungen, an einem physiologischen und einem physiologisch-chemischen Praktikum, an einem mikroskopisch-anatomischen Kursus, an einem Kursus der technischen Propädeutik, an einem Phantomkursus der Zahnersatzkunde und während der vorlesungsfreien Monate an einem weiteren Phantomkursus der Zahnersatzkunde.

Die zahnärztliche Vorprüfung umfass nach § 28 ZÄPrO die Fächer Anatomie, Physiologie, Physiologische Chemie, Zahnersatzkunde.

Ist die Leistung in einem Prüfungsfach mit „nicht genügend“ beurteilt worden, so ist die Prüfung nach § 29 ZÄPrO in diesem Fach nicht bestanden. Sie muss in diesem Fach wiederholt werden. Die Zahnärztliche Vorprüfung ist im Ganzen nicht bestanden und muss in allen Fächern wiederholt werden, wenn das Urteil in einem Fach „schlecht“ oder zwei Fächern „nicht genügend“ oder in drei Fächern „mangelhaft“ oder „nicht genügend“ lautet. Die Prüfung wird nicht fortgesetzt, sobald feststeht, dass sie im Ganzen nicht bestanden ist.

Wer die Wiederholungsprüfung nicht besteht, hat nach § 30 ZÄPrO die zahnärztliche Vorprüfung nicht bestanden. Er wird zu einer nochmaligen Prüfung nicht zugelassen.

Der Meldung zur **Zahnärztlichen Prüfung** (Abschlussprüfung) sind nach § 34 unter anderem die für die Zulassung zur zahnärztlichen Vorprüfung erforderlichen Nachweise, die Nachweise über etwa bewilligte Ausnahmen sowie das Zeugnis über die vollständig bestandene zahnärztliche Vorprüfung beizufügen. Ferner sind nach § 36 ZÄPrO Nachweise beizufügen, dass der Kandidat nach vollständig bestandener zahnärztlicher Vorprüfung mindestens

- je eine Vorlesung über Einführung in die Zahnheilkunde, über allgemeine Pathologie, spezielle Pathologie, allgemeine Chirurgie, Hals-, Nasen- und Ohrenkrankheiten, Hygiene einschließlich Gesundheitsfürsorge, medizinische Mikrobiologie mit praktischen Übungen, Einführung in die Kieferorthopädie, Berufskunde und Geschichte der Medizin unter besonderer Berücksichtigung der Zahnheilkunde und je zwei Vorlesungen über Pharmakologie (einschließlich Rezeptierkursus), Innere Medizin, Zahn-, Mund- und Kieferkrankheiten, Zahn-, Mund- und Kieferchirurgie, Zahnerhaltungskunde, umfassend Primärprophylaxe, Kariologie, Endodontologie, Parodontologie und Kinderzahnheilkunde, Zahnersatzkunde und Kieferorthopädie gehört hat,
- je ein Semester an einem pathohistologischen Kursus, an einem Kursus der klinisch-chemischen und -physikalischen Untersuchungsmethoden, an einem radiologischen Kursus mit besonderer Berücksichtigung des Strahlenschutzes, an einem Phantomkursus der Zahnerhaltungskunde und an einem Kursus der kieferorthopädischen Technik und je zwei Semester an einem Operationskursus und dem Kursus der kieferorthopädischen Behandlung regelmäßig und mit Erfolg teilgenommen hat,
- je ein Semester als Auskultant die Klinik und Poliklinik für Zahn-, Mund- und Kieferkrankheiten, die chirurgische Poliklinik und als Praktikant die Hautklinik, je zwei Semester als Praktikant den Kursus und die Poliklinik der Zahnerhaltungskunde und den Kursus und die Poliklinik der Zahnersatzkunde und drei Semester als Praktikant die Klinik und Poliklinik der Zahn-, Mund- und Kieferkrankheiten regelmäßig und mit Erfolg besucht hat.

Die Abschlussprüfung umfasst nach § 40 ZÄPrO die Abschnitte Allgemeine Pathologie und pathologische Anatomie, Pharmakologie, Hygiene, medizinische Mikrobiologie und Gesundheitsfürsorge Innere Medizin, Haut- und Geschlechtskrankheiten, Hals-, Nasen- und Ohrenkrankheiten, Zahn-, Mund- und Kieferkrankheiten, Chirurgie, Zahnerhaltungskunde, Zahnersatzkunde, Kieferorthopädie.

Jeder Prüfer stellt nach § 52 ZÄPrO für jeden Kandidaten ein Einzelzeugnis aus, das unmittelbar an den Vorsitzenden zu senden ist. Die Ermittlung der Urteile für die einzelnen Abschnitte und des Gesamtergebnisses der Abschlussprüfung erfolgt durch den Vorsitzenden, der auf Grund der Einzelzeugnisse die Urteile für die einzelnen Prüfungsabschnitte und das Gesamtergebnis in die Niederschrift einträgt.

Ist ein Prüfungsabschnitt als „nicht genügend" oder „schlecht" beurteilt worden, so ist er nicht bestanden und muss nach § 53 ZÄPrO wiederholt werden.

Ist die Abschlussprüfung bestanden, so ermittelt der Vorsitzende das **Gesamtprüfungsergebnis** nach § 58 ZÄPrO auf folgende Weise: Es wird für die Prüfungsabschnitte Zahn-, Mund- und Kieferkrankheiten, Chirurgie, Zahnerhaltungskunde und Zahnersatzkunde je das Fünffache, für die Prüfungsabschnitte Allgemeine Pathologie und pathologische Anatomie, Kieferorthopädie und Innere Medizin das Dreifache, für den Prüfungsabschnitt Hygiene das Zweifache und für die Prüfungsabschnitte Pharmakologie, Haut- und Geschlechtskrankheiten und Hals-, Nasen- und Ohrenkrankheiten das Einfache der Zahlen eingesetzt. Die Summe der so gewonnenen Zahlen ergibt das Gesamtergebnis, das bei Summen unter 51 „sehr gut", von 51 bis unter 85 „gut" und von 85 ab „befriedigend" lautet. Muss der Kandidat auch nur in einem Prüfungsabschnitt eine Wiederholungsprüfung ablegen, so kann das Gesamtergebnis höchstens „gut" lauten.

Über das Bestehen der zahnärztlichen Prüfung stellt der Vorsitzende dem Kandidaten ein **Zeugnis** aus.

Der Antrag auf Approbation als Zahnarzt und Ausstellung der **Approbationsurkunde** ist nach § 59 ZÄPrO an die zuständige Behörde des Landes zu richten, in dem der Antragsteller die zahnärztliche Prüfung bestanden hat.

4.14 Zahnheilkundegesetz (ZHG)

4.14.1 Übersicht über die Regelungen des ZHG

Das Gesetz über die Ausübung der Zahnheilkunde (Zahnheilkundegesetz, ZHG) in der Fassung der Bekanntmachung vom 16. April 1987 (BGBl I S. 1225), zuletzt durch Artikel 33 des Gesetzes vom 6. Dezember 2011 (BGBl I S. 2515) geändert, umfasst Regelungen über Approbation als Zahnarzt und die Eingliederung von Dentisten.

Beispiel: Die Zahnheilkunde unterliegt beispielsweise nicht der Gewerbesteuer, da nach § 1 ZHG ihre Ausübung kein Gewerbe ist.

Tabelle 32 gibt einen Überblick über die Inhalte des ZHG.

Tab. 32: Zahnheilkundegesetz (ZHG)

Abschnitt	Inhalt
I	Die Approbation als Zahnarzt
II	Eingliederung der Dentisten
III	Sonderbestimmungen
IV	Zuständigkeiten
V	Straf-Übergangs- und Schlussbestimmungen
Anlage (zu § 2 Abs. 1 Satz 4) Liste länderbezogener Ausbildungsnachweise	

4.14.2 Approbation als Zahnarzt und Eingliederung der Dentisten

Wer nach § 1 ZHG die Zahnheilkunde dauernd ausüben will, bedarf einer Approbation als Zahnarzt nach Maßgabe dieses Gesetzes. Die Approbation berechtigt zur Führung der Bezeichnung als „Zahnarzt" oder „Zahnärztin".

Die Ausübung der Zahnheilkunde ist kein Gewerbe.

Die **Approbation** als Zahnarzt ist nach § 2 ZHG auf Antrag zu erteilen, wenn der Antragsteller

- sich nicht eines Verhaltens schuldig gemacht hat, aus dem sich seine Unwürdigkeit oder Unzuverlässigkeit zur Ausübung des zahnärztlichen Berufs ergibt,
- nicht in gesundheitlicher Hinsicht zur Ausübung des Berufs ungeeignet ist,
- nach einem mindestens fünfjährigen Studium der Zahnheilkunde an einer wissenschaftlichen Hochschule die zahnärztliche Prüfung im Geltungsbereich dieses Gesetzes bestanden hat,
- über die für die Ausübung der Berufstätigkeit erforderlichen Kenntnisse der deutschen Sprache verfügt.

Wer nach § 8 ZHG die staatliche Anerkennung als **Dentist** besitzt, erhält die Approbation als Zahnarzt, wenn er an einem Fortbildungskursus über Mund- und Kieferkrankheiten sowie Arzneimittellehre erfolgreich teilgenommen hat. Dies ist nach § 11a nur noch auf Anträge von Personen anwendbar, die alle in diesen Vorschriften vorgesehenen besonderen Voraussetzungen für eine Erteilung der Approbation als Zahnarzt am 27. Januar 1980 erfüllt hatten.

Staatsangehörige eines Mitgliedstaates der Europäischen Union oder eines anderen Vertragsstaates des Abkommens über den Europäischen Wirtschaftsraum oder eines Vertragsstaates, dem Deutschland und die Europäische Gemeinschaft oder Deutschland und die Europäische Union vertraglich einen entsprechenden Rechtsanspruch eingeräumt haben, die zur Ausübung des zahnärztlichen Berufs in einem der übrigen Mitgliedstaaten der Europäischen Union oder in einem anderen Vertragsstaat des Abkommens über den Europäischen Wirtschaftsraum oder einem Vertragsstaat, dem Deutschland und die Europäische Gemeinschaft oder Deutschland und die Europäische Union vertraglich einen entsprechenden Rechtsanspruch eingeräumt haben, auf Grund einer nach deutschen Rechtsvorschriften abgeschlossenen zahnärztlichen Ausbildung oder auf Grund eines in der Anlage genannten zahnärztlichen Ausbildungsnachweises berechtigt sind, dürfen nach § 13a ZHG als **Dienstleistungserbringer** im Sinne des Artikels 50 des EG-Vertrages vorübergehend und gelegentlich den zahnärztlichen Beruf im Geltungsbereich dieses Gesetzes ausüben.

4.15 Zulassungsverordnung für Vertragszahnärzte (Zahnärzte-ZV)

4.15.1 Übersicht über die Regelungen der Zahnärzte-ZV

Die Zulassungsverordnung für Vertragszahnärzte (Zahnärzte-ZV) in der im Bundesgesetzblatt Teil III, Gliederungsnummer 8230-26, veröffentlichten bereinigten Fassung, zuletzt durch Artikel 4b des Gesetzes vom 20. Februar 2013 (BGBl I S. 277) geändert, umfasst Regelungen über das Zahnarztregister, die Bedarfsplanung, die Zulassung sowie Vertreter, Assistenten, angestellte Zahnärzte und Berufsausübungsgemeinschaften.

Beispiel: Zwei Vertragszahnärzte nutzen Praxisräume und -einrichtungen gemeinsam an ihrem ebenfalls gemeinsamen Vertragszahnarztsitz. Nach § 33 Zahnärzte-ZV ist diese Form der Berufsausübungsgemeinschaft zulässig.

Tabelle 33 gibt einen Überblick über die Inhalte der Zahnärzte-ZV.

Tab. 33: Zulassungsverordnung für Vertragszahnärzte (Zahnärzte-ZV)

Abschnitt	Unterabschnitt	Inhalt
I	Zahnarztregister	
II	Bildung und Abgrenzung der Zulassungsbezirke	
III	Bedarfsplanung	
IV	Unterversorgung	
V	Voraussetzungen für die Zulassung	
VI	Zulassung und Vertragszahnarztsitz	
VII	Ruhen, Entziehung und Ende der Zulassung	
VIII	Ermächtigung	

Abschnitt	Unter-abschnitt	Inhalt
IX	Vertreter, Assistenten, angestellte Zahnärzte und Berufsausübungsgemeinschaft	
X	Zulassungs- und Berufungsausschüsse	
XI	Verfahren vor den Zulassungs- und Berufungsausschüssen	
	1	Zulassungsausschuss für Zahnärzte
	2	Berufungsausschuss für Zahnärzte (Widerspruchsverfahren)
XII	Gebühren	
XIII	Übergangs- und Schlussbestimmungen	
Anlage (zu § 2 Abs. 2) Muster für das Zahnarztregister		
Anhang EV Auszug aus EinigVtr Anlage I Kapitel VIII Sachgebiet G Abschnitt III (BGBl II 1990, 889, 1056) – Maßgaben für das beigetretene Gebiet (Art. 3 EinigVtr) –		

4.15.2 Zahnarztregister, Bedarfsplanung und Zulassung für Zahnärzte

Für jeden Zulassungsbezirk führt die Kassenzahnärztliche Vereinigung (KZV) nach § 1 Zahnärzte-ZV das **Zahnarztregister**, dass die zugelassenen Zahnärzte und die, die Voraussetzungen des § 3 Zahnärzte-ZV erfüllen und ihre Eintragung beantragt haben erfasst, was auch für medizinische Versorgungszentren und die dort und bei Vertragszahnärzten angestellten Zahnärzte entsprechend gilt.

Voraussetzungen für die Eintragung sind nach § 3 Zahnärzte-ZV die Approbation als Zahnarzt und die Ableistung einer mindestens zweijährigen **Vorbereitungszeit**.

Der Zahnarzt ist nach § 4 Zahnärzte-ZV in das Zahnarztregister des Zulassungsbezirks einzutragen, in dem er seinen Wohnort hat.

Die **Zulassungsbezirke** werden nach § 11 Zahnärzte-ZV von den Kassenzahnärztlichen Vereinigungen und den Landesverbänden der Krankenkassen sowie den Ersatzkassen gemeinsam gebildet und abgegrenzt.

Der **Bedarfsplan** hat gemäß § 12 Zahnärzte-ZV Feststellungen zu enthalten insbesondere über

- die allgemeine zahnärztliche Versorgung,
- die fachzahnärztliche Versorgung,
- Einrichtungen der Krankenhausversorgung sowie der sonstigen zahnmedizinischen Versorgung, soweit sie Leistungen der vertragszahnärztlichen Versorgung erbringen und erbringen können,
- Bevölkerungsdichte und -struktur,
- Umfang und Art der Nachfrage nach vertragszahnärztlichen Leistungen, ihre Deckung sowie ihre räumliche Zuordnung im Rahmen der vertragszahnärztlichen Versorgung,
- für die vertragszahnärztliche Versorgung bedeutsame Verkehrsverbindungen.

Weist der Bedarfsplan im Falle einer **Unterversorgung** einen Bedarf an Vertragszahnärzten für einen bestimmten Versorgungsbereich aus und werden für einen Zeitraum von mehr als sechs Monaten Vertragszahnarztsitze dort nicht besetzt, so hat die Kassenzahnärztliche Vereinigung nach § 15 Zahnärzte-ZV spätestens nach Ablauf dieses Zeitraums Kassenzahnarztsitze in den für ihre amtlichen Bekanntmachungen vorgesehenen Blättern auszuschreiben.

Der **Zulassungsantrag** muss nach § 18 Zahnärzte-ZV schriftlich gestellt werden. In dem Antrag ist anzugeben, für welchen Vertragszahnarztsitz und gegebenenfalls unter welcher Gebietsbezeichnung die Zulassung beantragt wird.

Über den Antrag befindet nach § 19 Zahnärzte-ZV der **Zulassungsausschuss** durch Beschluss.

Die Zulassung erfolgt nach § 24 Zahnärzte-ZV für den Ort der Niederlassung als Zahnarzt, der damit **Vertragszahnarztsitz** ist.

Bei Krankheit, Urlaub oder Teilnahme an zahnärztlicher Fortbildung oder an einer Wehrübung kann sich der **Vertragszahnarzt** gemäß § 32 Zahnärzte-ZV innerhalb von zwölf Monaten bis zur Dauer von drei Monaten vertreten lassen. Eine Vertragszahnärztin kann sich in unmittelbarem zeitlichen Zusammenhang mit einer Entbindung bis zu einer Dauer von zwölf Monaten vertreten lassen. Dauert die Vertretung länger als eine Woche, so ist sie der KZV mitzuteilen. Die Beschäftigung eines **Assistenten** bedarf der Genehmigung der Kassenzahnärztlichen Vereinigung. Im Übrigen darf der Vertragszahnarzt einen Vertreter oder einen Assistenten mit vorheriger Genehmigung der Kassenzahnärztlichen Vereinigung nur beschäftigen

- aus Gründen der Sicherstellung der vertragszahnärztlichen Versorgung,
- während Zeiten der Erziehung von Kindern bis zu einer Dauer von 36 Monaten, wobei dieser Zeitraum nicht zusammenhängend genommen werden muss,
- während der Pflege eines pflegebedürftigen nahen Angehörigen in häuslicher Umgebung bis zu einer Dauer von sechs Monaten.

Die Beschäftigung eines Assistenten darf nicht der Vergrößerung der Kassenpraxis oder der Aufrechterhaltung eines übergroßen Praxisumfangs dienen.

Der Vertragszahnarzt kann nach § 32b Zahnärzte-ZV Zahnärzte nach Maßgabe des Sozialgesetzbuchs anstellen. Die Anstellung bedarf der Genehmigung des Zulassungsausschusses. Über die angestellten Zahnärzte führt die KZV ein besonderes Verzeichnis.

Die gemeinsame Nutzung von Praxisräumen und Praxiseinrichtungen sowie die gemeinsame Beschäftigung von Hilfspersonal durch mehrere Vertragszahnärzte ist nach § 33 Zahnärzte-ZV zulässig. Die **Berufsausübungsgemeinschaft** vertragszahnärztlicher Tätigkeit ist zulässig als

- örtliche Berufsausübungsgemeinschaft unter allen zur vertragszahnärztlichen Versorgung zugelassenen Leistungserbringern an einem gemeinsamen Vertragszahnarztsitz;

- überörtliche Berufsausübungsgemeinschaft bei unterschiedlichen Vertragszahnarztsitzen der Mitglieder der Berufsausübungsgemeinschaft, wenn die Erfüllung der Versorgungspflicht des jeweiligen Mitglieds an seinem Vertragszahnarztsitz unter Berücksichtigung der Mitwirkung angestellter Zahnärzte in dem erforderlichen Umfang gewährleistet ist sowie das Mitglied und die bei ihm angestellten Zahnärzte an den Vertragszahnarztsitzen der anderen Mitglieder nur in zeitlich begrenztem Umfang tätig werden.

5. Bereitstellung, Einsatz und Arbeitsschutz von Gesundheitspersonal (Betriebliches Arbeitsschutzrecht)

5.1 Gesetz über befristete Arbeitsverträge mit Ärzten in der Weiterbildung (ÄArbVtrG)

5.1.1 Übersicht über die Regelungen des ÄArbVtrG

Das Gesetz über befristete Arbeitsverträge mit Ärzten in der Weiterbildung (ÄArbVtrG) vom 15. Mai 1986 (BGBl I S. 742), zuletzt durch Artikel 3 des Gesetzes vom 12. April 2007 (BGBl I S. 506) geändert, umfasst Regelungen über die zulässige Befristung von Arbeitsverträgen mit Ärzten in der Weiterbildung.

Beispiel: Mit einem Arzt wird für seine Facharztausbildung ein auf zehn Jahre befristeter Arbeitsvertrag geschlossen. Nach § 1 ÄArbVtrG kann der Vertrag auf die notwendige Zeit für den Erwerb der Anerkennung als Facharzt höchstens bis zur Dauer von acht Jahren abgeschlossen werden.

Tabelle 34 gibt einen Überblick über die Inhalte des ÄArbVtrG.

Tab. 34: Gesetz über befristete Arbeitsverträge mit Ärzten in der Weiterbildung (ÄArbVtrG)

Fundstelle	Inhalt
§ 1	Befristung von Arbeitsverträgen
§ 2	Berlin-Klausel
§ 3	Inkrafttreten

5.1.2 Befristung von Arbeitsverträgen

Nach § 1 ÄArbVtrG liegt ein die **Befristung** eines Arbeitsvertrags mit einem Arzt rechtfertigender sachlicher Grund vor, wenn die Beschäftigung des Arztes seiner zeitlich und inhaltlich strukturierten Weiterbildung zum Facharzt oder dem Erwerb einer Anerkennung für einen Schwerpunkt oder dem Erwerb einer Zusatzbezeichnung, eines Fachkundenachweises oder einer Bescheinigung über eine fakultative Weiterbildung dient.

Die **Befristungsdauer** des Arbeitsvertrags bestimmt sich ausschließlich nach der vertraglichen Vereinbarung; sie muss kalendermäßig bestimmt oder bestimmbar sein.

Ein befristeter Arbeitsvertrag nach ÄArbVtrG kann auf die notwendige Zeit für den Erwerb der Anerkennung als Facharzt oder den Erwerb einer Zusatzbezeichnung, höchstens bis zur Dauer von acht Jahren, abgeschlossen werden.

Zum Zweck des Erwerbs einer Anerkennung für einen Schwerpunkt oder des an die **Weiterbildung** zum Facharzt anschließenden Erwerbs einer Zusatzbezeichnung, eines Fachkundenachweises oder einer Bescheinigung über eine fakultative Weiterbildung kann ein weiterer befristeter Arbeitsvertrag für den Zeitraum, der für den Erwerb vorgeschrieben ist, vereinbart werden. Die Befristung darf den Zeitraum nicht unterschreiten, für den der weiterbildende Arzt die Weiterbildungsbefugnis besitzt.

5.2 Allgemeines Gleichbehandlungsgesetz (AGG)

5.2.1 Übersicht über die Regelungen des AGG

Ziel des Allgemeines Gleichbehandlungsgesetzes (AGG) vom 14. August 2006 (BGBl I S. 1897), zuletzt durch Artikel 8 des Gesetzes vom 3. April 2013 (BGBl I S. 610) geändert, ist es nach § 1 AGG, Benachteiligungen aus Gründen der Rasse oder wegen der ethnischen Herkunft, des Geschlechts, der Religion oder Weltanschauung, einer Behinderung, des Alters oder der sexuellen Identität zu verhindern oder zu beseitigen.

Beispiel: Ein Mitarbeiter eines Klinikums legt ein Schriftstück von der Klinikverwaltung vor, welches eine Benachteiligung wegen eines in § 1 AGG genannten Grundes vermuten lassen. Nach § 22 AGG hat die Klinikverwaltung die Beweislast dafür, dass kein Verstoß gegen die Bestimmungen zum Schutz vor Benachteiligung vorliegt.

Tabelle 35 gibt einen Überblick über die Inhalte des AGG.

Tab. 35: Allgemeines Gleichbehandlungsgesetz (AGG)

Abschnitt	Unterabschnitt	Inhalt
1	Allgemeiner Teil	
2	Schutz der Beschäftigten vor Benachteiligung	
	1	Verbot der Benachteiligung
	2	Organisationspflichten des Arbeitgebers

Abschnitt	Unterabschnitt	Inhalt
	3	Rechte der Beschäftigten
	4	Ergänzende Vorschriften
3	Schutz vor Benachteiligung im Zivilrechtsverkehr	
4	Rechtsschutz	
5	Sonderregelungen für öffentlich-rechtliche Dienstverhältnisse	
6	Antidiskriminierungsstelle	
7	Schlussvorschriften	

5.2.2 Benachteiligungsschutz und Gleichbehandlungsrechte der Beschäftigten

Benachteiligungen sind nach § 2 AGG unzulässig unter anderem in Bezug auf
- die Bedingungen, einschließlich Auswahlkriterien und Einstellungsbedingungen, für den Zugang zu unselbstständiger und selbstständiger Erwerbstätigkeit,
- die Beschäftigungs- und Arbeitsbedingungen einschließlich Arbeitsentgelt und Entlassungsbedingungen,
- den Zugang zu allen Formen und allen Ebenen der Berufsberatung, der Berufsbildung einschließlich der Berufsausbildung, der beruflichen Weiterbildung und der Umschulung sowie der praktischen Berufserfahrung,
- die Mitgliedschaft und Mitwirkung in einer Beschäftigten- oder Arbeitgebervereinigung oder einer Vereinigung, deren Mitglieder einer bestimmten Berufsgruppe angehören,
- den Sozialschutz
- die sozialen Vergünstigungen,
- die Bildung,
- den Zugang zu und die Versorgung mit Gütern und Dienstleistungen, die der Öffentlichkeit zur Verfügung stehen.

Das **Benachteiligungsverbot** nach § 7 AGG besagt, dass Beschäftigte nicht wegen eines in § 1 genannten Grundes benachteiligt werden dürfen.

Zulässige unterschiedliche Behandlungen sind in Ausnahmefällen nach Maßgabe des AGG und im Rahmen seiner Bestimmungen möglich
- wegen beruflicher Anforderungen (§ 8 AGG),
- wegen der Religion oder Weltanschauung (§ 9 AGG),
- wegen des Alters (§ 10 AGG).

Der Arbeitgeber ist verpflichtet, die erforderlichen Maßnahmen zum Schutz vor Benachteiligungen wegen eines in § 1 genannten Grundes zu treffen.

Die Beschäftigten haben nach § 13 AGG ein **Beschwerderecht**, sich bei den zuständigen Stellen des Betriebs, des Unternehmens oder der Dienststelle zu beschweren, wenn sie sich im Zusammenhang mit ihrem Beschäftigungsverhältnis vom Arbeitgeber, von Vorgesetzten, anderen Beschäftigten oder Dritten wegen eines in § 1 genannten Grundes benachteiligt fühlen. Die Beschwerde ist zu prüfen und das Ergebnis der oder dem beschwerdeführenden Beschäftigten mitzuteilen.

Ergreift der Arbeitgeber keine oder offensichtlich ungeeignete Maßnahmen zur Unterbindung einer **Belästigung** oder sexuellen Belästigung am Arbeitsplatz, sind die betroffenen Beschäftigten nach § 14 AGG im Rahmen ihres **Leistungsverweigerungsrechts** berechtigt, ihre Tätigkeit ohne Verlust des Arbeitsentgelts einzustellen, soweit dies zu ihrem Schutz erforderlich ist.

Das **Maßregelungsverbot** besagt nach § 15 AGG, dass der Arbeitgeber Beschäftigte nicht wegen der Inanspruchnahme von Rechten nach diesem Abschnitt oder wegen der Weigerung, eine gegen diesen Abschnitt verstoßende Anweisung auszuführen, benachteiligen darf. Gleiches gilt für Personen, die den Beschäftigten hierbei unterstützen oder als Zeuginnen oder Zeugen aussagen.

Aus dem *zivilrechtlichen* Benachteiligungsverbot nach § 19 AGG ergibt sich unter anderem, dass eine Benachteiligung aus Gründen der Rasse oder wegen der ethnischen Herkunft, wegen des Geschlechts, der Religion, einer Behinderung, des Alters oder der sexuellen Identität bei der Begründung, Durchführung und Beendigung zivilrechtlicher Schuldverhältnisse, die typischerweise ohne Ansehen der Person zu vergleichbaren Bedingungen in einer Vielzahl von Fällen zustande kommen (Massengeschäfte) oder bei denen das Ansehen der Person nach der Art des Schuldverhältnisses eine nachrangige Bedeutung hat und die zu vergleichbaren Bedingungen in einer Vielzahl von Fällen zustande kommen oder eine privatrechtliche Versicherung zum Gegenstand haben, unzulässig ist.

Wenn im Streitfall die eine Partei Indizien beweist, die eine Benachteiligung wegen eines in § 1 genannten Grundes vermuten lassen, trägt nach § 22 AGG die andere Partei die **Beweislast** dafür, dass kein Verstoß gegen die Bestimmungen zum Schutz vor Benachteiligung vorgelegen hat.

Wer der Ansicht ist, wegen eines in § 1 genannten Grundes benachteiligt worden zu sein, kann sich nach § 27 AGG an die **Antidiskriminierungsstelle** des Bundes wenden.

5.3 Arbeitsschutzgesetz (ArbSchG)

5.3.1 Übersicht über die Regelungen des ArbSchG

Das Gesetz über die Durchführung von Maßnahmen des Arbeitsschutzes zur Verbesserung der Sicherheit und des Gesundheitsschutzes der Beschäftigten bei der Arbeit (Arbeitsschutzgesetz, ArbSchG) vom 7. August 1996 (BGBl I S. 1246), zuletzt durch

Artikel 15 Absatz 89 des Gesetzes vom 5. Februar 2009 (BGBl I S. 160) geändert, enthält arbeitsrechtliche Vorschriften, die dem Arbeitnehmer Schutz vor aus der Arbeit im Gesundheitsbetrieb erwachsenden Gefahren geben. Es dient dazu, Sicherheit und Gesundheitsschutz der Beschäftigten bei der Arbeit durch Maßnahmen des Arbeitsschutzes zu sichern und zu verbessern.

Beispiel: Der Verwaltungsleiter eines Krankenhaus meldet nach § 23 ArbSchG der zuständigen Behörde die Zahl der Beschäftigten, aufgegliedert nach Geschlecht, Alter und Staatsangehörigkeit sowie die Bezeichnung und Anschrift des Krankenhauses, in dem sie beschäftigt werden.

Tabelle 36 gibt einen Überblick über die Inhalte des ArbSchG.

Tab. 36: Arbeitsschutzgesetz (ArbSchG)

Abschnitt	Inhalt
Allgemeine Vorschriften	Zielsetzung und Anwendungsbereich; Begriffsbestimmungen
Pflichten des Arbeitgebers	Grundpflichten des Arbeitgebers; allgemeine Grundsätze; Beurteilung der Arbeitsbedingungen; Dokumentation; Übertragung von Aufgaben; Zusammenarbeit mehrerer Arbeitgeber; besondere Gefahren; Erste Hilfe und sonstige Notfallmaßnahmen; arbeitsmedizinische Vorsorge; Unterweisung; verantwortliche Personen; Unterrichtung und Anhörung der Beschäftigten des öffentlichen Dienstes
Pflichten und Rechte der Beschäftigten	Pflichten der Beschäftigten; besondere Unterstützungspflichten; Rechte der Beschäftigten
Verordnungsermächtigungen	Rechtsakte der Europäischen Gemeinschaften und zwischenstaatliche Vereinbarungen; Regelungen für den öffentlichen Dienst
Gemeinsame deutsche Arbeitsschutzstrategie	Gemeinsame deutsche Arbeitsschutzstrategie; nationale Arbeitsschutzkonferenz
Schlussvorschriften	Zuständige Behörden, Zusammenwirken mit den Trägern der gesetzlichen Unfallversicherung; Befugnisse der zuständigen Behörden; Betriebliche Daten, Zusammenarbeit mit anderen Behörden, Jahresbericht; Ermächtigung zum Erlass von allgemeinen Verwaltungsvorschriften; Bußgeldvorschriften; Strafvorschriften

5.3.2 Allgemeine Vorschriften und Pflichten von Arbeitgeber und Beschäftigten

Das ArbSchG definiert nach § 2 ArbSchG **Arbeitsschutzmaßnahmen** als Maßnahmen zur Verhütung von Unfällen bei der Arbeit und arbeitsbedingten Gesundheitsgefahren einschließlich Maßnahmen der menschengerechten Gestaltung der Arbeit. Als **Arbeitgeber** im Sinne des ArbSchG gelten natürliche und juristische Personen und rechtsfähige Personengesellschaften, und als **Betriebe** gelten für den Bereich des öffentlichen Dienstes die Dienststellen und damit auch die Gesundheitsbetriebe der Länder, der Gemeinden und der sonstigen Körperschaften, beispielsweise in Form von Anstalten und Stiftungen des öffentlichen Rechts.

Zu den **Arbeitgeberpflichten** zählen nach § 3 ArbSchG unter anderem

- das Treffen von Maßnahmen des Arbeitsschutzes,
- die Überprüfung ihrer Wirksamkeit,
- das Anstreben der Verbesserung von Sicherheit und Gesundheitsschutz der Beschäftigten,
- das Sorgen für eine geeignete Organisation und das Bereitstellen der erforderlichen Mittel.

Dabei ist nach § 4 ArbSchG von **Grundsätzen** auszugehen, wie beispielsweise Gefahren an ihrer Quelle zu bekämpfen, bei den Maßnahmen den Stand von Technik, Arbeitsmedizin und Hygiene sowie sonstige gesicherte arbeitswissenschaftlichen Erkenntnissen zu berücksichtigen oder den Beschäftigten geeignete Anweisungen zu erteilen.

Der Arbeitgeber hat nach § 5 ArbSchG durch eine **Gefährdungsbeurteilung** zu ermitteln, welche Maßnahmen des Arbeitsschutzes erforderlich sind.

Eine Gefährdung kann sich in Gesundheitsbetrieben nach § 3 ArbSchG beispielsweise ergeben durch physikalische, chemische und biologische Einwirkungen, durch die Gestaltung, die Auswahl und den Einsatz von Arbeitsmitteln, insbesondere von Arbeitsstoffen, Maschinen, Geräten und Anlagen sowie den Umgang damit, sowie durch unzureichende Qualifikation und Unterweisung der Beschäftigten.

Die nach § 6 ArbSchG erforderliche **Dokumentation** muss die je nach Art der Tätigkeiten und der Zahl der Beschäftigten erforderlichen Unterlagen enthalten, aus denen das Ergebnis der Gefährdungsbeurteilung, die von ihm festgelegten Maßnahmen des Arbeitsschutzes und das Ergebnis ihrer Überprüfung ersichtlich sind.

Bei der **Aufgabenübertragung** ist nach § 7 ArbSchG darauf zu achten, ob die Beschäftigten befähigt sind, die für die Sicherheit und den Gesundheitsschutz bei der Aufgabenerfüllung zu beachtenden Bestimmungen und Maßnahmen einzuhalten.

Bei besonderen **Gefahren** hat der Arbeitgeber nach § 9 ArbSchG Vorkehrungen zu treffen, dass alle Beschäftigten, die einer unmittelbaren erheblichen Gefahr ausgesetzt sind oder sein können, möglichst frühzeitig über diese Gefahr und die getroffenen oder zu treffenden Schutzmaßnahmen unterrichtet sind und bei unmittelbarer erheblicher Gefahr für die eigene Sicherheit oder die Sicherheit anderer Personen müssen die Beschäftigten die geeigneten Maßnahmen zur Gefahrenabwehr und Schadensbegrenzung selbst treffen können, wenn der zuständige Vorgesetzte nicht erreichbar ist.

Auch hat der Arbeitgeber nach § 10 ArbSchG Maßnahmen zu treffen, die zur Ersten Hilfe, Brandbekämpfung und Evakuierung der Beschäftigten erforderlich sind und diejenigen Beschäftigten zu benennen, die Aufgaben der Ersten Hilfe, Brandbekämpfung und Evakuierung der Beschäftigten übernehmen.

Der Arbeitgeber hat nach § 11 ArbSchG den Beschäftigten auf ihren Wunsch Arbeitsmedizinische **Gesundheitsvorsorge** zu ermöglichen, sich je nach den Gefahren für ihre Sicherheit und Gesundheit bei der Arbeit regelmäßig arbeitsmedizinisch untersuchen zu lassen, es sei denn, auf Grund der Beurteilung der Arbeitsbedingungen und der getroffenen Schutzmaßnahmen ist nicht mit einem Gesundheitsschaden zu rechnen.

Für die Beschäftigten ist nach § 12 ArbSchG während ihrer Arbeitszeit eine ausreichende und angemessene **Unterweisung** über Sicherheit und Gesundheitsschutz bei der Arbeit durchzuführen.

Zur Erfüllung ihrer **Arbeitnehmerpflichten** haben die Beschäftigten beispielsweise nach § 15 ArbSchG für ihre Sicherheit und Gesundheit bei der Arbeit Sorge zu tragen und insbesondere Maschinen, Geräte, Werkzeuge, Arbeitsstoffe, Transportmittel und sonstige Arbeitsmittel sowie Schutzvorrichtungen und die ihnen zur Verfügung gestellte persönliche Schutzausrüstung bestimmungsgemäß zu verwenden.

Zu ihren Pflichten zählt nach § 16 ArbSchG auch die **Meldung** von durch sie festgestellten unmittelbaren erheblichen Gefahren für die Sicherheit und Gesundheit sowie von an den Schutzsystemen festgestellten Defekten.

Sie sind nach § 17 ArbSchG berechtigt, Vorschläge zu allen Fragen der Sicherheit und des Gesundheitsschutzes bei der Arbeit zu machen.

Für den **Öffentlichen Dienst** der Länder, Gemeinden und sonstigen landesunmittelbaren Körperschaften, Anstalten und Stiftungen des öffentlichen Rechts können nach § 20 ArbSchG entsprechende Regelungen durch Landesrecht getroffen werden.

Die **Überwachung** des Arbeitsschutzes ist nach § 21 ArbSchG staatliche Aufgabe, und die zuständigen Behörden haben die Einhaltung dieses Gesetzes und der auf Grund dieses Gesetzes erlassenen Rechtsverordnungen zu überwachen und die Arbeitgeber bei der Erfüllung ihrer Pflichten zu beraten.

Die zuständige Behörde kann nach § 22 ArbSchG vom Arbeitgeber oder von den verantwortlichen Personen die zur Durchführung ihrer Überwachungsaufgabe erforderlichen Auskünfte und die Überlassung von entsprechenden Unterlagen verlangen.

5.4 Arbeitsstättenverordnung (ArbStättV)

5.4.1 Übersicht über die Regelungen der ArbStättV

Die Verordnung über Arbeitsstätten (Arbeitsstättenverordnung, ArbStättV) vom 12. August 2004 (BGBl I S. 2179), zuletzt durch Artikel 4 der Verordnung vom 19. Juli 2010 (BGBl I S. 960) geändert, enthält Vorgaben für Gesundheitsbetriebe und dient der Sicherheit und dem Gesundheitsschutz der Beschäftigten beim Einrichten und Betreiben von Arbeitsstätten im Gesundheitswesen.

Beispiel: Eine Privatklinik plant den Umzug in ein bislang anderweitig gewerblich genutztes Gebäude. Die Klinikleitung bespricht mit dem beauftragten Architekten die Anforderungen der ArbStättV und den sich daraus ergebenden Umbaubedarf.

Tabelle 37 gibt einen Überblick über die Inhalte der ArbStättV.

Tab. 37: Arbeitsstättenverordnung (ArbStättV)

Fundstelle	**Inhalt**	
§ 1	Ziel, Anwendungsbereich	
§ 2	Begriffsbestimmungen	
§ 3	Gefährdungsbeurteilung	
§ 3a	Einrichten und Betreiben von Arbeitsstätten	
§ 4	Besondere Anforderungen an das Betreiben von Arbeitsstätten	
§ 5	Nichtraucherschutz	
§ 6	Arbeitsräume, Sanitärräume, Pausen- und Bereitschaftsräume, Erste-Hilfe-Räume, Unterkünfte	
§ 7	Ausschuss für Arbeitsstätten	
§ 8	Übergangsvorschriften	
§ 9	Straftaten und Ordnungswidrigkeiten	
Anhang	Anforderungen an Arbeitsstätten nach § 3 Abs. 1	
1	Allgemeine Anforderungen	
	1.1	Konstruktion und Festigkeit von Gebäuden
	1.2	Abmessungen von Räumen, Luftraum
	1.3	Sicherheits- und Gesundheitsschutzkennzeichnung
	1.4	Energieverteilungsanlagen
	1.5	Fußböden, Wände, Decken, Dächer
	1.6	Fenster, Oberlichter
	1.7	Türen, Tore
	1.8	Verkehrswege
	1.9	Fahrtreppen, Fahrsteige
	1.10	Laderampen
	1.11	Steigleitern, Steigeisengänge

Fundstelle	Inhalt	
2	Maßnahmen zum Schutz vor besonderen Gefahren	
	2.1	Schutz vor Absturz und herabfallenden Gegenständen, Betreten von Gefahrenbereichen
	2.2	Maßnahmen gegen Brände
	2.3	Fluchtwege und Notausgänge
3	Arbeitsbedingungen	
	3.1	Bewegungsfläche
	3.2	Anordnung der Arbeitsplätze
	3.3	Ausstattung
	3.4	Beleuchtung und Sichtverbindung
	3.5	Raumtemperatur
	3.6	Lüftung
	3.7	Lärm
4	Sanitärräume, Pausen- und Bereitschaftsräume, Erste-Hilfe-Räume, Unterkünfte	
	4.1	Sanitärräume
	4.2	Pausen- und Bereitschaftsräume
	4.3	Erste-Hilfe-Räume
	4.4	Unterkünfte
5	Ergänzende Anforderungen an besondere Arbeitsstätten	
	5.1	Nicht allseits umschlossene und im Freien liegende Arbeitsstätten
	5.2	Zusätzliche Anforderungen an Baustellen

5.4.2 Gefährdungsbeurteilung, Einrichten und Betreiben von gesundheitsbetrieblichen Arbeitsstätten

Nach § 2 ArbStättV sind

- **Arbeitsstätten:** Orte in Gebäuden oder im Freien, die sich auf dem Gelände eines Betriebes oder einer Baustelle befinden, die zur Nutzung für Arbeitsplätze vorgesehen sind und zu denen Beschäftigte im Rahmen ihrer Arbeit Zugang haben,
- **Arbeitsplätze:** Bereiche von Arbeitsstätten, in denen sich Beschäftigte bei der von ihnen auszuübenden Tätigkeit regelmäßig über einen längeren Zeitraum oder im Verlauf der täglichen Arbeitszeit nicht nur kurzfristig aufhalten müssen,
- **Arbeitsräume:** Räume, in denen Arbeitsplätze innerhalb von Gebäuden dauerhaft eingerichtet sind.

Zu Arbeitsstätten gehören beispielsweise auch Verkehrswege, Fluchtwege, Notausgänge, Lager-, Maschinen- und Nebenräume, Sanitärräume (Umkleide-, Wasch- und Toilettenräume), Pausen- und Bereitschaftsräume, Erste-Hilfe-Räume und andere mehr.

Nach § 3 ArbStättV ist bei der Beurteilung der Arbeitsbedingungen nach § 5 des Arbeitsschutzgesetzes festzustellen, ob die Beschäftigten Gefährdungen beim Einrichten und Betreiben von Arbeitsstätten ausgesetzt sind oder ausgesetzt sein können. Er hat alle möglichen Gefährdungen der Gesundheit und Sicherheit der Beschäftigten zu beurteilen und nach dem Ergebnis der **Gefährdungsbeurteilung** Schutzmaßnahmen nach dem Stand der Technik, Arbeitsmedizin und Hygiene festzulegen. Der Arbeitgeber hat sicherzustellen, dass die Gefährdungsbeurteilung fachkundig durchgeführt wird, und er hat die Gefährdungsbeurteilung unabhängig von der Zahl der Beschäftigten vor Aufnahme der Tätigkeiten zu dokumentieren.

Der Arbeitgeber hat nach § 3a ArbStättV dafür zu sorgen, dass das **Einrichten** und **Betreiben** von Arbeitsstätten so erfolgt, dass von ihnen keine Gefährdungen für die Sicherheit und die Gesundheit der Beschäftigten ausgehen. Für Beschäftigte mit Behinderungen ist die Arbeitsstätten so einzurichten und zu betreiben, dass die besonderen Belange dieser Beschäftigten im Hinblick auf Sicherheit und Gesundheitsschutz berücksichtigt werden.

So sind beispielsweise die Arbeitsplätzen sowie die zugehörigen Türen, Verkehrswege, Fluchtwege, Notausgänge, Treppen, Orientierungssysteme, Waschgelegenheiten und Toilettenräume barrierefrei zu gestalten.

Nach §§ 4 ff ArbStättV hat der Arbeitgeber unter anderem

- die Arbeitsstätte instand zu halten und dafür zu sorgen, dass festgestellte Mängel unverzüglich beseitigt werden,
- dafür zu sorgen, dass Arbeitsstätten den hygienischen Erfordernissen entsprechend gereinigt werden,
- Sicherheitseinrichtungen zur Verhütung oder Beseitigung von Gefahren, insbesondere Sicherheitsbeleuchtungen, Feuerlöscheinrichtungen, Signalanlagen, Notaggregate und Notschalter sowie raumlufttechnische Anlagen, in regelmäßigen Abständen sachgerecht warten und auf ihre Funktionsfähigkeit prüfen zu lassen,
- Vorkehrungen zu treffen, dass die Beschäftigten bei Gefahr sich unverzüglich in Sicherheit bringen und schnell gerettet werden können,
- einen Flucht- und Rettungsplan aufzustellen, wenn Lage, Ausdehnung und Art der Benutzung der Arbeitsstätte dies erfordern,
- Mittel und Einrichtungen zur ersten Hilfe zur Verfügung zu stellen und diese regelmäßig auf ihre Vollständigkeit und Verwendungsfähigkeit prüfen zu lassen,

- die erforderlichen Maßnahmen zu treffen, damit die nicht rauchenden Beschäftigten in Arbeitsstätten wirksam vor den Gesundheitsgefahren durch Tabakrauch geschützt sind,
- solche Arbeitsräume bereitzustellen, die eine ausreichende Grundfläche und Höhe sowie einen ausreichenden Luftraum aufweisen,
- geeignete Umkleideräume zur Verfügung zu stellen, wenn die Beschäftigten bei ihrer Tätigkeit besondere Arbeitskleidung tragen müssen und es ihnen nicht zuzumuten ist, sich in einem anderen Raum umzukleiden,
- bei mehr als zehn Beschäftigten, oder wenn Sicherheits- oder Gesundheitsgründe dies erfordern, den Beschäftigten ein Pausenraum oder ein entsprechender Pausenbereich zur Verfügung zu stellen.

5.4.3 Anforderungen an Arbeitsstätten im Gesundheitswesen

Gemäß dem Anhang Anforderungen an Arbeitsstätten nach § 3 Abs. 1 ArbStättV gelten bestimmte Anforderungen in allen Fällen, in denen die Eigenschaften der Arbeitsstätte oder der Tätigkeit, die Umstände oder eine Gefährdung der Beschäftigten dies erfordern. Im folgenden sind einige Beispiele aufgeführt:

So müssen nach Ziff. 1.1 Gebäude für Arbeitsstätten eine der Nutzungsart entsprechende **Konstruktion** und Festigkeit aufweisen.

Arbeitsräume müssen eine ausreichende **Grundfläche** und eine ausreichende lichte Höhe aufweisen, so dass die Beschäftigten ohne Beeinträchtigung ihrer Sicherheit, ihrer Gesundheit oder ihres Wohlbefindens ihre Arbeit verrichten können.

Die Größe des notwendigen **Luftraumes** ist nach Ziff. 1.2 in Abhängigkeit von der Art der körperlichen Beanspruchung und der Anzahl der Beschäftigten sowie der sonstigen anwesenden Personen zu bemessen.

Nach Ziff. 1.3 sind **Sicherheits- und Gesundheitsschutzkennzeichnungen** nach dem Stand der Technik einzusetzen, wenn Gefährdungen der Sicherheit und Gesundheit der Beschäftigten nicht durch technische oder organisatorische Maßnahmen vermieden oder ausreichend begrenzt werden können.

Energieversorgungsanlagen müssen nach Ziff. 1.4 so ausgewählt, installiert und betrieben werden, dass die Beschäftigten vor Unfallgefahren durch direktes oder indirektes Berühren spannungsführender Teile geschützt sind und dass von den Anlagen keine Brand- oder Explosionsgefahr ausgeht.

Die **Oberflächen** der Fußböden, Wände und Decken müssen so beschaffen sein, dass sie nach Ziff. 1.5 unter anderem eine ausreichende Dämmung gegen Wärme und Kälte sowie eine ausreichende Isolierung gegen Feuchtigkeit aufweisen und leicht zu reinigen sind. Fußböden dürfen keine Unebenheiten, Löcher, Stolperstellen oder gefährlichen Schrägen aufweisen. Durchsichtige oder lichtdurchlässige Wände müssen deutlich gekennzeichnet sein und aus bruchsicherem Werkstoff bestehen.

Fenster, Oberlichter und Lüftungsvorrichtungen müssen sich nach Ziff. 1.6 von den Beschäftigten sicher öffnen, schließen, verstellen und arretieren lassen.

Durchsichtige **Türen** müssen nach Ziff. 1.7 in Augenhöhe gekennzeichnet sein, Pendeltüren und -tore müssen durchsichtig sein oder ein Sichtfenster haben. Schiebetüren und -tore müssen gegen Ausheben und Herausfallen gesichert sein.

Verkehrswege, einschließlich Treppen, fest angebrachte Steigleitern und Laderampen müssen nach Ziff. 1.8 so angelegt und bemessen sein, dass sie je nach ihrem Bestimmungszweck leicht und sicher begangen oder befahren werden können und in der Nähe Beschäftigte nicht gefährdet werden.

Fahrtreppen müssen nach Ziff. 1.9 so ausgewählt und installiert sein, dass sie sicher funktionieren und sicher benutzbar sind. Dazu gehört, dass die Notbefehlseinrichtungen gut erkennbar und leicht zugänglich sind und nur solche Fahrtreppen und Fahrsteige eingesetzt werden, die mit den notwendigen Sicherheitsvorrichtungen ausgestattet sind.

Laderampen sind nach Ziff. 1.10 entsprechend den Abmessungen der Transportmittel und der Ladung auszulegen und müssen mindestens einen Abgang haben

Steigleitern müssen nach Ziff. 1.11 sicher benutzbar sein und über Schutzvorrichtungen gegen Absturz verfügen.

Arbeitsplätze und Verkehrswege, bei denen die Gefahr des Absturzes von Beschäftigten oder des Herabfallens von Gegenständen bestehen oder die an Gefahrenbereiche grenzen, müssen nach Ziff. 2.1 mit Einrichtungen versehen sein, die verhindern, dass Beschäftigte abstürzen oder durch herabfallende Gegenstände verletzt werden oder in die Gefahrenbereiche gelangen.

Arbeitsstätten müssen je nach der **Brandgefährdung** gemäß Ziff. 2.2 mit einer ausreichenden Anzahl geeigneter Feuerlöscheinrichtungen und erforderlichenfalls Brandmeldern und Alarmanlagen ausgestattet sein.

Fluchtwege und Notausgänge müssen nach Ziff. 2.3 auf möglichst kurzem Weg ins Freie oder, falls dies nicht möglich ist, in einen gesicherten Bereich führen.

Die freie unverstellte **Bewegungsfläche** am Arbeitsplatz muss nach Ziff. 3.1 so bemessen sein, dass sich die Beschäftigten bei ihrer Tätigkeit ungehindert bewegen können.

Die **Arbeitsplatzanordnung** muss nach Ziff. 3.2 so erfolgen, dass Beschäftigte sie sicher erreichen und verlassen und sich bei Gefahr schnell in Sicherheit bringen können.

Zur **Arbeitsplatzausstattung** gehören nach Ziff. 3.3 Kleiderablagen und Sitzgelegenheiten, Beleuchtung und Sichtverbindung.

Bei der **Beleuchtung** ist nach Ziff. 3.4 auf ausreichendes Tageslicht bzw. eine angemessene künstliche Beleuchtung zu achten.

In Räumen, in denen aus betriebstechnischer Sicht keine spezifischen Anforderungen an die **Raumtemperatur** gestellt werden, muss nach Ziff. 3.5 eine gesundheitlich zuträgliche Raumtemperatur bestehen.

In umschlossenen Arbeitsräumen muss nach Ziff. 3.6 ausreichend gesundheitlich zuträgliche **Atemluft** vorhanden sein.

Der **Lärm** und Schalldruckpegel ist nach Ziff. 3.7 so niedrig zu halten, wie es möglich ist und dass keine Beeinträchtigungen der Gesundheit der Beschäftigten entstehen.

Nach Ziff. 4 müssen beispielsweise

- **Toilettenräume** mit verschließbaren Zugängen, einer ausreichenden Anzahl von Toilettenbecken und Handwaschgelegenheiten ausgestattet sein,
- **Waschräume** sich in der Nähe des Arbeitsplatzes befinden und so bemessen sein, dass die Beschäftigten sich den hygienischen Erfordernissen entsprechend und ungehindert reinigen können,
- **Umkleideräume** mit Sitzgelegenheiten sowie mit verschließbaren Einrichtungen ausgestattet sein, in denen jeder Beschäftigte seine Kleidung aufbewahren kann,
- **Pausen- und Bereitschaftsräume** in ausreichender Größe und mit leicht zu reinigenden Tischen und Sitzgelegenheiten mit Rückenlehne ausgestattet sein,
- **Erste-Hilfe-Räume** als solche gekennzeichnet, für Personen mit Rettungstransportmitteln leicht zugänglich und mit den erforderlichen Einrichtungen und Materialien zur ersten Hilfe ausgestattet sein.

Ziff. 5 umfasst ergänzende Anforderungen an besondere Arbeitsstätten, wie beispielsweise Baustellen.

5.5 Arbeitszeitgesetz (ArbZG)

5.5.1 Übersicht über die Regelungen des ArbZG

Das Arbeitszeitgesetz (ArbZG) vom 6. Juni 1994 (BGBl I S. 1170, 1171), zuletzt durch Artikel 3 Absatz 6 des Gesetzes vom 20. April 2013 (BGBl I S. 868) geändert, dient nach § 1 der Sicherheit und dem Gesundheitsschutz der Arbeitnehmer bei der Arbeitszeitgestaltung, zur Verbesserung der Rahmenbedingungen für flexible Arbeitszeiten sowie dem Schutz des Sonntags und der staatlich anerkannten Feiertage als Tage der Arbeitsruhe und der seelischen Erhebung der Arbeitnehmer.

Beispiel: Das Personal einer Arztpraxis macht an einem Sonntag Bereitschaftsdienst. Nach § 11 ArbZG ist als Ausgleich für die Sonntagsbeschäftigung ein Ersatzruhetag zu gewähren, innerhalb eines den Beschäftigungstag einschließenden Zeitraums von zwei Wochen.

Tabelle 38 gibt einen Überblick über die Inhalte des ArbZG.

Tab. 38: Arbeitszeitgesetz (ArbZG)

Abschnitt	Inhalt
Allgemeine Vorschriften	Zweck des Gesetzes; Begriffsbestimmungen
Werktägliche Arbeitszeit und arbeitsfreie Zeiten	Arbeitszeit der Arbeitnehmer; Ruhepausen; Ruhezeit; Nacht- und Schichtarbeit; Abweichende Regelungen; gefährliche Arbeiten
Sonn- und Feiertagsruhe	Sonn- und Feiertagsruhe; Sonn- und Feiertagsbeschäftigung; Ausgleich für Sonn- und Feiertagsbeschäftigung; abweichende Regelungen; Ermächtigung, Anordnung, Bewilligung
Ausnahmen in besonderen Fällen	Außergewöhnliche Fälle; Bewilligung, Ermächtigung
Durchführung des Gesetzes	Aushang und Arbeitszeitnachweise; Aufsichtsbehörde
Sonderregelungen	Nichtanwendung des Gesetzes; Beschäftigung im öffentlichen Dienst, in der Luftfahrt, in der Binnenschifffahrt, im Straßentransport
Straf- und Bußgeldvorschriften	Bußgeldvorschriften; Strafvorschriften
Schlussvorschriften	Umsetzung von zwischenstaatlichen Vereinbarungen und Rechtsakten der EG; Übergangsregelung für Tarifverträge

5.5.2 Werktägliche Arbeitszeit, Sonn- und Feiertagsruhe und Sonderregelungen

Nach § 2 ArbZG sind

- **Arbeitszeit**: Die Zeit vom Beginn bis zum Ende der Arbeit ohne die Ruhepausen,
- **Nachtzeit**: Die Zeit von 23 bis 6 Uhr,
- **Nachtarbeit**: Jede Arbeit, die mehr als zwei Stunden der Nachtzeit umfasst,
- **Nachtarbeitnehmer**: Arbeitnehmer, die auf Grund ihrer Arbeitszeitgestaltung normalerweise Nachtarbeit in Wechselschicht zu leisten haben oder Nachtarbeit an mindestens 48 Tagen im Kalenderjahr leisten.

Nach §§ 3ff ArbZG gilt:

- **Werktägliche Arbeitszeit**: Sie darf acht Stunden nicht überschreiten, kann auf bis zu zehn Stunden nur verlängert werden, wenn innerhalb von sechs Kalendermonaten oder innerhalb von 24 Wochen im Durchschnitt acht Stunden werktäglich nicht überschritten werden.
- **Ruhepausen**: Müssen im voraus feststehen, mindestens 30 Minuten bei einer Arbeitszeit von mehr als sechs bis zu neun Stunden und 45 Minuten bei einer Arbeitszeit von mehr als neun Stunden betragen, können in Zeitabschnitte von jeweils mindestens 15 Minuten aufgeteilt werden und länger als sechs Stunden hintereinander dürfen Arbeitnehmer nicht ohne Ruhepause beschäftigt werden.

- **Ruhezeit**: Nach Beendigung der täglichen Arbeitszeit müssen Arbeitnehmer eine ununterbrochene Ruhezeit von mindestens elf Stunden haben.
- **Nacht- und Schichtarbeit**: Die werktägliche Arbeitszeit der Nachtarbeitnehmer darf acht Stunden nicht überschreiten und kann auf bis zu zehn Stunden nur verlängert werden, wenn abweichend von § 3 innerhalb von einem Kalendermonat oder innerhalb von vier Wochen im Durchschnitt acht Stunden werktäglich nicht überschritten werden.
- **Sonn- und Feiertagsruhe**: Arbeitnehmer dürfen an Sonn- und gesetzlichen Feiertagen von 0 bis 24 Uhr nicht beschäftigt werden.

Für Krankenhäuser und andere Einrichtungen zur Behandlung, Pflege und Betreuung von Personen gibt es nach § 5 ArbZG abweichende Regelungen, wie beispielsweise dass die Dauer der Ruhezeit um bis zu eine Stunde verkürzt werden kann, wenn jede Verkürzung der Ruhezeit innerhalb eines Kalendermonats oder innerhalb von vier Wochen durch Verlängerung einer anderen Ruhezeit auf mindestens zwölf Stunden ausgeglichen wird oder dass Kürzungen der Ruhezeit durch Inanspruchnahmen während der Rufbereitschaft, die nicht mehr als die Hälfte der Ruhezeit betragen, zu anderen Zeiten ausgeglichen werden können.
Nach § 10 ArbZG dürfen Arbeitnehmer beispielsweise in Not- und Rettungsdiensten sowie bei der Feuerwehr, in Krankenhäusern und anderen Einrichtungen zur Behandlung, Pflege und Betreuung von Personen an Sonn- und Feiertagen beschäftigt werden.

Gemäß § 7 und § 12f ArbZG können in einem Tarifvertrag oder auf Grund eines Tarifvertrags in einer Betriebs- oder Dienstvereinbarung im bestimmten Rahmen abweichende Regelungen oder auch Ausnahmen in außergewöhnlichen Fällen zugelassen werden.

Die **Sonderregelungen** nach § 18 ArbZG bestimmen beispielsweise, dass das ArbZG unter anderem nicht auf Leitende Angestellte im Sinne des BetrVG sowie auf Chefärzte anzuwenden ist.

Der Arbeitgeber ist nach § 16 ArbZG verpflichtet,
- einen Abdruck des ArbZG, der auf Grund dieses Gesetzes erlassenen, für den Betrieb geltenden Rechtsverordnungen und der für den Betrieb geltenden Tarifverträge und Betriebs- oder Dienstvereinbarungen an geeigneter Stelle im Betrieb zur Einsichtnahme auszulegen oder auszuhängen,
- die über die werktägliche Arbeitszeit hinausgehende Arbeitszeit der Arbeitnehmer aufzuzeichnen und ein Verzeichnis der Arbeitnehmer zu führen, die in eine Verlängerung der Arbeitszeit eingewilligt haben. Die Nachweise sind mindestens zwei Jahre aufzubewahren.

5.6 Arbeitssicherheitsgesetz (ASiG)

5.6.1 Übersicht über die Regelungen des ASiG

Das Gesetz über Betriebsärzte, Sicherheitsingenieure und andere Fachkräfte für Arbeitssicherheit (Arbeitssicherheitsgesetz, ASiG) vom 12. Dezember 1973 (BGBl I S. 1885), zuletzt durch Artikel 3 Absatz 5 des Gesetzes vom 20. April 2013 (BGBl I S. 868) geändert, gibt nach § 1 ASiG dem Gesundheitsbetrieb als Arbeitgeber ab einer bestimmten Mindestgröße vor, Betriebsärzte und Fachkräfte für Arbeitssicherheit zu bestellen. Diese sollen ihn beim Arbeitsschutz und bei der Unfallverhütung unterstützen.

Beispiel:. In einem Großklinikum trifft sich der Arbeitsschutzausschuss einmal jährlich. Nach § 11 ASiG tritt er jedoch mindestens einmal vierteljährlich zusammen.

Tabelle 39 gibt einen Überblick über die Inhalte des ASiG.

Tab. 39: Arbeitssicherheitsgesetz (ASiG)

Abschnitt	**Inhalt**
Grundsatz	–
Betriebsärzte	Bestellung von Betriebsärzten, Aufgaben der Betriebsärzte, Anforderungen an Betriebsärzte
Fachkräfte für Arbeitssicherheit	Bestellung von Fachkräften für Arbeitssicherheit; Aufgaben der Fachkräfte für Arbeitssicherheit; Anforderungen an Fachkräfte für Arbeitssicherheit
Gemeinsame Vorschriften	Unabhängigkeit bei der Anwendung der Fachkunde; Zusammenarbeit mit dem Betriebsrat; Zusammenarbeit der Betriebsärzte und der Fachkräfte für Arbeitssicherheit; Arbeitsschutzausschuss; behördliche Anordnungen; Auskunfts- und Besichtigungsrechte; Ermächtigung zum Erlass von Rechtsverordnungen; Ermächtigung zum Erlass von allgemeinen Verwaltungsvorschriften; Öffentliche Verwaltung; Nichtanwendung des Gesetzes; Ausnahmen; Überbetriebliche Dienste; Ordnungswidrigkeiten; Berlin-Klausel; Inkrafttreten
Anhang EV Auszug aus EinigVtr Anlage I Kapitel VIII Sachgebiet B Abschnitt III (BGBl. II 1990, 889, 1029) – Maßgaben für das beigetretene Gebiet (Art. 3 EinigVtr) -	

5.6.2 Aufgaben von Betriebsärzten, Fachkräften für Arbeitssicherheit und Arbeitsschutzausschuss

Der Arbeitgeber hat nach § 2 ASiG **Betriebsärzte** schriftlich zu bestellen und ihnen die in § 3 genannten Aufgaben zu übertragen, soweit dies erforderlich ist im Hinblick auf

- die Betriebsart und die damit für die Arbeitnehmer verbundenen Unfall- und Gesundheitsgefahren,
- die Zahl der beschäftigten Arbeitnehmer und die Zusammensetzung der Arbeitnehmerschaft und
- die Betriebsorganisation, insbesondere im Hinblick auf die Zahl und die Art der für den Arbeitsschutz und die Unfallverhütung verantwortlichen Personen.

Der Arbeitgeber hat dafür zu sorgen, dass die von ihm bestellten Betriebsärzte ihre Aufgaben erfüllen und hat sie bei der Erfüllung ihrer Aufgaben zu unterstützen.

Die Betriebsärzte haben nach § 3 ASiG die Aufgabe, den Arbeitgeber beim Arbeitsschutz und bei der Unfallverhütung in allen Fragen des Gesundheitsschutzes zu unterstützen. Der Arbeitgeber darf nach § 4 ASiG als Betriebsärzte nur Personen bestellen, die berechtigt sind, den ärztlichen Beruf auszuüben, und die über die zur Erfüllung der ihnen übertragenen Aufgaben erforderliche arbeitsmedizinische Fachkunde verfügen.

Der Arbeitgeber hat nach Maßgabe des § 5 ASiG **Fachkräfte für Arbeitssicherheit** (Sicherheitsingenieure, -techniker, -meister) schriftlich zu bestellen und ihnen die in § 6 ASiG genannten Aufgaben zu übertragen. Sie haben nach § 6 ASiG die Aufgabe, den Arbeitgeber beim Arbeitsschutz und bei der Unfallverhütung in allen Fragen der Arbeitssicherheit einschließlich der menschengerechten Gestaltung der Arbeit zu unterstützen. Der Arbeitgeber darf als Fachkräfte für Arbeitssicherheit nur Personen bestellen, die den Anforderungen nach § 7 ASiG genügen.

Betriebsärzte und Fachkräfte für Arbeitssicherheit sind nach § 8 ASiG bei der Anwendung ihrer arbeitsmedizinischen und sicherheitstechnischen Fachkunde weisungsfrei. Sie dürfen wegen der Erfüllung der ihnen übertragenen Aufgaben nicht benachteiligt werden. Betriebsärzte sind nur ihrem ärztlichen Gewissen unterworfen und haben die Regeln der ärztlichen Schweigepflicht zu beachten.

Soweit in einer sonstigen Rechtsvorschrift nichts anderes bestimmt ist, hat der Arbeitgeber nach § 11 ASiG in Betrieben mit mehr als zwanzig Beschäftigten einen **Arbeitsschutzausschuss** zu bilden. Er hat die Aufgabe, Anliegen des Arbeitsschutzes und der Unfallverhütung zu beraten und tritt mindestens einmal vierteljährlich zusammen.

Nach § 16 ASiG ist in Verwaltungen und Betrieben des Bundes, der Länder, der Gemeinden und der sonstigen Körperschaften, Anstalten und Stiftungen des öffentlichen Rechts ein den Grundsätzen dieses Gesetzes gleichwertiger arbeitsmedizinischer und sicherheitstechnischer Arbeitsschutz zu gewährleisten.

Die Verpflichtung des Arbeitgebers, Betriebsärzte und Fachkräfte für Arbeitssicherheit zu bestellen, kann nach § 19 ASiG auch dadurch erfüllt werden, dass der Arbeitgeber einen **Überbetrieblichen Dienst** von Betriebsärzten oder Fachkräften für Arbeitssicherheit zur Wahrnehmung der Aufgaben verpflichtet.

5.7 Arbeitnehmerüberlassungsgesetz (AÜG)

5.7.1 Übersicht über die Regelungen des AÜG

Insbesondere größere Gesundheitseinrichtungen treten immer häufiger als Entleiher von Arbeitnehmern im Sinne des Gesetzes zur Regelung der Arbeitnehmerüberlassung (Arbeitnehmerüberlassungsgesetz, AÜG) in der Fassung der Bekanntmachung vom 3. Februar 1995 (BGBl I S. 158), zuletzt durch Artikel 26 des Gesetzes vom 20. Dezember 2011 (BGBl I S. 2854) geändert, auf, um beispielsweise Personalengpässe und Belastungsspitzen zu überbrücken. Nicht nur der Verleiher, sondern auch sie haben in diesen Fällen die für sie geltenden Vorgaben des AÜG zu beachten.

Beispiel: Der Verwaltungsleiter eines Krankenhauses überprüft, ob in den Verträgen mit einem neuen Leiharbeitunternehmen die Erlaubniserklärung nach § 12 AÜG enthalten ist.

Tabelle 40 gibt einen Überblick über die Inhalte des AÜG.

Tab. 40: Arbeitnehmerüberlassungsgesetz (AÜG)

Fundstelle	Inhalt
§ 1	Erlaubnispflicht
§ 1a	Anzeige der Überlassung
§ 1b	Einschränkungen im Baugewerbe
§ 2	Erteilung und Erlöschen der Erlaubnis
§ 2a	Kosten
§ 3	Versagung
§ 3a	Lohnuntergrenze
§ 4	Rücknahme
§ 5	Widerruf
§ 6	Verwaltungszwang
§ 7	Anzeigen und Auskünfte
§ 8	Statistische Meldungen
§ 9	Unwirksamkeit
§ 10	Rechtsfolgen bei Unwirksamkeit, Pflichten des Arbeitgebers zur Gewährung von Arbeitsbedingungen
§ 11	Sonstige Vorschriften über das Leiharbeitsverhältnis
§ 12	Rechtsbeziehungen zwischen Verleiher und Entleiher

Fundstelle	Inhalt
§ 13	Auskunftsanspruch des Leiharbeitnehmers
§ 13a	Informationspflicht des Entleihers über freie Arbeitsplätze
§ 13b	Zugang des Leiharbeitnehmers zu Gemeinschaftseinrichtungen oder -diensten
§ 14	Mitwirkungs- und Mitbestimmungsrechte
§ 15	Ausländische Leiharbeitnehmer ohne Genehmigung
§ 15a	Entleih von Ausländern ohne Genehmigung
§ 16	Ordnungswidrigkeiten
§ 17	Durchführung
§ 17a	Befugnisse der Behörden der Zollverwaltung
§ 17b	Meldepflicht
§ 17c	Erstellen und Bereithalten von Dokumenten
§ 18	Zusammenarbeit mit anderen Behörden
§ 18a	Ersatzzustellung an den Verleiher
§ 19	Übergangsvorschrift

5.7.2 Regelungen für Gesundheitsbetriebe als Entleiher

Die **Erlaubnispflicht** zur Arbeitnehmerüberlassung ist in § 1 AÜG geregelt: Arbeitgeber, die als **Verleiher** Dritten (**Entleihern**) Arbeitnehmer (**Leiharbeitnehmer**) im Rahmen ihrer wirtschaftlichen Tätigkeit zur Arbeitsleistung überlassen wollen, bedürfen der Erlaubnis. Die Überlassung von Arbeitnehmern an Entleiher erfolgt vorübergehend.

Während sich die §§ 1–8 AÜG im wesentlichen mit den Erlaubnisbestimmungen befassen, ist in § 9 AÜG die **Unwirksamkeit** thematisiert, wonach als unwirksam Vereinbarungen und Verträge anzusehen sind,
- zwischen Verleihern und Entleihern sowie zwischen Verleihern und Leiharbeitnehmern, wenn der Verleiher nicht die erforderliche Erlaubnis hat,
- die für den Leiharbeitnehmer für die Zeit der Überlassung an einen Entleiher schlechtere als die im Betrieb des Entleihers für einen vergleichbaren Arbeitnehmer des Entleihers geltenden wesentlichen Arbeitsbedingungen einschließlich des Arbeitsentgelts vorsehen (ein Tarifvertrag kann abweichende Regelungen zulassen),
- die den Zugang des Leiharbeitnehmers zu den Gemeinschaftseinrichtungen oder -diensten im Unternehmen des Entleihers beschränken,
- die dem Entleiher untersagen, den Leiharbeitnehmer zu einem Zeitpunkt einzustellen, in dem dessen Arbeitsverhältnis zum Verleiher nicht mehr besteht,

- die dem Leiharbeitnehmer untersagen, mit dem Entleiher zu einem Zeitpunkt, in dem das Arbeitsverhältnis zwischen Verleiher und Leiharbeitnehmer nicht mehr besteht, ein Arbeitsverhältnis einzugehen,
- nach denen der Leiharbeitnehmer eine Vermittlungsvergütung an den Verleiher zu zahlen hat.

Nach § 10 AÜG gilt ein **Arbeitsverhältnis** zwischen Entleiher und Leiharbeitnehmer zu dem zwischen dem Entleiher und dem Verleiher für den Beginn der Tätigkeit vorgesehenen Zeitpunkt als zustande gekommen, wenn der Vertrag zwischen einem Verleiher und einem Leiharbeitnehmer nach § 9 AÜG unwirksam ist.

Der **Arbeitnehmerüberlassungsvertrag** zwischen dem Verleiher und dem Entleiher bedarf nach § 12 AÜG der Schriftform. In der Urkunde hat der Verleiher zu erklären, ob er die Erlaubnis besitzt. Der Entleiher hat bis auf wenige Ausnahmen anzugeben, welche besonderen Merkmale die für den Leiharbeitnehmer vorgesehene Tätigkeit hat und welche berufliche Qualifikation dafür erforderlich ist sowie welche im Betrieb des Entleihers für einen vergleichbaren Arbeitnehmer des Entleihers wesentlichen Arbeitsbedingungen einschließlich des Arbeitsentgelts gelten.

Der Leiharbeitnehmer hat einen **Auskunftsanspruch** und kann bis auf wenige Ausnahmen nach § 13f AÜG im Falle der Überlassung von seinem Entleiher Auskunft über die im Betrieb des Entleihers für einen vergleichbaren Arbeitnehmer des Entleihers geltenden wesentlichen Arbeitsbedingungen einschließlich des Arbeitsentgelts verlangen, und der Entleiher hat den Leiharbeitnehmer über Arbeitsplätze des Entleihers, die besetzt werden sollen, zu informieren. Auch hat er ihm Zugang zu den Gemeinschaftseinrichtungen oder -diensten im Unternehmen unter den gleichen Bedingungen zu gewähren wie vergleichbaren Arbeitnehmern in dem Betrieb, in dem der Leiharbeitnehmer seine Arbeitsleistung erbringt, es sei denn, eine unterschiedliche Behandlung ist aus sachlichen Gründen gerechtfertigt.

Leiharbeitnehmer sind nach § 14 AÜG bei der Wahl der Arbeitnehmervertreter in den Aufsichtsrat im **Entleiherunternehmen** und bei der Wahl der betriebsverfassungsrechtlichen Arbeitnehmervertretungen im Entleiherbetrieb nicht wählbar. Sie sind berechtigt, die Sprechstunden dieser Arbeitnehmervertretungen aufzusuchen und an den Betriebs- und Jugendversammlungen im Entleiherbetrieb teilzunehmen. Vor der Übernahme eines Leiharbeitnehmers zur Arbeitsleistung ist der Betriebsrat des Entleiherbetriebs nach dem Betriebsverfassungsgesetz zu beteiligen.

Wer als Entleiher einen ihm überlassenen Ausländer, der einen erforderlichen **Aufenthaltstitel** nach dem Aufenthaltsgesetz, eine Aufenthaltsgestattung oder eine Duldung, die zur Ausübung der Beschäftigung berechtigen, oder eine Genehmigung nach dem Sozialgesetzbuch nicht besitzt, zu Arbeitsbedingungen des Leiharbeitsverhältnisses tätig werden lässt, die in einem auffälligen Missverhältnis zu den Arbeitsbedingungen deutscher Leiharbeitnehmer stehen, die die gleiche oder eine vergleichbare Tätigkeit ausüben, wird nach § 15a AÜG mit Freiheitsstrafe bis zu drei

Jahren oder mit Geldstrafe bestraft. Wer als Entleiher gleichzeitig mehr als fünf Ausländer, die einen erforderlichen Aufenthaltstitel nach dem Aufenthaltsgesetz, eine Aufenthaltsgestattung oder eine Duldung, die zur Ausübung der Beschäftigung berechtigen, oder eine Genehmigung nach dem Sozialgesetzbuch nicht besitzen, tätig werden lässt oder eine vorsätzliche Zuwiderhandlung beharrlich wiederholt, wird mit Freiheitsstrafe bis zu einem Jahr oder mit Geldstrafe bestraft.

Nach § 17c AÜG ist der Entleiher verpflichtet, sofern eine Rechtsverordnung nach § 3a AÜG auf ein Arbeitsverhältnis Anwendung findet, Beginn, Ende und Dauer der täglichen Arbeitszeit des Leiharbeitnehmers aufzuzeichnen und diese Aufzeichnungen mindestens zwei Jahre aufzubewahren.

5.8 Behindertengleichstellungsgesetz (BGG)

5.8.1 Übersicht über die Regelungen des BGG

Das Gesetz zur Gleichstellung behinderter Menschen (Behindertengleichstellungsgesetz, BGG), vom 27. April 2002 (BGBl I S. 1467, 1468), zuletzt durch Artikel 12 des Gesetzes vom 19. Dezember 2007 (BGBl I S. 3024) geändert, hat nach § 1 BGG zum Ziel, die Benachteiligung von behinderten Menschen zu beseitigen und zu verhindern sowie die gleichberechtigte Teilhabe von behinderten Menschen am Leben in der Gesellschaft zu gewährleisten und ihnen eine selbstbestimmte Lebensführung zu ermöglichen.

Beispiel: In einer Gesundheitseinrichtung des Bundes wird in der Poststelle ein Rollstuhlfahrer eingesetzt, der nach dem Benachteiligungsverbot des § 7 BGG als behinderter Mensch nicht benachteiligt werden darf.

Tabelle 41 gibt einen Überblick über die Inhalte des BGG.

Tab. 41: Behindertengleichstellungsgesetz (BGG)

Abschnitt	Inhalt
Allgemeine Bestimmungen	Gesetzesziel; behinderte Frauen; Behinderung; Barrierefreiheit; Zielvereinbarungen; Gebärdensprache und andere Kommunikationshilfen
Verpflichtung zur Gleichstellung und Barrierefreiheit	Benachteiligungsverbot für Träger öffentlicher Gewalt; Herstellung von Barrierefreiheit in den Bereichen Bau und Verkehr; Recht auf Verwendung von Gebärdensprache und anderen Kommunikationshilfen; Gestaltung von Bescheiden und Vordrucken; barrierefreie Informationstechnik

Abschnitt	Inhalt
Rechtsbehelfe	Vertretungsbefugnisse in verwaltungs- oder sozialrechtlichen Verfahren; Verbandsklagerecht
Beauftragte oder Beauftragter der Bundesregierung für die Belange behinderter Menschen	Amt der oder des Beauftragten für die Belange behinderter Menschen; Aufgabe und Befugnisse

5.8.2 Behinderung, Barrierefreiheit, Gebärdensprache und andere Kommunikationshilfen

Zur Durchsetzung der **Gleichberechtigung** von Frauen und Männern sind nach § 2 BGG die besonderen Belange behinderter Frauen zu berücksichtigen und bestehende Benachteiligungen zu beseitigen.

Eine **Behinderung** liegt bei Menschen vor, wenn nach § 3 BGG ihre körperliche Funktion, geistige Fähigkeit oder seelische Gesundheit mit hoher Wahrscheinlichkeit länger als sechs Monate von dem für das Lebensalter typischen Zustand abweichen und daher ihre Teilhabe am Leben in der Gesellschaft beeinträchtigt ist.

Barrierefreiheit liegt nach § 4 BGG bei baulichen und sonstigen Anlagen, Verkehrsmitteln, technischen Gebrauchsgegenständen, Systemen der Informationsverarbeitung, akustischen und visuellen Informationsquellen und Kommunikationseinrichtungen sowie anderen gestaltete Lebensbereichen vor, wenn sie für behinderte Menschen in der allgemein üblichen Weise, ohne besondere Erschwernis und grundsätzlich ohne fremde Hilfe zugänglich und nutzbar sind.

Nach § 6 BGG sind die Deutsche **Gebärdensprache** als eigenständige Sprache und lautsprachbegleitende Gebärden als Kommunikationsform der deutschen Sprache anerkannt. Hörbehinderte Menschen (Gehörlose, Ertaubte und Schwerhörige) und sprachbehinderte Menschen haben das Recht, die Deutsche Gebärdensprache oder lautsprachbegleitende Gebärden zu verwenden. Soweit sie sich nicht in Deutscher Gebärdensprache oder mit lautsprachbegleitenden Gebärden verständigen, haben sie das Recht, andere geeignete Kommunikationshilfen zu verwenden.

Für Träger öffentlicher Gewalt besagt das **Benachteiligungsverbot** nach § 7 BGG, dass behinderte Menschen nicht benachteiligt werden dürfen. Eine Benachteiligung liegt vor, wenn behinderte und nicht behinderte Menschen ohne zwingenden Grund unterschiedlich behandelt werden und dadurch behinderte Menschen in der gleichberechtigten Teilhabe am Leben in der Gesellschaft unmittelbar oder mittelbar beeinträchtigt werden.

Träger öffentlicher Gewalt sind nach § 7 BGG beispielsweise die Dienststellen und sonstigen Einrichtungen der Bundesverwaltung, einschließlich der bundesunmittelbaren Körperschaften, Anstalten und Stiftungen des öffentlichen Rechts sowie Landesverwaltungen, einschließlich der lan-

desunmittelbaren Körperschaften, Anstalten und Stiftungen des öffentlichen Rechts, soweit sie Bundesrecht ausführen.

Träger öffentlicher Gewalt
- haben bei der Gestaltung von schriftlichen Bescheiden, Allgemeinverfügungen, öffentlich-rechtlichen Verträgen und Vordrucken eine Behinderung von Menschen zu berücksichtigen (§ 10 BGG),
- gestalten ihre Internetauftritte und -angebote sowie die von ihnen zur Verfügung gestellten grafischen Programmoberflächen, die mit Mitteln der Informationstechnik dargestellt werden, schrittweise technisch so, dass sie von behinderten Menschen grundsätzlich uneingeschränkt genutzt werden können (§ 11 BGG).

Bei der Herstellung von Barrierefreiheit in den Bereichen Bau und Verkehr bleiben nach § 8 BGG die landesrechtlichen Bestimmungen, insbesondere die Bauordnungen, unberührt.

5.9 Bildschirmarbeitsverordnung (BildscharbV)

5.9.1 Übersicht über die Regelungen der BildscharbV

Die Verordnung über Sicherheit und Gesundheitsschutz bei der Arbeit an Bildschirmgeräten (Bildschirmarbeitsverordnung, BildscharbV) vom 4. Dezember 1996 (BGBl I S. 1843), zuletzt durch Artikel 7 der Verordnung vom 18. Dezember 2008 (BGBl I S. 2768) geändert, ist auch für Bildschirmarbeitsplätze und die Arbeit an Bildschirmgeräten in Gesundheitsbetrieben anzuwenden.

Beispiel: Eine Mitarbeiterin, die in einer Großklinik an einem Bildschirmarbeitsplatz die Erfassung von DRG-Daten durchführt, benötigt eine Fußstütze, die ihr nach Ziff. 13 des Anhangs der BildscharbV zur Verfügung zu stellen ist, wenn eine ergonomisch günstige Arbeitshaltung ohne Fußstütze nicht erreicht werden kann.

Tabelle 42 gibt einen Überblick über die Inhalte der BildscharbV.

Tab. 42: Bildschirmarbeitsverordnung (BildscharbV)

Fundstelle	Inhalt
§ 1	Anwendungsbereich
§ 2	Begriffsbestimmungen

Fundstelle	Inhalt
§ 3	Beurteilung der Arbeitsbedingungen
§ 4	Anforderungen an die Gestaltung
§ 5	Täglicher Arbeitsablauf
§ 6	Untersuchung der Augen und des Sehvermögens
§ 7	(weggefallen)
Anhang über an Bildschirmarbeitsplätze zu stellende Anforderungen	
Ziff. 1–9	Bildschirmgeräte und Tastatur
Ziff. 10–13	Sonstige Arbeitsmittel
Ziff. 14–19	Arbeitsumgebung
Ziff. 20–22	Zusammenwirken Mensch – Arbeitsmittel

5.9.2 Arbeitsbedingungen und Anforderungen an Bildschirmarbeitsplätze

Nach § 2 BildscharbV sind

- **Bildschirmgeräte**: Bildschirme zur Darstellung alphanumerischer Zeichen oder zur Grafikdarstellung, ungeachtet des Darstellungsverfahrens,
- **Bildschirmarbeitsplätze**: Arbeitsplätze mit Bildschirmgeräten, die ausgestattet sein können mit Einrichtungen zur Erfassung von Daten, Software, die den Beschäftigten bei der Ausführung ihrer Arbeitsaufgaben zur Verfügung steht, Zusatzgeräten und Elementen, die zum Betreiben oder Benutzen des Bildschirmgeräts gehören, oder sonstigen Arbeitsmitteln, sowie die unmittelbare Arbeitsumgebung.

Der Arbeitgeber hat nach § 3f BildscharbV bei der Beurteilung der **Arbeitsbedingungen** von Bildschirmarbeitsplätzen die Sicherheits- und Gesundheitsbedingungen insbesondere hinsichtlich einer möglichen Gefährdung des Sehvermögens sowie körperlicher Probleme und psychischer Belastungen zu ermitteln und zu beurteilen, er hat geeignete Maßnahmen zu treffen, damit die Bildschirmarbeitsplätze den Anforderungen des Anhangs und sonstiger Rechtsvorschriften entsprechen und er hat die Tätigkeit der Beschäftigten so zu organisieren, dass die tägliche Arbeit an Bildschirmgeräten regelmäßig durch andere Tätigkeiten oder durch Pausen unterbrochen wird, die jeweils die Belastung durch die Arbeit am Bildschirmgerät verringern.

Die im Anhang der BildscharbV aufgeführten **Anforderungen an Bildschirmarbeitsplätze** geben unter anderem folgendes vor:

- **Bildschirmgerät und Tastatur**: Die auf dem Bildschirm dargestellten Zeichen müssen scharf, deutlich und ausreichend groß sein sowie einen angemessenen Zeichen- und Zeilenabstand haben, das Bild muss stabil und frei von Flimmern sein und darf keine Verzerrungen aufweisen, die Helligkeit der Bildschirmanzeige und der Kontrast zwischen Zeichen und Zeichenuntergrund auf dem Bildschirm müssen einfach einstellbar sein und den Verhältnissen der Arbeitsumgebung angepasst werden können, der Bildschirm muss frei von störenden Reflexionen und Blendungen sein, das Bildschirmgerät muss frei und leicht drehbar und neigbar sein, die Tastatur muss vom Bildschirmgerät getrennt und neigbar sein, damit die Benutzer eine ergonomisch günstige Arbeitshaltung einnehmen können, die Tastatur und die sonstigen Eingabemittel müssen auf der Arbeitsfläche variabel angeordnet werden können.

- **Sonstige Arbeitsmittel**: Der Arbeitstisch beziehungsweise die Arbeitsfläche muss eine ausreichend große und reflexionsarme Oberfläche besitzen und eine flexible Anordnung des Bildschirmgeräts, der Tastatur, des Schriftguts und der sonstigen Arbeitsmittel ermöglichen, der Arbeitsstuhl muss ergonomisch gestaltet und standsicher sein, der Vorlagenhalter muss stabil und verstellbar sein sowie so angeordnet werden können, dass unbequeme Kopf- und Augenbewegungen soweit wie möglich eingeschränkt werden.
- **Arbeitsumgebung**: Am Bildschirmarbeitsplatz muss ausreichender Raum für wechselnde Arbeitshaltungen und -bewegungen vorhanden sein, die Beleuchtung muss der Art der Sehaufgabe entsprechen und an das Sehvermögen der Benutzer angepasst sein, Fenster müssen mit einer geeigneten verstellbaren Lichtschutzvorrichtung ausgestattet sein, durch die sich die Stärke des Tageslichteinfalls auf den Bildschirmarbeitsplatz vermindern lässt, die Strahlung muss – mit Ausnahme des sichtbaren Teils des elektromagnetischen Spektrums – so niedrig gehalten werden, dass sie für Sicherheit und Gesundheit der Benutzer des Bildschirmgerätes unerheblich ist.
- **Zusammenwirken Mensch – Arbeitsmittel**: Die Software muss an die auszuführende Aufgabe angepasst sein und muss entsprechend den Kenntnissen und Erfahrungen der Benutzer im Hinblick auf die auszuführende Aufgabe angepasst werden können, die Systeme müssen den Benutzern Angaben über die jeweiligen Dialogabläufe unmittelbar oder auf Verlangen machen und müssen den Benutzern die Beeinflussung der jeweiligen Dialogabläufe ermöglichen sowie eventuelle Fehler bei der Handhabung beschreiben und deren Beseitigung mit begrenztem Arbeitsaufwand erlauben.

Ohne Wissen der Benutzer darf keine Vorrichtung zur qualitativen oder quantitativen Kontrolle verwendet werden.

5.10 Bundesurlaubsgesetz (BUrlG)

5.10.1 Übersicht über die Regelungen des BUrlG

Das Mindesturlaubsgesetz für Arbeitnehmer (Bundesurlaubsgesetz, BUrlG) in der im Bundesgesetzblatt Teil III, Gliederungsnummer 800-4, veröffentlichten bereinigten Fassung, zuletzt durch Artikel 3 Absatz 3 des Gesetzes vom 20. April 2013 (BGBl I S. 868) geändert, legt in § 1 BUrlG fest, dass jeder Arbeitnehmer in jedem Kalenderjahr Anspruch auf bezahlten Erholungsurlaub hat.

Beispiel: Eine MTA möchte ihren Resturlaub im Mai des darauffolgenden Jahres nehmen. Eine Urlaubsübertragung auf das nächste Kalenderjahr ist nach § 7 BurlG nur statthaft, wenn dringende betriebliche oder in der Person des Arbeitnehmers liegende Gründe dies rechtfertigen. Im Fall der Übertragung muss der Urlaub in den ersten drei Monaten des folgenden Kalenderjahrs gewährt und genommen werden, soweit keine anderweitigen tariflichen Vereinbarungen vorliegen.

Tabelle 43 gibt einen Überblick über die Inhalte des BUrlG.

Tab. 43: Bundesurlaubsgesetz (BUrlG)

Fundstelle	Inhalt
§ 1	Urlaubsanspruch
§ 2	Geltungsbereich
§ 3	Dauer des Urlaubs
§ 4	Wartezeit
§ 5	Teilurlaub
§ 6	Ausschluss von Doppelansprüchen
§ 7	Zeitpunkt, Übertragbarkeit und Abgeltung des Urlaubs
§ 8	Erwerbstätigkeit während des Urlaubs
§ 9	Erkrankung während des Urlaubs
§ 10	Maßnahmen der medizinischen Vorsorge oder Rehabilitation
§ 11	Urlaubsentgelt
§ 12	Urlaub im Bereich der Heimarbeit
§ 13	Unabdingbarkeit
§ 14	Berlin-Klausel
§ 15	Änderung und Aufhebung von Gesetzen
§ 15a	Übergangsvorschrift
§ 16	Inkrafttreten

5.10.2 Urlaubsanspruch, -dauer, -übertragbarkeit und -entgelt

Nach § 2 BUrlG erstreckt sich der Geltungsbereich des BurlG auf Arbeitnehmer als Arbeiter und Angestellte sowie die zu ihrer Berufsausbildung Beschäftigten.

Die **Mindesturlaubsdauer** beträgt nach § 3 BUrlG jährlich 24 Werktage, wobei als Werktage alle Kalendertage gelten, die nicht Sonn- oder gesetzliche Feiertage sind.

Als **Wartezeit**, nach der der volle Urlaubsanspruch erstmalig erworben wird, gilt gemäß § 4 BUrlG ein sechsmonatiges Bestehen des Arbeitsverhältnisses.

Anspruch auf einen **Teilurlaub** in Form eines Zwölftels des Jahresurlaubs für jeden vollen Monat des Bestehens des Arbeitsverhältnisses hat der Arbeitnehmer nach § 5 BUrlG,

- für Zeiten eines Kalenderjahrs, für die er wegen Nichterfüllung der Wartezeit in diesem Kalenderjahr keinen vollen Urlaubsanspruch erwirbt,
- wenn er vor erfüllter Wartezeit aus dem Arbeitsverhältnis ausscheidet,
- wenn er nach erfüllter Wartezeit in der ersten Hälfte eines Kalenderjahrs aus dem Arbeitsverhältnis ausscheidet.

Um **Doppelansprüche** auszuschließen, besteht Anspruch auf Urlaub nach § 6 BUrlG nicht, soweit dem Arbeitnehmer für das laufende Kalenderjahr bereits von einem früheren Arbeitgeber Urlaub gewährt worden ist, weswegen der Arbeitgeber verpflichtet ist, bei Beendigung des Arbeitsverhältnisses dem Arbeitnehmer eine Bescheinigung über den im laufenden Kalenderjahr gewährten oder abgegoltenen Urlaub auszuhändigen.

Bei der zeitlichen Festlegung des Urlaubs sind nach § 7 BUrlG die **Urlaubswünsche** des Arbeitnehmers zu berücksichtigen, es sei denn, dass ihrer Berücksichtigung dringende betriebliche Belange oder Urlaubswünsche anderer Arbeitnehmer, die unter sozialen Gesichtspunkten den Vorrang verdienen, entgegenstehen.

Der Urlaub ist zusammenhängend zu gewähren, es sei denn, dass dringende betriebliche oder in der Person des Arbeitnehmers liegende Gründe eine Teilung des Urlaubs erforderlich machen. Der Urlaub muss im laufenden Kalenderjahr gewährt und genommen werden. Eine **Urlaubsübertragung** auf das nächste Kalenderjahr ist nur statthaft, wenn dringende betriebliche oder in der Person des Arbeitnehmers liegende Gründe dies rechtfertigen. Im Fall der Übertragung muss der Urlaub in den ersten drei Monaten des folgenden Kalenderjahrs gewährt und genommen werden.

Nach § 8 BUrlG darf der Arbeitnehmer während des Urlaubs keine dem Urlaubszweck widersprechende **Erwerbstätigkeit** leisten.

Bei einer **Erkrankung** während des Urlaubs, werden nach § 9 BurlG die durch ärztliches Zeugnis nachgewiesenen Tage der Arbeitsunfähigkeit auf den Jahresurlaub nicht angerechnet.

Das **Urlaubsentgelt** bemisst sich gemäß § 11 BUrlG nach dem durchschnittlichen Arbeitsverdienst, das der Arbeitnehmer in den letzten dreizehn Wochen vor dem Beginn des Urlaubs erhalten hat, mit Ausnahme des zusätzlich für Überstunden gezahlten Arbeitsverdienstes.

Für Urlaub im Bereich der **Heimarbeit** gibt es nach § 12 BUrlG besondere Bestimmungen.

Von den Vorschriften des BurlG kann nach § 13 BurlG mit einigen Ausnahmen in Tarifverträgen abgewichen werden.

5.11 Heimpersonalverordnung (HeimPersV)

5.11.1 Übersicht über die Regelungen der HeimPersV

Die Verordnung über personelle Anforderungen für Heime (Heimpersonalverordnung, HeimPersV) vom 19. Juli 1993 (BGBl I S. 1205), durch Artikel 1 der Verordnung vom 22. Juni 1998 (BGBl I S. 1506) geändert, umfasst Regelungen zur Eignung von Heimleitung und Beschäftigten, über Beschäftigte für betreuende Tätigkeiten und Fachkräfte, über Fort- und Weiterbildung sowie über Heime für behinderte Volljährige.

Beispiel: Eine Heimbeschäftigte möchte an einem Präsentationstraining teilnehmen. Nach § 8 HeimPersV besteht die Verpflichtung zur Teilnahmegewährung nur, wenn sich die Veranstaltungen insbesondere auf die dort genannten Funktionen und Tätigkeitsfelder erstrecken.

Tabelle 44 gibt einen Überblick über die Inhalte der HeimPersV.

Tab. 44: Heimpersonalverordnung (HeimPersV)

Fundstelle	Inhalt
§ 1	Mindestanforderungen
§ 2	Eignung des Heimleiters
§ 3	Persönliche Ausschlussgründe
§ 4	Eignung der Beschäftigten
§ 5	Beschäftigte für betreuende Tätigkeiten
§ 6	Fachkräfte
§ 7	Heime für behinderte Volljährige
§ 8	Fort- und Weiterbildung
§ 9	Ordnungswidrigkeiten

Fundstelle	Inhalt
§ 10	Übergangsregelungen
§ 11	Befreiungen
§ 12	(weggefallen)
§ 13	Inkrafttreten
Schlussformel	

5.11.2 Eignung von Heimleitung und Beschäftigten, Fachkräfte, Fort- und Weiterbildung

Der Träger eines Heims im Sinne des Heimgesetzes darf nach § 1 HeimPersV nur Personen beschäftigen, die die **Mindestanforderungen** nach der HeimPersV erfüllen, soweit nicht etwas anderes bestimmt ist.

Die **Heimleitereignung** gibt nach § 2 HeimPersV die persönliche und fachliche Eignung vor. Als Heimleiter ist fachlich geeignet, wer

- eine Ausbildung zu einer Fachkraft im Gesundheits- oder Sozialwesen oder in einem kaufmännischen Beruf oder in der öffentlichen Verwaltung mit staatlich anerkanntem Abschluss nachweisen kann und
- durch eine mindestens zweijährige hauptberufliche Tätigkeit in einem Heim oder in einer vergleichbaren Einrichtung die weiteren für die Leitung des Heims erforderlichen Kenntnisse und Fähigkeiten erworben hat.

In der Person des Heimleiters dürfen nach § 3 keine Tatsachen und somit persönliche **Ausschlussgründe** vorliegen, die die Annahme rechtfertigen, dass er für die Leitung eines Heims ungeeignet ist.

Heimbeschäftigte müssen nach § 4 HeimPersV die erforderliche persönliche und fachliche Eignung für die von ihnen ausgeübte Funktion und Tätigkeit besitzen. Als **Pflegedienstleitung** ist geeignet, wer unter anderem eine Ausbildung zu einer Fachkraft im Gesundheits- oder Sozialwesen mit staatlich anerkanntem Abschluss nachweisen kann.

Betreuende Tätigkeiten dürfen nach § 5 HeimPersV nur durch **Fachkräfte** oder unter angemessener Beteiligung von Fachkräften wahrgenommen werden. Hierbei muss mindestens einer, bei mehr als 20 nicht pflegebedürftigen Bewohnern oder mehr als vier pflegebedürftigen Bewohnern mindestens jeder zweite weitere Beschäftigte eine Fachkraft sein. In Heimen mit pflegebedürftigen Bewohnern muss auch bei Nachtwachen mindestens eine Fachkraft ständig anwesend sein. Von den Anforderungen kann mit Zustimmung der zuständigen Behörde abgewichen werden, wenn dies für eine fachgerechte Betreuung der Heimbewohner erforderlich oder ausreichend ist. Fachkräfte müssen nach § 6 HeimPersV eine Berufsausbildung abgeschlossen haben, die Kenntnisse und Fähigkeiten zur selbständigen und eigenverantwortlichen Wahrnehmung der von ihnen ausgeübten Funktion und Tätigkeit vermittelt.

In Heimen für behinderte Volljährige sind nach § 7 HeimPersV bei der Festlegung der Mindestanforderungen auch die Aufgaben bei der Betreuung, Förderung und Eingliederung behinderter Menschen und die besonderen Bedürfnisse der Bewohner, die sich insbesondere aus Art und Schwere der Behinderung ergeben, zu berücksichtigen.

Der Träger des Heims ist nach § 8 HeimPersV verpflichtet, dem Leiter des Heims und den Beschäftigten Gelegenheit zur Teilnahme an Veranstaltungen berufsbegleitender **Fort- und Weiterbildung** zu geben.

Die Verpflichtung nach § 8 HeimPersV besteht beispielsweise nur, wenn sich die Veranstaltungen insbesondere auf folgende Funktionen und Tätigkeitsfelder erstrecken:
- *Heimleitung,*
- *Wohnbereichs- und Pflegedienstleistung sowie entsprechende Leitungsaufgaben,*
- *Rehabilitation und Eingliederung sowie Förderung und Betreuung Behinderter,*
- *Förderung selbständiger und selbstverantworteter Lebensgestaltung,*
- *aktivierende Betreuung und Pflege,*
- *Pflegekonzepte, Pflegeplanung und Pflegedokumentation,*
- *Arbeit mit verwirrten Bewohnern,*
- *Zusammenarbeit mit anderen Berufsgruppen sowie mit Einrichtungen und Diensten des Sozial- und Gesundheitswesens,*
- *Praxisanleitung,*
- *Sterbebegleitung,*
- *rechtliche Grundlagen der fachlichen Arbeit,*
- *konzeptionelle Weiterentwicklung der Altenhilfe und der Eingliederungshilfe für Behinderte.*

5.12 Jugendarbeitsschutzgesetz (JArbSchG)

5.12.1 Übersicht über die Regelungen des JArbSchG

Das Gesetz zum Schutz der arbeitenden Jugend (Jugendarbeitsschutzgesetz, JArbSchG) vom 12. April 1976 (BGBl I S. 965), zuletzt durch Artikel 3 Absatz 7 des Gesetzes vom 20. April 2013 (BGBl I S. 868) geändert, umfasst Regelungen zur Beschäftigung Kinder und Jugendlicher, die beispielsweise auf jugendliche Auszubildende in Gesundheitsbetrieben zutreffen.

Beispiel: Ein Zahnarzt setzt eine jugendliche Auszubildende für den sonntäglichen Notdienst mit ein. Nach § 16 JArbSchG ist die Beschäftigung Jugendlicher an Sonntagen im ärztlichen Notdienst zulässig.

Tabelle 45 gibt einen Überblick über die Inhalte des JArbSchG.

Tab. 45: Jugendarbeitsschutzgesetz (JArbSchG)

Abschnitt	Titel	Inhalt
1	Allgemeine Vorschriften	
2	Beschäftigung von Kindern	
3	Beschäftigung Jugendlicher	
	1	Arbeitszeit und Freizeit
	2	Beschäftigungsverbote und -beschränkungen
	3	Sonstige Pflichten des Arbeitgebers
	4	Gesundheitliche Betreuung
4	Durchführung des Gesetzes	
	1	Aushänge und Verzeichnisse
	2	Aufsicht
	3	Ausschüsse für Jugendarbeitsschutz
5	Straf- und Bußgeldvorschriften	
6	Schlussvorschriften	

5.12.2 Beschäftigung von auszubildenden Kindern und Jugendlichen in Gesundheitsbetrieben

Das JArbSchG gilt nach § 1 JArbSchG für die **Beschäftigung** von Personen, die noch nicht 18 Jahre alt sind,
- in der Berufsausbildung,
- als Arbeitnehmer oder Heimarbeiter,
- mit sonstigen Dienstleistungen, die der Arbeitsleistung von Arbeitnehmern oder Heimarbeitern ähnlich sind,
- in einem der Berufsausbildung ähnlichen Ausbildungsverhältnis.

Kind ist nach § 2 JArbSchG, wer noch nicht 15 Jahre alt ist und **Jugendlicher** wer 15, aber noch nicht 18 Jahre alt ist.

Die **Kinderbeschäftigung** ist nach § 5 JArbSchG verboten, mit Ausnahme der Beschäftigung unter anderem
- zum Zwecke der Beschäftigungs- und Arbeitstherapie,
- im Rahmen des Betriebspraktikums während der Vollzeitschulpflicht,
- in Erfüllung einer richterlichen Weisung.
- über 13 Jahre mit Einwilligung des Personensorgeberechtigten, soweit die Beschäftigung leicht und für Kinder geeignet ist.

Kinder, die der **Vollzeitschulpflicht** nicht mehr unterliegen, dürfen nach § 7 JArbSchG
- im Berufsausbildungsverhältnis,
- außerhalb eines Berufsausbildungsverhältnisses nur mit leichten und für sie geeigneten Tätigkeiten bis zu sieben Stunden täglich und 35 Stunden wöchentlich

beschäftigt werden.

Jugendliche dürfen nach § 8 JArbSchG nicht mehr als acht Stunden täglich und nicht mehr als 40 Stunden wöchentlich beschäftigt werden.

Der Arbeitgeber hat den Jugendlichen nach § 9 JArbSchG für die Teilnahme am **Berufsschulunterricht** freizustellen, sowie nach § 10 JArbSchG.
- für die Teilnahme an Prüfungen und Ausbildungsmaßnahmen, die auf Grund öffentlich-rechtlicher oder vertraglicher Bestimmungen außerhalb der Ausbildungsstätte durchzuführen sind,
- an dem Arbeitstag, der der schriftlichen Abschlussprüfung unmittelbar vorangeht.

Jugendlichen müssen nach § 11 JArbSchG im Voraus feststehende Ruhepausen von angemessener Dauer gewährt werden. Die **Ruhepausen** müssen mindestens betragen
- 30 Minuten bei einer Arbeitszeit von mehr als viereinhalb bis zu sechs Stunden,
- 60 Minuten bei einer Arbeitszeit von mehr als sechs Stunden.

Bei der Beschäftigung Jugendlicher darf nach § 12 JArbSchG die **Schichtzeit** 10 Stunden nicht überschreiten.

Nach Beendigung der täglichen Arbeitszeit dürfen Jugendliche gemäß § 13 JArbSchG nicht vor Ablauf einer ununterbrochenen **Freizeit** von mindestens 12 Stunden beschäftigt werden.

Zur Einhaltung der **Nachtruhe** dürfen Jugendliche nach § 14 JArbSchG nur in der Zeit von 6 bis 20 Uhr beschäftigt werden, in mehrschichtigen Betrieben bis 23 Uhr.

Jugendliche dürfen nach § 15 JArbSchG nur an fünf Tagen in der Woche beschäftigt werden. Die Beschäftigung Jugendlicher an Samstagen und Sonntagen in Krankenanstalten, im ärztlichen Notdienst, sowie in Alten-, Pflege- und Kinderheimen ist nach § 16 JArbSchG zulässig.

Der Arbeitgeber hat nach § 19 JArbSchG Jugendlichen für jedes Kalenderjahr einen bezahlten **Erholungsurlaub** zu gewähren.

Nach § 21a JArbSchG sind abweichende Beschäftigungsregeln in einem Tarifvertrag oder auf Grund eines Tarifvertrages in einer Betriebsvereinbarung zulässig.

Beschäftigungsverbote *gelten beispielsweise unter anderem bei*
- *gefährlichen Arbeiten (§ 22 JArbSchG),*
- *Akkordarbeit und tempoabhängigen Arbeiten (§ 23 JArbSchG),*
- *Arbeiten unter Tage (§ 24 JArbSchG),*
- *Beschäftigung durch Personen, die wegen bestimmter Straftaten rechtskräftig verurteilt sind (§ 25 JArbSchG).*

5.12.3 Sonstige Pflichten des Arbeitgebers und gesundheitliche Betreuung

Der Arbeitgeber hat nach § 28 JArbSchG bei der Einrichtung und der Unterhaltung der Arbeitsstätte einschließlich der Maschinen, Werkzeuge und Geräte und bei der Regelung der Beschäftigung die Vorkehrungen und Maßnahmen zu treffen, die zum Schutz der Jugendlichen gegen Gefahren für Leben und Gesundheit sowie zur Vermeidung einer Beeinträchtigung der körperlichen oder seelisch-geistigen Entwicklung der Jugendlichen erforderlich sind.

Vor Beginn der Beschäftigung Jugendlicher und bei wesentlicher Änderung der Arbeitsbedingungen hat der Arbeitgeber nach § 29 JArbSchG eine **Gefährdungsbeurteilung** durchzuführen, über die mit der Beschäftigung verbundenen Gefährdungen Jugendlicher. Auch hat er eine **Unterweisung** durchzuführen über die Einrichtungen und Maßnahmen zur Abwendung dieser Gefahren.

Hat der Arbeitgeber einen Jugendlichen in die **Häusliche Gemeinschaft** aufgenommen, so muss er nach § 30 JArbSchG

- ihm eine Unterkunft zur Verfügung stellen und dafür sorgen, dass sie so beschaffen, ausgestattet und belegt ist und so benutzt wird, dass die Gesundheit des Jugendlichen nicht beeinträchtigt wird, und
- ihm bei einer Erkrankung, jedoch nicht über die Beendigung der Beschäftigung hinaus, die erforderliche Pflege und ärztliche Behandlung zuteil werden lassen, soweit diese nicht von einem Sozialversicherungsträger geleistet wird.

Wer Jugendliche beschäftigt unterliegt dem **Züchtigungsverbot** und muss sie nach § 31 JArbSchG vor körperlicher Züchtigung und Misshandlung und vor sittlicher Gefährdung durch andere bei ihm Beschäftigte und durch Mitglieder seines Haushalts an der Arbeitsstätte und in seinem Haus schützen und er darf Jugendlichen unter 16 Jahren keine alkoholischen Getränke und Tabakwaren, Jugendlichen über 16 Jahre keinen Branntwein geben.

Ein Jugendlicher, der in das Berufsleben eintritt, darf gemäß § 32 JArbSchG nur nach einer **Erstuntersuchung** beschäftigt werden, wenn

- er innerhalb der letzten vierzehn Monate von einem Arzt untersucht worden ist und
- dem Arbeitgeber eine von diesem Arzt ausgestellte Bescheinigung vorliegt.

Dies gilt nicht für eine nur geringfügige oder eine nicht länger als zwei Monate dauernde Beschäftigung mit leichten Arbeiten, von denen keine gesundheitlichen Nachteile für den Jugendlichen zu befürchten sind.

Ein Jahr nach Aufnahme der ersten Beschäftigung hat sich der Arbeitgeber nach § 33 JArbSchG die Bescheinigung eines Arztes über eine erste **Nachuntersuchung** vorlegen zu lassen. Der Jugendliche darf nach Ablauf von 14 Monaten nach Aufnahme der ersten Beschäftigung nicht weiterbeschäftigt werden, solange er die Bescheinigung nicht vorgelegt hat.

Der Arzt soll gemäß § 35 JArbSchG eine außerordentliche Nachuntersuchung anordnen, wenn eine Untersuchung ergibt, dass
- ein Jugendlicher hinter dem seinem Alter entsprechenden Entwicklungsstand zurückgeblieben ist,
- gesundheitliche Schwächen oder Schäden vorhanden sind,
- die Auswirkungen der Beschäftigung auf die Gesundheit oder Entwicklung des Jugendlichen noch nicht zu übersehen sind.

Der Arzt hat unter Berücksichtigung der Krankheitsvorgeschichte des Jugendlichen nach § 37 JArbSchG auf Grund der Untersuchungen zu beurteilen, ob
- die Gesundheit oder die Entwicklung des Jugendlichen durch die Ausführung bestimmter Arbeiten oder durch die Beschäftigung während bestimmter Zeiten gefährdet wird,
- besondere der Gesundheit dienende Maßnahmen erforderlich sind,
- eine außerordentliche Nachuntersuchung (§ 35 Abs. 1) erforderlich ist.

Enthält die **Bescheinigung** des Arztes einen Vermerk über Arbeiten, durch deren Ausführung er die Gesundheit oder die Entwicklung des Jugendlichen für gefährdet hält, so darf der Jugendliche nach § 40 JArbSchG mit solchen Arbeiten nicht beschäftigt werden. Der Arbeitgeber hat die ärztlichen Bescheinigungen bis zur Beendigung der Beschäftigung, längstens jedoch bis zur Vollendung des 18. Lebensjahrs des Jugendlichen aufzubewahren und der Aufsichtsbehörde sowie der Berufsgenossenschaft auf Verlangen zur Einsicht vorzulegen oder einzusenden. Scheidet der Jugendliche aus dem Beschäftigungsverhältnis aus, so hat ihm der Arbeitgeber die Bescheinigungen auszuhändigen.

Arbeitgeber, die regelmäßig mindestens einen Jugendlichen beschäftigen, haben nach § 47 JArbSchG einen Abdruck des JArbSchG und die Anschrift der zuständigen Aufsichtsbehörde an geeigneter Stelle im Betrieb zur Einsicht auszulegen oder auszuhängen.

Arbeitgeber, die regelmäßig mindestens drei Jugendliche beschäftigen, haben nach § 48 JArbSchG einen **Aushang** über Beginn und Ende der regelmäßigen täglichen Arbeitszeit und der Pausen der Jugendlichen an geeigneter Stelle im Betrieb anzubringen.

Arbeitgeber haben nach § 49 JArbSchG **Jugendlichenverzeichnisse** der bei ihnen beschäftigten Jugendlichen unter Angabe des Vor- und Familiennamens, des Geburtsdatums und der Wohnanschrift zu führen, in denen das Datum des Beginns der Beschäftigung bei ihnen, bei einer Beschäftigung unter Tage auch das Datum des Beginns dieser Beschäftigung, enthalten ist.

5.13 Jugendarbeitsschutzuntersuchungsverordnung (JArbSchUV)

5.13.1 Übersicht über die Regelungen der JArbSchUV

Die Verordnung über die ärztlichen Untersuchungen nach dem Jugendarbeitsschutzgesetz (Jugendarbeitsschutzuntersuchungsverordnung, JArbSchUV) vom 16. Oktober 1990 (BGBl I S. 2221) umfasst Regelungen zur Verwendung von einheitlichen Vordrucken bei ärztlichen Untersuchungen nach dem JArbSchG.

Beispiel: Ein Arzt führt an einem jugendlichen Auszubildenden eine Erstuntersuchung durch und stellt die Kosten hierfür in Rechnung. Die Kosten werden nach § 2 JArbSchUV vom Land nur erstattet, wenn der Arzt der Kostenforderung einen von der nach Landesrecht zuständigen Stelle ausgegebenen Untersuchungsberechtigungsschein beifügt.

Tabelle 46 gibt einen Überblick über die Inhalte der JArbSchUV.

Tab. 46: Jugendarbeitsschutzuntersuchungsverordnung (JArbSchUV)

Fundstelle	Inhalt
§ 1	Durchführung der Untersuchungen
§ 2	Untersuchungsberechtigungsschein
§ 3	Erhebungsbogen
§ 4	Untersuchungsbogen
§ 5	Ärztliche Mitteilung an den Personensorgeberechtigten
§ 6	Ärztliche Bescheinigung für Arbeitgeber
§ 7	Berlin-Klausel
§ 8	Inkrafttreten, abgelöste Vorschrift
Schlussformel	
Anlage 1 Erhebungsbogen für die Erstuntersuchung nach dem Jugendarbeitsschutzgesetz (JArbSchG	
Anlage 1a (Farbe rot) Erhebungsbogen für die Nachuntersuchung nach dem Jugendschutzgesetz (JArbSchG)	
Anlage 2 Zum Verbleib beim Untersuchenden Arzt Untersuchungsbogen	
Anlage 2a (Farbe rot) Zum Verbleib beim untersuchenden Arzt Untersuchungsbogen	
Anlage 3 Ärztliche Mitteilung an den Personensorgeberechtigten	
Anlage 3a (Farbe rot) Ärztliche Mitteilung an den Personensorgeberechtigten	
Anlage 4 Ärztliche Bescheinigung für den Arbeitgeber	
Anlage 4a (Farbe rot) Ärztliche Bescheinigung für den Arbeitgeber	

5.13.2 Untersuchungsdurchführung, Bescheinigung und Mitteilung

Der Arzt, der einen Jugendlichen nach den Bestimmungen des Jugendarbeitsschutzgesetzes untersucht, hat gemäß § 1 JArbSchUV unter Berücksichtigung der Krankheitsvorgeschichte des Jugendlichen auf Grund der Untersuchungen zu beurteilen, ob dessen Gesundheit und Entwicklung durch die Ausführung bestimmter Arbeiten oder durch die Beschäftigung während bestimmter Zeiten gefährdet wird, ob eine außerordentliche Nachuntersuchung oder eine Ergänzungsuntersuchung erforderlich ist oder ob besondere der Gesundheit dienende Maßnahmen nötig sind.

Die Kosten einer Untersuchung werden nach § 2 JArbSchUV vom Land nur erstattet, wenn der Arzt der Kostenforderung einen von der nach Landesrecht zuständigen Stelle ausgegebenen **Untersuchungsberechtigungsschein** beifügt.

Zur Vorbereitung einer Erstuntersuchung erhält der Jugendliche gemäß § 3 JArbSchUV von der nach Landesrecht zuständigen Stelle einen **Erhebungsbogen**, der vom Personensorgeberechtigten ausgefüllt und von diesem und dem Jugendlichen unterschrieben dem Arzt bei der Untersuchung vorgelegt werden soll.

Für die Aufzeichnung der Ergebnisse einer Erstuntersuchung hat der Arzt nach § 4 JArbSchUV einen **Untersuchungsbogen** zu verwenden und diesen 10 Jahre aufzubewahren.

Für die ärztliche **Mitteilung an den Personensorgeberechtigten** hat der Arzt bei einer Erstuntersuchung nach § 5 JArbSchUV einen Vordruck zu verwenden, ebenso nach § 6 JArbSchUV bei der ärztlichen **Bescheinigung** für den Arbeitgeber.

5.14 Kündigungsschutzgesetz (KSchG)

5.14.1 Übersicht über die Regelungen des KSchG

Das Kündigungsschutzgesetz (KSchG) in der Fassung der Bekanntmachung vom 25. August 1969 (BGBl I S. 1317), zuletzt durch Artikel 3 Absatz 2 des Gesetzes vom 20. April 2013 (BGBl I S. 868) geändert, umfasst Regelungen zum allgemeinen Kündigungsschutz sowie zum Kündigungsschutz im Rahmen der Betriebsverfassung und Personalvertretung.

Beispiel: Eine private Klinik beabsichtigt, 7 ihrer 58 Mitarbeiter betriebsbedingt zu kündigen und innerhalb von 4 Wochen zu entlassen. Nach § 17 KSchG besteht hierüber eine Anzeigepflicht gegenüber der Agentur für Arbeit.

Tabelle 47 gibt einen Überblick über die Inhalte des KSchG.

Tab. 47: Kündigungsschutzgesetz (KSchG)

Abschnitt	**Inhalt**
Allgemeiner Kündigungsschutz	Sozial ungerechtfertigte Kündigungen; Abfindungsanspruch bei betriebsbedingter Kündigung; Änderungskündigung; Kündigungseinspruch; Anrufung des Arbeitsgerichts; Zulassung verspäteter Klagen; verlängerte Anrufungsfrist; Wirksamwerden der Kündigung; Wiederherstellung der früheren Arbeitsbedingungen; Auflösung des Arbeitsverhältnisses durch Urteil des Gerichts, Abfindung des Arbeitnehmers; Höhe der Abfindung; Anrechnung auf entgangenen Zwischenverdienst; neues Arbeitsverhältnis des Arbeitnehmers, Auflösung des alten Arbeitsverhältnisses; außerordentliche, sittenwidrige und sonstige Kündigungen; Angestellte in leitender Stellung
Kündigungsschutz im Rahmen der Betriebsverfassung und Personalvertretung	Unzulässigkeit der Kündigung; neues Arbeitsverhältnis, Auflösung des alten Arbeitsverhältnisses
Anzeigepflichtige Entlassungen	Anzeigepflicht; Entlassungssperre; Zulässigkeit von Kurzarbeit; Entscheidungen der Agentur für Arbeit; Entscheidungen der Zentrale der Bundesagentur für Arbeit; Ausnahmebetriebe
Schlussbestimmungen	Geltungsbereich; Anwendung des Gesetzes auf Betriebe der Schifffahrt und des Luftverkehrs; Kündigung in Arbeitskämpfen; Berlin-Klausel; Inkrafttreten

5.14.2 Allgemeiner Kündigungsschutz

Die **Kündigung** des Arbeitsverhältnisses gegenüber einem Arbeitnehmer, dessen Arbeitsverhältnis in demselben Betrieb oder Unternehmen ohne Unterbrechung länger als sechs Monate bestanden hat, ist nach § 1 KSchG rechtsunwirksam, wenn sie sozial ungerechtfertigt ist. Sozial ungerechtfertigt ist die Kündigung, wenn sie nicht durch Gründe, die in der Person oder in dem Verhalten des Arbeitnehmers liegen, oder durch dringende betriebliche Erfordernisse, die einer Weiterbeschäftigung des Arbeitnehmers in diesem Betrieb entgegenstehen, bedingt ist. Die Kündigung ist auch sozial ungerechtfertigt, wenn

- in Betrieben des privaten Rechts: Die Kündigung gegen eine Richtlinie des Betriebsverfassungsgesetzes verstößt, der Arbeitnehmer an einem anderen Arbeitsplatz in demselben Betrieb oder in einem anderen Betrieb des Unternehmens weiterbeschäftigt werden kann und der Betriebsrat oder eine andere nach dem Betriebsverfassungsgesetz insoweit zuständige Vertretung der Arbeitnehmer aus einem dieser Gründe der Kündigung innerhalb der Frist des Betriebsverfassungsgesetzes schriftlich widersprochen hat,

– in Betrieben und Verwaltungen des öffentlichen Rechts: Die Kündigung gegen eine Richtlinie über die personelle Auswahl bei Kündigungen verstößt, der Arbeitnehmer an einem anderen Arbeitsplatz in derselben Dienststelle oder in einer anderen Dienststelle desselben Verwaltungszweigs an demselben Dienstort einschließlich seines Einzugsgebiets weiterbeschäftigt werden kann und die zuständige Personalvertretung aus einem dieser Gründe fristgerecht gegen die Kündigung Einwendungen erhoben hat, es sei denn, dass die Stufenvertretung in der Verhandlung mit der übergeordneten Dienststelle die Einwendungen nicht aufrechterhalten hat.

Kündigt der Arbeitgeber wegen dringender betrieblicher Erfordernisse und erhebt der Arbeitnehmer bis zum Ablauf der Frist keine Klage auf Feststellung, dass das Arbeitsverhältnis durch die Kündigung nicht aufgelöst ist, hat der Arbeitnehmer nach § 1a KSchG mit dem Ablauf der Kündigungsfrist einen **Abfindungsanspruch**.

Kündigt der Arbeitgeber das Arbeitsverhältnis im Sinne einer **Änderungskündigung** und bietet er dem Arbeitnehmer im Zusammenhang mit der Kündigung die Fortsetzung des Arbeitsverhältnisses zu geänderten Arbeitsbedingungen an, so kann der Arbeitnehmer nach § 2 KSchG dieses Angebot unter dem Vorbehalt annehmen, dass die Änderung der Arbeitsbedingungen nicht sozial ungerechtfertigt ist.

Hält der Arbeitnehmer eine Kündigung für sozial ungerechtfertigt, so kann er nach § 3 KSchG binnen einer Woche nach der Kündigung Einspruch beim Betriebsrat einlegen. Erachtet der Betriebsrat den **Kündigungseinspruch** für begründet, so hat er zu versuchen, eine Verständigung mit dem Arbeitgeber herbeizuführen.

Will ein Arbeitnehmer geltend machen, dass eine Kündigung sozial ungerechtfertigt oder aus anderen Gründen rechtsunwirksam ist, so muss er innerhalb von drei Wochen nach Zugang der schriftlichen Kündigung Klage beim **Arbeitsgericht** auf Feststellung erheben, dass das Arbeitsverhältnis durch die Kündigung nicht aufgelöst ist.

Stellt das Gericht im Falle des § 2 fest, dass die Änderung der Arbeitsbedingungen sozial ungerechtfertigt ist, so gilt die Änderungskündigung nach § 8 KSchG als von Anfang an rechtsunwirksam.

Stellt das Gericht fest, dass das Arbeitsverhältnis durch die Kündigung nicht aufgelöst ist, ist jedoch dem Arbeitnehmer die Fortsetzung des Arbeitsverhältnisses nicht zuzumuten, so hat das Gericht auf Antrag des Arbeitnehmers nach § 9 KSchG das Arbeitsverhältnis aufzulösen und den Arbeitgeber zur Zahlung einer angemessenen Abfindung zu verurteilen.

Als **Abfindung** ist nach § 10 KSchG ein Betrag bis zu zwölf Monatsverdiensten festzusetzen. Hat der Arbeitnehmer das fünfzigste Lebensjahr vollendet und hat das Arbeitsverhältnis mindestens fünfzehn Jahre bestanden, so ist ein Betrag bis zu fünfzehn Monatsverdiensten, hat der Arbeitnehmer das fünfundfünfzigste Lebensjahr vollendet und hat das Arbeitsverhältnis mindestens zwanzig Jahre bestanden, so ist ein Betrag bis zu achtzehn Monatsverdiensten festzusetzen.

Die Vorschriften dieses Abschnitts gelten nach § 14 KSchG nicht

- in Betrieben einer juristischen Person für die Mitglieder des Organs, das zur gesetzlichen Vertretung der juristischen Person berufen ist,
- in Betrieben einer Personengesamtheit für die durch Gesetz, Satzung oder Gesellschaftsvertrag zur Vertretung der Personengesamtheit berufenen Personen.

Auf Geschäftsführer, Betriebsleiter und ähnliche **Leitende Angestellte**, soweit diese zur selbständigen Einstellung oder Entlassung von Arbeitnehmern berechtigt sind, finden die Vorschriften dieses Abschnitts mit Ausnahme des § 3 KSchG Anwendung.

5.14.3 Betriebsverfassung, Personalvertretung und anzeigepflichtige Entlassungen

Die Kündigung eines Mitglieds eines Betriebsrats, einer Jugend- und Auszubildendenvertretung, einer Bordvertretung oder eines Seebetriebsrats ist nach § 15 KSchG unzulässig, es sei denn, dass Tatsachen vorliegen, die den Arbeitgeber zur Kündigung aus wichtigem Grund ohne Einhaltung einer Kündigungsfrist berechtigen, und dass die nach dem Betriebsverfassungsgesetz erforderliche Zustimmung vorliegt oder durch gerichtliche Entscheidung ersetzt ist.

Nach § 17 KSchG besteht eine **Anzeigepflicht** des Arbeitgebers gegenüber der Agentur für Arbeit, bevor er

- in Betrieben mit in der Regel mehr als 20 und weniger als 60 Arbeitnehmern mehr als 5 Arbeitnehmer,
- in Betrieben mit in der Regel mindestens 60 und weniger als 500 Arbeitnehmern 10 vom Hundert der im Betrieb regelmäßig beschäftigten Arbeitnehmer oder aber mehr als 25 Arbeitnehmer,
- in Betrieben mit in der Regel mindestens 500 Arbeitnehmern mindestens 30 Arbeitnehmer

innerhalb von 30 Kalendertagen entlässt.

Beabsichtigt der Arbeitgeber, anzeigepflichtige Entlassungen vorzunehmen, hat er dem Betriebsrat rechtzeitig die zweckdienlichen Auskünfte zu erteilen und ihn schriftlich insbesondere zu unterrichten über

- die Gründe für die geplanten Entlassungen,
- die Zahl und die Berufsgruppen der zu entlassenden Arbeitnehmer,
- die Zahl und die Berufsgruppen der in der Regel beschäftigten Arbeitnehmer,
- den Zeitraum, in dem die Entlassungen vorgenommen werden sollen,

- die vorgesehenen Kriterien für die Auswahl der zu entlassenden Arbeitnehmer,
- die für die Berechnung etwaiger Abfindungen vorgesehenen Kriterien.

Arbeitgeber und Betriebsrat haben insbesondere die Möglichkeiten zu beraten, Entlassungen zu vermeiden oder einzuschränken und ihre Folgen zu mildern.

Aufgrund der in § 18 KSchG vorgesehenen **Entlassungssperre** werden Entlassungen, die nach § 17 anzuzeigen sind, vor Ablauf eines Monats nach Eingang der Anzeige bei der Agentur für Arbeit nur mit deren Zustimmung wirksam. Die Agentur für Arbeit kann im Einzelfall bestimmen, dass die Entlassungen nicht vor Ablauf von längstens zwei Monaten nach Eingang der Anzeige wirksam werden.

Ist der Arbeitgeber nicht in der Lage, die Arbeitnehmer bis zu dem in § 18 bezeichneten Zeitpunkt voll zu beschäftigen, so kann die Bundesagentur für Arbeit nach § 19 KSchG zulassen, dass der Arbeitgeber für die Zwischenzeit **Kurzarbeit** einführt.

Der **Geltungsbereich** des KSchG sieht nach § 23 KSchG vor, dass die Vorschriften des Ersten und Zweiten Abschnitts für Betriebe und Verwaltungen des privaten und des öffentlichen Rechts gelten.

Die Vorschriften des Ersten Abschnitts gelten mit Ausnahme der §§ 4 bis 7 und des § 13 Abs. 1 Satz 1 und 2 nicht für Betriebe und Verwaltungen, in denen in der Regel fünf oder weniger Arbeitnehmer ausschließlich der zu ihrer Berufsbildung Beschäftigten beschäftigt werden.

In Betrieben und Verwaltungen, in denen in der Regel zehn oder weniger Arbeitnehmer ausschließlich der zu ihrer Berufsbildung Beschäftigten beschäftigt werden, gelten die Vorschriften des Ersten Abschnitts mit Ausnahme der §§ 4 bis 7 und des § 13 Abs. 1 Satz 1 und 2 nicht für Arbeitnehmer, deren Arbeitsverhältnis nach dem 31. Dezember 2003 begonnen hat; diese Arbeitnehmer sind bei der Feststellung der Zahl der beschäftigten Arbeitnehmer nach Satz 2 bis zur Beschäftigung von in der Regel zehn Arbeitnehmern nicht zu berücksichtigen.

Bei der Feststellung der Zahl der beschäftigten Arbeitnehmer sind teilzeitbeschäftigte Arbeitnehmer mit einer regelmäßigen wöchentlichen Arbeitszeit von nicht mehr als 20 Stunden mit 0,5 und nicht mehr als 30 Stunden mit 0,75 zu berücksichtigen.

Die Vorschriften des Dritten Abschnitts gelten für Betriebe und Verwaltungen des privaten Rechts sowie für Betriebe, die von einer öffentlichen Verwaltung geführt werden, soweit sie wirtschaftliche Zwecke verfolgen.

Die Vorschriften des KSchG finden nach § 25 KSchG auch keine Anwendung auf Kündigungen und Entlassungen, die lediglich als Maßnahmen in wirtschaftlichen **Arbeitskämpfen** zwischen Arbeitgebern und Arbeitnehmern vorgenommen werden.

5.15 Mitbestimmungsgesetz (MitbestG)

5.15.1 Übersicht über die Regelungen des MitbestG

Das Gesetz über die Mitbestimmung der Arbeitnehmer (Mitbestimmungsgesetz, MitbestG) vom 4. Mai 1976 (BGBl I S. 1153), zuletzt durch Artikel 2 Absatz 113 des Gesetzes vom 22. Dezember 2011 (BGBl I S. 3044) geändert, umfasst Regelungen zur Bildung und Zusammensetzung des Aufsichtsrats, wodurch die Arbeitnehmer Mitbestimmungsrechte beispielsweise in großen Klinikkonzernen ausüben können.

Beispiel: In einem Klinikkonzern werden die Aufsichtsratsmitglieder der Arbeitnehmer nach § 9 MitbestG durch Delegierte gewählt, da die unmittelbare Wahl von den wahlberechtigten Arbeitnehmern nicht beschlossen wurde.

Tabelle 48 gibt einen Überblick über die Inhalte des MitbestG.

Tab. 48: Mitbestimmungsgesetz (MitbestG)

Teil	Abschnitt	Unterabschnitt	Inhalt
1	Geltungsbereich		
2	Aufsichtsrat		
	1	Bildung und Zusammensetzung	
	2	Bestellung der Aufsichtsratsmitglieder	
		1	Aufsichtsratsmitglieder der Anteilseigner
		2	Aufsichtsratsmitglieder der Arbeitnehmer, Grundsatz
		3	Wahl der Aufsichtsratsmitglieder der Arbeitnehmer durch Delegierte
		4	Unmittelbare Wahl der Aufsichtsratsmitglieder der Arbeitnehmer
		5	Weitere Vorschriften über das Wahlverfahren sowie über die Bestellung und Abberufung von Aufsichtsratsmitgliedern
	3	Innere Ordnung, Rechte und Pflichten des Aufsichtsrats	
3	Gesetzliches Vertretungsorgan		
4	Seeschifffahrt		
5	Übergangs- und Schlussvorschriften		

5.15.1 Erfasste Unternehmen und Bildung ihrer Aufsichtsräte

In Unternehmen, die
- in der Rechtsform einer Aktiengesellschaft, einer Kommanditgesellschaft auf Aktien, einer Gesellschaft mit beschränkter Haftung oder einer Genossenschaft betrieben werden und
- in der Regel mehr als 2.000 Arbeitnehmer beschäftigen,

haben die Arbeitnehmer gemäß § 1 MitbestG ein Mitbestimmungsrecht nach Maßgabe dieses Gesetzes.

Das Gesetz ist unter anderem nicht anzuwenden auf Unternehmen, die unmittelbar und überwiegend konfessionellen, karitativen, erzieherischen, wissenschaftlichen dienen. Dieses Gesetz ist auch nicht anzuwenden auf Religionsgemeinschaften und ihre karitativen und erzieherischen Einrichtungen unbeschadet deren Rechtsform.

Die **Aufsichtsratzusammensetzung** erfolgt nach § 7 MitbestG folgenden Vorgaben:
- mit in der Regel nicht mehr als 10.000 Arbeitnehmern setzt er sich zusammen aus je sechs Aufsichtsratsmitgliedern der Anteilseigner und der Arbeitnehmer;
- mit in der Regel mehr als 10.000, jedoch nicht mehr als 20.000 Arbeitnehmern setzt er sich zusammen aus je acht Aufsichtsratsmitgliedern der Anteilseigner und der Arbeitnehmer;
- mit in der Regel mehr als 20.000 Arbeitnehmern setzt er sich zusammen aus je zehn Aufsichtsratsmitgliedern der Anteilseigner und der Arbeitnehmer.

Unter den **Arbeitnehmervertretern** im Aufsichtsrat müssen sich befinden
- in einem Aufsichtsrat, dem sechs Aufsichtsratsmitglieder der Arbeitnehmer angehören, vier Arbeitnehmer des Unternehmens und zwei Vertreter von Gewerkschaften;
- in einem Aufsichtsrat, dem acht Aufsichtsratsmitglieder der Arbeitnehmer angehören, sechs Arbeitnehmer des Unternehmens und zwei Vertreter von Gewerkschaften;
- in einem Aufsichtsrat, dem zehn Aufsichtsratsmitglieder der Arbeitnehmer angehören, sieben Arbeitnehmer des Unternehmens und drei Vertreter von Gewerkschaften.

Die **Gewerkschaften** müssen in dem Unternehmen selbst oder in einem anderen Unternehmen vertreten sein, dessen Arbeitnehmer nach diesem Gesetz an der Wahl von Aufsichtsratsmitgliedern des Unternehmens teilnehmen.

Die Aufsichtsratsmitglieder der Arbeitnehmer eines Unternehmens mit in der Regel mehr als 8.000 Arbeitnehmern werden nach § 9 MitbestG durch **Delegierte** gewählt, sofern nicht die wahlberechtigten Arbeitnehmer die unmittelbare Wahl beschließen. Die Aufsichtsratsmitglieder der Arbeitnehmer eines Unternehmens mit in der Regel nicht mehr als 8.000 Arbeitnehmern werden in unmittelbarer Wahl gewählt, sofern nicht die wahlberechtigten Arbeitnehmer die Wahl durch Delegierte beschließen. Nach § 10 MitbestG wählen in jedem Betrieb des Unternehmens die Arbeitnehmer in geheimer Wahl und nach den Grundsätzen der Verhältniswahl Delegierte.

Die Delegierten wählen nach § 16 MitbestG die Aufsichtsratsmitglieder, die Vertreter von Gewerkschaften sind, in geheimer Wahl und nach den Grundsätzen der Verhältniswahl.

Das zur gesetzlichen Vertretung des Unternehmens befugte Organ hat nach § 19 MitbestG die Namen der Mitglieder und der Ersatzmitglieder des Aufsichtsrats unverzüglich nach ihrer Bestellung in den Betrieben des Unternehmens bekanntzumachen und im Bundesanzeiger zu veröffentlichen.

Die Wahl eines Aufsichtsratsmitglieds oder eines Ersatzmitglieds der Arbeitnehmer kann nach § 22 MitbestG beim Arbeitsgericht angefochten werden, wenn gegen wesentliche Vorschriften über das Wahlrecht, die Wählbarkeit oder das Wahlverfahren verstoßen worden und eine Berichtigung nicht erfolgt ist, es sei denn, dass durch den Verstoß das Wahlergebnis nicht geändert oder beeinflusst werden konnte.

Aufsichtsratsmitglieder der Arbeitnehmer dürfen nach § 26 MitbestG in der Ausübung ihrer Tätigkeit nicht gestört oder behindert werden. Sie dürfen wegen ihrer Tätigkeit im Aufsichtsrat eines Unternehmens, dessen Arbeitnehmer sie sind oder als dessen Arbeitnehmer sie gelten, nicht benachteiligt werden.

Als gleichberechtigtes Mitglied des zur gesetzlichen Vertretung des Unternehmens befugten Organs wird nach § 33 MitbestG ein **Arbeitsdirektor** bestellt. Dies gilt nicht für Kommanditgesellschaften auf Aktien. Der Arbeitsdirektor hat wie die übrigen Mitglieder des zur gesetzlichen Vertretung des Unternehmens befugten Organs seine Aufgaben im engsten Einvernehmen mit dem Gesamtorgan auszuüben. Das Nähere bestimmt die Geschäftsordnung.

5.16 Mutterschutzgesetz (MuSchG)

5.16.1 Übersicht über die Regelungen des MuSchG

Das Gesetz zum Schutz der erwerbstätigen Mutter (Mutterschutzgesetz, MuSchG) in der Fassung der Bekanntmachung vom 20. Juni 2002 (BGBl I S. 2318), zuletzt durch Artikel 6 des Gesetzes vom 23. Oktober 2012 (BGBl I S. 2246) geändert, gilt nach § 1 MuSchG für Frauen, die in einem Arbeitsverhältnis stehen, sowie für weibliche in Heimarbeit Beschäftigte und ihnen Gleichgestellte soweit sie am Stück mitarbeiten und umfasst Regelungen für werdende Mütter und die Zeit nach der Entbindung.

Beispiel: Eine ZMA wird von ihrem Zahnarzt als Arbeitgeber gekündigt und teilt ihm eine Woche nach Zugang der Kündigung mit, dass sie schwanger ist. Die Kündigung gegenüber einer Frau während der Schwangerschaft ist nach § 9 MuSchG unzulässig, wenn dem Arbeitgeber die Schwangerschaft innerhalb zweier Wochen nach Zugang der Kündigung mitgeteilt wird.

Tabelle 49 gibt einen Überblick über die Inhalte des MuSchG.

Tab. 49: Mutterschutzgesetz (MuSchG)

Abschnitt	Inhalt
Allgemeine Vorschriften	Geltungsbereich; Gestaltung des Arbeitsplatzes
Beschäftigungsverbote	Beschäftigungsverbote für werdende Mütter; weitere Beschäftigungsverbote; Mitteilungspflicht, ärztliches Zeugnis; Beschäftigungsverbote nach der Entbindung; Stillzeit; Mehrarbeit, Nacht- und Sonntagsarbeit
Kündigung	Kündigungsverbot; Erhaltung von Rechten
Leistungen	Arbeitsentgelt bei Beschäftigungsverboten; Mutterschaftsgeld; Zuschuss zum Mutterschaftsgeld; sonstige Leistungen bei Schwangerschaft und Mutterschaft; Freistellung für Untersuchungen Erholungsurlaub
Durchführung des Gesetzes	Auslage des Gesetzes; Auskunft; Aufsichtsbehörden
Straftaten und Ordnungswidrigkeiten	Straftaten und Ordnungswidrigkeiten
Schlussvorschriften	In Heimarbeit Beschäftigte

5.16.2 Beschäftigungsverbote und Leistungen für werdende Mütter

Wer eine werdende oder stillende Mutter beschäftigt, hat nach § 2 MuSchG bei der Einrichtung und der Unterhaltung des Arbeitsplatzes einschließlich der Maschinen, Werkzeuge und Geräte und bei der Regelung der Beschäftigung die erforderlichen Vorkehrungen und Maßnahmen zum Schutze von Leben und Gesundheit der werdenden oder stillenden Mutter zu treffen. Wer eine werdende oder stillende Mutter mit Arbeiten beschäftigt, bei denen sie ständig stehen oder gehen muss, hat für sie eine **Sitzgelegenheit** zum kurzen Ausruhen bereitzustellen. Wer eine werdende oder stillende Mutter mit Arbeiten beschäftigt, bei denen sie ständig sitzen muss, hat ihr Gelegenheit zu kurzen **Arbeitsunterbrechungen** zu geben.

Nach § 3f MuSchG gibt es folgende **Beschäftigungsverbote**, nach denen werdende Mütter unter anderem nicht beschäftigt werden dürfen

- soweit nach ärztlichem Zeugnis Leben oder Gesundheit von Mutter oder Kind bei Fortdauer der Beschäftigung gefährdet ist.
- in den letzten sechs Wochen vor der Entbindung, es sei denn, dass sie sich zur Arbeitsleistung ausdrücklich bereit erklären,
- mit schweren körperlichen Arbeiten und nicht mit Arbeiten, bei denen sie schädlichen Einwirkungen von gesundheitsgefährdenden Stoffen oder Strahlen, von Staub, Gasen oder Dämpfen, von Hitze, Kälte oder Nässe, von Erschütterungen oder Lärm ausgesetzt sind,
- mit Arbeiten, bei denen regelmäßig Lasten von mehr als fünf Kilogramm Gewicht oder gelegentlich Lasten von mehr als zehn Kilogramm Gewicht ohne mechanische Hilfsmittel von Hand gehoben, bewegt oder befördert werden,
- nach Ablauf des fünften Monats der Schwangerschaft mit Arbeiten, bei denen sie ständig stehen müssen, soweit diese Beschäftigung täglich vier Stunden überschreitet,
- mit Arbeiten, bei denen sie sich häufig erheblich strecken oder beugen oder bei denen sie dauernd hocken oder sich gebückt halten müssen,
- mit der Bedienung von Geräten und Maschinen aller Art mit hoher Fußbeanspruchung, insbesondere von solchen mit Fußantrieb,
- mit dem Schälen von Holz,
- mit Arbeiten, bei denen sie infolge ihrer Schwangerschaft in besonderem Maße der Gefahr, an einer Berufskrankheit zu erkranken, ausgesetzt sind oder bei denen durch das Risiko der Entstehung einer Berufskrankheit eine erhöhte Gefährdung für die werdende Mutter oder eine Gefahr für die Leibesfrucht besteht,
- nach Ablauf des dritten Monats der Schwangerschaft auf Beförderungsmitteln,
- mit Arbeiten, bei denen sie erhöhten Unfallgefahren, insbesondere der Gefahr auszugleiten, zu fallen oder abzustürzen, ausgesetzt sind.

Werdende Mütter sollen dem Arbeitgeber ihre **Schwangerschaft** und den mutmaßlichen Tag der Entbindung nach § 5 MuSchG mitteilen, sobald ihnen ihr Zustand bekannt ist.

Mütter dürfen gemäß § 6 MuSchG bis zum Ablauf von acht Wochen, bei Früh- und Mehrlingsgeburten bis zum Ablauf von zwölf Wochen nach der **Entbindung** nicht beschäftigt werden.

Stillenden Müttern ist nach § 7 MuSchG auf ihr Verlangen die zum Stillen erforderliche Zeit, mindestens aber zweimal täglich eine halbe Stunde oder einmal täglich eine Stunde freizugeben. Bei einer zusammenhängenden Arbeitszeit von mehr als acht Stunden soll auf Verlangen zweimal eine **Stillzeit** von mindestens 45 Minuten oder, wenn in der Nähe der Arbeitsstätte keine Stillgelegenheit vorhanden ist, einmal eine Stillzeit von mindestens 90 Minuten gewährt werden.

Werdende und stillende Mütter dürfen nach § 8 MuSchG bis auf wenige Ausnahmen nicht mit Mehrarbeit, nicht in der Nacht zwischen 20 und 6 Uhr und nicht an Sonn- und Feiertagen beschäftigt werden.

Die Kündigung gegenüber einer Frau während der Schwangerschaft und bis zum Ablauf von vier Monaten nach der Entbindung ist nach § 9 MuSchG unzulässig, wenn dem Arbeitgeber zur Zeit der Kündigung die Schwangerschaft oder Entbindung bekannt war oder innerhalb zweier Wochen nach Zugang der Kündigung mitgeteilt wird.

Frauen, die Mitglied einer gesetzlichen Krankenkasse sind, erhalten nach § 13 MuSchG für die Zeit der Schutzfristen sowie für den Entbindungstag **Mutterschaftsgeld**.

Der Arbeitgeber hat nach § 16 MuSchG die Frau für die Zeit freizustellen, die zur Durchführung der Untersuchungen im Rahmen der Leistungen der gesetzlichen Krankenversicherung bei Schwangerschaft und Mutterschaft erforderlich ist.

Für den Anspruch auf bezahlten Erholungsurlaub und dessen Dauer gelten nach § 17 MuSchG die Ausfallzeiten wegen mutterschutzrechtlicher Beschäftigungsverbote als Beschäftigungszeiten. Hat die Frau ihren Urlaub vor Beginn der Beschäftigungsverbote nicht oder nicht vollständig erhalten, so kann sie nach Ablauf der Fristen den Resturlaub im laufenden oder im nächsten Urlaubsjahr beanspruchen.

In Betrieben und Verwaltungen, in denen regelmäßig mehr als drei Frauen beschäftigt werden, ist nach § 18 MuSchG ein Abdruck dieses Gesetzes an geeigneter Stelle zur Einsicht auszulegen oder auszuhängen.

5.17 Verordnung zum Schutze der Mütter am Arbeitsplatz (MuSchuArbV)

5.17.1 Übersicht über die Regelungen der MuSchuArbV

Die Verordnung zum Schutze der Mütter am Arbeitsplatz vom 15. April 1997 (BGBl I S. 782), zuletzt durch Artikel 5 Absatz 8 der Verordnung vom 26. November 2010 (BGBl I S. 1643) geändert, umfasst Regelungen zur Beurteilung der Arbeitsbedingungen und sich daraus ergebende Beschäftigungsverbote- und -beschränkungen für Mütter an ihren Arbeitsplätzen in Gesundheitsbetrieben.

Beispiel: In einem Krankenhauslabor mit gefährdenden Stoffen ist eine einstweilige Umgestaltung der Arbeitsbedingungen für eine werdende Mutter nicht möglich. Somit muss Arbeitgeber nach § 3 MuSchuArbV durch einen Arbeitsplatzwechsel ausschließen, dass sie dieser Gefährdung ausgesetzt ist.

Tabelle 50 gibt einen Überblick über die Inhalte der MuSchuArbV.

Tab. 50: Verordnung zum Schutze der Mütter am Arbeitsplatz (MuSchuArbV)

Fundstelle	Inhalt
§ 1	Beurteilung der Arbeitsbedingungen
§ 2	Unterrichtung
§ 3	Weitere Folgerungen aus der Beurteilung
§ 4	Verbot der Beschäftigung
§ 5	Besondere Beschäftigungsbeschränkungen
§ 6	Straftaten und Ordnungswidrigkeiten
Anlage 1 (zu § 1 Abs. 1) Nicht erschöpfende Liste der chemischen Gefahrstoffe und biologischen Arbeitsstoffe, der physikalischen Schadfaktoren sowie der Verfahren und Arbeitsbedingungen nach § 1 Abs.	
Anlage 2 (zu § 4 Abs. 1) Nicht erschöpfende Liste der chemischen Gefahrstoffe und biologischen Arbeitsstoffe, der physikalischen Schadfaktoren und der Arbeitsbedingungen nach § 4 Abs. 1	

5.17.2 Beurteilung der Arbeitsbedingungen und Beschäftigungsbeschränkungen für werdende und stillende Mütter

Der Arbeitgeber muss nach § 1 MuSchuArbV rechtzeitig für jede Tätigkeit, bei der werdende oder stillende Mütter durch die chemischen Gefahrstoffe, biologischen Arbeitsstoffe, physikalischen Schadfaktoren, die Verfahren oder Arbeitsbedingungen nach Anlage 1 dieser Verordnung gefährdet werden können, Art, Ausmaß und Dauer der Gefährdung beurteilen. Zweck der **Beurteilung** ist es,

- alle Gefahren für die Sicherheit und Gesundheit sowie alle Auswirkungen auf Schwangerschaft oder Stillzeit der betroffenen Arbeitnehmerinnen abzuschätzen und
- die zu ergreifenden Schutzmaßnahmen zu bestimmen.

Der Arbeitgeber ist nach § 2 MuSchuArbV verpflichtet, werdende oder stillende Mütter sowie die übrigen bei ihm beschäftigten Arbeitnehmerinnen und, wenn ein Betriebs- oder Personalrat vorhanden ist, diesen über die Ergebnisse der Beurteilung nach § 1 und über die zu ergreifenden Maßnahmen für Sicherheit und Gesundheitsschutz am Arbeitsplatz zu unterrichten, sobald das möglich ist. Eine formlose **Unterrichtung** reicht aus.

Ergibt die Beurteilung nach § 1, dass die Sicherheit oder Gesundheit der betroffenen Arbeitnehmerinnen gefährdet ist und dass Auswirkungen auf Schwangerschaft oder Stillzeit möglich sind, so trifft der Arbeitgeber nach § 3 MuSchuArbV die erforderlichen Maßnahmen, damit durch eine einstweilige Umgestaltung der Arbeitsbedingungen und gegebenenfalls der Arbeitszeiten oder durch einen Arbeitsplatzwechsel für werdende oder stillende Mütter ausgeschlossen wird, dass sie dieser Gefährdung ausgesetzt sind.

Werdende oder stillende Mütter dürfen im Sinne eines **Beschäftigungsverbots** nach § 4 MuSchuArbV nicht mit Arbeiten beschäftigt werden, bei denen die Beurteilung ergeben hat, dass die Sicherheit oder Gesundheit von Mutter oder Kind durch die chemischen Gefahrstoffe, biologischen Arbeitsstoffe, physikalischen Schadfaktoren oder die Arbeitsbedingungen nach Anlage 2 dieser Verordnung gefährdet wird.

Im Sinne besonderer **Beschäftigungsbeschränkungen** dürfen nach § 5 MuSchuArbV nicht beschäftigt werden

- werdende oder stillende Mütter mit sehr giftigen, giftigen, gesundheitsschädlichen oder in sonstiger Weise den Menschen chronisch schädigenden Gefahrstoffen, wenn der Grenzwert überschritten wird;
- werdende oder stillende Mütter mit Stoffen, Zubereitungen oder Erzeugnissen, die ihrer Art nach erfahrungsgemäß Krankheitserreger übertragen können, wenn sie den Krankheitserregern ausgesetzt sind;
- werdende Mütter mit krebserzeugenden, fruchtschädigenden oder erbgutverändernden Gefahrstoffen;
- stillende Mütter mit Gefahrstoffen nach Nummer 3, wenn der Grenzwert überschritten wird;
- gebärfähige Arbeitnehmerinnen beim Umgang mit Gefahrstoffen, die Blei oder Quecksilberalkyle enthalten, wenn der Grenzwert überschritten wird;
- werdende oder stillende Mütter in Druckluft (Luft mit einem Überdruck von mehr als 0,1 bar).

5.18 Pflegearbeitsbedingungenverordnung (PflegeArbbV)

5.18.1 Übersicht über die Regelungen der PflegeArbbV

Die Verordnung über zwingende Arbeitsbedingungen für die Pflegebranche (Pflegearbeitsbedingungenverordnung, PflegeArbbV) vom 15. Juli 2010 (BAnz. 2010 Nr. 110 S. 2571) umfasst Regelungen zum Mindestentgelt in Pflegebetrieben.

Beispiel: Eine Pflegepraktikantin in Hessen verlangt 8,75 Euro die Stunde und beruft sich auf die PflegeArbbV. Nach § 1 PflegeArbbV gelten ihre Regelungen nicht für Praktikantinnen und Praktikanten, deren Tätigkeit im untrennbaren Zusammenhang mit einem berufsvorbereitenden, beruflichen oder schulischen Lehrgang oder einer entsprechenden Maßnahme steht.

Tabelle 51 gibt einen Überblick über die Inhalte der PflegeArbbV.

Tab. 51: Verordnung zum Schutze der Mütter am Arbeitsplatz (PflegeArbbV)

Fundstelle	Inhalt
§ 1	Geltungsbereich
§ 2	Mindestentgelt
§ 3	Fälligkeit
§ 4	Ausschlussfrist
§ 5	Inkrafttreten, Außerkrafttreten

5.18.2 Mindestentgelt in Pflegebetrieben

Nach § 1 PflegeArbbV gilt diese Verordnung für **Pflegebetriebe**. Dies sind Betriebe und selbstständige Betriebsabteilungen, die überwiegend ambulante, teilstationäre oder stationäre Pflegeleistungen für Pflegebedürftige erbringen. Diese Verordnung gilt nicht für Betriebe und selbstständige Betriebsabteilungen, die überwiegend ambulante Krankenpflegeleistungen für Pflegebedürftige erbringen. Keine Pflegebetriebe im Sinne der PflegeArbbV sind Einrichtungen, in denen die Leistungen zur medizinischen Vorsorge, zur medizinischen Rehabilitation, zur Teilhabe am Arbeitsleben oder am Leben in der Gemeinschaft, die schulische Ausbildung oder die Erziehung kranker oder behinderter Menschen im Vordergrund des Zweckes der Einrichtung stehen, sowie Krankenhäuser.

Diese Verordnung gilt für alle Arbeitnehmerinnen und Arbeitnehmer, die überwiegend pflegerische Tätigkeiten in der Grundpflege nach dem Sozialgesetzbuch erbringen. Sie gilt nicht für

- Auszubildende, die eine staatlich anerkannte Berufsausbildung anstreben, sowie
- Praktikantinnen und Praktikanten, deren Tätigkeit im untrennbaren Zusammenhang mit einem berufsvorbereitenden, beruflichen oder schulischen Lehrgang oder einer entsprechenden Maßnahme steht.

Das **Mindestentgelt** beträgt nach § 2 PflegeArbbV im Gebiet der Länder Baden-Württemberg, Bayern, Berlin, Bremen, Hamburg, Hessen, Niedersachsen, Nordrhein-Westfalen, Rheinland-Pfalz, Saarland und Schleswig-Holstein

- ab dem 1. August 2010: 8,50 Euro je Stunde,
- ab dem 1. Januar 2012: 8,75 Euro je Stunde,
- ab dem 1. Juli 2013: 9,00 Euro je Stunde.

Das Mindestentgelt beträgt im Gebiet der Länder Brandenburg, Mecklenburg-Vorpommern, Sachsen, Sachsen-Anhalt und Thüringen

- ab dem 1. August 2010: 7,50 Euro je Stunde,
- ab dem 1. Januar 2012: 7,75 Euro je Stunde,
- ab dem 1. Juli 2013: 8,00 Euro je Stunde.

Das in § 2 PflegeArbbV festgelegte Mindestentgelt wird für die vertraglich vereinbarte Arbeitszeit zum 15. des Monats fällig, der auf den Monat folgt, für den das Mindestentgelt zu zahlen ist. Soweit die für das Arbeitsverhältnis maßgebliche Arbeitszeit überschritten wird, darf eine Obergrenze von 300 Arbeitsstunden nicht überschritten werden. Der Ausgleich kann durch Auszahlung des auf die über die vertraglich vereinbarte Arbeitszeit hinausgehenden Arbeitsstunden entfallenden Entgeltes oder durch bezahlte Freizeit erfolgen.

Die Obergrenze von 300 Arbeitsstunden gilt nicht, wenn der Ausgleich der über die vertraglich vereinbarte Arbeitszeit hinausgehenden Arbeitsstunden zum Ende eines Ausgleichszeitraums mit einer Länge von höchstens 16 Monaten schriftlich vereinbart ist, sowie für Wertguthaben auf der Grundlage des Altersteilzeitgesetzes, des Sozialgesetzbuchs oder einer im Hinblick auf den Schutz der Arbeitnehmerinnen und Arbeitnehmer vergleichbaren ausländischen Regelung.

Die Ansprüche auf das Mindestentgelt verfallen nach § 4 PflegeArbbV, wenn sie nicht innerhalb von zwölf Monaten nach ihrer Fälligkeit schriftlich geltend gemacht werden.

5.19 Teilzeit- und Befristungsgesetz (TzBfG)

5.19.1 Übersicht über die Regelungen des TzBfG

Ziel des Gesetzes über Teilzeitarbeit und befristete Arbeitsverträge (Teilzeit- und Befristungsgesetz, TzBfG) vom 21. Dezember 2000 (BGBl I S. 1966), zuletzt durch Artikel 23 des Gesetzes vom 20. Dezember 2011 (BGBl I S. 2854) geändert, ist es nach § 1 TzBfG, Teilzeitarbeit zu fördern, die Voraussetzungen für die Zulässigkeit befristeter Arbeitsverträge festzulegen und die Diskriminierung von teilzeitbeschäftigten und befristet beschäftigten Arbeitnehmern zu verhindern.

Beispiel: Eine Verwaltungsangestellte in einer größeren Klinik möchte ihre vertraglich vereinbarte Arbeitszeit zum 1. Juli um 10% reduzieren und von bisher Montags-Freitags auf Montags-Donnerstags verteilen. Sie beantragt die Verringerung schriftlich am 15. Mai. Nach § 8 TzBfG muss der Arbeitnehmer die Verringerung seiner Arbeitszeit und die gewünschte Verteilung der Arbeitszeit angeben, allerdings spätestens drei Monate vor deren Beginn geltend machen.

Tabelle 52 gibt einen Überblick über die Inhalte des TzBfG.

Tab. 52: Teilzeit- und Befristungsgesetz (TzBfG)

Abschnitt	Inhalt
Allgemeine Vorschriften	Zielsetzung; Begriff des teilzeitbeschäftigten Arbeitnehmers; Begriff des befristet beschäftigten Arbeitnehmers; Verbot der Diskriminierung; Benachteiligungsverbot
Teilzeitarbeit	Förderung von Teilzeitarbeit; Ausschreibung; Information über freie Arbeitsplätze; Verringerung der Arbeitszeit; Verlängerung der Arbeitszeit; Aus- und Weiterbildung; Kündigungsverbot; Arbeit auf Abruf; Arbeitsplatzteilung
Befristete Arbeitsverträge	Zulässigkeit der Befristung; Ende des befristeten Arbeitsvertrages; Folgen unwirksamer Befristung; Anrufung des Arbeitsgerichts; Information über unbefristete Arbeitsplätze; Aus- und Weiterbildung; Information der Arbeitnehmervertretung; Auflösend bedingte Arbeitsverträge
Gemeinsame Vorschriften	Abweichende Vereinbarungen; besondere gesetzliche Regelungen

5.19.2 Teilzeitarbeit und befristete Arbeitsverträge

Teilzeitbeschäftigung liegt nach § 2 TzBfG bei einem Arbeitnehmer vor, dessen regelmäßige Wochenarbeitszeit kürzer ist als die eines vergleichbaren vollzeitbeschäftigten Arbeitnehmers.

Eine **Befristung** ergibt sich nach § 3 TzBfG bei einem

- kalendermäßig befristeten Arbeitsvertrag: Aus der kalendermäßig bestimmten Dauer,
- zweckbefristeten Arbeitsvertrag: Aus Art, Zweck oder Beschaffenheit der Arbeitsleistung.

Nach dem **Diskriminierungs- und Benachteiligungsverbot** des § 4 f TzBfG darf ein teilzeitbeschäftigter oder befristet beschäftigter Arbeitnehmer wegen der Teilzeitarbeit bzw. der Befristung nicht benachteiligt und nicht schlechter behandelt werden als ein vergleichbarer vollzeitbeschäftigter Arbeitnehmer, es sei denn, dass sachliche Gründe eine unterschiedliche Behandlung rechtfertigen.

Im Rahmen der **Förderung** von Teilzeitarbeit hat der Arbeitgeber den Arbeitnehmern, auch in leitenden Positionen, Teilzeitarbeit zu ermöglichen (§ 6 TzBfG), und er hat einen Arbeitsplatz im Rahmen der öffentlichen oder innerhalb des Betriebes erfolgenden **Ausschreibung** auch als Teilzeitarbeitsplatz auszuschreiben, wenn sich der Arbeitsplatz hierfür eignet (§ 7 TzBfG).

Eine **Verringerung der Arbeitszeit** können nach § 8 TzBfG Arbeitnehmer verlangen, deren vertraglich vereinbartes Arbeitsverhältnis länger als sechs Monate bestanden hat. Der Umfang der Verringerung muss spätestens drei Monate vor deren Beginn geltend gemacht und die gewünschte Verteilung der Arbeitszeit angeben werden. Der Arbeitgeber hat mit dem Arbeitnehmer Einvernehmen über die von ihm festzulegende Verteilung der Arbeitszeit zu erzielen.

Nach § 9 TzBfG ist ein teilzeitbeschäftigter Arbeitnehmer, der den Wunsch nach einer **Verlängerung der Arbeitszeit** angezeigt hat, bei der Besetzung eines entsprechenden freien Arbeitsplatzes bei gleicher Eignung bevorzugt zu berücksichtigen, es sei denn, dass dringende betriebliche Gründe oder Arbeitszeitwünsche anderer teilzeitbeschäftigter Arbeitnehmer entgegenstehen.

Der Arbeitgeber hat nach § 10 TzBfG Sorge zu tragen, dass auch teilzeitbeschäftigte Arbeitnehmer an Maßnahmen zur **Aus- und Weiterbildung** teilnehmen können, und das **Kündigungsverbot** nach § 11 TzBfG besagt, dass die Kündigung eines Arbeitsverhältnisses wegen der Weigerung eines Arbeitnehmers, von einem Vollzeit- in ein Teilzeitarbeitsverhältnis oder umgekehrt zu wechseln, unwirksam ist.

Arbeitgeber und Arbeitnehmer können eine **Arbeit auf Abruf** gemäß § 12 TzBfG vereinbaren, nach der der Arbeitnehmer seine Arbeitsleistung entsprechend dem Arbeitsanfall zu erbringen hat, oder gemäß § 13 TzBfG eine **Arbeitsplatzteilung**, nach der sich mehrere Arbeitnehmer die Arbeitszeit an einem Arbeitsplatz teilen.

Die **Befristung** eines Arbeitsvertrages ist nach § 14 TzBfG zulässig, wenn sie durch einen sachlichen Grund gerechtfertigt ist, wie beispielsweise wenn der betriebliche Bedarf an der Arbeitsleistung nur vorübergehend besteht, der Arbeitnehmer zur Vertretung eines anderen Arbeitnehmers beschäftigt wird, die Befristung im Anschluss an eine Ausbildung oder ein Studium erfolgt, um den Übergang des Arbeitnehmers in eine Anschlussbeschäftigung zu erleichtern und anderes mehr. Die kalendermäßige Befristung eines Arbeitsvertrages ohne Vorliegen eines sachlichen Grundes ist bis auf wenige Ausnahmen nur bis zur Dauer von zwei Jahren zulässig.

Das **Arbeitsende** eines kalendermäßig befristeten Arbeitsvertrags richtet sich gemäß § 15 TzBfG nach dem Ablauf der vereinbarten Zeit, eines zweckbefristeten nach dem Erreichen des Zwecks.

Liegt eine **Rechtsunwirksamkeit** der Befristung vor, so gilt der befristete Arbeitsvertrag nach § 16 TzBfG als auf unbestimmte Zeit geschlossen.

Im Rahmen seiner **Informationspflicht** hat der Arbeitgeber nach § 18 TzBfG die befristet beschäftigten Arbeitnehmer über entsprechende zu besetzende unbefristete Arbeitsplätze zu informieren, und die Arbeitnehmervertretung nach § 20 TzBfG über die Anzahl der befristet beschäftigten Arbeitnehmer und ihren Anteil an der Gesamtbelegschaft die besetzt werden sollen.

Der Arbeitgeber hat nach § 19 TzBfG Sorge zu tragen, dass auch befristet beschäftigte Arbeitnehmer an Maßnahmen zur **Aus- und Weiterbildung** teilnehmen können.

6. Gesundheitsbetriebliche Aus- und Weiterbildung

6.1 Altenpflege-Ausbildungs- und Prüfungsverordnung (AltPflAPrV)

6.1.1 Übersicht über die Regelungen der AltPflAPrV

Die Ausbildungs- und Prüfungsverordnung für den Beruf der Altenpflegerin und des Altenpflegers (Altenpflege-Ausbildungs- und Prüfungsverordnung, AltPflAPrV) vom 26. November 2002 (BGBl I S. 4418), zuletzt durch Artikel 38 des Gesetzes vom 6. Dezember 2011 (BGBl I S. 2515) geändert, umfasst Regelungen zur Ausbildung, Leistungsbewertung, Prüfung und Sonderregelungen für Personen mit Ausbildungsnachweisen, die außerhalb des Geltungsbereichs des Altenpflegegesetzes erworben wurden.

Beispiel: Eine Altenpflegeschülerin hat im schriftlichen Teil der Prüfung die Note „mangelhaft". Nach § 14 AltPflAPrV darf sie diesen Prüfungsteil einmal wiederholen.

Tabelle 53 gibt einen Überblick über die Inhalte der AltPflAPrV.

Tab. 53: Altenpflege-Ausbildungs- und Prüfungsverordnung (AltPflAPrV)

Abschnitt	Inhalt
Ausbildung	Gliederung der Ausbildung; praktische Ausbildung
Leistungsbewertung	Jahreszeugnisse, Teilnahmebescheinigung; Benotung
Prüfung	Staatliche Prüfung; Prüfungsausschuss; Fachausschüsse; Zulassung zur Prüfung; Vornoten; schriftlicher, mündlicher, praktischer Teil der Prüfung; Niederschrift über die Prüfung; Bestehen der Prüfung, Zeugnis; Wiederholen der Prüfung; Rücktritt von der Prüfung; Versäumnisfolgen, Nichtabgabe der Aufsichtsarbeit, Unterbrechung der Prüfung; Ordnungsverstöße, Täuschungsversuche; Prüfungsunterlagen
Erlaubniserteilung	Erlaubnisurkunde; Sonderregelungen für Personen mit Ausbildungsnachweisen, die außerhalb des Geltungsbereichs des Altenpflegegesetzes erworben wurden
Schlussvorschrift	Inkrafttreten; Schlussformel
Anlage 1 (zu § 1 Abs. 1) Ausbildungsgliederung	
Anlage 2 (zu § 3 Abs. 2) Teilnahmebescheinigung	
Anlage 3 (zu § 14 Abs. 2) Prüfungszeugnis	
Anlage 4 (zu § 20) Erlaubnisurkunde	

6.1.2 Ausbildungsgliederung, Leistungsbewertung und Prüfung für den Beruf der Altenpflegerin und des Altenpflegers

Die dreijährige **Altenpflegerinnen- und Altenpflegerausbildung** umfasst nach § 1 AltPflAPrV mindestens den in der Anlage 1 aufgeführten theoretischen und praktischen Unterricht von 2.100 Stunden und die aufgeführte praktische Ausbildung von 2.500 Stunden, wobei von den 2.500 Stunden der praktischen Ausbildung mindestens 2.000 Stunden auf die Ausbildung in den im Altenpflegegesetz genannten Einrichtungen entfallen.

Die ausbildende Einrichtung stellt nach § 2 AltPflAPrV für die Zeit der **Praktischen Ausbildung** die Praxisanleitung der Schülerin oder des Schülers durch eine geeignete Fachkraft (Praxisanleiterin oder Praxisanleiter) auf der Grundlage eines Ausbildungsplans sicher. Geeignet ist eine Altenpflegerin oder ein Altenpfleger oder eine Krankenschwester oder ein Krankenpfleger mit mindestens zweijähriger Berufserfahrung in der Altenpflege und der Fähigkeit zur Praxisanleitung, die in der Regel durch eine berufspädagogische Fortbildung oder Weiterbildung nachzuweisen ist.

Die **Altenpflegeschule** stellt durch Lehrkräfte für die Zeit der praktischen Ausbildung die Praxisbegleitung der Schülerinnen und Schüler in den Einrichtungen sicher. Die ausbildende Einrichtung erstellt über den bei ihr durchgeführten Ausbildungsabschnitt eine Bescheinigung.

Im Rahmen der **Leistungsbewertung** erteilt die Altenpflegeschule nach § 3 AltPflAPrV zum Ende eines jeden Ausbildungsjahres der Schülerin oder dem Schüler ein Jahreszeugnis über die Leistungen im Unterricht und in der praktischen Ausbildung. Die Altenpflegeschule bestätigt vor dem Zulassungsverfahren die regelmäßige und erfolgreiche Teilnahme an der Ausbildung durch eine Bescheinigung.

Die staatliche **Altenpflegerinnen- und Altenpflegerprüfung** umfasst nach § 5 AltPflAPrV einen schriftlichen, einen mündlichen und einen praktischen Teil.

An jeder Altenpflegeschule wird nach § 6 AltPflAPrV ein **Prüfungsausschuss** gebildet, der für die ordnungsgemäße Durchführung der Prüfung verantwortlich ist. Zur Durchführung des mündlichen und des praktischen Teils der Prüfung kann der Prüfungsausschuss **Fachausschüsse** bilden, die insoweit die Aufgaben des Prüfungsausschusses wahrnehmen.

Das vorsitzende Mitglied des Prüfungsausschusses entscheidet nach § 8 AltPflAPrV auf Antrag der Schülerin oder des Schülers über die **Prüfungszulassung**.

Das vorsitzende Mitglied des Prüfungsausschusses nach § 9 AltPflAPrV setzt auf Vorschlag der Altenpflegeschule eine **Vornote** für jedes Lernfeld, das Gegenstand des schriftlichen und des mündlichen Teils der Prüfung ist, und eine Vornote für den praktischen Teil der Prüfung fest. Die jeweilige Vornote ergibt sich aus den Zeugnissen und wird bei der Bildung der Noten des mündlichen, schriftlichen und praktischen Teils der Prüfung jeweils mit einem Anteil von 25 vom Hundert berücksichtigt.

Die **Schriftliche Altenpflegerinnen- und Altenpflegerprüfung** umfasst nach § 10 AltPflAPrV jeweils eine Aufsichtsarbeit aus den Lernfeldern

- „Theoretische Grundlagen in das altenpflegerische Handeln einbeziehen“ und „Pflege alter Menschen planen, durchführen, dokumentieren und evaluieren“,
- „Alte Menschen personen- und situationsbezogen pflegen“ und „Bei der medizinischen Diagnostik und Therapie mitwirken“,
- „Lebenswelten und soziale Netzwerke alter Menschen beim altenpflegerischen Handeln berücksichtigen“.

Die **Mündliche Altenpflegerinnen- und Altenpflegerprüfung** erstreckt sich nach § 11 AltPflAPrV auf die Lernfelder

- „Alte Menschen personen- und situationsbezogen pflegen“,
- „Institutionelle und rechtliche Rahmenbedingungen beim altenpflegerischen Handeln berücksichtigen“ sowie
- „Berufliches Selbstverständnis entwickeln“ und „Mit Krisen und schwierigen sozialen Situationen umgehen“.

Die **Praktische Altenpflegerinnen- und Altenpflegerprüfung** besteht nach § 12 AltPflAPrV aus einer Aufgabe zur umfassenden und geplanten Pflege einschließlich der Beratung, Betreuung und Begleitung eines alten Menschen. Er bezieht sich auf die Lernbereiche „Aufgaben und Konzepte in der Altenpflege“ und „Unterstützung alter Menschen bei der Lebensgestaltung“.

Über die Prüfung ist nach § 13 AltPflAPrV eine **Prüfungsniederschrift** zu fertigen, aus der Gegenstand, Ablauf und Ergebnisse der Prüfung und etwa vorkommende Unregelmäßigkeiten hervorgehen.

Die Prüfung ist nach § 14 AltPflAPrV bestanden, wenn jeder der vorgesehenen Prüfungsteile mindestens mit der Note „ausreichend“ bewertet worden ist. Über die bestandene staatliche Prüfung wird ein **Prüfungszeugnis** erteilt.

Eine einmalige **Wiederholung** der vorgesehenen Prüfungsteile ist möglich, wenn sie mit der Note „mangelhaft“ oder „ungenügend“ bewertet worden sind.

Tritt die Schülerin oder der Schüler nach der Zulassung von der Prüfung zurück, so sind nach § 16 AltPflAPrV die Gründe für den **Rücktritt** unverzüglich dem vorsitzenden Mitglied des Prüfungsausschusses schriftlich mitzuteilen. Wird die Genehmigung für den Rücktritt nicht erteilt oder unterlässt es die Schülerin oder der Schüler, die Gründe für den Rücktritt unverzüglich mitzuteilen, so gilt die Prüfung oder der betreffende Teil der Prüfung als nicht bestanden.

Wenn die Schülerin oder der Schüler einen Prüfungstermin versäumt, eine Aufsichtsarbeit nicht oder nicht rechtzeitig abgibt oder die Prüfung unterbricht, so gilt die Prüfung oder der betreffende Teil der Prüfung nach § 17 AltPflAPrV als nicht bestanden, wenn nicht ein wichtiger Grund vorliegt.

Das vorsitzende Mitglied des Prüfungsausschusses kann nach § 18 AltPflAPrV bei Schülerinnen oder Schülern, die die ordnungsgemäße Durchführung der Prüfung in erheblichem Maße gestört oder sich eines **Täuschungsversuchs** schuldig gemacht haben, den betreffenden Teil der Prüfung für nicht bestanden erklären.

Auf Antrag ist nach § 19 der Schülerin oder dem Schüler nach Abschluss der Prüfung Einsicht in die eigenen **Prüfungsunterlagen** zu gewähren.

Liegen die Voraussetzungen nach dem Altenpflegegesetz für die Erteilung der Erlaubnis zur Führung der Berufsbezeichnung vor, so stellt die zuständige Behörde nach § 20 AltPflAPrV die **Erlaubnisurkunde** aus.

Wer eine Erlaubnis nach dem Altenpflegegesetz beantragt und einem anderen Mitgliedstaat der Europäischen Gemeinschaft oder einem anderen Vertragsstaat des Abkommens über den Europäischen Wirtschaftsraum angehört, kann nach § 21 AltPflAPrV zum Nachweis, dass die Voraussetzung des Altenpflegegesetzes vorliegt, einen entsprechenden Nachweis der zuständigen Behörde seines Herkunftsstaats vorlegen.

6.2 Verordnung über die fachliche Eignung für die Berufsausbildung der Medizinischen, Zahnmedizinischen und Tiermedizinischen Fachangestellten sowie der Pharmazeutisch-kaufmännischen Angestellten (AusbEignMedPharmV)

Nach § 1 der Verordnung über die **Fachliche Eignung** für die Berufsausbildung der Medizinischen, Zahnmedizinischen und Tiermedizinischen Fachangestellten sowie der Pharmazeutisch-kaufmännischen Angestellten (AusbEignMedPharmV) vom 7. März 2007 (BGBl I S. 311) besitzt die für die fachliche Eignung erforderlichen beruflichen Fertigkeiten, Kenntnisse und Fähigkeiten für den Ausbildungsberuf

- Medizinischer Fachangestellter/Medizinische Fachangestellte, wer als Arzt oder als Ärztin approbiert ist,
- Zahnmedizinischer Fachangestellter/Zahnmedizinische Fachangestellte, wer als Zahnarzt oder als Zahnärztin approbiert ist,
- Tiermedizinischer Fachangestellter/Tiermedizinische Fachangestellte, wer als Tierarzt oder als Tierärztin approbiert ist,
- Pharmazeutisch-kaufmännischer Angestellter/Pharmazeutisch-kaufmännische Angestellte, wer als Apotheker oder als Apothekerin approbiert ist.

6.3 Berufsbildungsgesetz (BBiG)

6.3.1 Übersicht über die Regelungen des BBiG

Das Berufsbildungsgesetz (BBiG) vom 23. März 2005 (BGBl I S. 931), zuletzt durch Artikel 24 des Gesetzes vom 20. Dezember 2011 (BGBl I S. 2854) geändert, gilt nach § 3 BBiG für die Berufsbildung, soweit sie nicht in berufsbildenden Schulen durchgeführt wird, die den Schulgesetzen der Länder unterstehen.

Beispiel: Ein Zahnarzt schließt mit einer Auszubildenden mündlich einen Ausbildungsvertrag. Nach § 11 BBiG hat er den wesentlichen Inhalt des Vertrages schriftlich niederzulegen.

Tabelle 54 gibt einen Überblick über die Inhalte des BBiG.

Tab. 54: Berufsbildungsgesetz (BBiG)

Teil	Kapitel	Abschnitt	Unterabschnitt	Inhalt
1	Allgemeine Vorschriften			
2	Berufsbildung			
	1	Berufsausbildung		
		1	Ordnung der Berufsausbildung; Anerkennung von Ausbildungsberufen	
		2	Berufsausbildungsverhältnis	
			1	Begründung des Ausbildungsverhältnisses
			2	Pflichten der Auszubildenden
			3	Pflichten der Ausbildenden
			4	Vergütung
			5	Beginn und Beendigung des Ausbildungsverhältnisses
			6	Sonstige Vorschriften
		3	Eignung von Ausbildungsstätte und Ausbildungspersonal	
		4	Verzeichnis der Berufsausbildungsverhältnisse	
		5	Prüfungswesen	
		6	Interessenvertretung	
	2	Berufliche Fortbildung		
	3	Berufliche Umschulung		

Teil	Kapitel	Abschnitt	Unter-abschnitt	Inhalt
	4	Berufsbildung für besondere Personengruppen		
		1	Berufsbildung behinderter Menschen	
		2	Berufsausbildungsvorbereitung	
3	Organisation der Berufsbildung			
	1	Zuständige Stellen; zuständige Behörden		
		1	Bestimmung der zuständigen Stelle	
		2	Überwachung der Berufsbildung	
		3	Berufsbildungsausschuss der zuständigen Stelle	
		4	Zuständige Behörden	
	2	Landesausschüsse für Berufsbildung		
4	Berufsbildungsforschung, Planung und Statistik			
5	Bundesinstitut für Berufsbildung			
6	Bußgeldvorschriften			
7	Übergangs- und Schlussvorschriften			

6.3.2 Berufsausbildung nach dem BBiG

Nach § 1 BBiG sind **Berufsbildung** die

- Berufsausbildungsvorbereitung: Sie dient dem Ziel, durch die Vermittlung von Grundlagen für den Erwerb beruflicher Handlungsfähigkeit an eine Berufsausbildung in einem anerkannten Ausbildungsberuf heranzuführen,
- Berufsausbildung: Sie hat die für die Ausübung einer qualifizierten beruflichen Tätigkeit in einer sich wandelnden Arbeitswelt notwendigen beruflichen Fertigkeiten, Kenntnisse und Fähigkeiten (berufliche Handlungsfähigkeit) in einem geordneten Ausbildungsgang zu vermitteln und den Erwerb der erforderlichen Berufserfahrungen zu ermöglichen,
- berufliche Fortbildung: Sie soll ermöglichen, die berufliche Handlungsfähigkeit zu erhalten und anzupassen oder zu erweitern und beruflich aufzusteigen,
- berufliche Umschulung: Sie soll zu einer anderen beruflichen Tätigkeit befähigen.

Lernorte der Berufsbildung sind nach § 2 BBiG

- Betriebe der Wirtschaft, vergleichbare Einrichtungen außerhalb der Wirtschaft, insbesondere des öffentlichen Dienstes, der Angehörigen freier Berufe und in Haushalten (betriebliche Berufsbildung),
- berufsbildende Schulen (schulische Berufsbildung) und

- sonstige Berufsbildungseinrichtungen außerhalb der schulischen und betrieblichen Berufsbildung (außerbetriebliche Berufsbildung).

Für einen anerkannten Ausbildungsberuf darf gemäß § 4 BBiG nur nach der **Ausbildungsordnung** ausgebildet werden, die das Bundesministerium für Wirtschaft und Technologie oder das sonst zuständige Fachministerium im Einvernehmen mit dem Bundesministerium für Bildung und Forschung durch Rechtsverordnung erlassen darf.

Die Ausbildungsordnung hat nach § 5 BBiG beispielsweise festzulegen die Bezeichnung des Ausbildungsberufes, der anerkannt wird, die Ausbildungsdauer, die beruflichen Fertigkeiten, Kenntnisse und Fähigkeiten, die mindestens Gegenstand der Berufsausbildung sind (Ausbildungsberufsbild), eine Anleitung zur sachlichen und zeitlichen Gliederung der Vermittlung der beruflichen Fertigkeiten, Kenntnisse und Fähigkeiten (Ausbildungsrahmenplan) sowie die Prüfungsanforderungen.

Wer andere Personen zur Berufsausbildung einstellt (Ausbildende), hat mit den Auszubildenden nach § 10 BBiG einen **Berufsausbildungsvertrag** zu schließen. Nach § 11 BBiG haben Ausbildende unverzüglich nach Abschluss des Berufsausbildungsvertrages, spätestens vor Beginn der Berufsausbildung, den wesentlichen Inhalt des Vertrages schriftlich niederzulegen.

Auszubildende sind nach § 13 BBiG insbesondere verpflichtet

- die ihnen im Rahmen ihrer Berufsausbildung aufgetragenen Aufgaben sorgfältig auszuführen,
- an Ausbildungsmaßnahmen teilzunehmen, für die sie freigestellt werden,
- den Weisungen zu folgen, die ihnen im Rahmen der Berufsausbildung von Ausbildenden, von Ausbildern oder Ausbilderinnen oder von anderen weisungsberechtigten Personen erteilt werden,
- die für die Ausbildungsstätte geltende Ordnung zu beachten,
- Werkzeug, Maschinen und sonstige Einrichtungen pfleglich zu behandeln,
- über Betriebs- und Geschäftsgeheimnisse Stillschweigen zu wahren.

Ausbildende haben nach §§ 14 ff BBiG unter anderem

- dafür zu sorgen, dass den Auszubildenden die berufliche Handlungsfähigkeit vermittelt wird, die zum Erreichen des Ausbildungsziels erforderlich ist, und die Berufsausbildung in einer durch ihren Zweck gebotenen Form planmäßig, zeitlich und sachlich gegliedert so durchzuführen, dass das Ausbildungsziel in der vorgesehenen Ausbildungszeit erreicht werden kann,
- Auszubildenden kostenlos die Ausbildungsmittel, insbesondere Werkzeuge und Werkstoffe zur Verfügung zu stellen, die zur Berufsausbildung und zum Ablegen von Zwischen- und Abschlussprüfungen, auch soweit solche nach Beendigung des Berufsausbildungsverhältnisses stattfinden, erforderlich sind,

- Auszubildende zum Besuch der Berufsschule sowie zum Führen von schriftlichen Ausbildungsnachweisen anzuhalten, soweit solche im Rahmen der Berufsausbildung verlangt werden, und diese durchzusehen,
- dafür zu sorgen, dass Auszubildende charakterlich gefördert sowie sittlich und körperlich nicht gefährdet werden,
- Auszubildende für die Teilnahme am Berufsschulunterricht und an Prüfungen freizustellen,
- den Auszubildenden bei Beendigung des Berufsausbildungsverhältnisses ein schriftliches Zeugnis auszustellen,
- Auszubildenden eine angemessene Vergütung zu gewähren.

Das Berufsausbildungsverhältnis beginnt nach § 20 BBiG mit der Probezeit und endet nach § 21 BBiG mit dem Ablauf der Ausbildungszeit. Eine **Kündigung** des Berufsausbildungsverhältnisses kann gemäß § 22 BBiG nach der Probezeit nur erfolgen aus einem wichtigen Grund ohne Einhalten einer Kündigungsfrist oder von Auszubildenden mit einer Kündigungsfrist von vier Wochen, wenn sie die Berufsausbildung aufgeben oder sich für eine andere Berufstätigkeit ausbilden lassen wollen.

Findet eine **Weiterarbeit** statt, indem Auszubildende im Anschluss an das Berufsausbildungsverhältnis beschäftigt werden, ohne dass hierüber ausdrücklich etwas vereinbart worden ist, so gilt nach § 24 BBiG ein Arbeitsverhältnis auf unbestimmte Zeit als begründet.

Auszubildende dürfen nach § 27 BBiG nur eingestellt und ausgebildet werden, wenn die **Ausbildungsstätte** nach Art und Einrichtung für die Berufsausbildung geeignet ist und die Zahl der Auszubildenden in einem angemessenen Verhältnis zur Zahl der Ausbildungsplätze oder zur Zahl der beschäftigten Fachkräfte steht, es sei denn, dass anderenfalls die Berufsausbildung nicht gefährdet wird.

Auszubildende darf nach § 28 BBiG nur ausbilden, wer persönlich und fachlich geeignet ist. Die fachliche **Eignung** besitzt nach § 30 BBiG, wer die beruflichen sowie die berufs- und arbeitspädagogischen Fertigkeiten, Kenntnisse und Fähigkeiten besitzt, die für die Vermittlung der Ausbildungsinhalte erforderlich sind.

In den anerkannten Ausbildungsberufen sind nach § 37 BBiG **Abschlussprüfungen** durchzuführen, und dem Prüfling ist ein Zeugnis auszustellen. Die **Zulassung** zur Abschlussprüfung erhält nach § 43 BBiG unter anderem, wer die Ausbildungszeit zurückgelegt hat oder wessen Ausbildungszeit nicht später als zwei Monate nach dem Prüfungstermin endet, wer an vorgeschriebenen Zwischenprüfungen teilgenommen sowie vorgeschriebene schriftliche Ausbildungsnachweise geführt hat und wessen Berufsausbildungsverhältnis in das Verzeichnis der Berufsausbildungsverhältnisse eingetragen oder aus einem Grund nicht eingetragen ist, den weder die Auszubildenden noch deren gesetzliche Vertreter oder Vertreterinnen zu vertreten haben.

6.3.3 Berufliche Fortbildung, Umschulung und Berufsbildungsorganisation

Eine **Fortbildungsordnung** hat nach § 53 BBiG festzulegen die Bezeichnung des Fortbildungsabschlusses, das Ziel, den Inhalt und die Anforderungen der Prüfung, die Zulassungsvoraussetzungen sowie das Prüfungsverfahren.

Als Grundlage für eine geordnete und einheitliche berufliche **Umschulung** können nach § 58 BBiG in einer Umschulungsordnung die Bezeichnung des Umschulungsabschlusses, das Ziel, den Inhalt, die Art und Dauer der Umschulung, die Anforderungen der Umschulungsprüfung und die Zulassungsvoraussetzungen sowie das Prüfungsverfahren der Umschulung unter Berücksichtigung der besonderen Erfordernisse der beruflichen Erwachsenenbildung bestimmt werden.

Nach § 62 BBiG müssen Maßnahmen der beruflichen Umschulung nach Inhalt, Art, Ziel und Dauer den besonderen Erfordernissen der beruflichen Erwachsenenbildung entsprechen. Umschulende haben die Durchführung der beruflichen Umschulung vor Beginn der Maßnahme der zuständigen Stelle schriftlich anzuzeigen. Die Anzeigepflicht erstreckt sich auf den wesentlichen Inhalt des Umschulungsverhältnisses. Bei Abschluss eines Umschulungsvertrages ist eine Ausfertigung der Vertragsniederschrift beizufügen.

Behinderte Menschen sollen nach § 64 BBiG in anerkannten Ausbildungsberufen ausgebildet werden. Dabei sollen nach § 65 BBiG die besonderen Verhältnisse behinderter Menschen berücksichtigen. Dies gilt insbesondere für die zeitliche und sachliche Gliederung der Ausbildung, die Dauer von Prüfungszeiten, die Zulassung von Hilfsmitteln und die Inanspruchnahme von Hilfeleistungen Dritter wie Gebärdensprachdolmetscher für hörbehinderte Menschen. Dies gilt nach § 67 BBiG für die berufliche Fortbildung und die berufliche Umschulung behinderter Menschen entsprechend.

Die **Berufsausbildungsvorbereitung** richtet sich nach § 68 BBiG an lernbeeinträchtigte oder sozial benachteiligte Personen, deren Entwicklungsstand eine erfolgreiche Ausbildung in einem anerkannten Ausbildungsberuf noch nicht erwarten lässt. Sie muss nach Inhalt, Art, Ziel und Dauer den besonderen Erfordernissen genannten Personenkreises entsprechen und durch umfassende sozialpädagogische Betreuung und Unterstützung begleitet werden.

Für die Berufsbildung der Fachangestellten im Bereich der Gesundheitsdienstberufe sind nach § 71 BBiG jeweils für ihren Bereich die Ärzte-, Zahnärzte-, Tierärzte- und Apothekerkammern **Zuständige Stelle** im Sinne des BBiG. Nach § 74 BBiG gilt § 73 BBiG entsprechend für Ausbildungsberufe, in denen im Bereich der Kirchen und sonstigen Religionsgemeinschaften des öffentlichen Rechts oder außerhalb des öffentlichen Dienstes nach Ausbildungsordnungen des öffentlichen Dienstes ausgebildet wird. Die Zuständige Stelle überwacht nach § 76 BBiG die Durchführung der Berufsausbildungsvorbereitung, der Berufsausbildung und der beruflichen Umschulung und fördert diese durch Beratung der an der Berufsbildung beteiligten Personen.

Das Bundesministerium für Bildung und Forschung hat nach § 86 BBiG Entwicklungen in der beruflichen Bildung ständig zu beobachten und darüber bis zum 1. April jeden Jahres der Bundesregierung einen **Berufsbildungsbericht** vorzulegen.

Für Zwecke der Planung und Ordnung der Berufsbildung wird nach § 87 BBiG eine **Berufsbildungsstatistik** als Bundesstatistik durchgeführt.

6.4 Ergotherapeuten-Ausbildungs- und Prüfungsverordnung (ErgThAPrV)

6.4.1 Übersicht über die Regelungen der ErgThAPrV

Die Ausbildungs- und Prüfungsverordnung für Ergotherapeutinnen und Ergotherapeuten (Ergotherapeuten-Ausbildungs- und Prüfungsverordnung, ErgThAPrV) vom 2. August 1999 (BGBl I S. 1731), zuletzt durch Artikel 51 des Gesetzes vom 6. Dezember 2011 (BGBl I S. 2515) geändert, umfasst Regelungen zur Ausbildung, Prüfung und Sonderregelungen für Inhaber von Ausbildungsnachweisen aus einem anderen Vertragsstaat des Europäischen Wirtschaftsraumes.

Beispiel: In der Praktischen Prüfung nach § 7 ErgThAPrV fertigt ein Prüfling anhand eines von ihm vorher erstellten Arbeitsplanes unter Aufsicht eine Schiene an, analysiert deren therapeutische Einsatzmöglichkeit und begründet diese.

Tabelle 55 gibt einen Überblick über die Inhalte der ErgThAPrV.

Tab. 55: Ergotherapeuten-Ausbildungs- und Prüfungsverordnung (ErgThAPrV)

Fundstelle	Inhalt
§ 1	Ausbildung
§ 2	Staatliche Prüfung
§ 3	Prüfungsausschuss
§ 4	Zulassung zur Prüfung
§ 5	Schriftlicher Teil der Prüfung
§ 6	Mündlicher Teil der Prüfung
§ 7	Praktischer Teil der Prüfung
§ 8	Niederschrift
§ 9	Benotung
§ 10	Bestehen und Wiederholung der Prüfung
§ 11	Rücktritt von der Prüfung

Fundstelle	Inhalt
§ 12	Versäumnisfolgen
§ 13	Ordnungsverstöße und Täuschungsversuche
§ 14	Prüfungsunterlagen
§ 15	Erlaubnisurkunde
§ 16	Sonderregelungen für Inhaber von Ausbildungsnachweisen aus einem anderen Vertragsstaat des Europäischen Wirtschaftsraumes
§ 16a	Frist
§ 17	Übergangsvorschrift
§ 18	Inkrafttreten, Außerkrafttreten
Schlussformel	
Anlage 1 (zu § 1 Abs. 1) Ausbildungsgliederung	
Anlage 2 (zu § 1 Abs. 3) Teilnahmebescheinigung	
Anlage 3 (zu § 10 Abs. 2 Satz 1) Prüfungszeugnis	
Anlage 4 (zu § 15) Erlaubnisurkunde	

6.4.2 Ausbildung und Prüfung für den Beruf der Ergotherapeutinnen und Ergotherapeuten

Die dreijährige **Ergotherapeutinnen- und Ergotherapeutenausbildung** umfasst nach § 1 ErgThAPrV mindestens den in der Anlage 1 aufgeführten theoretischen und praktischen Unterricht von 2.700 Stunden und die aufgeführte praktische Ausbildung von 1.700 Stunden. Sie steht unter der Gesamtverantwortung einer Schule für Ergotherapeuten die die praktische Ausbildung im Rahmen einer Vereinbarung mit Krankenhäusern oder anderen geeigneten Einrichtungen sicherzustellen hat.

Die staatliche **Ergotherapeutinnen- und Ergotherapeutenprüfung** nach § 2 ErgThAPrV umfasst einen schriftlichen, einen mündlichen und einen praktischen Teil.

Die **Prüfungszulassung** wird nach § 4 ErgThAPrV erteilt, wenn der Personalausweis oder Reisepass in amtlich beglaubigter Abschrift und die Bescheinigung über die Teilnahme an den Ausbildungsveranstaltungen als Nachweise vorliegen.

Die **Schriftliche Ergotherapeutinnen- und Ergotherapeutenprüfung** erstreckt sich nach § 5 ErgThAPrV auf die Fächergruppen

- Allgemeine Krankheitslehre; Spezielle Krankheitslehre einschließlich diagnostischer, therapeutischer, präventiver und rehabilitativer Maßnahmen sowie psychosoziale Aspekte; Grundlagen der Arbeitsmedizin,
- Psychologie und Pädagogik; Behindertenpädagogik; Berufs-, Gesetzes- und Staatskunde,

– Motorisch-funktionelle Behandlungsverfahren; Neurophysiologische Behandlungsverfahren; Neuropsychologische Behandlungsverfahren; Psychosoziale Behandlungsverfahren; Arbeitstherapeutische Verfahren.

Die **Mündliche Ergotherapeutinnen- und Ergotherapeutenprüfung** erstreckt sich nach § 6 ErgThAPrV auf die Fächer
– Biologie, beschreibende und funktionelle Anatomie, Physiologie,
– Medizinsoziologie und Gerontologie,
– Grundlagen der Ergotherapie.

In der **Praktischen Ergotherapeutinnen- und Ergotherapeutenprüfung** hat der Prüfling nach § 7 ErgThAPrV
– gemäß eines von ihm vorher zu erstellenden Arbeitsplanes unter Aufsicht ein Werkstück, eine Schiene, ein Hilfsmittel oder einen anderen therapeutischen Gegenstand anzufertigen und die therapeutische Einsatzmöglichkeit zu analysieren und zu begründen sowie
– mit einem Patienten oder mit einer Patientengruppe eine ergotherapeutische Behandlung durchzuführen, die auf der Grundlage eines schriftlichen Prüfungsberichtes über die ergotherapeutische Befunderhebung, die Behandlungsplanung und deren Durchführung beruht.

Über die Prüfung ist nach § 8 ErgThAPrV eine **Prüfungsniederschrift** zu fertigen, aus der Gegenstand, Ablauf und Ergebnisse der Prüfung und etwa vorkommende Unregelmäßigkeiten hervorgehen.

Die Prüfung ist bestanden, wenn gemäß § 10 ErgThAPrV jeder der vorgeschriebenen Prüfungsteile bestanden ist. Über die bestandene staatliche Prüfung wird ein **Zeugnis** erteilt.

Tritt ein Prüfling nach seiner Zulassung von der Prüfung oder einem Teil der Prüfung zurück, so hat er nach § 11 ErgThAPrV die Gründe für seinen **Rücktritt** unverzüglich dem Vorsitzenden des Prüfungsausschusses schriftlich mitzuteilen. Genehmigt der Vorsitzende den Rücktritt, so gilt die Prüfung oder der betreffende Teil der Prüfung als nicht unternommen.

Auf Antrag ist dem Prüfungsteilnehmer gemäß § 14 ErgThAPrV nach Abschluss der Prüfung Einsicht in seine **Prüfungsunterlagen** zu gewähren.

Liegen die Voraussetzungen für die Erteilung der Erlaubnis zur Führung der Berufsbezeichnung vor, so stellt die zuständige Behörde nach § 15 ErgThAPrV die **Erlaubnisurkunde** aus.

Nach § 16 ErgThAPrV führen Antragsteller, die über einen Ausbildungsnachweis im Beruf des Ergotherapeuten verfügen, der in einem anderen Vertragsstaat des Europäischen Wirtschaftsraumes erworben worden ist, nach der Anerkennung ihrer Berufsqualifikation die Berufsbezeichnung „Ergotherapeutin“ oder „Ergotherapeut“.

6.5 Verordnung über die Prüfung zum anerkannten Fortbildungsabschluss Geprüfter Fachwirt im Gesundheits- und Sozialwesen und Geprüfte Fachwirtin im Gesundheits- und Sozialwesen (GesWFachwPrV)

6.5.1 Übersicht über die Regelungen der GesWFachwPrV

Die Verordnung über die Prüfung zum anerkannten Fortbildungsabschluss Geprüfter Fachwirt im Gesundheits- und Sozialwesen und Geprüfte Fachwirtin im Gesundheits- und Sozialwesen (GesWFachwPrV) vom 21. Juli 2011 (BGBl I S. 1679) umfasst Regelungen zum Fortbildungsabschluss, zur Prüfung und zur Ausbildereignung für den Beruf Geprüfter Fachwirt und Geprüfte Fachwirtin im Gesundheits- und Sozialwesen.

Beispiel: Ein Altenpfleger weist eine achtjährige Berufspraxis nach. Er erfüllt somit die Zulassungsvoraussetzungen nach § 2 GesWFachwPrV.

Tabelle 56 gibt einen Überblick über die Inhalte der GesWFachwPrV.

Tab. 56: Verordnung über die Prüfung zum anerkannten Fortbildungsabschluss Geprüfter Fachwirt im Gesundheits- und Sozialwesen und Geprüfte Fachwirtin im Gesundheits- und Sozialwesen (GesWFachwPrV)

Fundstelle	Inhalt
§ 1	Ziel der Prüfung und Bezeichnung des Fortbildungsabschlusses
§ 2	Zulassungsvoraussetzungen
§ 3	Gliederung und Durchführung der Prüfung
§ 4	Inhalt der Prüfung
§ 5	Anrechnung anderer Prüfungsleistungen
§ 6	Bewerten der Prüfungsleistungen und Bestehen der Prüfung
§ 7	Wiederholung der Prüfung
§ 8	Ausbildereignung
§ 9	Übergangsvorschriften
§ 10	Inkrafttreten
Anlage 1 (zu § 6 Absatz 2) Muster	
Anlage 2 (zu § 6 Absatz 2) Muster	

6.5.2 Fortbildungsabschluss, Prüfung und Ausbildereignung für den Beruf Geprüfter Fachwirt und Geprüfte Fachwirtin im Gesundheits- und Sozialwesen

Nach § 1 GesWFachwPrV ist es **Prüfungsziel** festzustellen, ob die notwendigen Qualifikationen und Erfahrungen vorhanden sind, um in verschiedenen Bereichen und Einrichtungen des Gesundheits- und Sozialwesens, insbesondere in ambulanten, stationären und teilstationären Einrichtungen, Organisationen, Institutionen und Verbänden als auch bei einer selbstständigen Tätigkeit, eigenständig komplexe fachliche und verantwortliche Aufgaben der Planung, Führung, Organisation und Kontrolle unter Nutzung betriebswirtschaftlicher und personalwirtschaftlicher Steuerungsinstrumente auszuüben.

Die **Zulassungsvoraussetzungen** nach § 2 GesWFachwPrV erfüllt, wer

- eine mit Erfolg abgelegte Abschlussprüfung in einem anerkannten nach dem Berufsbildungsgesetz oder der Handwerksordnung geregelten kaufmännischen, verwaltenden, medizinischen oder handwerklichen Ausbildungsberuf des Gesundheits- und Sozialwesens und danach eine mindestens einjährige Berufspraxis oder
- eine mit Erfolg abgelegte Abschlussprüfung in einem bundesrechtlich geregelten Beruf im Gesundheitswesen oder einem dreijährigen landesrechtlich geregelten Beruf im Gesundheits- und Sozialwesen und eine mindestens einjährige Berufspraxis oder
- ein mit Erfolg abgeschlossenes einschlägiges Hochschulstudium und eine mindestens zweijährige Berufspraxis oder
- eine mit Erfolg abgelegte Abschlussprüfung in einem sonstigen anerkannten kaufmännischen, verwaltenden oder hauswirtschaftlichen Ausbildungsberuf und danach eine mindestens zweijährige Berufspraxis oder
- eine mindestens fünfjährige Berufspraxis nachweist.

Die Prüfung ist nach § 3 GesWFachwPrV schriftlich und mündlich durchzuführen und bezieht sich auf die **Prüfungsbereiche**

- Planen, Steuern und Organisieren betrieblicher Prozesse,
- Steuern von Qualitätsmanagementprozessen,
- Gestalten von Schnittstellen und Projekten,
- Steuern und Überwachen betriebswirtschaftlicher Prozesse und Ressourcen,
- Führen und Entwickeln von Personal,
- Planen und Durchführen von Marketingmaßnahmen.

Die schriftliche und die mündliche Prüfung sind nach § 6 GesWFachwPrV jeweils gesondert zu bewerten. Die Prüfung ist bestanden, wenn sowohl in der schriftlichen als auch in der mündlichen Prüfung mindestens ausreichende Leistungen erbracht wurden. Eine Prüfung, die nicht bestanden ist, kann nach § 7 GesWFachwPrV zweimal wiederholt werden.

Zum Zwecke der **Ausbildereignung** kann der Prüfungsteilnehmer oder die Prüfungsteilnehmerin gemäß § 8 GesWFachwPrV nach erfolgreichem Abschluss der Prüfung zum „Geprüften Fachwirt im Gesundheits- und Sozialwesen" oder zur „Geprüften Fachwirtin im Gesundheits- und Sozialwesen" beantragen, eine zusätzliche Prüfung zum Nachweis der berufs- und arbeitspädagogischen Qualifikationen abzulegen. Die zusätzliche Prüfung ist bestanden, wenn mindestens ausreichende Leistungen erbracht wurden. Wer die Prüfung zum „Geprüften Fachwirt im Gesundheits- und Sozialwesen" oder zur „Geprüften Fachwirtin im Gesundheits- und Sozialwesen" nach dieser Verordnung bestanden hat, ist vom schriftlichen Teil der Prüfung der nach dem Berufsbildungsgesetz erlassenen Ausbilder-Eignungsverordnung befreit. Wer auch die zusätzliche Prüfung bestanden hat, hat die berufs- und arbeitspädagogischen Fertigkeiten, Kenntnisse und Fähigkeiten nach dem Berufsbildungsgesetz nachgewiesen.

6.6 Ausbildungs- und Prüfungsverordnung für Hebammen und Entbindungspfleger (HebAPrV)

6.6.1 Übersicht über die Regelungen der HebAPrV

Die Ausbildungs- und Prüfungsverordnung für Hebammen und Entbindungspfleger (HebAPrV) vom 16. März 1987 (BGBl I S. 929), zuletzt durch Artikel 40 des Gesetzes vom 6. Dezember 2011 (BGBl I S. 2515) geändert, umfasst Regelungen zum Ausbildungsinhalt, zur Prüfung sowie Sonderregelungen für Inhaber von Ausbildungsnachweisen aus einem anderen Vertragsstaat des Europäischen Wirtschaftsraumes.

Beispiel: Bei einer Prüfung wurde innerhalb des schriftlichen Teiles das Fach „Geburtshilfe" mit „mangelhaft" benotet. Nach § 10 HebAPrV muss innerhalb des schriftlichen und des mündlichen Teiles der Prüfung das Fach „Geburtshilfe" mit mindestens „ausreichend" benotet sein.

Tabelle 57 gibt einen Überblick über die Inhalte der HebAPrV.

Tab. 57: Ausbildungs- und Prüfungsverordnung für Hebammen und Entbindungspfleger (HebAPrV)

Fundstelle	Inhalt
§ 1	Inhalt der Ausbildung
§ 2	Staatliche Prüfung
§ 3	Prüfungsausschuss
§ 4	Zulassung zur Prüfung

Fundstelle	Inhalt
§ 5	Schriftlicher Teil der Prüfung
§ 6	Mündlicher Teil der Prüfung
§ 7	Praktischer Teil der Prüfung
§ 8	Niederschrift
§ 9	Benotung
§ 10	Bestehen und Wiederholung der Prüfung
§ 11	Rücktritt von der Prüfung
§ 12	Versäumnisfolgen
§ 13	Ordnungsverstöße und Täuschungsversuche
§ 14	Prüfungsunterlagen
§ 15	Erlaubnisurkunde
§ 16	Sonderregelungen für Inhaber von Ausbildungsnachweisen aus einem anderen Vertragsstaat des Europäischen Wirtschaftsraumes
§ 16a	Frist
§ 17	(weggefallen)
Anlage 1 (zu § 1 Abs. 1) Ausbildungsgliederung	
Anlage 2 (zu § 2 Abs. 1) Ausbildungsgliederung	
Anlage 3 (zu § 1 Abs. 4) Teilnahmebescheinigung	
Anlage 4 (zu § 10 Abs. 2) Zeugnis	
Anlage 5 (zu § 15) Erlaubnisurkunde	

6.6.2 Ausbildung und Prüfung für den Beruf der Hebammen und Entbindungspfleger

Die **Hebammen- und Entbindungspflegerausbildung** umfasst nach § 1 HebAPrV mindestens den in Anlage 1 aufgeführten theoretischen und praktischen Unterricht von 1.600 Stunden und die in Anlage 2 aufgeführte praktische Ausbildung von 3.000 Stunden. Die regelmäßige und erfolgreiche Teilnahme an den vorgeschriebenen Ausbildungsveranstaltungen ist durch eine Bescheinigung nachzuweisen.

Die staatliche **Hebammen- und Entbindungspflegerprüfung** umfasst nach § 2 HebAPrV einen schriftlichen, einen mündlichen und einen praktischen Teil.

Die **Zulassungsvoraussetzungen** zur Prüfung sind erfüllt, wenn gemäß § 4 HebAPrV die Nachweise Personalausweis oder Reisepass in amtlich beglaubigter Abschrift sowie die Bescheinigungen über die Teilnahme an den nach dieser Verordnung vorgeschriebenen Ausbildungsveranstaltungen vorliegen.

Die **Schriftliche Hebammen- und Entbindungspflegerprüfung** erstreckt sich nach § 5 HebAPrV auf die Fächer
- Geburtshilfe,
- Anatomie und Physiologie,
- Krankheitslehre,
- Kinderheilkunde,
- Berufs-, Gesetzes- und Staatsbürgerkunde.

Die **Mündliche Hebammen- und Entbindungspflegerprüfung** erstreckt sich nach § 6 HebAPrV auf die Fächer
- Geburtshilfe,
- Kinderheilkunde,
- Krankenpflege,
- Gesundheitslehre und Hygiene.

Die **Praktische Hebammen- und Entbindungspflegerprüfung** erstreckt sich nach § 7 HebAPrV auf die Aufgaben
- Aufnahme einer Schwangeren und Dokumentation der erhobenen Befunde mit Erstellung eines Behandlungsplanes,
- Durchführung einer Entbindung mit Erstversorgung des Neugeborenen und Dokumentation im Einverständnis mit der Schwangeren,
- eine praktische Pflegedemonstration an einem Säugling,
- eine Fallbesprechung/Pflegedemonstration an einer Wöchnerin.

Nach § 8 HebAPrV ist eine Prüfungsniederschrift über die Prüfung zu fertigen, aus der Gegenstand, Ablauf und Ergebnis der Prüfung und etwa vorkommende Unregelmäßigkeiten hervorgehen.

Die Prüfung ist nach § 10 HebAPrV bestanden, wenn der schriftliche, der mündliche und der praktische Teil der Prüfung mit mindestens „ausreichend" benotet werden. Dabei muss innerhalb des schriftlichen und des mündlichen Teiles der Prüfung das Fach „Geburtshilfe" mit mindestens „ausreichend" benotet sein. Über die bestandene staatliche Prüfung wird ein **Prüfungszeugnis** erteilt, auf dem die Prüfungsnoten einzutragen sind. Jeder Teil der Prüfung kann einmal wiederholt werden, wenn der Prüfling die Note „mangelhaft" oder „ungenügend" erhalten hat.

Wird die Genehmigung für einen **Prüfungsrücktritt** nicht erteilt oder unterlässt es der Prüfling, die Gründe für seinen Rücktritt unverzüglich mitzuteilen, so gilt die Prüfung nach § 11 HebAPrV als nicht bestanden.

Versäumt ein Prüfling einen Prüfungstermin oder gibt er eine Aufsichtsarbeit nicht oder nicht rechtzeitig ab oder unterbricht er die Prüfung, so gilt die Prüfung nach § 12 HebAPrV als nicht bestanden, wenn nicht ein wichtiger Grund vorliegt. Liegt ein wichtiger Grund vor, so gilt die Prüfung als nicht unternommen.

Auf Antrag ist dem Prüfungsteilnehmer nach Abschluss der Prüfung gemäß § 14 HebAPrV Einsicht in seine **Prüfungsunterlagen** zu gewähren.

Liegen die Voraussetzungen des Gesetzes für die Erteilung der Erlaubnis zur Führung der Berufsbezeichnung vor, so stellt die zuständige Behörde die **Erlaubnisurkunde** gemäß § 15 HebAPrV aus.

Antragsteller, die über einen Ausbildungsnachweis im Beruf der Hebamme verfügen, der in einem anderen Vertragsstaat des Europäischen Wirtschaftsraumes erworben worden ist, führen nach der Anerkennung ihrer Berufsqualifikation gemäß § 16 HebAPrV die Berufsbezeichnung „Hebamme" oder „Entbindungspfleger".

6.7 Verordnung über die Berufsausbildung für Kaufleute in den Dienstleistungsbereichen Gesundheitswesen sowie Veranstaltungswirtschaft (KflDiAusbV)

6.7.1 Übersicht über die Regelungen der KflDiAusbV

Die Verordnung über die Berufsausbildung für Kaufleute in den Dienstleistungsbereichen Gesundheitswesen sowie Veranstaltungswirtschaft (KflDiAusbV) vom 25. Juni 2001 (BGBl I S. 1262, 1878), durch Artikel 2 der Verordnung vom 4. Juli 2007 (BGBl I S. 1252) geändert, umfasst neben gemeinsamen Regelungen unter anderem auch spezielle Vorschriften für den Ausbildungsberuf Kaufmann im Gesundheitswesen/Kauffrau im Gesundheitswesen.

Beispiel: Der Auszubildende führt ein Berichtsheft, das er am Ende der Ausbildung vorlegt. Nach § 7 KflDiAusbV hat der Ausbildende das Berichtsheft jedoch regelmäßig durchzusehen.

Tabelle 58 gibt einen Überblick über die Inhalte der KflDiAusbV.

Tab. 58: Verordnung über die Berufsausbildung für Kaufleute in den Dienstleistungsbereichen Gesundheitswesen sowie Veranstaltungswirtschaft (KflDiAusbV)

Teil	Inhalt
Gemeinsame Vorschriften	Staatliche Anerkennung der Ausbildungsberufe; Ausbildungsdauer; Struktur und Zielsetzung der Berufsausbildung
Vorschriften für den Ausbildungsberuf Kaufmann im Gesundheitswesen/ Kauf-frau im Gesundheitswesen	Ausbildungsberufsbild; Ausbildungsrahmenplan; Ausbildungsplan; Berichtsheft; Zwischenprüfung; Abschlussprüfung

Teil	Inhalt
Vorschriften für den Ausbildungsberuf Veranstaltungskaufmann/ Veranstaltungskauffrau	Ausbildungsberufsbild; Ausbildungsrahmenplan; Ausbildungsplan; Berichtsheft; Zwischenprüfung; Abschlussprüfung
Schlussvorschriften	Inkrafttreten
Anlage 1 (zu § 5) Ausbildungsrahmenplan für die Berufsausbildung zum Kaufmann im Gesundheitswesen/zur Kauffrau im Gesundheitswesen	
Anlage 2 (weggefallen)	
Anlage 3 (zu § 17) Ausbildungsrahmenplan für die Berufsausbildung zum Veranstaltungskaufmann/ zur Veranstaltungskauffrau	

6.7.2 Ausbildung und Prüfung für den Ausbildungsberuf Kaufmann im Gesundheitswesen/Kauffrau im Gesundheitswesen

Die Ausbildung dauert nach § 2 KflDiAusbV drei Jahre und vermittelt nach § 3 KflDiAusbV in einem zeitlichen Umfang von insgesamt 18 Monaten, verteilt über die gesamte Ausbildungszeit, gemeinsame Fertigkeiten und Kenntnisse für eine kaufmännische Berufstätigkeit in den Dienstleistungsbereichen Gesundheitswesen oder Veranstaltungswirtschaft. Im Umfang von weiteren 18 Monaten werden, verteilt über die gesamte Ausbildungszeit, nach § 4 KflDiAusbV unterschiedliche berufsspezifische Fertigkeiten und Kenntnisse vermittelt, unter anderem in den Bereichen

- Geschäfts- und Leistungsprozess,
- Marketing und Verkauf,
- kaufmännische Steuerung und Kontrolle,
- Personalwirtschaft,
- Organisation, Aufgaben und Rechtsfragen des Gesundheits- und Sozialwesens,
- medizinische Dokumentation und Berichtswesen; Datenschutz,
- Materialwirtschaft,
- Marketing im Gesundheitswesen,
- Finanz- und Rechnungswesen im Gesundheitsbereich,
- Qualitätsmanagement im Gesundheitswesen.

Der Ausbildende hat nach § 6 KflDiAusbV unter Zugrundelegung des Ausbildungsrahmenplanes für den Auszubildenden einen **Ausbildungsplan** zu erstellen.

Der Auszubildende hat nach § 7 KflDiAusbV ein **Berichtsheft** in Form eines Ausbildungsnachweises zu führen. Der Ausbildende hat das Berichtsheft regelmäßig durchzusehen.

Zur Ermittlung des Ausbildungsstandes ist nach § 8 KflDiAusbV eine **Zwischenprüfung** durchzuführen. Sie ist schriftlich anhand praxisbezogener Aufgaben oder Fälle in folgenden Prüfungsgebieten durchzuführen:

- Leistungsprozesse im Gesundheitswesen,
- Rechnungswesen,
- Wirtschafts- und Sozialkunde.

Die **Abschlussprüfung** ist schriftlich in den Prüfungsbereichen
- Gesundheitswesen,
- Geschäfts- und Leistungsprozesse in Einrichtungen des Gesundheitswesens,
- Wirtschafts- und Sozialkunde

und im Prüfungsbereich Fallbezogenes Fachgespräch mündlich durchzuführen. Zum Bestehen der Abschlussprüfung müssen im Gesamtergebnis und in drei der vier Prüfungsbereiche mindestens ausreichende Prüfungsleistungen erbracht werden. Werden die Prüfungsleistungen in einem Prüfungsbereich mit „ungenügend" bewertet, so ist die Prüfung nicht bestanden.

6.8 Ausbildungs- und Prüfungsverordnung für Kinder- und Jugendlichenpsychotherapeuten (KJPsychTh-APrV)

6.8.1 Übersicht über die Regelungen der KJPsychTh-APrV

Die Ausbildungs- und Prüfungsverordnung für Kinder- und Jugendlichenpsychotherapeuten (KJPsychTh-APrV) vom 18. Dezember 1998 (BGBl I S. 3761), zuletzt durch Artikel 34b des Gesetzes vom 6. Dezember 2011 (BGBl I S. 2515) geändert, umfasst neben den Ausbildungs- und Prüfungsbestimmungen Regelungen zur Approbationserteilung.

Beispiel: Ein Prüfling hat im schriftlichen Prüfungsteil Teil die Note 4 und im mündlichen Teil die Note 2 erzielt. Nach § 18 KJPsychTh-APrV ergibt sich als Gesamtnote 2,67.

Tabelle 59 gibt einen Überblick über die Inhalte der KJPsychTh-APrV.

Tab. 59: Ausbildungs- und Prüfungsverordnung für Kinder- und Jugendlichenpsychotherapeuten (KJPsychTh-APrV)

Abschnitt	Inhalt
Ausbildung	Ziel und Gliederung; praktische Tätigkeit; theoretische und praktische Ausbildung; Selbsterfahrung; Unterbrechung der Ausbildung, Anrechnung anderer Ausbildungen
Allgemeine Prüfungsbestimmungen	Zulassung zur Prüfung; staatliche Prüfung; Prüfungskommission; Niederschrift; Benotung; Bestehen und Wiederholung der Prüfung;

Abschnitt	Inhalt
	Rücktritt von der Prüfung; Versäumnisfolgen; Ordnungsverstöße und Täuschungsversuche
Besondere Prüfungsbestimmungen	Schriftlicher und mündlicher Teil der Prüfung; Gesamtnote der Prüfung
Approbationserteilung	Antrag auf Approbation; weitere Sonderregelungen für Inhaber von Ausbildungsnachweisen aus anderen Mitgliedstaaten der Europäischen Union oder einem anderen Vertragsstaat des Abkommens über den Europäischen Wirtschaftsraum; Approbationsurkunde
Schlussvorschriften	Inkrafttreten; Schlussformel
Anlage 1 (zu § 3 Abs. 1) Theoretische Ausbildung	
Anlage 2 (zu § 1 Abs. 4) Teilnahmebescheinigung	
Anlage 3 (zu § 12 Abs. 2) Prüfungszeugnis	
Anlage 4 (zu § 21) Approbationsurkunde	

6.8.2 Ausbildung, Prüfung und Approbation für Kinder- und Jugendlichenpsychotherapeuten

Die **Kinder- und Jugendlichenpsychotherapeutenausbildung** umfasst nach § 1 KJPsychTh-APrV mindestens 4.200 Stunden und besteht aus einer praktischen Tätigkeit, einer theoretischen Ausbildung, einer praktischen Ausbildung mit Krankenbehandlungen unter Supervision sowie einer Selbsterfahrung, die die Ausbildungsteilnehmer zur Reflexion eigenen therapeutischen Handelns befähigt.

Die **Praktische Tätigkeit** umfasst nach § 2 KJPsychTh-APrV mindestens 1.800 Stunden und ist in Abschnitten von jeweils mindestens drei Monaten abzuleisten. Hiervon sind mindestens 1.200 Stunden an einer kinder- und jugendpsychiatrischen klinischen Einrichtung, die im Sinne des ärztlichen Weiterbildungsrechts zur Weiterbildung für Kinder- und Jugendpsychiatrie und -psychotherapie zugelassen ist oder die von der nach § 10 Abs. 4 Psychotherapeutengesetz zuständigen Behörde als gleichwertige Einrichtung zugelassen wird, und mindestens 600 Stunden an einer von einem Sozialversicherungsträger anerkannten Einrichtung, die der psychotherapeutischen oder psychosomatischen Versorgung von Kindern und Jugendlichen dient, in der Praxis eines Arztes mit einer ärztlichen Weiterbildung in der Kinder- und Jugendpsychotherapie oder eines Kinder- und Jugendlichenpsychotherapeuten.

Die **Theoretische Ausbildung** umfasst nach § 3 KJPsychTh-APrV mindestens 600 Stunden und erstreckt sich auf die zu vermittelnden Grundkenntnisse für die psychotherapeutische Tätigkeit und im Rahmen der vertieften Ausbildung auf Spezialkenntnisse in einem wissenschaftlich anerkannten psychotherapeutischen Verfahren.

Die **Praktische Ausbildung** ist nach § 4 KJPsychTh-APrV Teil der vertieften Ausbildung in einem wissenschaftlich anerkannten psychotherapeutischen Verfahren und dient dem Erwerb sowie der Vertiefung von Kenntnissen und praktischen Kompetenzen bei der Behandlung von Patienten mit Störungen mit Krankheitswert. Sie umfasst mindestens 600 Behandlungsstunden unter **Supervision** mit mindestens sechs Patientenbehandlungen sowie mindestens 150 Supervisionsstunden, von denen mindestens 50 Stunden als Einzelsupervision durchzuführen sind.

Die **Selbsterfahrung** richtet sich § 5 KJPsychTh-APrV nach dem wissenschaftlich anerkannten psychotherapeutischen Verfahren, das Gegenstand der vertieften Ausbildung ist, umfasst mindestens 120 Stunden und findet bei von der Ausbildungsstätte anerkannten Selbsterfahrungsleitern statt.

Die **Zulassungsvoraussetzungen** sind nach § 7 KJPsychTh-APrV gegeben, wenn folgende Nachweise vorliegen:
- die Geburtsurkunde und alle Urkunden, die eine spätere Namensänderung ausweisen,
- der Nachweis über die bestandene Abschlussprüfung im Studiengang Psychologie, die das Fach Klinische Psychologie einschließt, eine Bescheinigung über eine gleichwertige Ausbildung, der Nachweis über die bestandene Abschlussprüfung im Studiengang Pädagogik oder Sozialpädagogik oder eine Bescheinigung über eine gleichwertige Ausbildung,
- die Bescheinigung über die Teilnahme an den Ausbildungsveranstaltungen und
- mindestens zwei Falldarstellungen, die von der Ausbildungsstätte als Prüfungsfall angenommen wurden.

Die **Kinder- und Jugendlichenpsychotherapeutenprüfung** umfasst nach § 8 KJPsychTh-APrV einen schriftlichen und einen mündlichen Teil.

Über den mündlichen Teil ist nach § 10 KJPsychTh-APrV eine **Prüfungsniederschrift** zu fertigen, aus der Gegenstand, Ablauf und Ergebnisse der Prüfung sowie etwa vorkommende Unregelmäßigkeiten hervorgehen. Sie ist von allen Mitgliedern der Prüfungskommission zu unterzeichnen.

Nach § 12 KJPsychTh-APrV ist die Prüfung bestanden, wenn jeder der vorgeschriebenen Prüfungsteile bestanden ist. Über die bestandene staatliche Prüfung wird ein Zeugnis erteilt. Der Prüfling kann den schriftlichen und den mündlichen Teil der Prüfung jeweils zweimal wiederholen, wenn er die Note „mangelhaft" oder „ungenügend" erhalten hat.

Tritt ein Prüfling nach seiner Zulassung von der Prüfung oder einem Prüfungsteil zurück, so hat er nach § 13 KJPsychTh-APrV die Gründe für seinen **Prüfungsrücktritt** unverzüglich der zuständigen Behörde schriftlich mitzuteilen. Genehmigt die zuständige Behörde den Rücktritt, so gilt die Prüfung oder der betreffende Teil der Prüfung als nicht unternommen.

Versäumt ein Prüfling einen Prüfungstermin, gibt er die Aufsichtsarbeit nicht oder nicht rechtzeitig ab oder unterbricht er die Prüfung, so gilt nach § 14 KJPsych-

Th-APrV der betreffende Teil der Prüfung als nicht bestanden, wenn nicht ein wichtiger Grund vorliegt.

Die **Schriftliche Kinder- und Jugendlichenpsychotherapeutenprüfung** Prüfung erstreckt sich nach § 16 KJPsychTh-APrV auf Grundkenntnisse in den wissenschaftlich anerkannten psychotherapeutischen Verfahren. Für den schriftlichen Teil der Prüfung sind bundeseinheitliche Termine abzuhalten. Dabei sind jeweils allen Prüflingen dieselben Prüfungsaufgaben zu stellen. Der schriftliche Teil der Prüfung ist bestanden, wenn der Prüfling mindestens 60 Prozent der gestellten Prüfungsaufgaben zutreffend beantwortet hat oder wenn die Zahl der vom Prüfling zutreffend beantworteten Aufgaben um nicht mehr als 12 Prozent die durchschnittlichen Prüfungsleistungen der Prüflinge unterschreitet und die Aufsichtsarbeit mindestens mit „ausreichend" benotet wird.

Die **Mündliche Kinder- und Jugendlichenpsychotherapeutenprüfung** bezieht sich nach § 17 KJPsychTh-APrV auf die Inhalte
- Ätiologie, Pathogenese und Aufrechterhaltung von Störungen mit Krankheitswert,
- theoretische Grundlagen und klinisch-empirische Befunde zu wissenschaftlich anerkannten psychotherapeutischen Verfahren bei Kindern und Jugendlichen,
- Kriterien der generellen und differentiellen Indikation in den wissenschaftlich anerkannten psychotherapeutischen Verfahren und Methoden bei Kindern und Jugendlichen einschließlich der Evaluation von Behandlungsverläufen sowie
- Theorie und Praxis der Therapeuten-Patienten-Beziehung.

Für die staatliche Prüfung wird nach § 18 KJPsychTh-APrV von der zuständigen Behörde eine **Gesamtnote** wie folgt gebildet: Die Note für den schriftlichen Teil der Prüfung wird mit 1, die Note für den mündlichen Teil der Prüfung mit 2 vervielfacht; die Summe der auf diese Weise gewonnenen Zahl wird durch 3 geteilt.

Nach § 19 KJPsychTh-APrV wird die **Approbation** von der zuständigen Behörde auf Antrag erteilt. Die Approbationsurkunde wird nach § 21 KJPsychTh-APrV ausgestellt.

6.9 Ausbildungs- und Prüfungsverordnung für die Berufe in der Krankenpflege (KrPflAPrV)

6.9.1 Übersicht über die Regelungen der KrPflAPrV

Die Ausbildungs- und Prüfungsverordnung für die Berufe in der Krankenpflege (KrPflAPrV) vom 10. November 2003 (BGBl I S. 2263), zuletzt durch Artikel 36 des Gesetzes vom 6. Dezember 2011 (BGBl I S. 2515) geändert, umfasst neben den Ausbildungs- und Prüfungsbestimmungen für die Ausbildung in der Gesundheits-Kranken- und Kinderkrankenpflege Regelungen zur Erlaubniserteilung.

Beispiel: Der Gesundheitsbetrieb muss durch geeignetes Personal für die Praxisanleitung der Auszubildenden sorgen, denn nach § 2 KrPflAPrV stellen die Einrichtungen der praktischen Ausbildung die Praxisanleitung der Schülerinnen und Schüler durch geeignete Fachkräfte sicher.

Tabelle 60 gibt einen Überblick über die Inhalte der KrPflAPrV.

Tab. 60: Ausbildungs- und Prüfungsverordnung für die Berufe in der Krankenpflege (KrPflAPrV)

Abschnitt	Inhalt
Ausbildung und allgemeine Prüfungsbestimmungen	Gliederung der Ausbildung; praktische Ausbildung; staatliche Prüfung; Prüfungsausschuss; Zulassung zur Prüfung; Niederschrift; Benotung; Bestehen und Wiederholung der Prüfung; Rücktritt von der Prüfung; Versäumnisfolgen; Ordnungsverstöße und Täuschungsversuche; Prüfungsunterlagen
Prüfungsbestimmungen für die Ausbildung in der Gesundheits- und Krankenpflege	Schriftlicher, mündlicher und praktischer Teil der Prüfung
Prüfungsbestimmungen für die Ausbildung in der Gesundheits- und Kinderkrankenpflege	Schriftlicher, mündlicher und praktischer Teil der Prüfung
Erlaubniserteilung	Erlaubnisurkunden; Sonderregelungen für Inhaberinnen oder Inhaber von Ausbildungsnachweisen aus einem anderen Vertragsstaat des Europäischen Wirtschaftsraums; Frist
Übergangs- und Schlussvorschriften	Übergangsvorschriften; Inkrafttreten, Außerkrafttreten; Schlussformel
Anlage 1 (zu § 1 Abs. 1) Theoretischer und praktischer Unterricht	
Anlage 2 (zu § 1 Abs. 4) Teilnahmebescheinigung	
Anlage 3 (zu § 8 Abs. 2 Satz 1) Prüfungszeugnis	
Anlage 4 (zu § 19) Erlaubnisurkunde	

6.9.2 Ausbildung und Prüfung für die Berufe in der Gesundheits-, Kranken- und Kinderkrankenpflege

Die **Krankenpflegeausbildungen** in der Gesundheits- und Krankenpflege und in der Gesundheits- und Kinderkrankenpflege umfassen nach § 1 KrPflAPrV mindestens den in der Anlage 1 aufgeführten theoretischen und praktischen Unterricht von 2.100 Stunden und die aufgeführte praktische Ausbildung von 2.500 Stunden. Die

Ausbildung beinhaltet eine 1.200 Stunden umfassende Differenzierungsphase im Unterricht und in der praktischen Ausbildung, die sich auf die für die Gesundheits- und Krankenpflege oder Gesundheits- und Kinderkrankenpflege zu vermittelnden Kompetenzen erstreckt.

Die Einrichtungen der praktischen Ausbildung stellen nach § 2 KrPflAPrV die **Praxisanleitung** der Schülerinnen und Schüler durch geeignete Fachkräfte sicher.

Die staatliche **Krankenpflegeprüfung** für die Ausbildungen umfasst nach § 3 KrPflAPrV jeweils einen schriftlichen, mündlichen und praktischen Teil.

Die **Zulassungsvorsaussetzungen** sind nach § 5 KrPflAPrV gegeben, wenn der Personalausweis oder Reisepass in amtlich beglaubigter Abschrift sowie die Bescheinigung über die Teilnahme an den Ausbildungsveranstaltungen als Nachweise vorliegen.

Über die Prüfung ist nach § 6 KrPflAPrV eine **Prüfungsniederschrift** zu fertigen, aus der Gegenstand, Ablauf und Ergebnisse der Prüfung und etwa vorkommende Unregelmäßigkeiten hervorgehen.

Die Prüfung ist nach § 8 KrPflAPrV bestanden, wenn jeder der vorgeschriebenen Prüfungsteile bestanden ist. Über die bestandene staatliche Prüfung wird ein Zeugnis erteilt. Jede Aufsichtsarbeit der schriftlichen Prüfung, jeder Themenbereich der mündlichen Prüfung und die praktische Prüfung können einmal wiederholt werden, wenn der Prüfling die Note „mangelhaft“ oder „ungenügend“ erhalten hat.

Tritt ein Prüfling nach seiner Zulassung von der Prüfung oder einem Teil der Prüfung zurück, so hat er nach § 9 KrPflAPrV den Grund für seinen **Prüfungsrücktritt** unverzüglich der oder dem Vorsitzenden des Prüfungsausschusses schriftlich mitzuteilen. Genehmigt die oder der Vorsitzende den Rücktritt, so gilt die Prüfung oder der entsprechende Teil der Prüfung als nicht unternommen. Versäumt ein Prüfling einen Prüfungstermin, gibt er eine Aufsichtsarbeit nicht oder nicht rechtzeitig ab oder unterbricht er die Prüfung, so gilt die Prüfung nach § 10 KrPflAPrV als nicht bestanden, wenn nicht ein wichtiger Grund vorliegt.

Auf Antrag ist dem Prüfungsteilnehmer nach Abschluss der Prüfung gemäß § 12 KrPflAPrV Einsicht in seine **Prüfungsunterlagen** zu gewähren.

Die **Schriftliche Krankenpflegeprüfung** erstreckt sich nach § 13 und § 16 KrPflAPrV in der Gesundheits-, Kranken- und Kinderkrankenpflege auf die Themenbereiche

- Pflegesituationen bei Menschen aller Altersgruppen erkennen, erfassen und bewerten,
- Pflegemaßnahmen auswählen, durchführen und auswerten,
- Pflegehandeln an pflegewissenschaftlichen Erkenntnissen, Qualitätskriterien, rechtlichen Rahmenbestimmungen sowie wirtschaftlichen und ökologischen Prinzipien ausrichten.

Die **Mündliche Krankenpflegeprüfung** erstreckt sich nach § 14 und § 17 KrPflAPrV in der Gesundheits-, Kranken- und Kinderkrankenpflege auf die Themenbereiche

- Unterstützung, Beratung und Anleitung in gesundheits- und pflegerelevanten Fragen fachkundig gewährleisten,
- berufliches Selbstverständnis entwickeln und lernen, berufliche Anforderungen zu bewältigen,
- bei der medizinischen Diagnostik und Therapie mitwirken und in Gruppen und Teams zusammenarbeiten.

Die **Praktische Krankenpflegeprüfung** erstreckt sich nach § 15 KrPflAPrV in der Gesundheits- und Krankenpflege auf die Pflege bei einer Patientengruppe von höchstens vier Patientinnen oder Patienten, sowie nach § 18 KrPflAPrV in der Kinderkrankenpflege bei einer Patientengruppe von höchstens vier Kindern oder Jugendlichen.

Liegen die Voraussetzungen für die Erteilung der Erlaubnis zur Führung der Berufsbezeichnung vor, so stellt die zuständige Behörde gemäß § 19 KrPflAPrV die **Erlaubnisurkunde** aus.

Antragsteller, die über einen Ausbildungsnachweis im Beruf der Krankenschwester oder des Krankenpflegers, die für die allgemeine Pflege verantwortlich sind, oder über einen Ausbildungsnachweis im Beruf des Gesundheits- und Kinderkrankenpflegers verfügen, der in einem anderen Vertragsstaat des Europäischen Wirtschaftsraumes erworben worden ist, führen nach der Anerkennung ihrer Berufsqualifikation gemäß § 20 KrPflAPrV die Berufsbezeichnung „Gesundheits- und Krankenpflegerin" oder „Gesundheits- und Krankenpfleger" oder „Gesundheits- und Kinderkrankenpflegerin" oder „Gesundheits- und Kinderkrankenpfleger".

6.10 Ausbildungs- und Prüfungsordnung für Logopäden (LogAPrO)

6.10.1 Übersicht über die Regelungen der LogAPrO

Die Ausbildungs- und Prüfungsordnung für Logopäden (LogAPrO) vom 1. Oktober 1980 (BGBl I S. 1892), zuletzt durch Artikel 53 des Gesetzes vom 6. Dezember 2011 (BGBl I S. 2515) geändert, umfasst neben den Ausbildungs- und Prüfungsbestimmungen für die Ausbildung Regelungen zur Erlaubniserteilung.

Beispiel: Ein Prüfling legt zur Prüfungszulassung einen Nachweis über einen achtstündigen Erste-Hilfe-Kurs vor. Diese Zulassungsvorsaussetzung ist nach § 4 LogAPrO gegeben, wenn ein Nachweis über eine Ausbildung in Erster Hilfe, durch die in mindestens sechzehn Stunden durch theoretischen Unterricht und praktische Unterweisung gründliches Wissen und praktisches Können in Erster Hilfe vermittelt worden sind, vorliegt.

Tabelle 61 gibt einen Überblick über die Inhalte der LogAPrO.

Tab. 61: Ausbildungs- und Prüfungsordnung für Logopäden (LogAPrO)

Fundstelle	Inhalt
§ 1	Ausbildung
§ 2	Staatliche Prüfung
§ 3	Prüfungsausschuss
§ 4	Zulassung zur Prüfung
§ 5	Schriftlicher Teil der Prüfung
§ 6	Mündlicher Teil der Prüfung
§ 7	Praktischer Teil der Prüfung
§ 8	Niederschrift
§ 9	Benotung
§ 10	Bestehen und Wiederholung der Prüfung
§ 11	Rücktritt von der Prüfung
§ 12	Versäumnisfolgen
§ 13	Ordnungsverstöße und Täuschungsversuche
§ 14	Prüfungsunterlagen
§ 15	Erlaubniserteilung
§ 16	16 Sonderregelungen für Inhaber von Ausbildungsnachweisen aus einem anderen Vertragsstaat des Europäischen Wirtschaftsraumes
§ 16a	Frist
§ 17	Inkrafttreten
Schlussformel	
Anlage 1 (zu § 1 Abs. 1) Theoretischer und praktischer Unterricht	
Anlage 2 (zu § 1 Abs. 1) Praktische Ausbildung	
Anlage 3 (zu § 1 Abs. 2)	
Anlage 4 (zu § 10 Abs. 2 Satz 1)	
Anlage 5 (zu § 15) Erlaubnisurkunde	

6.10.2 Ausbildung, Prüfung und Erlaubniserteilung für Logopäden

Die dreijährige **Logopädenausbildung** umfasst nach § 1 LogAPrO mindestens den in Anlage 1 aufgeführten theoretischen und praktischen Unterricht und die in Anlage 2 aufgeführte praktische Ausbildung. Der Auszubildende hat seine regelmäßige und erfolgreiche Teilnahme an den vorgeschriebenen Ausbildungsveranstaltungen durch eine Bescheinigung nachzuweisen.

Die staatliche **Logopädenprüfung** umfasst nach § 2 LogAPrO einen schriftlichen, einen mündlichen und einen praktischen Teil.

Die **Zulassungsvorsaussetzungen** sind nach § 4 LogAPrO gegeben, wenn folgende Nachweise vorliegen:
- der Personalausweis oder Reisepass in amtlich beglaubigter Abschrift,
- die Bescheinigung über die Teilnahme an den vorgeschriebenen Ausbildungsveranstaltungen,
- eine Bescheinigung der Schule, dass die Ausbildung nicht über festgelegten Zeiten hinaus unterbrochen worden ist, und
- ein Nachweis über eine Ausbildung in Erster Hilfe, durch die in mindestens sechzehn Stunden durch theoretischen Unterricht und praktische Unterweisung gründliches Wissen und praktisches Können in Erster Hilfe vermittelt worden sind.

Die **Schriftliche Logopädenprüfung** erstreckt sich nach § 5 LogAPrO auf die Fächer
- Logopädie,
- Phoniatrie einschließlich Hals-, Nasen-, Ohrenheilkunde,
- Audiologie und Pädaudiologie,
- Neurologie und Psychiatrie,
- Berufs-, Gesetzes- und Staatsbürgerkunde.

Die **Mündliche Logopädenprüfung** erstreckt sich nach § 6 LogAPrO auf die Fächer
- Logopädie,
- Phoniatrie einschließlich Hals-, Nasen-, Ohrenheilkunde,
- Pädagogik und Sonderpädagogik,
- Psychologie und klinische Psychologie,
- Phonetik und Linguistik.

Die **Praktische Logopädenprüfung** umfasst nach § 7 LogAPrO die Aufgaben:
- Der Prüfling hat an einem Patienten oder einer Gruppe von solchen die Anamnese und den Befund zu erheben und einen Behandlungsplan mit den dazugehörigen Erörterungen und Begründungen unter Einbeziehung der sozialen, psychischen, beruflichen und familiären Situation aufzustellen. Der Patient oder eine Gruppe von solchen werden vom Prüfling bis zum praktischen Teil der Prüfung behandelt. Während des praktischen Teils der Prüfung hat der Prüfling eine Behandlung durchzuführen.
- Der Prüfling hat einem ihm unbekannten Patienten oder einer Gruppe von solchen eine Behandlung durchzuführen. Das phoniatrisch-logopädische Krankenblatt ist ihm zwei Stunden vor der Prüflingsbehandlung zur Kenntnis zu geben.

Über die Prüfung ist nach § 8 LogAPrO eine **Prüfungsniederschrift** zu fertigen, aus der Gegenstand, Ablauf und Ergebnisse der Prüfung und etwa vorkommende Unregelmäßigkeiten hervorgehen.

Die Prüfung ist nach § 10 LogAPrO bestanden, wenn der schriftliche, der mündliche und der praktische Teil der Prüfung mit mindestens „ausreichend“ benotet werden. Über die bestandene staatliche Prüfung wird ein Zeugnis erteilt, auf dem die Prüfungsnoten einzutragen sind. Jeder Teil der Prüfung kann zweimal wiederholt werden, wenn der Prüfling die Note „mangelhaft“ oder „ungenügend“ erhalten hat.

Tritt ein Prüfling nach seiner Zulassung von der Prüfung oder einem Teil der Prüfung zurück, so hat er nach § 11 LogAPrO den Grund für seinen **Prüfungsrücktritt** unverzüglich der oder dem Vorsitzenden des Prüfungsausschusses schriftlich mitzuteilen. Genehmigt die oder der Vorsitzende den Rücktritt, so gilt die Prüfung oder der entsprechende Teil der Prüfung als nicht unternommen.

Auf Antrag ist dem Prüfungsteilnehmer gemäß § 14 LogAPrO Einsicht in seine **Prüfungsunterlagen** zu gewähren.

Liegen die Voraussetzungen für die Erteilung der Erlaubnis zur Führung der Berufsbezeichnung „Logopäde“ vor, so stellt die zuständige Behörde gemäß § 15 LogAPrO die **Erlaubnisurkunde** aus.

Antragsteller, die über einen Ausbildungsnachweis im Beruf des Logopäden verfügen, der in einem anderen Vertragsstaat des Europäischen Wirtschaftsraumes erworben worden ist, führen gemäß § 16 LogAPrO nach der Anerkennung ihrer Berufsqualifikation die Berufsbezeichnung „Logopädin“ oder „Logopäde“.

6.11 Verordnung über die Berufsausbildung zum Medizinischen Fachangestellten/zur Medizinischen Fachangestellten (MedFAngAusbV)

6.11.1 Übersicht über die Regelungen der MedFAngAusbV

Die Verordnung über die Berufsausbildung zum Medizinischen Fachangestellten/ zur Medizinischen Fachangestellten vom 26. April 2006 (BGBl I S. 1097) umfasst Regelungen für die Ausbildungsdauer, den Ausbildungsrahmenplan sowie für die Zwischen- und Abschlussprüfung.

Beispiel: In der Abschlussprüfung wurden im praktischen Teil eine ausreichende Prüfungsleistung und innerhalb des schriftlichen Teils in zwei Prüfungsbereichen ebenfalls ausreichende Prüfungsleistungen erbracht. Die Prüfung ist damit nach § 9 MedFAngAusbV bestanden.

Tabelle 62 gibt einen Überblick über die Inhalte der MedFAngAusbV.

Tab. 62: Verordnung über die Berufsausbildung zum Medizinischen Fachangestellten/zur Medizinischen Fachangestellten (MedFAngAusbV)

Fundstelle	Inhalt
§ 1	Staatliche Anerkennung des Ausbildungsberufes
§ 2	Ausbildungsdauer
§ 3	Zielsetzung der Berufsausbildung
§ 4	Ausbildungsberufsbild
§ 5	Ausbildungsrahmenplan
§ 6	Ausbildungsplan
§ 7	Schriftlicher Ausbildungsnachweis
§ 8	Zwischenprüfung
§ 9	Abschlussprüfung
§ 10	Fortsetzung der Berufsausbildung
§ 11	Inkrafttreten, Außerkrafttreten
Anlage 1 (zu § 5) Ausbildungsrahmenplan für die Berufsausbildung zum Medizinischen Fachangestellten/zur Medizinischen Fachangestellten – Sachliche Gliederung –	
Anlage 2 (zu § 5) Ausbildungsrahmenplan für die Berufsausbildung zum Medizinischen Fachangestellten/zur Medizinischen Fachangestellten – Zeitliche Gliederung –	

6.11.2 Ausbildung und Prüfung für Medizinische Fachangestellte

Die **Medizinische Fachangestelltenausbildung** dauert nach § 2 MedFAngAusbV drei Jahre und umfasst nach § 4 MedFAngAusbV mindestens Fertigkeiten, Kenntnisse und Fähigkeiten unter anderem in den Bereichen
- Gesundheitsschutz und Hygiene,
- Kommunikation,
- Patientenbetreuung und -beratung,
- Betriebsorganisation und Qualitätsmanagement,
- Verwaltung und Abrechnung,
- Information und Dokumentation,
- Durchführen von Maßnahmen bei Diagnostik und Therapie unter Anleitung und Aufsicht des Arztes oder der Ärztin,
- Grundlagen der Prävention und Rehabilitation,
- Handeln bei Not- und Zwischenfällen.

Die Ausbildenden haben unter Zugrundelegung des Ausbildungsrahmenplans für die Auszubildenden nach § 6 MedFAngAusbV einen **Ausbildungsplan** zu erstellen.

Die Auszubildenden haben nach § 7 MedFAngAusbV einen schriftlichen **Ausbildungsnachweis** zu führen. Die Ausbildenden haben den schriftlichen Ausbildungsnachweis regelmäßig durchzusehen.

Zur Ermittlung des Ausbildungsstandes ist nach § 8 MedFAngAusbV eine **Zwischenprüfung** durchzuführen. Sie ist schriftlich anhand praxisbezogener Aufgaben durchzuführen in den Prüfungsbereichen

- Arbeits- und Praxishygiene,
- Schutz vor Infektionskrankheiten,
- Verwaltungsarbeiten,
- Datenschutz und Datensicherheit,
- Untersuchungen und Behandlungen vorbereiten.

Die **Abschlussprüfung** erstreckt sich nach § 9 MedFAngAusbV auf die in der Anlage 1 aufgeführten Fertigkeiten, Kenntnisse und Fähigkeiten sowie auf den im Berufsschulunterricht zu vermittelnden Lehrstoff, soweit er für die Berufsausbildung wesentlich ist. In der **Praktischen Prüfung** soll der Prüfling in höchstens 75 Minuten eine komplexe Prüfungsaufgabe bearbeiten sowie während dieser Zeit in höchstens 15 Minuten hierüber ein Fachgespräch führen. Bei der Prüfungsaufgabe soll er praxisbezogene Arbeitsabläufe entsprechend dem folgenden Themenbereich simulieren, demonstrieren, dokumentieren und präsentieren:

- Assistieren bei Diagnose- und Therapiemaßnahmen einschließlich Betreuen des Patienten oder der Patientin vor, während und nach der Behandlung, Pflegen, Warten und Handhaben von Geräten und Instrumenten, Durchführen von Hygienemaßnahmen, Abrechnen und Dokumentieren von Leistungen sowie Aufklären über Möglichkeiten und Ziele der Prävention,
- Assistieren bei Diagnose- und Therapiemaßnahmen einschließlich Betreuen des Patienten oder der Patientin vor, während und nach der Behandlung, Pflegen, Warten und Handhaben von Geräten und Instrumenten, Durchführen von Hygienemaßnahmen, Abrechnen und Dokumentieren von Leistungen sowie Durchführen von Laborarbeiten.

Die **Schriftliche Prüfung** besteht aus den Prüfungsbereichen Behandlungsassistenz, Betriebsorganisation und -verwaltung sowie Wirtschafts- und Sozialkunde.

Die Prüfung ist bestanden, wenn jeweils im praktischen und im schriftlichen Teil der Prüfung sowie innerhalb des schriftlichen Teils der Prüfung in mindestens zwei Prüfungsbereichen mindestens ausreichende Prüfungsleistungen erbracht sind. Werden die Prüfungsleistungen in einem Prüfungsbereich mit ungenügend bewertet, ist die Prüfung nicht bestanden.

6.12 Verordnung über die Ausbildungsförderung für Medizinalfachberufe (MedizinalfachberufeV)

6.12.1 Übersicht über die Regelungen der MedizinalfachberufeV

Die Verordnung über die Ausbildungsförderung für Medizinalfachberufe (MedizinalfachberufeV) vom 25. Mai 1995 (BGBl I S. 768) enthält Regelungen für die Ausbildungsförderung nach dem Bundesausbildungsförderungsgesetz.

Beispiel: Ein Schüler einer staatlich anerkannten Orthoptistenschule beantragt Ausbildungsförderung nach dem Bundesausbildungsförderungsgesetz. Nach § 2 MedizinalfachberufeV erhält er eine Ausbildungsförderung wie Schüler an Fachschulen, deren Besuch eine abgeschlossene Berufsausbildung voraussetzt.

Tabelle 63 gibt einen Überblick über die Inhalte der MedizinalfachberufeV.

Tab. 63: Verordnung über die Ausbildungsförderung für Medizinalfachberufe (MedizinalfachberufeV)

Fundstelle	Inhalt
§ 1	Ausbildungsstätten
§ 2	Förderungsrechtliche Stellung der Auszubildenden
§ 3	Inkrafttreten, Außerkrafttreten
Schlussformel	

6.12.2 Ausbildungsstätten und förderungsrechtliche Stellung der Auszubildenden

Nach § 1 MedizinalfachberufeV wird **Ausbildungsförderung** nach dem Bundesausbildungsförderungsgesetz geleistet für den Besuch von Lehranstalten für Assistenten in der Zytologie, ernährungsmedizinische Berater, Gesundheitsaufseher, Kardiotechniker, medizinische Dokumentationsassistenten, medizinische Fußpflege, medizinische Sektions- und Präparationsassistenten, pharmazeutisch-technische Assistenten, Schulen für Beschäftigungs- und Arbeitstherapeuten, Diätassistenten, Fachkrankenpflegepersonal, Krankenpflegehilfe, Lehrkräfte für Medizinalfachberufe, Logopäden, Masseure und medizinische Bademeister, Medizinalfachpersonen für leitende Funktionen, medizinische Dokumentare, Orthoptisten, Physiotherapeuten, Rettungsassistenten, Sprachtherapeuten, technische Assistenten in der Medizin (Zweige Laboratoriumsmedizin, Radiologie, Funktionsdiagnostik und Veterinärmedizin), Hebammenschulen, Krankenpflege- und Kinderkrankenpflegeschulen, Pflegevorschulen.

Die Ausbildungsförderung wird nur geleistet, wenn die Ausbildung an einer durch die zuständige Landesbehörde als zur Ausbildung geeignet staatlich anerkannten oder ermächtigten Ausbildungsstätte durchgeführt wird.

Die Auszubildenden an diesen Ausbildungsstätten erhalten nach § 2 MedizinalfachberufeV Ausbildungsförderung wie Schüler an Fachschulen, deren Besuch eine abgeschlossene Berufsausbildung voraussetzt, im Übrigen wie Schüler von Berufsfachschulen.

6.13 Ausbildungs- und Prüfungsverordnung für technische Assistenten in der Medizin (MTA-APrV)

6.13.1 Übersicht über die Regelungen der MTA-APrV

Die Ausbildungs- und Prüfungsverordnung für technische Assistenten in der Medizin (MTA-APrV) vom 25. April 1994 (BGBl I S. 922), zuletzt durch Artikel 42 des Gesetzes vom 6. Dezember 2011 (BGBl I S. 2515) geändert, enthält Prüfungsbestimmungen für die Ausbildung zum Medizinisch-technischen Laboratoriumsassistenten, Radiologieassistenten, Assistenten für Funktionsdiagnostik und zum Veterinärmedizinisch-technischen Assistenten.

Beispiel: Ein Prüfling tritt nach seiner Zulassung von der Prüfung zurück und teilt die Gründe für seinen Rücktritt unverzüglich dem Vorsitzenden des Prüfungsausschusses schriftlich mit. Der Vorsitzende genehmigt den Rücktritt, und somit gilt die Prüfung nach § 8 MTA-APrV als nicht unternommen.

Tabelle 64 gibt einen Überblick über die Inhalte der MTA-APrV.

Tab. 64: Ausbildungs- und Prüfungsverordnung für technische Assistenten in der Medizin (MTA-APrV)

Abschnitt	Inhalt
Allgemeine Vorschriften	Ausbildung; staatliche Prüfung; Prüfungsausschuss; Zulassung zur Prüfung; Niederschrift; Benotung; Bestehen und Wiederholung der Prüfung; Rücktritt von der Prüfung; Versäumnisfolgen; Ordnungsverstöße und Täuschungsversuche; Prüfungsunterlagen
Prüfungsbestimmungen für die Ausbildung zum Medizinisch-technischen Laboratoriumsassistenten	Schriftlicher, mündlicher und praktischer Teil der Prüfung

Abschnitt	Inhalt
Prüfungsbestimmungen für die Ausbildung zum Medizinisch-technischen	Schriftlicher, mündlicher und praktischer Teil der Prüfung
Prüfungsbestimmungen für die Ausbildung zum Medizinisch-technischen	Schriftlicher, mündlicher und praktischer Teil der Prüfung
Prüfungsbestimmungen für die Ausbildung zum Veterinärmedizinisch-technischen Assistenten	Schriftlicher, mündlicher und praktischer Teil der Prüfung
Erlaubniserteilung	Erlaubnisurkunden; Sonderregelungen für Inhaber von Ausbildungsnachweisen aus einem anderen Vertragsstaat des Europäischen Wirtschaftsraumes; Frist
Schlussvorschriften	Inkrafttreten; Schlussformel
Anlage 1 (zu § 1 Abs. 1 Nr. 1) Theoretischer und praktischer Unterricht für Medizinischtechnische Laboratoriumsassistenten	
Anlage 2 (zu § 1 Abs. 1 Nr. 2) Theoretischer und praktischer Unterricht für Medizinisch-technische Radiologieassistenten	
Anlage 3 (zu § 1 Abs. 1 Nr. 3) Theoretischer und Praktischer Unterricht für Medizinisch-technische Assistenten für Funktionsdiagnostik	
Anlage 4 (zu § 1 Abs. 1 Nr. 4) Theoretischer und praktischer Unterricht für Veterinärmedizinisch-technische Assistenten	
Anlage 5 (zu § 1 Abs. 3) Teilnahmebescheinigung	
Anlage 6 (zu § 7 Abs. 2 Satz 1) Prüfungszeugnis	
Anlage 7 (zu § 24) Erlaubnisurkunde	

6.13.2 Ausbildung und Prüfung für Medizinisch-technische Laboratoriumsassistenten, Radiologieassistenten, Assistenten für Funktionsdiagnostik und Veterinärmedizinisch-technische Assistenten

Nach § 1 MTA-APrV umfasst die dreijährige **Medizinisch-technische Assistentenausbildung** für

- **Laboratoriumsassistenten** den in der Anlage 1 aufgeführten theoretischen und praktischen Unterricht von 3.170 Stunden sowie die dort aufgeführte praktische Ausbildung von 1.230 Stunden,
- **Radiologieassistenten** den in der Anlage 2 aufgeführten theoretischen und praktischen Unterricht von 2.800 Stunden sowie die dort aufgeführte praktische Ausbildung von 1.600 Stunden,
- **Assistenten für Funktionsdiagnostik** den in der Anlage 3 aufgeführten theoretischen und praktischen Unterricht von 2.370 Stunden sowie die dort aufgeführte praktische Ausbildung von 2.030 Stunden,

- **Veterinärmedizinisch-technische Assistenten** den in der Anlage 4 aufgeführten theoretischen und praktischen Unterricht von 3.170 Stunden sowie die dort aufgeführte praktische Ausbildung von 1.230 Stunden.

Die staatliche **Medizinisch-technische Assistentenprüfung** umfasst nach § 2 MTA-APrV jeweils einen schriftlichen, einen mündlichen und einen praktischen Teil.

Die **Zulassungsvorsaussetzungen** sind nach § 4 MTA-APrV gegeben, wenn der Personalausweis oder Reisepass in amtlich beglaubigter Abschrift sowie die Bescheinigung über die Teilnahme an den Ausbildungsveranstaltungen als Nachweise vorliegen.

Über die Prüfung ist nach § 5 MTA-APrV eine **Prüfungsniederschrift** zu fertigen, aus der Gegenstand, Ablauf und Ergebnisse der Prüfung und etwa vorkommende Unregelmäßigkeiten hervorgehen.

Die Prüfung ist nach § 7 MTA-APrV bestanden, wenn jeder der vorgeschriebenen Prüfungsteile bestanden ist. Über die bestandene staatliche Prüfung wird ein Zeugnis erteilt.

Die schriftliche und die mündliche Prüfung sowie jedes Fach der praktischen Prüfung können einmal wiederholt werden, wenn der Prüfling die Note „mangelhaft“ oder „ungenügend“ erhalten hat.

Tritt ein Prüfling nach seiner Zulassung von der Prüfung zurück, so hat er nach § 8 MTA-APrV die Gründe für seinen **Prüfungsrücktritt** unverzüglich dem Vorsitzenden des Prüfungsausschusses schriftlich mitzuteilen. Genehmigt der Vorsitzende den Rücktritt, so gilt die Prüfung als nicht unternommen.

Versäumt ein Prüfling einen Prüfungstermin, gibt er eine Aufsichtsarbeit nicht oder nicht rechtzeitig ab oder unterbricht er die Prüfung, so gilt nach § 9 MTA-APrV die Prüfung als nicht bestanden, wenn nicht ein wichtiger Grund vorliegt.

Auf Antrag ist dem Prüfungsteilnehmer gemäß § 11 MTA-APrV nach Abschluss der Prüfung Einsicht in seine Prüfungsunterlagen zu gewähren.

Die schriftliche, mündliche und praktische **Medizinisch-technische Assistentenprüfung** erstreckt sich auf die in Tabelle 65 wiedergegebenen Fächer.

Tab. 65: Medizinisch-technische Assistentenprüfung

Berufsgruppe	Schriftlicher Teil	Mündlicher Teil	Praktischer Teil
Laboratoriumsassistent (§§ 12 ff MTA-APrV)	Mathematik; Statistik; EDV und Dokumentation; Chemie/Biochemie; Anatomie; Physiologie/Pathophysiologie; Histologie/Zytologie; Klinische Chemie; Hämatologie; Mikrobiologie.	Histologie/Zytologie, Klinische Chemie, Hämatologie, Mikrobiologie.	Histologie/Zytologie, Klinische Chemie, Hämatologie, Mikrobiologie,

Berufsgruppe	Schriftlicher Teil	Mündlicher Teil	Praktischer Teil
Radiologie-assistent (§§ 15 ff MTA-APrV)	Mathematik; Statistik; EDV und Dokumentation; Physik; Anatomie; Physiologie; Radiologische Diagnostik und andere bildgebende Verfahren; Strahlentherapie; Nuklearmedizin; Strahlenphysik, Dosimetrie und Strahlenschutz	Radiologische Diagnostik und andere bildgebende Verfahren, Strahlentherapie, Nuklearmedizin, Strahlenphysik, Dosimetrie und Strahlenschutz	Radiologische Diagnostik und andere bildgebende Verfahren, Strahlentherapie, Nuklearmedizin, Strahlenphysik, Dosimetrie und Strahlenschutz
Assistent für Funktions-diagnostik (§§ 18 ff MTA-APrV)	Statistik; EDV und Dokumentation; Physik; Anatomie; Physiologie; Spezielle Krankheitslehre; Neurophysiologische Funktionsdiagnostik; Audiologische und HNO-Funktionsdiagnostik; Kardiovaskuläre Funktionsdiagnostik; Pneumologische Funktionsdiagnostik.	Neurophysiologische Funktionsdiagnostik, Audiologische und HNO-Funktionsdiagnostik, Kardiovaskuläre Funktionsdiagnostik, Pneumologische Funktionsdiagnostik	Neurophysiologische Funktionsdiagnostik, Audiologische und HNO-Funktionsdiagnostik, Kardiovaskuläre Funktionsdiagnostik, Pneumologische Funktionsdiagnostik
Veterinär-medizinisch-technischer Assistent (§§ 21 ff MTA-APrV)	Statistik; EDV und Dokumentation; Chemie/Biochemie; Anatomie der Tiere; Physiologie der Tiere; Krankheitslehre der Tiere; Histologie/Zytologie/Spermatologie; Lebensmittelkunde; Klinische Chemie; Hämatologie; Mikrobiologie	Histologie/ Zytologie/ Spermatologie, Klinische Chemie, Hämatologie, Mikrobiologie, Lebensmittelkunde	Histologie/ Zytologie/ Spermatologie, Klinische Chemie, Hämatologie, Mikrobiologie, Lebensmittelkunde

Liegen die Voraussetzungen für die Erteilung der Erlaubnis zur Führung der Berufsbezeichnungen vor, so stellt die zuständige Behörde nach § 24 MTA-APrV die **Erlaubnisurkunde** aus.

Antragsteller, die über einen Ausbildungsnachweis im Beruf des Medizinisch-technischen Laboratoriumsassistenten, Medizinisch-technischen Radiologieassistenten, Medizinisch-technischen Assistenten für Funktionsdiagnostik oder Veterinärmedizinisch-technischen Assistenten verfügen, der in einem anderen Vertragsstaat des Europäischen Wirtschaftsraumes erworben worden ist, führen nach der Anerkennung ihrer Berufsqualifikation nach § 25 MTA-APrV die Berufsbezeichnung „Medizinisch-technische Laboratoriumsassistentin" oder „Medizinisch-technischer Laboratoriumsassistent", „Medizinisch-technische Radiologieassistentin" oder „Medizinisch-technischer Radiologieassistent", „Medizinisch-technische Assistentin für Funktionsdiagnostik" oder „Medizinisch-technischer Assistent für Funktionsdiagnostik" oder „Veterinärmedizinisch-technische Assistentin" oder „Veterinärmedizinisch-technischer Assistent".

6.14 Ausbildungs- und Prüfungsverordnung für Orthoptistinnen und Orthoptisten (OrthoptAPrV)

6.14.1 Übersicht über die Regelungen der OrthoptAPrV

Die Ausbildungs- und Prüfungsverordnung für Orthoptistinnen und Orthoptisten (OrthoptAPrV) vom 21. März 1990 (BGBl I S. 563), zuletzt durch Artikel 55 des Gesetzes vom 6. Dezember 2011 (BGBl I S. 2515) geändert, umfasst neben den Ausbildungs- und Prüfungsbestimmungen für die Ausbildung Regelungen zur Erlaubniserteilung.

Beispiel: Im Rahmen der Praktischen Orthoptistenprüfung soll ein Prüfling in einer Simulation die Anwendung orthoptischer und pleoptischer Geräte nachweisen. Nach § 7 OrthoptAPrV hat er jedoch unter Aufsicht zwei ihm unbekannte Patienten zu untersuchen. Dabei soll er auch seine Kenntnisse in der Anwendung der genannten Geräte nachweisen.

Tabelle 66 gibt einen Überblick über die Inhalte der OrthoptAPrV.

Tab. 66: Ausbildungs- und Prüfungsverordnung für Orthoptistinnen und Orthoptisten (OrthoptAPrV)

Fundstelle	Inhalt
§ 1	Ausbildung
§ 2	Staatliche Prüfung
§ 3	Prüfungsausschuss
§ 4	Zulassung zur Prüfung
§ 5	Schriftlicher Teil der Prüfung
§ 6	Mündlicher Teil der Prüfung
§ 7	Praktischer Teil der Prüfung
§ 8	Niederschrift
§ 9	Benotung
§ 10	Bestehen und Wiederholung der Prüfung
§ 11	Rücktritt von der Prüfung
§ 12	Versäumnisfolgen
§ 13	Ordnungsverstöße und Täuschungsversuche
§ 14	Prüfungsunterlagen
§ 15	Erlaubnisurkunde
§ 15a	Überleitungsregelung aus Anlass der Herstellung der Einheit Deutschlands

Fundstelle	Inhalt
§ 16	Sonderregelungen für Inhaber von Ausbildungsnachweisen aus einem anderen Vertragsstaat des Europäischen Wirtschaftsraumes
§ 16a	Frist
§ 17	Inkrafttreten
Schlussformel	
Anlage 1 (zu § 1) Theoretischer und praktischer Unterricht	
Anlage 2 (zu § 1) Praktische Ausbildung	
Anlage 3 (zu § 4 Abs. 2 Nr. 1) Teilnahmebescheinigung	
Anlage 4 (zu § 10 Abs. 2 Satz 1) Prüfungszeugnis	
Anlage 5 (zu § 15) Erlaubnisurkunde	

6.14.2 Ausbildung und Prüfung für Orthoptistinnen und Orthoptisten

Die dreijährige **Orthoptistenausbildung** umfasst nach § 1 OrthoptAPrV mindestens den in der Anlage 1 aufgeführten theoretischen und praktischen Unterricht und die in Anlage 2 aufgeführte praktische Ausbildung.

Die staatliche **Orthoptistenprüfung** umfasst nach § 2 OrthoptAPrV einen schriftlichen, einen mündlichen und einen praktischen Teil.

Die **Zulassungsvorsaussetzungen** sind nach § 4 OrthoptAPrV gegeben, wenn die Bescheinigung über die regelmäßige und erfolgreiche Teilnahme am theoretischen und praktischen Unterricht und an der praktischen Ausbildung sowie ein Nachweis über eine Ausbildung in Erster Hilfe vorliegen.

Die **Schriftliche Orthoptistenprüfung** erstreckt sich nach § 5 OrthoptAPrV auf die Fächer

- Anatomie und Physiologie der Augen,
- Augenbewegungsstörungen, Orthoptik und Pleoptik, Neuroophthalmologie.

Die **Mündliche Orthoptistenprüfung** erstreckt sich nach § 6 OrthoptAPrV auf die Fächer

- Anatomie und Physiologie des Menschen, insbesondere des Sehsystems,
- Allgemeine Augenheilkunde einschließlich Arzneimittel,
- Augenbewegungsstörungen,
- Orthoptik und Pleoptik,
- Neuroophthalmologie,
- Optik und Brillenlehre,
- Allgemeine Hygiene und Gesundheitsvorsorge,
- Berufs-, Gesetzes- und Staatsbürgerkunde.

Im Rahmen der **Praktischen Orthoptistenprüfung** hat der Prüfling nach § 7 OrthoptAPrV unter Aufsicht zwei ihm unbekannte Patienten zu untersuchen. Dabei soll er auch seine Kenntnisse in der Anwendung orthoptischer und pleoptischer Geräte nachweisen.

Über die Prüfung ist nach § 8 OrthoptAPrV eine **Prüfungsniederschrift** zu fertigen, aus der Gegenstand, Ablauf und Ergebnisse der Prüfung und etwa vorkommende Unregelmäßigkeiten hervorgehen.

Nach § 10 OrthoptAPrV ist die Prüfung bestanden, wenn der schriftliche, der mündliche und der praktische Teil der Prüfung mit mindestens „ausreichend" benotet werden. Über die bestandene staatliche Prüfung wird ein Zeugnis erteilt. Jeder Teil der Prüfung, für den der Prüfling die Note „mangelhaft" oder „ungenügend" erhalten hat, kann einmal wiederholt werden.

Tritt ein Prüfling nach seiner Zulassung von der Prüfung zurück, so hat er nach § 11 OrthoptAPrV die Gründe für seinen **Prüfungsrücktritt** unverzüglich dem Vorsitzenden des Prüfungsausschusses schriftlich mitzuteilen. Genehmigt der Vorsitzende den Rücktritt, so gilt die Prüfung als nicht unternommen.

Versäumt ein Prüfling einen Prüfungstermin oder gibt er eine Aufsichtsarbeit nicht oder nicht rechtzeitig ab oder unterbricht er die Prüfung, so gilt die Prüfung nach § 12 OrthoptAPrV als nicht bestanden, wenn nicht ein wichtiger Grund vorliegt.

Auf Antrag ist dem Prüfungsteilnehmer nach Abschluss der Prüfung gemäß § 14 OrthoptAPrV Einsicht in seine **Prüfungsunterlagen** zu gewähren.

Liegen die Voraussetzungen für die Erteilung der Erlaubnis zur Führung der Berufsbezeichnung „Orthoptistin" oder „Orthoptist" vor, so stellt die zuständige Behörde nach § 15 OrthoptAPrV die Erlaubnisurkunde aus.

6.15 Ausbildungs- und Prüfungsverordnung für Psychologische Psychotherapeuten (PsychTh-APrV)

6.15.1 Übersicht über die Regelungen der PsychTh-APrV

Die Ausbildungs- und Prüfungsverordnung für Psychologische Psychotherapeuten (PsychTh-APrV) vom 18. Dezember 1998 (BGBl I S. 3749), zuletzt durch Artikel 34c des Gesetzes vom 6. Dezember 2011 (BGBl I S. 2515) geändert, umfasst neben den Ausbildungs- und Prüfungsbestimmungen Regelungen zur Approbationserteilung.

Beispiel: Ein Prüfling hat im schriftlichen Prüfungsteil Teil die Note 3 und im mündlichen Teil die Note 2 erzielt. Nach § 18 PsychTh-APrV ergibt sich als Gesamtnote 2,33.

Tabelle 67 gibt einen Überblick über die Inhalte der PsychTh-APrV.

Tab. 67: Ausbildungs- und Prüfungsverordnung für Psychologische Psychotherapeuten (PsychTh-APrV)

Abschnitt	**Inhalt**
Ausbildung	Ziel und Gliederung; praktische Tätigkeit; theoretische und praktische Ausbildung; Selbsterfahrung; Unterbrechung der Ausbildung, Anrechnung anderer Ausbildungen
Allgemeine Prüfungsbestimmungen	Zulassung zur Prüfung; staatliche Prüfung; Prüfungskommission; Niederschrift; Benotung; Bestehen und Wiederholung der Prüfung; Rücktritt von der Prüfung; Versäumnisfolgen; Ordnungsverstöße und Täuschungsversuche
Besondere Prüfungsbestimmungen	Schriftlicher und mündlicher Teil der Prüfung; Gesamtnote der Prüfung
Approbationserteilung	Antrag auf Approbation; weitere Sonderregelungen für Inhaber von Ausbildungsnachweisen aus anderen Mitgliedstaaten der Europäischen Union oder einem anderen Vertragsstaat des Abkommens über den Europäischen Wirtschaftsraum; Approbationsurkunde
Schlussvorschriften	Inkrafttreten, Schlussformel
Anlage 1 (zu § 3 Abs. 1) Theoretische Ausbildung	
Anlage 2 (zu § 1 Abs. 4) Teilnahmebescheinigung	
Anlage 3 (zu § 12 Abs. 2) Prüfungszeugnis	
Anlage 4 (zu § 21) Approbationsurkunde	

6.15.2 Ausbildung, Prüfung und Approbation für Psychologische Psychotherapeuten

Die **Ausbildung der Psychologischen Psychotherapeuten** erfolgt nach §1 PsychTh-APrV der Grundlage von Ausbildungsplänen und erstreckt sich auf die Vermittlung von eingehenden Grundkenntnissen in wissenschaftlich anerkannten psychotherapeutischen Verfahren sowie auf eine vertiefte Ausbildung in einem dieser Verfahren. Sie umfasst mindestens 4.200 Stunden und besteht aus einer praktischen Tätigkeit, einer theoretischen Ausbildung, einer praktischen Ausbildung mit Krankenbehandlungen unter Supervision sowie einer Selbsterfahrung, die die Ausbildungsteilnehmer zur Reflexion eigenen therapeutischen Handelns befähigt. Sie schließt mit Bestehen der staatlichen Prüfung ab. Die regelmäßige und erfolgreiche Teilnahme an den Ausbildungsveranstaltungen ist durch eine Bescheinigung nachzuweisen.

Die **Praktische Tätigkeit** umfasst nach § 2 PsychTh-APrV mindestens 1.800 Stunden und ist in Abschnitten von jeweils mindestens drei Monaten abzuleisten. Hiervon sind mindestens 1.200 Stunden an einer psychiatrischen klinischen Einrichtung und mindestens 600 Stunden an einer von einem Sozialversicherungsträger anerkannten Einrichtung der psychotherapeutischen oder psychosomatischen Versorgung, in der Praxis eines Arztes mit einer ärztlichen Weiterbildung in der Psychotherapie oder eines Psychologischen Psychotherapeuten zu erbringen.

Die **Theoretische Ausbildung** umfasst nach § 3 PsychTh-APrV mindestens 600 Stunden und erstreckt sich auf die zu vermittelnden Grundkenntnisse für die psychotherapeutische Tätigkeit und im Rahmen der vertieften Ausbildung auf Spezialkenntnisse in einem wissenschaftlich anerkannten psychotherapeutischen Verfahren (Anlage 1).

Die **Praktische Ausbildung** umfasst nach § 4 PsychTh-APrV mindestens 600 Behandlungsstunden unter Supervision mit mindestens sechs Patientenbehandlungen sowie mindestens 150 Supervisionsstunden, von denen mindestens 50 Stunden als Einzelsupervision durchzuführen sind.

Die **Selbsterfahrung** umfasst nach § 5 PsychTh-APrV mindestens 120 Stunden findet bei von der Ausbildungsstätte anerkannten Selbsterfahrungsleitern statt.

Die **Zulassungsvorsaussetzungen** sind nach § 7 PsychTh-APrV gegeben, wenn
- die Geburtsurkunde und alle Urkunden, die eine spätere Namensänderung ausweisen,
- der Nachweis über die bestandene Abschlussprüfung im Studiengang Psychologie, die das Fach Klinische Psychologie einschließt, oder eine Bescheinigung über eine gleichwertige Ausbildung,
- die Bescheinigung über die Teilnahme an den Ausbildungsveranstaltungen und
- mindestens zwei Falldarstellungen, die von der Ausbildungsstätte als Prüfungsfall angenommen wurden

als Nachweise vorliegen.

Die staatliche **Prüfung** umfasst nach § 8 PsychTh-APrV einen schriftlichen und einen mündlichen Teil.

Über den mündlichen Teil der Prüfung nach § 10 PsychTh-APrV eine **Prüfungsniederschrift** zu fertigen, aus der Gegenstand, Ablauf und Ergebnisse der Prüfung sowie etwa vorkommende Unregelmäßigkeiten hervorgehen. Die Prüfung ist nach § 12 PsychTh-APrV bestanden, wenn jeder der vorgeschriebenen Prüfungsteile bestanden ist. Über die bestandene staatliche Prüfung wird ein Zeugnis erteilt. Der Prüfling kann den schriftlichen und den mündlichen Teil der Prüfung jeweils zweimal wiederholen, wenn er die Note „mangelhaft“ oder „ungenügend“ erhalten hat.

Tritt ein Prüfling nach seiner Zulassung von der Prüfung oder einem Prüfungsteil zurück, so hat er nach § 13 PsychTh-APrV die Gründe für seinen **Prüfungsrücktritt** unverzüglich der zuständigen Behörde schriftlich mitzuteilen. Genehmigt die zuständige Behörde den Rücktritt, so gilt die Prüfung oder der betreffende Teil der Prüfung als nicht unternommen. Versäumt ein Prüfling einen Prüfungstermin, gibt er die Aufsichtsarbeit nicht oder nicht rechtzeitig ab oder unterbricht er die Prüfung, so gilt der betreffende Teil der Prüfung nach § 14 PsychTh-APrV als nicht bestanden, wenn nicht ein wichtiger Grund vorliegt.

Die **Schriftliche Prüfung** erstreckt sich nach § 16 PsychTh-APrV auf die in Anlage 1 Teil A aufgeführten Grundkenntnisse in den wissenschaftlich anerkannten psychotherapeutischen Verfahren. Für sie sind bundeseinheitliche Termine abzuhalten.

Die **Mündliche Prüfung** erstreckt sich nach § 17 PsychTh-APrV auf die Inhalte
- Ätiologie, Pathogenese und Aufrechterhaltung von Störungen mit Krankheitswert,
- theoretische Grundlagen und klinisch-empirische Befunde zu wissenschaftlich anerkannten psychotherapeutischen Verfahren,
- Kriterien der generellen und differentiellen Indikation in den wissenschaftlich anerkannten psychotherapeutischen Verfahren und Methoden einschließlich der Evaluation von Behandlungsverläufen sowie
- Theorie und Praxis der Therapeuten-Patienten-Beziehung.

Für die staatliche Prüfung wird nach § 18 PsychTh-APrV von der zuständigen Behörde eine **Gesamtnote** wie folgt gebildet: Die Note für den schriftlichen Teil der Prüfung wird mit 1, die Note für den mündlichen Teil der Prüfung mit 2 vervielfacht; die Summe der auf diese Weise gewonnenen Zahl wird durch 3 geteilt.

Die **Approbation** wird nach § 19 PsychTh-APrV von der zuständigen Behörde auf Antrag erteilt und nach § 21 PsychTh-APrV wird eine **Approbationsurkunde** ausgestellt.

6.16 Ausbildungs- und Prüfungsverordnung für pharmazeutisch-technische Assistentinnen und pharmazeutisch-technische Assistenten (PTA-APrV)

6.16.1 Übersicht über die Regelungen der PTA-APrV

Die Ausbildungs- und Prüfungsverordnung für pharmazeutisch-technische Assistentinnen und pharmazeutisch-technische Assistenten (PTA-APrV) vom 23. September 1997 (BGBl I S. 2352), zuletzt durch Artikel 44 des Gesetzes vom 6. Dezember 2011 (BGBl I S. 2515) geändert, umfasst Ausbildungs- und Prüfungsbestimmungen sowie Regelungen zur vorgesehenen Apothekenpraxis.

Beispiel: Ein Prüfling erzielt im 1. Prüfungsabschnitt die Noten 2, 3 und 4 und im 2. Prüfungsabschnitt die Note 2. Nach § 5 PTA-APrV wird die Gesamtnote für die staatliche Prüfung für pharmazeutisch-technische Assistenten gebildet, indem die Prüfungsnoten für jeden Teil des ersten Prüfungsabschnitts sowie die Note für den zweiten Prüfungsabschnitt addiert und durch die Anzahl der Noten dividiert werden. Die Gesamtnote beträgt somit 2,75.

Tabelle 68 gibt einen Überblick über die Inhalte der PTA-APrV.

Tab. 68: Ausbildungs- und Prüfungsverordnung für pharmazeutisch-technische Assistentinnen und pharmazeutisch-technische Assistenten (PTA-APrV)

Abschnitt	Inhalt
Allgemeine Vorschriften	Ausbildung; staatliche Prüfung; Prüfungsausschuss; Zulassung zur Prüfung; Niederschrift; Benotung; Bestehen und Wiederholung der Prüfung; Rücktritt von der Prüfung; Versäumnisfolgen; Ordnungsverstöße und Täuschungsversuche; Prüfungsunterlagen
Prüfungsbestimmungen für die Ausbildung zu pharmazeutisch-technischen Assistenten – Erster Prüfungsabschnitt	Schriftlicher, mündlicher und praktischer Teil der Prüfung
Prüfungsbestimmungen für die Ausbildung zu pharmazeutisch-technischen Assistenten – Zweiter Prüfungsabschnitt	Apothekenpraxis
Anrechnungs- und Anerkennungsvorschriften	Anrechnungsfähige Ausbildungszeiten und Prüfungen; Fehlzeiten; Sonderregelungen für Inhaber von Ausbildungsnachweisen aus anderen Mitgliedstaaten der Europäischen Union oder einem anderen Vertragsstaat des Abkommens über den Europäischen Wirtschaftsraum oder einem Vertragsstaat, dem Deutschland und die Europäische Union vertraglich einen entsprechenden Rechtsanspruch eingeräumt haben; Frist
Übergangs- und Schlussvorschriften	Übergangsvorschriften; Inkrafttreten, Außerkrafttreten; Schlussformel
Anlage 1 (zu § 1 Abs. 2 Satz 1) Theoretischer und praktischer Unterricht	
Anlage 2 (zu § 1 Abs. 2 Satz 2) Teilnahmebescheinigung	
Anlage 3 (zu § 1 Abs. 3 Satz 3) Praktikumsbescheinigung	
Anlage 4 (zu § 1 Abs. 4 Satz 5) Bescheinigung Praktische Apothekenausbildung	
Anlage 5 (zu § 7 Abs. 2 Satz 1) Zeugnis 1. Prüfungsabschnitt	
Anlage 6 (zu § 7 Abs. 2 Satz 2) Zeugnis 1. Prüfungsabschnitt	
Anlage 7 (zu § 7 Abs. 3 Satz 3) Prüfungszeugnis	

6.16.2 Ausbildung und Prüfung für Pharmazeutisch-technische Assistentinnen und Assistenten

Die **Pharmazeutisch-technische Assistentenausbildung** umfasst nach § 1 PTA-APrV

- einen zweijährigen Lehrgang an einer staatlich anerkannten Lehranstalt für pharmazeutisch-technische Assistenten,
- ein Praktikum von 160 Stunden in einer Apotheke,

- eine Ausbildung in Erster Hilfe von 8 Doppelstunden außerhalb der schulischen Ausbildung,
- eine praktische Ausbildung von sechs Monaten in der Apotheke.

Der **PTA-Lehrgang** umfasst nach § 2 PTA-APrV den in der Anlage 1 Teil A aufgeführten theoretischen und praktischen Unterricht von 2.600 Stunden. Über die regelmäßige und erfolgreiche Teilnahme an den Ausbildungsveranstaltungen erhält der Schüler bei nicht schulrechtlich geregelten Ausbildungen eine Bescheinigung oder, sofern der Lehrgang schulrechtlich geregelt wird, ein Zeugnis der Schule. Das **Apothekenpraktikum** ist während des Lehrgangs außerhalb der schulischen Ausbildung in einer Apotheke unter der Aufsicht eines Apothekers abzuleisten.

Die staatliche **PTA-Prüfung** besteht aus zwei Abschnitten. Der erste Abschnitt der Prüfung findet am Ende des zweijährigen Lehrgangs statt. Er umfasst einen schriftlichen, mündlichen und praktischen Teil. Der zweite Abschnitt der Prüfung findet nach Abschluss der praktischen Ausbildung in der Apotheke statt; er besteht aus einer mündlichen Prüfung.

Die **Zulassungsvorsaussetzungen** sind nach § 4 PTA-APrV gegeben, wenn

- der Personalausweis oder Reisepass in amtlich beglaubigter Abschrift,
- die Bescheinigung über die Teilnahme an den Ausbildungsveranstaltungen des Lehrgangs oder das Zeugnis,
- die Bescheinigung über das Praktikum in einer Apotheke außerhalb der schulischen Ausbildung und
- ein Nachweis über eine Ausbildung von acht Doppelstunden in Erster Hilfe

als Nachweise vorliegen.

Für die Zulassung zweiten Abschnitt der Prüfung sind erforderlich

- das Zeugnis über den ersten Prüfungsabschnitt,
- die Bescheinigung über die Ableistung der praktischen Ausbildung in der Apotheke,
- das Praktikumtagebuch.

Über die Prüfung in jedem Fach ist nach § 5 PTA-APrV eine **Prüfungsniederschrift** zu fertigen, aus der Gegenstand, Ablauf und Ergebnisse der Prüfung und etwa vorkommende Unregelmäßigkeiten hervorgehen.

Die Prüfung ist nach § 7 PTA-APrV bestanden, wenn jeder der für den ersten Prüfungsabschnitt vorgeschriebenen Teile und der zweite Prüfungsabschnitt bestanden sind. Über die bestandenen Prüfungsabschnitte werden Zeugnisse erstellt.

Aus den Noten des ersten und zweiten Prüfungsabschnitts wird eine **Gesamtnote** für die staatliche Prüfung für pharmazeutisch-technische Assistenten gebildet, indem die Prüfungsnoten für jeden Teil des ersten Prüfungsabschnitts sowie die Note für den zweiten Prüfungsabschnitt addiert und durch die Anzahl der Noten dividiert werden. Über die bestandene staatliche Prüfung für pharmazeutisch-technische Assistenten wird ein Zeugnis erteilt.

Der Prüfling kann jede Aufsichtsarbeit der schriftlichen Prüfung und jedes Fach der mündlichen und praktischen Prüfung einmal wiederholen, wenn er – bei schulrechtlich geregelter Ausbildung unter Berücksichtigung der Leistungen während der Ausbildung – die Note „mangelhaft" oder „ungenügend" erhalten hat.

Tritt ein Prüfling nach seiner Zulassung von der Prüfung zurück, so hat er nach § 8 PTA-APrV die Gründe für seinen **Prüfungsrücktritt** unverzüglich dem Vorsitzenden des Prüfungsausschusses schriftlich mitzuteilen. Genehmigt der Vorsitzende den Rücktritt, so gilt die Prüfung als nicht unternommen.

Versäumt ein Prüfling einen Prüfungstermin oder gibt er eine Aufsichtsarbeit nicht oder nicht rechtzeitig ab oder unterbricht er die Prüfung, so gilt die Prüfung nach § 9 PTA-APrV als nicht bestanden, wenn nicht ein wichtiger Grund vorliegt.

Auf Antrag ist dem Prüfungsteilnehmer nach Abschluss der Prüfung gemäß § 11 PTA-APrV Einsicht in seine Prüfungsunterlagen zu gewähren. Schriftliche Aufsichtsarbeiten sind drei, Anträge auf Zulassung zur Prüfung und Prüfungsniederschriften zehn Jahre aufzubewahren.

Im ersten Prüfungsabschnitt erstreckt sich die **Schriftliche PTA-Prüfung** nach § 12 PTA-APrV auf die Fächer

- Arzneimittelkunde,
- Allgemeine und pharmazeutische Chemie,
- Galenik,
- Botanik und Drogenkunde.

Die **Mündliche PTA-Prüfung** erstreckt sich nach § 13 PTA-APrV auf die Fächer

- Gefahrstoff-, Pflanzenschutz- und Umweltschutzkunde,
- Pharmazeutische Gesetzeskunde, Berufskunde,
- Medizinproduktekunde.

Die **Praktische PTA-Prüfung** erstreckt sich nach § 14 PTA-APrV auf die Fächer

- Chemisch-pharmazeutische Übungen,
- Übungen zur Drogenkunde,
- Galenische Übungen.

Der zweite Prüfungsabschnitt erstreckt sich nach § 15 PTA-APrV auf die Prüfung der **Apothekenpraxis.** Der Prüfling soll in einem mündlichen Prüfungsgespräch, das sich auf die in der Anlage 1 Teil B aufgeführten Lerngebiete und das Tagebuch erstreckt, nachweisen, dass er die zur Ausübung des Berufs des pharmazeutisch-technischen Assistenten erforderlichen Kenntnisse besitzt.

6.17 Verordnung über die Ausbildungsförderung für soziale Pflegeberufe (SozPflegerV)

6.17.1 Übersicht über die Regelungen der SozPflegerV

Die Verordnung über die Ausbildungsförderung für soziale Pflegeberufe (SozPflegerV) vom 30. August 1974 (BGBl I S. 2157), durch Artikel 1 der Verordnung vom 7. Juni 1995 (BGBl I S. 794) geändert, enthält Regelungen für die Ausbildungsförderung nach dem Bundesausbildungsförderungsgesetz.

Beispiel: Ein Schüler einer staatlich anerkannten Ausbildungsstätte für Fachaltenpfleger beantragt Ausbildungsförderung nach dem Bundesausbildungsförderungsgesetz. Nach § 2 SozPflegerV erhält er eine Ausbildungsförderung wie Schüler an Fachschulen, wenn Aufnahmevoraussetzung eine abgeschlossene Berufsausbildung oder eine mehrjährige geeignete Tätigkeit ist, im Übrigen wie Schüler an Berufsfachschulen.

Tabelle 69 gibt einen Überblick über die Inhalte der SozPflegerV.

Tab. 69: Verordnung über die Ausbildungsförderung für soziale Pflegeberufe (SozPflegerV)

Fundstelle	Inhalt
§ 1	Ausbildungsstätten
§ 2	Förderungsrechtliche Stellung der Auszubildenden
§ 3	Inkrafttreten

6.17.2 Ausbildungsstätten und förderungsrechtliche Stellung der Auszubildenden

Nach § 1 SozPflegerV wird **Ausbildungsförderung** nach dem Bundesausbildungsförderungsgesetz geleistet für den Besuch von Ausbildungsstätten für Dorfhelfer, Altenpflegehelfer, Alten-, Familien-, Haus- und Heilerziehungspfleger, Fachaltenpfleger.

Die Ausbildungsförderung wird nur geleistet, wenn die Ausbildung an einer öffentlichen oder an einer durch die zuständige Landesbehörde staatlich anerkannten oder genehmigten Einrichtung durchgeführt wird. Dasselbe gilt, wenn die zuständige Landesbehörde anerkennt, dass der Besuch der Einrichtung dem Besuch der in Satz 1 bezeichneten Einrichtungen gleichwertig ist.

Die Auszubildenden an den in § 1 bezeichneten Ausbildungsstätten erhalten nach § 2 SozPflegerV Ausbildungsförderung wie Schüler an Fachschulen, wenn Aufnahmevoraussetzung eine abgeschlossene Berufsausbildung oder eine mehrjährige geeignete Tätigkeit ist, im übrigen wie Schüler an Berufsfachschulen.

6.18 Verordnung über die Berufsausbildung zum Zahnmedizinischen Fachangestellten/ zur Zahnmedizinischen Fachangestellten (ZahnmedAusbV)

6.18.1 Übersicht über die Regelungen der ZahnmedAusbV

Die Verordnung über die Berufsausbildung zum Zahnmedizinischen Fachangestellten/zur Zahnmedizinischen Fachangestellten vom 4. Juli 2001 (BGBl I S. 1492) umfasst Regelungen für die Ausbildungsdauer, den Ausbildungsrahmenplan sowie für die Zwischen- und Abschlussprüfung.

Beispiel: In der Abschlussprüfung wurden im praktischen Teil eine ausreichende Prüfungsleistung und innerhalb des schriftlichen Teils in drei Prüfungsbereichen ebenfalls ausreichende Prüfungsleistungen erbracht. Die Prüfung ist damit nach § 8 ZahnmedAusbV bestanden.

Tabelle 70 gibt einen Überblick über die Inhalte der ZahnmedAusbV.

Tab. 70: Verordnung über die Berufsausbildung zum Zahnmedizinischen Fachangestellten/zur Zahnmedizinischen Fachangestellten (ZahnmedAusbV)

Fundstelle	Inhalt
§ 1	Staatliche Anerkennung des Ausbildungsberufes
§ 2	Ausbildungsdauer
§ 3	Ausbildungsberufsbild
§ 4	Ausbildungsrahmenplan
§ 5	Ausbildungsplan
§ 6	Berichtsheft
§ 7	Zwischenprüfung
§ 8	Abschlussprüfung
§ 9	Übergangsregelung
§ 11	Inkrafttreten, Außerkrafttreten
Anlage 1 (zu § 4) Ausbildungsrahmenplan für die Berufsausbildung zum Zahnmedizinischen Fachangestellten/zur Zahnmedizinischen Fachangestellten – Sachliche Gliederung –	
Anlage 2 (zu § 4) Ausbildungsrahmenplan für die Berufsausbildung zum Zahnmedizinischen Fachangestellten/zur Zahnmedizinischen Fachangestellten – Zeitliche Gliederung –	

6.18.2 Ausbildung und Prüfung für Zahnmedizinische Fachangestellte

Der Ausbildungsberuf Zahnmedizinischer Fachangestellter/Zahnmedizinische Fachangestellte wird nach § 1 ZahnmedAusbV staatlich anerkannt, dauert nach § 2 ZahnmedAusbV drei Jahre und umfasst nach § 3 ZahnmedAusbV mindestens Fertigkeiten und Kenntnisse unter anderem in den Bereichen
- Durchführen von Hygienemaßnahmen,
- Arbeitsorganisation, Qualitätsmanagement,
- Kommunikation, Information und Datenschutz,
- Patientenbetreuung,
- Grundlagen der Prophylaxe,
- Durchführen begleitender Maßnahmen bei der Diagnostik und Therapie unter Anleitung und Aufsicht des Zahnarztes,
- Hilfeleistungen bei Zwischenfällen und Unfällen,
- Praxisorganisation und -verwaltung,
- Abrechnung von Leistungen.

Der Ausbildende hat unter Zugrundelegung des Ausbildungsrahmenplans für den Auszubildenden nach § 5 ZahnmedAusbV einen **Ausbildungsplan** zu erstellen.

Der Auszubildende hat nach § 6 ZahnmedAusbV ein **Berichtsheft** in Form eines Ausbildungsnachweises zu führen. Der Ausbildende hat das Berichtsheft regelmäßig durchzusehen.

Zur Ermittlung eines Ausbildungsstandes ist nach § 7 ZahnmedAusbV eine **Zwischenprüfung** durchzuführen. Sie ist schriftlich in folgenden Prüfungsgebieten durchzuführen:
- Durchführen von Hygienemaßnahmen,
- Hilfeleistungen bei Zwischenfällen und Unfällen,
- Assistenz bei konservierenden und chirurgischen Behandlungsmaßnahmen,
- Anwenden von Gebührenordnungen und Vertragsbestimmungen.

Die **Abschlussprüfung** besteht nach § 8 ZahnmedAusbV aus einem schriftlichen und einem praktischen Teil. Der schriftliche Teil der Prüfung besteht aus den Bereichen
- Behandlungsassistenz,
- Praxisorganisation und -verwaltung,
- Abrechnungswesen sowie
- Wirtschafts- und Sozialkunde.

Im praktischen Teil der Prüfung kommen für die praktische Aufgabe insbesondere in Betracht:
- Patientengespräche personenorientiert und situationsgerecht führen,
- Prophylaxemaßnahmen demonstrieren oder

- Materialien, Werkstoffe und Arzneimittel vorbereiten und verarbeiten; den Einsatz von Geräten und Instrumenten demonstrieren.

Die Prüfung ist bestanden, wenn jeweils im praktischen und im schriftlichen Teil der Prüfung sowie innerhalb des schriftlichen Teils der Prüfung in mindestens drei Bereichen mindestens ausreichende Prüfungsleistungen erbracht sind. Werden die Prüfungsleistungen in einem Bereich mit „ungenügend“ bewertet, ist die Prüfung nicht bestanden.

7. Medizinische Leistungserstellung und Betriebsmitteleinsatz (Arzneimittel- und Medizinprodukterecht)

7.1 Arzneimittelgesetz (AMG)

7.1.1 Übersicht über die Regelungen des AMG

Zweck des Gesetzes über den Verkehr mit Arzneimitteln (Arzneimittelgesetz, AMG) in der Fassung der Bekanntmachung vom 12. Dezember 2005 (BGBl I S. 3394), durch Artikel 5 Absatz 1 des Gesetzes vom 20. April 2013 (BGBl I S. 868) geändert, ist es nach § 1 AMG im Interesse einer ordnungsgemäßen Arzneimittelversorgung von Mensch und Tier für die Sicherheit im Verkehr mit Arzneimitteln, insbesondere für die Qualität, Wirksamkeit und Unbedenklichkeit der Arzneimittel zu sorgen.

Beispiel: Einem Krankenhausträger ist es in seiner Krankenhausapotheke erlaubt, im Rahmen des Gesetzes über das Apothekenwesen Arzneimittel abzugeben. Er bedarf nach § 13 AMG keiner Herstellungserlaubnis der zuständigen Behörde.

Tabelle 71 gibt einen Überblick über die Inhalte des AMG.

Tab. 71: Arzneimittelgesetz (AMG)

Abschnitt	Unterabschnitt	Inhalt
1	Zweck des Gesetzes und Begriffsbestimmungen, Anwendungsbereich	
2	Anforderungen an die Arzneimittel	
3	Herstellung von Arzneimitteln	
4	Zulassung der Arzneimittel	
5	Registrierung von Arzneimitteln	
6	Schutz des Menschen bei der klinischen Prüfung	
7	Abgabe von Arzneimitteln	
8	Sicherung und Kontrolle der Qualität	
9	Sondervorschriften für Arzneimittel, die bei Tieren angewendet werden	
10	Pharmakovigilanz	
11	Überwachung	

Abschnitt	Unterabschnitt	Inhalt
12	Sondervorschriften für Bundeswehr, Bundespolizei, Bereitschaftspolizei, Zivilschutz	
13	Einfuhr und Ausfuhr	
14	Informationsbeauftragter, Pharmaberater	
15	Bestimmung der zuständigen Bundesoberbehörden und sonstige Bestimmungen	
16	Haftung für Arzneimittelschäden	
17	Straf- und Bußgeldvorschriften	
18	Überleitungs- und Übergangsvorschriften	
	1	Überleitungsvorschriften aus Anlass des Gesetzes zur Neuordnung des Arzneimittelrechts
	2	Übergangsvorschriften aus Anlass des Ersten Gesetzes zur Änderung des Arzneimittelgesetzes
	3	Übergangsvorschriften aus Anlass des Zweiten Gesetzes zur Änderung des Arzneimittelgesetzes
	4	Übergangsvorschriften aus Anlass des Fünften Gesetzes zur Änderung des Arzneimittelgesetzes
	5	Übergangsvorschrift aus Anlass des Siebten Gesetzes zur Änderung des Arzneimittelgesetzes
	6	Übergangsvorschriften aus Anlass des Transfusionsgesetzes
	7	Übergangsvorschriften aus Anlass des Achten Gesetzes zur Änderung des Arzneimittelgesetzes
	8	Übergangsvorschriften aus Anlass des Zehnten Gesetzes zur Änderung des Arzneimittelgesetzes
	9	Übergangsvorschriften aus Anlass des Elften Gesetzes zur Änderung des Arzneimittelgesetzes
	10	Übergangsvorschriften aus Anlass des Zwölften Gesetzes zur Änderung des Arzneimittelgesetzes
	11	Übergangsvorschriften aus Anlass des Ersten Gesetzes zur Änderung des Transfusionsgesetzes und arzneimittelrechtlicher Vorschriften
	12	Übergangsvorschriften aus Anlass des Dreizehnten Gesetzes zur Änderung des Arzneimittelgesetzes
	13	Übergangsvorschriften aus Anlass des Vierzehnten Gesetzes zur Änderung des Arzneimittelgesetzes
	14	Übergangsvorschriften aus Anlass des Gewebegesetzes
	15	Übergangsvorschriften aus Anlass des Gesetzes zur Verbesserung der Bekämpfung des Dopings im Sport
	16	Übergangsvorschriften aus Anlass des Gesetzes zur Änderung arzneimittelrechtlicher und anderer Vorschriften

Abschnitt	Unter-abschnitt	Inhalt
	17	Übergangsvorschriften aus Anlass des Gesetzes zur Neuordnung des Arzneimittelmarktes
	18	Übergangsvorschriften aus Anlass des Zweiten Gesetzes zur Änderung arzneimittelrechtlicher und anderer Vorschriften
Anhang (zu § 6a Abs. 2a)		

7.1.2 Anforderungen an Arzneimittel, deren Herstellung, Zulassung und Abgabe

Nach § 2 AMG sind **Arzneimittel** Stoffe oder Zubereitungen aus Stoffen, die zur Anwendung im oder am menschlichen oder tierischen Körper bestimmt sind und als Mittel mit Eigenschaften zur Heilung oder Linderung oder zur Verhütung menschlicher oder tierischer Krankheiten oder krankhafter Beschwerden bestimmt sind oder die im oder am menschlichen oder tierischen Körper angewendet oder einem Menschen oder einem Tier verabreicht werden können, um entweder die physiologischen Funktionen durch eine pharmakologische, immunologische oder metabolische Wirkung wiederherzustellen, zu korrigieren oder zu beeinflussen oder eine medizinische Diagnose zu erstellen.

Es ist unter anderem verboten,

- bedenkliche Arzneimittel in den Verkehr zu bringen oder bei einem anderen Menschen anzuwenden (§ 5 AMG),
- Arzneimittel zu Dopingzwecken im Sport in den Verkehr zu bringen, zu verschreiben oder bei anderen anzuwenden, sofern ein **Doping** bei Menschen erfolgt oder erfolgen soll (§ 6a AMG),
- radioaktive Arzneimittel oder Arzneimittel, bei deren Herstellung ionisierende Strahlen verwendet worden sind, in den Verkehr zu bringen, es sei denn, dass dies durch Rechtsverordnung ist (§ 7 AMG),
- Arzneimittel oder Wirkstoffe herzustellen oder in den Verkehr zu bringen, die durch Abweichung von den anerkannten pharmazeutischen Regeln in ihrer Qualität nicht unerheblich gemindert sind oder mit irreführender Bezeichnung, Angabe oder Aufmachung versehen sind (§ 8 AMG),
- gefälschte Arzneimittel oder gefälschte Wirkstoffe herzustellen, in den Verkehr zu bringen oder sonst mit ihnen Handel zu treiben (§ 8 AMG),
- Arzneimittel, deren **Verfalldatum** abgelaufen ist, in den Verkehr zu bringen (§ 8 AMG).

*Zur **Kennzeichnung** müssen Fertigarzneimittel nach § 10 AMG beispielsweise folgende Angaben enthalten: Der Name oder die Firma und die Anschrift des pharmazeutischen Unternehmers, die Bezeichnung des Arzneimittels, gefolgt von der Angabe der Stärke und der Darreichungsform, die Zulassungsnummer mit der Abkürzung „Zul.-Nr.“, die Chargenbezeichnung, soweit das Arzneimit-*

tel in Chargen in den Verkehr gebracht wird, mit der Abkürzung „Ch.-B.", der Inhalt nach Gewicht, Rauminhalt oder Stückzahl, die Art der Anwendung, die Wirkstoffe nach Art und Menge und sonstige Bestandteile, das Verfalldatum mit dem Hinweis „verwendbar bis" und vieles anderes mehr.

Fertigarzneimittel dürfen mit einigen Ausnahmen nur mit einer **Packungsbeilage** in den Verkehr gebracht werden, die die Überschrift „Gebrauchsinformation" trägt sowie die erforderlichen Angaben nach § 11 AMG in der vorgegebenen Reihenfolge allgemein verständlich in deutscher Sprache und in gut lesbarer Schrift enthalten muss. Pharmazeutische Unternehmer sind nach § 11a verpflichtet, auf Anforderung eine Gebrauchsinformation für Fachkreise als **Fachinformation** zur Verfügung zu stellen.

Wer Arzneimittel gewerbs- oder berufsmäßig herstellt, bedarf nach § 13 AMG eine **Herstellungserlaubnis** der zuständigen Behörde. Einer Erlaubnis bedarf beispielsweise nicht der Träger eines Krankenhauses, soweit er nach dem Gesetz über das Apothekenwesen Arzneimittel abgeben darf, oder für die Rekonstitution oder das Abpacken einschließlich der Kennzeichnung von Arzneimitteln, die zur klinischen Prüfung bestimmt sind, sofern dies dem Prüfplan entspricht. Die Erlaubnis wird dem Antragsteller nach § 16 AMG für eine bestimmte Betriebsstätte und für bestimmte Arzneimittel und Darreichungsformen erteilt.

Die **Zulassungspflicht** nach § 21 AMG besagt, dass Fertigarzneimittel, nur in den Verkehr gebracht werden dürfen, wenn sie durch die zuständige Bundesoberbehörde zugelassen sind. Einer Zulassung bedarf es neben anderer Ausnahmen beispielsweise nicht für Arzneimittel, die zur Anwendung bei Menschen bestimmt sind und auf Grund nachweislich häufiger ärztlicher oder zahnärztlicher Verschreibung in den wesentlichen Herstellungsschritten in einer Apotheke in einer Menge bis zu hundert abgabefertigen Packungen an einem Tag im Rahmen des üblichen Apothekenbetriebs hergestellt werden und zur Abgabe im Rahmen der bestehenden Apothekenbetriebserlaubnis bestimmt sind.

Fertigarzneimittel dürfen als **Homöopathische Arzneimittel** nach § 38 AMG nur nach **Registrierung** in den Verkehr gebracht werden, wenn sie in ein bei der zuständigen Bundesoberbehörde zu führendes Register für homöopathische Arzneimittel eingetragen sind.

Der Sponsor, der Prüfer und alle weiteren an der **Klinischen Prüfung** beteiligten Personen haben nach § 40 AMG bei der Durchführung der klinischen Prüfung eines Arzneimittels bei Menschen die Anforderungen der guten klinischen Praxis einzuhalten, und sie darf vom Sponsor nur begonnen werden, wenn die zuständige Ethik-Kommission sie zustimmend bewertet und die zuständige Bundesoberbehörde diese genehmigt hat.

Die Abgabe von Arzneimittel erfolgt im Rahmen der **Apothekenpflicht**, was nach § 43 AMG bedeutet, dass Arzneimittel, die nicht für den Verkehr außerhalb der Apotheken freigegeben sind, außer in den Fällen des § 47 AMG berufs- oder gewerbsmäßig für den Endverbrauch nur in Apotheken und ohne behördliche Erlaubnis nicht im Wege des Versandes in den Verkehr gebracht werden dürfen; das Nähere regelt das Apothekengesetz. Auf **Verschreibung** dürfen Arzneimittel nur von Apotheken abgegeben werden. Die Verschreibungspflicht ist in § 48 AMG geregelt. Ausnahmen von der Apothekenpflicht sind in §§ 44 ff AMG aufgeführt.

7.1.3 Qualitätskontrolle, Überwachung und Haftung für Arzneimittelschäden

Das **Arzneibuch** ist nach § 55 AMG eine vom Bundesinstitut für Arzneimittel und Medizinprodukte im Einvernehmen mit dem Paul-Ehrlich-Institut und dem Bundesamt für Verbraucherschutz und Lebensmittelsicherheit bekannt gemachte Sammlung anerkannter pharmazeutischer Regeln über die Qualität, Prüfung, Lagerung, Abgabe und Bezeichnung von Arzneimitteln und den bei ihrer Herstellung verwendeten Stoffen. Das Arzneibuch enthält auch Regeln für die Beschaffenheit von Behältnissen und Umhüllungen.

Wer als pharmazeutischer Unternehmer Fertigarzneimittel in den Verkehr bringt, hat nach § 63a AMG eine in einem Mitgliedstaat der Europäischen Union ansässige qualifizierte Person mit der erforderlichen Sachkenntnis und der zur Ausübung ihrer Tätigkeit erforderlichen Zuverlässigkeit als **Stufenplanbeauftragter** zu beauftragen, ein **Pharmakovigilanzsystem** einzurichten, zu führen und bekannt gewordene Meldungen über Arzneimittelrisiken zu sammeln, zu bewerten und die notwendigen Maßnahmen zu koordinieren. Auch der Inhaber der Zulassung ist nach § 63b AMG verpflichtet, ein Pharmakovigilanzsystem einzurichten und zu betreiben.

Betriebe und Einrichtungen, in denen Arzneimittel hergestellt, geprüft, gelagert, verpackt oder in den Verkehr gebracht werden oder in denen sonst mit ihnen Handel getrieben wird, unterliegen insoweit der **Überwachung** durch die zuständige Behörde.

Wird infolge der Anwendung eines zum Gebrauch bei Menschen bestimmten Arzneimittels, das im Geltungsbereich dieses Gesetzes an den Verbraucher abgegeben wurde und der Pflicht zur Zulassung unterliegt oder durch Rechtsverordnung von der Zulassung befreit worden ist, ein Mensch getötet oder der Körper oder die Gesundheit eines Menschen nicht unerheblich verletzt, so ist der pharmazeutische Unternehmer, der das Arzneimittel im Geltungsbereich dieses Gesetzes in den Verkehr gebracht hat, nach § 84 AMG im Rahmen der **Gefährdungshaftung** verpflichtet, dem Verletzten den daraus entstandenen Schaden zu ersetzen. Die Ersatzpflicht besteht nur, wenn das Arzneimittel bei bestimmungsgemäßem Gebrauch schädliche Wirkungen hat, die über ein nach den Erkenntnissen der medizinischen Wissenschaft vertretbares Maß hinausgehen oder der Schaden infolge einer nicht den Erkenntnissen der medizinischen Wissenschaft entsprechenden Kennzeichnung, Fachinformation oder Gebrauchsinformation eingetreten ist.

7.2 Verordnung über apothekenpflichtige und freiverkäufliche Arzneimittel (AMVerkRV)

7.2.1 Übersicht über die Regelungen der AMVerkRV

Die Verordnung über apothekenpflichtige und freiverkäufliche Arzneimittel (AMVerkRV) vom 24. November 1988 (BGBl I S. 2150), zuletzt durch Artikel 1 der Verordnung vom 21. Februar 2011 (BGBl I S. 314) geändert, enthält Regelungen zur Einbeziehung und zur Freigabe von Arzneimitteln aus der Apothekenpflicht.

Beispiel: Ein Arzneimittel gegen Magengeschwüre ist nach § 7 AMVerkRV vom Verkehr außerhalb der Apotheken ausgeschlossen, da es teilweise oder ausschließlich zur Beseitigung, Linderung oder Verhütung einer der in der Anlage 3 genannten Krankheiten oder Leiden bestimmt ist.

Tabelle 72 gibt einen Überblick über die Inhalte der AMVerkRV.

Tab. 72: Verordnung über apothekenpflichtige und freiverkäufliche Arzneimittel (AMVerkRV)

Abschnitt	Inhalt
Freigabe aus der Apothekenpflicht	Freigegebene allgemeine Arzneimittel; freigegebene Fertig- und Tierarzneimittel; Ausschluss der Freigabe
Einbeziehung in die Apothekenpflicht	Ausschluss vom Verkehr außerhalb der Apotheken; Verhütung von Tierkrankheiten; chemische Verbindungen
Übergangs- und Schlußvorschriften	In Verkehr befindliche Arzneimittel
Anlage 1a (zu § 1 Abs. 1 Nr. 1)	
Anlage 1b (zu § 1 Abs. 1 Nr. 2, § 7 Abs. 1 Nr. 2 und § 8 Abs. 1 Nr. 2)	
Anlage 1c (zu § 1 Abs. 1 Nr. 3)	
Anlage 1d (zu § 1 Abs. 2 Nr. 1 und 2)	
Anlage 1e (zu § 1 Abs. 2 Nr. 2)	
Anlage 2a (zu § 2 Abs. 1 Nr. 1)	
Anlage 2b (zu § 2 Abs. 1 Nr. 2)	
Anlage 2c (zu § 2 Abs. 1 Nr. 3)	
Anlage 3 (zu §§ 6, 7 Abs. 1 Nr. 4, Abs. 2 Nr. 1 und § 8 Abs. 1 Nr. 4)	
Anlage 4 (zu § 7 Abs. 1 Nr. 1 und § 8 Abs. 1 Nr. 1)	

7.2.2 Einbeziehung von Arzneimitteln in die Apothekenpflicht und Freigabe daraus

§ 1 AMVerkRV enthält Angaben zu Arzneimitteln, die dazu bestimmt sind, zur Beseitigung oder Linderung von Krankheiten, Leiden, Körperschäden oder krankhaften Beschwerden zu dienen, und für die den Verkehr außerhalb der Apotheken eine **Freigabe** gilt.

Beispielsweise dürfen nach § 1 AMVerkRV Destillate, ausgenommen Trockendestillate, aus Mischungen von Pflanzen, Pflanzenteilen, ätherischen Ölen, Kampfer, Menthol, Balsamen oder Harzen als Fertigarzneimittel für den Verkehr außerhalb der Apotheken freigegeben werden, es sei denn, dass sie aus verschreibungspflichtigen oder den in der Anlage 1b zu dieser Verordnung bezeichneten Pflanzen, deren Teilen oder Bestandteilen gewonnen sind.

Arzneimittel im Sinne des Arzneimittelgesetzes sind nach § 2 AMVerkRV als **Fertigarzneimittel** für den Verkehr außerhalb der Apotheken auch freigegeben, wenn sie ausschließlich dazu bestimmt sind:
- bei Husten oder Heiserkeit angewendet zu werden, sofern sie an arzneilich wirksamen Bestandteilen keine anderen als die in der Anlage 2a zu dieser Verordnung genannten Stoffe oder Zubereitungen enthalten und sofern sie in Darreichungsformen zum Lutschen in den Verkehr gebracht werden,
- als Abführmittel angewendet zu werden, sofern sie an arzneilich wirksamen Bestandteilen keine anderen als die in der Anlage 2b zu dieser Verordnung genannten Stoffe oder Zubereitungen enthalten,
- bei Hühneraugen oder Hornhaut angewendet zu werden, sofern sie an arzneilich wirksamen Bestandteilen keine anderen als die in der Anlage 2c zu dieser Verordnung genannten Stoffe oder Zubereitungen enthalten.

Nach § 3 AMVerkRV gelten die §§ 1 und 2 nicht für Arzneimittel, die zur Injektion oder Infusion, zur rektalen, vaginalen oder intrauterinen Anwendung, zur intramammären Anwendung bei Tieren, als Wundstäbchen, als Implantate sowie als Aerosole bis zu einer mittleren Teilchengröße von nicht mehr als 5 mym zur unmittelbaren Anwendung am oder im Körper in den Verkehr gebracht werden.

Für den Verkehr außerhalb der Apotheken freigegeben sind nach § 4 AMVerkRV beispielsweise auch Arzneimittel im Sinne des Arzneimittelgesetzes, die
- ausschließlich zur Anwendung bei Zierfischen, Zier- oder Singvögeln, Brieftauben, Terrarientieren, Kleinnagern, Frettchen oder nicht der Gewinnung von Lebensmitteln dienenden Kaninchen bestimmt sind und
- für die jeweilige Anwendung bei der betreffenden Tierart nicht der Verschreibungspflicht nach dem Arzneimittelgesetz unterliegen.

Die im Arzneimittelgesetz genannten Arzneimittel sind nach § 7 AMVerkRV vom Verkehr außerhalb der Apotheken ausgeschlossen (**Apothekenpflicht**), wenn unter anderem

- sie die in der Anlage 4 der AMVerkRV genannten Stoffe oder Zubereitungen aus Stoffen sind,
- sie die in der Anlage 1b der AMVerkRV genannten Pflanzen, deren Teile, Zubereitungen daraus oder Preßsäfte sind,
- sie teilweise oder ausschließlich zur Beseitigung, Linderung oder Verhütung der in der Anlage 3 genannten Krankheiten oder Leiden bestimmt sind.

Die im Arzneimittelgesetz genannten Arzneimittel sind nach § 9 AMVerkRV ferner vom Verkehr außerhalb der Apotheken ausgeschlossen, wenn sie chemische Verbindungen sind, denen nach den Erkenntnissen der medizinischen Wissenschaft eine

- antibiotische,
- blutgerinnungsverzögernde,
- histaminwidrige,
- hormonartige,
- parasympathicomimetische (cholinergische) oder parasympathicolytische,
- sympathicomimetische (adrenergische) oder sympathicolytische

Wirkung auf den menschlichen oder tierischen Körper zukommt. Das gleiche gilt, wenn ihnen solche chemischen Verbindungen zugesetzt sind.

Die im Arzneimittelgesetz genannten Arzneimittel sind nach § 10 AMVerkRV ferner vom Verkehr außerhalb der Apotheken ausgeschlossen, wenn sie zur Injektion oder Infusion, zur rektalen oder intrauterinen Anwendung, zur intramammären oder vaginalen Anwendung bei Tieren, als Implantate oder als Aerosole bis zu einer mittleren Teilchengröße von nicht mehr als 5 mym in den Verkehr gebracht werden.

7.3 Arzneimittelverschreibungsverordnung (AMVV)

7.3.1 Übersicht über die Regelungen der AMVV

Die Verordnung über die Verschreibungspflicht von Arzneimitteln (Arzneimittelverschreibungsverordnung, AMVV) vom 21. Dezember 2005 (BGBl I S. 3632), durch Artikel 1 der Verordnung vom 19. Februar 2013 (BGBl I S. 312) geändert, enthält Regelungen zur Verschreibungspflicht von Arzneimitteln, Verschreibungsinhalten, Verwendung amtlicher Verschreibungsvordrucke und Ausnahmen von der Verschreibungspflicht.

> *Beispiel: In einem medizinischen Notfall wird für einen Patienten ohne Verschreibung ein verschreibungspflichtiges Arzneimittel aus einer Apotheke geholt. Der behandelnde Arzt unterrichtet den Apotheker nach § 4 AMVV fernmündlich über die Verschreibung und deren Inhalt und reicht sie in schriftlicher Form nach.*

Tabelle 73 gibt einen Überblick über die Inhalte der AMVV.

Tab. 73: Arzneimittelverschreibungsverordnung (AMVV)

Fundstelle	Inhalt
§ 1	Verschreibungspflichtige Arzneimittel
§ 2	Inhalte der Verschreibung
§ 3	Ausfertigungen
§ 3a	Verwendung von amtlichen Vordrucken
§ 4	Fehlende Aufschubmöglichkeit und Eigenbedarf
§ 5	Ausnahmen von der Verschreibungspflicht
§ 6	Ausnahmen von der Verschreibungspflicht
§§ 7–8	(weggefallen)
§ 9	Tierarzneimittel (soweit die Stoffe Na-Nifurstyrenat oder Sarafloxacin betroffen sind)
Anlage 1 (zu § 1 Nr. 1 und § 5) Stoffe und Zubereitungen nach § 1 Nr. 1	
Anlage 2 (zu § 6) Stoffe nach § 6	

7.3.2 Verschreibungspflichtige Arzneimittel, Inhalte der Verschreibung und Ausnahmen

Nach § 1 AMVV dürfen Arzneimittel,
- die in der Anlage 1 AMVV bestimmte Stoffe oder Zubereitungen aus Stoffen sind oder
- die Zubereitungen aus den in der Anlage 1 bestimmten Stoffen oder Zubereitungen aus Stoffen sind oder
- denen die genannten Stoffe und Zubereitungen aus Stoffen zugesetzt sind oder
- die in den Anwendungsbereich des Arzneimittelgesetzes fallen,

nur bei Vorliegen einer ärztlichen, zahnärztlichen oder tierärztlichen **Verschreibung** abgegeben werden (verschreibungspflichtige Arzneimittel), soweit in den Vorschriften der AMVV nichts anderes bestimmt ist.

Nach § 2 AMVV muss die Verschreibung beispielsweise unter anderem enthalten
- *Name, Berufsbezeichnung und Anschrift der verschreibenden ärztlichen, tierärztlichen oder zahnärztlichen Person (verschreibende Person),*
- *Datum der Ausfertigung,*
- *Name und Geburtsdatum der Person, für die das Arzneimittel bestimmt ist,*
- *Bezeichnung des Fertigarzneimittels oder des Wirkstoffes einschließlich der Stärke,*
- *bei einem Arzneimittel, das in der Apotheke hergestellt werden soll, die Zusammensetzung nach Art und Menge oder die Bezeichnung des Fertigarzneimittels, von dem Teilmengen abgegeben werden sollen,*

- *Darreichungsform, sofern die Bezeichnung nicht eindeutig ist,*
- *abzugebende Menge des verschriebenen Arzneimittels,*
- *Gebrauchsanweisung bei Arzneimitteln, die in der Apotheke hergestellt werden sollen,*
- *Gültigkeitsdauer der Verschreibung,*
- *die eigenhändige Unterschrift der verschreibenden Person oder, bei Verschreibungen in elektronischer Form, deren qualifizierte elektronische Signatur nach dem Signaturgesetz.*

Die Verschreibung eines Arzneimittels ist nach § 3 AMVV in zwei Ausfertigungen (Original und Durchschrift) zu erstellen.

Eine Verschreibung von Arzneimitteln, welche die Wirkstoffe Lenalidomid, Pomalidomid oder Thalidomid enthalten, darf nach § 3a AMVV nur auf einem nummerierten zweiteiligen amtlichen Vordruck (Original und Durchschrift) des Bundesinstituts für Arzneimittel und Medizinprodukte erfolgen.

Erlaubt die Anwendung eines verschreibungspflichtigen Arzneimittels keinen **Aufschub**, kann nach § 4 AMVV die verschreibende Person den Apotheker in geeigneter Weise, insbesondere fernmündlich, über die Verschreibung und deren Inhalt unterrichten. Der Apotheker hat sich über die Identität der verschreibenden Person Gewissheit zu verschaffen. Die verschreibende Person hat dem Apotheker die Verschreibung in schriftlicher oder elektronischer Form unverzüglich nachzureichen.

Für den **Eigenbedarf** einer verschreibenden Person bedarf die Verschreibung nicht der schriftlichen oder elektronischen Form.

Von der **Verschreibungspflicht** sind nach § 5 AMVV beispielsweise Arzneimittel ausgenommen, die aus den in der Anlage 1 zu dieser Verordnung genannten Stoffen und Zubereitungen aus Stoffen nach einer homöopathischen Verfahrenstechnik, insbesondere nach den Regeln des Homöopathischen Arzneibuches hergestellt sind oder die aus Mischungen solcher Stoffe oder Zubereitungen aus Stoffen bestehen, wenn die Endkonzentration dieser Arzneimittel im Fertigprodukt die vierte Dezimalpotenz nicht übersteigt.

7.4 Biostoffverordnung (BioStoffV)

7.4.1 Übersicht über die Regelungen der BioStoffV

Zweck der Verordnung über Sicherheit und Gesundheitsschutz bei Tätigkeiten mit biologischen Arbeitsstoffen (Biostoffverordnung, BioStoffV) vom 27. Januar 1999 (BGBl I S. 50), zuletzt durch Artikel 3 der Verordnung vom 18. Dezember 2008 (BGBl I S. 2768) geändert, ist nach § 1 BioStoffV der Schutz der Beschäftigten vor der Gefährdung ihrer Sicherheit und Gesundheit bei diesen Tätigkeiten. Sie enthält Regelungen zur Einteilung biologischer Arbeitsstoffe in Risikogruppen, die notwendige Gefährdungsbeurteilung und die zu ergreifenden Schutzmaßnahmen.

Beispiel: An einer Universitätsklinik mit Forschungseinrichtungen werden erstmalig wissenschaftliche Versuche unter Verwendung biologischer Arbeitsstoffe der Risikogruppe 1 durchgeführt. Eine Anzeige bei der zuständigen Behörde ist nach § 13 BioStoffV nicht notwendig.

Tabelle 74 gibt einen Überblick über die Inhalte der BioStoffV.

Tab. 74: Biostoffverordnung (BioStoffV)

Fundstelle	Inhalt
§ 1	Anwendungsbereich und Zielsetzung
§ 2	Begriffsbestimmungen
§ 3	Risikogruppen für biologische Arbeitsstoffe
§ 4	Einstufung biologischer Arbeitsstoffe in Risikogruppen
§ 5	Informationen für die Gefährdungsbeurteilung
§ 6	Gefährdungsbeurteilung bei gezielten Tätigkeiten
§ 7	Gefährdungsbeurteilung bei nicht gezielten Tätigkeiten
§ 8	Durchführung der Gefährdungsbeurteilung
§ 9	Tätigkeiten mit biologischen Arbeitsstoffen der Risikogruppe 1
§ 10	Schutzmaßnahmen
§ 11	Hygienemaßnahmen, Schutzausrüstungen
§ 12	Unterrichtung der Beschäftigten
§ 13	Anzeige- und Aufzeichnungspflichten
§ 14	Behördliche Ausnahmen
§ 15	Arbeitsmedizinische Vorsorge
§ 16	Unterrichtung der Behörde
§ 17	Ausschuss für biologische Arbeitsstoffe
§ 18	Ordnungswidrigkeiten und Straftaten
§ 19	Übergangsvorschrift
Anhang I Symbol für Biogefährdung	
Anhang II Sicherheitsmaßnahmen bei Tätigkeiten mit biologischen Arbeitsstoffen in Laboratorien und laborähnlichen Einrichtungen	
Anhang III Sicherheitsmaßnahmen bei gezielten und nicht gezielten Tätigkeiten, die nicht unter Anhang II fallen	

7.4.2 Biologische Arbeitsstoffe, Gefährdungsbeurteilung und Schutzmaßnahmen

Nach § 1 BioStoffV gilt die BioStoffV für Tätigkeiten mit biologischen Arbeitsstoffen einschließlich Tätigkeiten in deren Gefahrenbereich. Die Verordnung gilt nicht für Tätigkeiten, die dem Gentechnikrecht unterliegen, soweit dort gleichwertige oder strengere Regelungen bestehen.

Biologische Arbeitsstoffe sind nach § 2 BioStoffV Mikroorganismen, einschließlich gentechnisch veränderter Mikroorganismen, Zellkulturen und humanpathogener Endoparasiten, die beim Menschen Infektionen, sensibilisierende oder toxische Wirkungen hervorrufen können. Ein biologischer Arbeitsstoff im Sinne der BioStoffV ist auch ein mit transmissibler, spongiformer Enzephalopatie assoziiertes Agens, das beim Menschen eine Infektion oder eine übertragbare Krankheit verursachen kann.

Biologische Arbeitsstoffe werden entsprechend dem von ihnen ausgehenden Infektionsrisiko nach § 3 BioStoffV in vier **Risikogruppen** eingeteilt:

- Gruppe 1: Biologische Arbeitsstoffe, bei denen es unwahrscheinlich ist, dass sie beim Menschen eine Krankheit verursachen.
- Gruppe 2: Biologische Arbeitsstoffe, die eine Krankheit beim Menschen hervorrufen können und eine Gefahr für Beschäftige darstellen können; eine Verbreitung des Stoffes in der Bevölkerung ist unwahrscheinlich; eine wirksame Vorbeugung oder Behandlung ist normalerweise möglich.
- Gruppe 3: Biologische Arbeitsstoffe, die eine schwere Krankheit beim Menschen hervorrufen können und eine ernste Gefahr für Beschäftigte darstellen können; die Gefahr einer Verbreitung in der Bevölkerung kann bestehen, doch ist normalerweise eine wirksame Vorbeugung oder Behandlung möglich.
- Gruppe 4: Biologische Arbeitsstoffe, die eine schwere Krankheit beim Menschen hervorrufen und eine ernste Gefahr für Beschäftigte darstellen; die Gefahr einer Verbreitung in der Bevölkerung ist unter Umständen groß; normalerweise ist eine wirksame Vorbeugung oder Behandlung nicht möglich.

Für die **Gefährdungsbeurteilung** hat der Arbeitgeber nach § 5 BioStoffV ausreichende Informationen zu beschaffen. Insbesondere sind folgende Informationen zu berücksichtigen:

- Die ihm zugänglichen tätigkeitsbezogenen Informationen über die Identität, die Einstufung und das Infektionspotential der vorkommenden biologischen Arbeitsstoffe sowie die von ihnen ausgehenden sensibilisierenden und toxischen Wirkungen,
- tätigkeitsbezogene Informationen über Betriebsabläufe und Arbeitsverfahren,
- Art und Dauer der Tätigkeiten und damit verbundene mögliche Übertragungswege sowie Informationen über eine Exposition der Beschäftigten,
- Erfahrungen aus vergleichbaren Tätigkeiten, Belastungs- und Expositionssituationen und über bekannte tätigkeitsbezogene Erkrankungen sowie die ergriffenen Gegenmaßnahmen.

Ausgehend von den Informationen ist die Zuordnung zu
- gezielten oder
- nicht gezielten

Tätigkeiten vorzunehmen.

Die Gefährdungsbeurteilung ist nach § 8 BioStoffV vor Aufnahme der Tätigkeiten durchzuführen und danach bei maßgeblichen Veränderungen der Arbeitsbedingungen sowie beim Auftreten arbeitsbedingter Infektionen, Erkrankungen oder gesundheitlicher Bedenken gegen die weitere Ausübung der Tätigkeit zu aktualisieren.

Der Arbeitgeber hat nach § 10 BioStoffV die erforderlichen **Schutzmaßnahmen** zur Sicherheit und zum Gesundheitsschutz der Beschäftigten entsprechend dem Ergebnis der Gefährdungsbeurteilung und nach den sonstigen Vorschriften dieser Verordnung einschließlich der Anhänge zu treffen.

Auf der Grundlage der Gefährdungsbeurteilung sind nach § 11 BioStoffV die erforderlichen **Hygienemaßnahmen** zur **Desinfektion** und **Dekontamination** zu treffen und persönliche Schutzausrüstungen einschließlich geeigneter Schutzkleidung zur Verfügung zu stellen.

Es sind geeignete Vorkehrungen zu treffen, insbesondere die erforderlichen Einrichtungen zu schaffen, damit persönliche Schutzausrüstungen beim Verlassen des Arbeitsplatzes abgelegt und getrennt von anderen Kleidungsstücken gelagert und auf ihren Zustand überprüft werden können. Entsprechend dem Ergebnis der Überprüfung müssen die persönlichen Schutzausrüstungen desinfiziert und gereinigt werden. Falls sie schadhaft sind, müssen sie ausgebessert oder ausgetauscht, erforderlichenfalls vernichtet werden.

Um die Kontamination des Arbeitsplatzes und die Exposition der Beschäftigten so gering wie möglich zu halten, sind die Funktion und die Wirksamkeit von technischen Schutzmaßnahmen regelmäßig zu überprüfen. Kann das Freiwerden von biologischen Arbeitsstoffen nicht sicher verhütet werden, ist zu ermitteln, ob der Arbeitsplatz kontaminiert ist. Dabei ist die mikrobielle Belastung in der Luft am Arbeitsplatz zu berücksichtigen.

Beschäftigte dürfen an Arbeitsplätzen, an denen die Gefahr einer Kontamination durch biologische Arbeitsstoffe besteht, keine Nahrungs- und Genussmittel zu sich nehmen. Hierfür sind vor Aufnahme der Tätigkeit geeignete Bereiche einzurichten.

Auf der Grundlage der Gefährdungsbeurteilung ist nach § 12 BioStoffV vor Aufnahme der Tätigkeiten eine arbeitsbereichs- und stoffbezogene **Betriebsanweisung** zu erstellen. Darin ist auf die mit den vorgesehenen Tätigkeiten verbundenen Gefahren für die Beschäftigten hinzuweisen. Die erforderlichen Schutzmaßnahmen und Verhaltensregeln sowie Anweisungen über das Verhalten bei Unfällen und Betriebsstörungen und zur Ersten Hilfe sind in ihr festzulegen. Die Betriebsanweisung ist in einer für die Beschäftigten verständlichen Form und Sprache abzufassen und an geeigneter Stelle in der Arbeitsstätte bekanntzumachen und zur Einsichtnahme auszulegen oder auszuhängen. Beschäftigte, die Tätigkeiten mit biologischen Arbeitsstoffen ausführen, müssen anhand der Betriebsanweisung über die auftretenden Gefahren und über die Schutzmaßnahmen unterwiesen werden. Der Arbeitgeber hat sicherzustellen, dass für alle Beschäftigten, die Tätigkeiten mit biologischen Arbeitsstoffen durchführen, eine allgemeine arbeitsmedizinische Beratung durchgeführt wird.

Der Arbeitgeber hat der zuständigen Behörde nach § 13 BioStoffV spätestens 30 Tage vor Aufnahme der Tätigkeiten die erstmalige Durchführung von gezielten Tätigkeiten mit einem biologischen Arbeitsstoff der Risikogruppe 2, 3 oder 4 anzuzeigen.

Über Beschäftigte, die gezielte Tätigkeiten mit biologischen Arbeitsstoffen der Risikogruppe 3 oder 4 durchführen, ist ein **Verzeichnis** zu führen, in dem die Art der Tätigkeiten, der verwendete biologische Arbeitsstoff (Spezies) sowie Unfälle und Betriebsstörungen anzugeben sind.

7.5 Betäubungsmittelgesetz (BtMG)

7.5.1 Übersicht über die Regelungen des BtMG

Das Gesetz über den Verkehr mit Betäubungsmitteln (Betäubungsmittelgesetz, BtMG) in der Fassung der Bekanntmachung vom 1. März 1994 (BGBl I S. 358), zuletzt durch Artikel 4 des Gesetzes vom 19. Oktober 2012 (BGBl I S. 2192) geändert, enthält Regelungen über die Erlaubnis zum Verkehr mit Betäubungsmitteln, die Pflichten im Betäubungsmittelverkehr und dessen Überwachung.

Beispiel: Die Apotheke eines öffentlichen Krankenhauses gibt in Anlage III BtMG aufgelistete Betäubungsmittel auf Grund ärztlicher Verschreibung ab. Sie benötigt gemäß § 4 BtMG hierzu keine Erlaubnis des Bundesinstitutes für Arzneimittel und Medizinprodukte.

Tabelle 75 gibt einen Überblick über die Inhalte des BtMG.

Tab. 75: Betäubungsmittelgesetz (BtMG)

Abschnitt	Inhalt
Begriffsbestimmungen	Betäubungsmittel; sonstige Begriffe
Erlaubnis und Erlaubnisverfahren	Erlaubnis zum Verkehr mit Betäubungsmitteln; Ausnahmen von der Erlaubnispflicht; Versagung der Erlaubnis; Sachkenntnis; Antrag; Entscheidung; Beschränkungen, Befristung, Bedingungen und Auflagen; Rücknahme und Widerruf; Erlaubnis für den Betrieb von Drogenkonsumräumen

Abschnitt	Inhalt
Pflichten im Betäubungsmittelverkehr	Einfuhr, Ausfuhr und Durchfuhr; Abgabe und Erwerb; Verschreibung und Abgabe auf Verschreibung; Kennzeichnung und Werbung; Sicherungsmaßnahmen; Vernichtung; Aufzeichnungen; Meldungen
Überwachung	Durchführende Behörde; besondere Ermächtigung für den Spannungs- oder Verteidigungsfall; Mitwirkung anderer Behörden; Überwachungsmaßnahmen; Probenahme; Duldungs- und Mitwirkungspflicht; Anzeige des Anbaus von Nutzhanf; Kosten
Vorschriften für Behörden	Bundeswehr, Bundespolizei, Bereitschaftspolizei und Zivilschutz; Meldungen und Auskünfte; Jahresbericht an die Vereinten Nationen
Straftaten und Ordnungswidrigkeiten	Straftaten; Vermögensstrafe; Strafmilderung oder Absehen von Strafe; Absehen von der Verfolgung; Ordnungswidrigkeiten; Erweiterter Verfall und Einziehung; Führungsaufsicht
Betäubungsmittelabhängige Straftäter	Zurückstellung der Strafvollstreckung; Anrechnung und Strafaussetzung zur Bewährung; Absehen von der Erhebung der öffentlichen Klage; Jugendliche und Heranwachsende
Übergangs- und Schlußvorschriften	Übergangsregelung; Übergangsregelung aus Anlass des Gesetzes zur Änderung arzneimittelrechtlicher und anderer Vorschriften
Anlage I (zu § 1 Abs. 1) Nicht verkehrsfähige Betäubungsmittel	
Anlage II (zu § 1 Abs. 1) Verkehrsfähige, aber nicht verschreibungsfähige Betäubungsmittel	
Anlage III (zu § 1 Abs. 1) Verkehrsfähige und verschreibungsfähige Betäubungsmittel	

7.5.2 Erlaubnis zum Verkehr mit Betäubungsmitteln

Betäubungsmittel im Sinne des BtMG sind nach § 1 BtMG die in den Anlagen I bis III aufgeführten Stoffe und Zubereitungen.

Einer **Erlaubnis** des *Bundesinstitutes für Arzneimittel und Medizinprodukte* bedarf nach § 3 BtMG, wer

- Betäubungsmittel anbauen, herstellen, mit ihnen Handel treiben, sie, ohne mit ihnen Handel zu treiben, einführen, ausführen, abgeben, veräußern, sonst in den Verkehr bringen, erwerben oder
- ausgenommene Zubereitungen herstellen will.

Die Erlaubnis ist zur Sicherheit und Kontrolle des Betäubungsmittelverkehrs oder der Herstellung ausgenommener Zubereitungen nach § 9 BtMG auf den jeweils notwendigen Umfang zu beschränken. Sie muss insbesondere regeln:

- die Art der Betäubungsmittel und des Betäubungsmittelverkehrs,
- die voraussichtliche Jahresmenge und den Bestand an Betäubungsmitteln,
- die Lage der Betriebstätten und
- den Herstellungsgang und die dabei anfallenden Ausgangs-, Zwischen- und Endprodukte, auch wenn sie keine Betäubungsmittel sind.

Ausgenommen von der Erlaubnispflicht ist nach § 4 BtMG unter anderem, wer beispielsweise im Rahmen des Betriebs einer öffentlichen Apotheke oder einer Krankenhausapotheke in Anlage II oder III BtMG bezeichnete Betäubungsmittel oder dort ausgenommene Zubereitungen herstellt oder erwirbt, oder in Anlage III BtMG bezeichnete Betäubungsmittel auf Grund ärztlicher, zahnärztlicher oder tierärztlicher Verschreibung abgibt.

Der Nachweis der erforderlichen **Sachkenntnis** wird nach § 6 BtMG erbracht
- im Falle des Herstellens von Betäubungsmitteln oder ausgenommenen Zubereitungen, die Arzneimittel sind, durch den Nachweis der Sachkenntnis nach dem Arzneimittelgesetz,
- im Falle des Herstellens von Betäubungsmitteln, die keine Arzneimittel sind, durch das Zeugnis über eine nach abgeschlossenem wissenschaftlichem Hochschulstudium der Biologie, der Chemie, der Pharmazie, der Human- oder der Veterinärmedizin abgelegte Prüfung und durch die Bestätigung einer mindestens einjährigen praktischen Tätigkeit in der Herstellung oder Prüfung von Betäubungsmitteln,
- im Falle des Verwendens für wissenschaftliche Zwecke durch das Zeugnis über eine nach abgeschlossenem wissenschaftlichem Hochschulstudium der Biologie, der Chemie, der Pharmazie, der Human- oder der Veterinärmedizin abgelegte Prüfung und
- in allen anderen Fällen durch das Zeugnis über eine abgeschlossene Berufsausbildung als Kaufmann im Groß- und Außenhandel in den Fachbereichen Chemie oder Pharma und durch die Bestätigung einer mindestens einjährigen praktischen Tätigkeit im Betäubungsmittelverkehr.

7.5.3 Pflichten im Betäubungsmittelverkehr und dessen Überwachung

Wer Betäubungsmittel im Einzelfall einführen oder ausführen will, bedarf gemäß § 11 BtMG dazu neben der erforderlichen Erlaubnis nach § 3 BtMG einer Genehmigung des Bundesinstitutes für Arzneimittel und Medizinprodukte.

Die in Anlage III bezeichneten Betäubungsmittel dürfen nach § 13 BtMG nur von Ärzten, Zahnärzten und Tierärzten und nur dann verschrieben oder im Rahmen einer ärztlichen, zahnärztlichen oder tierärztlichen Behandlung einschließlich der ärztlichen Behandlung einer Betäubungsmittelabhängigkeit verabreicht oder einem anderen zum unmittelbaren Verbrauch oder überlassen werden, wenn ihre Anwendung am oder im menschlichen oder tierischen Körper begründet ist.

Die Anwendung ist insbesondere dann nicht begründet, wenn der beabsichtigte Zweck auf andere Weise erreicht werden kann. Die in Anlagen I und II bezeichneten Betäubungsmittel dürfen nicht verschrieben, verabreicht oder einem anderen zum unmittelbaren Verbrauch oder überlassen werden.

Zur Deckung des nicht aufschiebbaren Betäubungsmittelbedarfs eines ambulant versorgten **Palliativpatienten** darf der Arzt diesem die hierfür erforderlichen, in Anlage III bezeichneten Betäubungsmittel in Form von Fertigarzneimitteln nur dann überlassen, soweit und solange der Bedarf des Patienten durch eine Verschreibung nicht rechtzeitig gedeckt werden kann; die Höchstüberlassungsmenge darf den Dreitagesbedarf nicht überschreiten.

Im **Betäubungsmittelverkehr** sind nach § 14 BtMG die Betäubungsmittel unter Verwendung der in den Anlagen aufgeführten Kurzbezeichnungen zu kennzeichnen. Die Kennzeichnung hat in deutlich lesbarer Schrift, in deutscher Sprache und auf dauerhafte Weise zu erfolgen.

Wer am Betäubungsmittelverkehr teilnimmt, hat nach § 15 BtMG die Betäubungsmittel, die sich in seinem Besitz befinden, gesondert aufzubewahren und gegen unbefugte Entnahme zu sichern. Das Bundesinstitut für Arzneimittel und Medizinprodukte kann **Sicherungsmaßnahmen** anordnen, soweit es nach Art oder Umfang des Betäubungsmittelverkehrs, dem Gefährdungsgrad oder der Menge der Betäubungsmittel erforderlich ist.

Der Eigentümer von nicht mehr verkehrsfähigen Betäubungsmitteln hat nach § 16 BtMG diese auf seine Kosten in Gegenwart von zwei Zeugen in einer Weise zu vernichten, die eine auch nur teilweise Wiedergewinnung der Betäubungsmittel ausschließt sowie den Schutz von Mensch und Umwelt vor schädlichen Einwirkungen sicherstellt. Über die **Betäubungsmittelvernichtung** ist eine Niederschrift zu fertigen und diese drei Jahre aufzubewahren.

Der Inhaber einer Erlaubnis nach § 3 ist verpflichtet, getrennt für jede Betriebsstätte und jedes Betäubungsmittel fortlaufend folgende **Aufzeichnungen** über jeden Zugang und jeden Abgang zu führen:
- Das Datum,
- den Namen oder die Firma und die Anschrift des Lieferers oder des Empfängers oder die sonstige Herkunft oder den sonstigen Verbleib,
- die zugegangene oder abgegangene Menge und den sich daraus ergebenden Bestand,
- im Falle des Anbaues zusätzlich die Anbaufläche nach Lage und Größe sowie das Datum der Aussaat,
- im Falle des Herstellens zusätzlich die Angabe der eingesetzten oder hergestellten Betäubungsmittel, der nicht dem Gesetz unterliegenden Stoffe oder der ausgenommenen Zubereitungen nach Art und Menge und
- im Falle der Abgabe ausgenommener Zubereitungen durch deren Hersteller zusätzlich den Namen oder die Firma und die Anschrift des Empfängers.

Der Inhaber einer Erlaubnis nach § 3 BtMG ist gemäß § 18 BtMG verpflichtet, dem *Bundesinstitut für Arzneimittel und Medizinprodukte* getrennt für jede Betriebsstätte und für jedes Betäubungsmittel die jeweilige Menge zu melden, die

- beim Anbau gewonnen wurde, unter Angabe der Anbaufläche nach Lage und Größe,
- hergestellt wurde, aufgeschlüsselt nach Ausgangsstoffen,
- zur Herstellung anderer Betäubungsmittel verwendet wurde, aufgeschlüsselt nach diesen Betäubungsmitteln,
- zur Herstellung von nicht unter dieses Gesetz fallenden Stoffen verwendet wurde, aufgeschlüsselt nach diesen Stoffen,
- zur Herstellung ausgenommener Zubereitungen verwendet wurde, aufgeschlüsselt nach diesen Zubereitungen,
- eingeführt wurde, aufgeschlüsselt nach Ausfuhrländern,
- ausgeführt wurde, aufgeschlüsselt nach Einfuhrländern,
- erworben wurde,
- abgegeben wurde,
- vernichtet wurde,
- zu anderen als den angegebenen Zwecken verwendet wurde, aufgeschlüsselt nach den jeweiligen Verwendungszwecken und
- am Ende des jeweiligen Kalenderhalbjahres als Bestand vorhanden war.

Der Betäubungsmittelverkehr sowie die Herstellung ausgenommener Zubereitungen unterliegt nach § 19 BtMG der **Überwachung** durch das Bundesinstitut für Arzneimittel und Medizinprodukte.

Der Betäubungsmittelverkehr bei Ärzten, Zahnärzten und Tierärzten, pharmazeutischen Unternehmern im Falle der Abgabe von Diamorphin und in Apotheken sowie zwischen Apotheken, tierärztlichen Hausapotheken, Krankenhäusern und Tierkliniken unterliegt der Überwachung durch die zuständigen Behörden der Länder.

Das Bundesministerium der Finanzen und die von ihm bestimmten Zollstellen wirken nach § 21 BtMG bei der Überwachung der Einfuhr, Ausfuhr und Durchfuhr von Betäubungsmitteln mit.

Ist jemand wegen einer Straftat zu einer Freiheitsstrafe von nicht mehr als zwei Jahren verurteilt worden und ergibt sich aus den Urteilsgründen oder steht sonst fest, dass er die Tat auf Grund einer **Betäubungsmittelabhängigkeit** begangen hat, so kann die Vollstreckungsbehörde nach § 35 BtMG mit Zustimmung des Gerichts des ersten Rechtszuges die Vollstreckung der Strafe, eines Strafrestes oder der Maßregel der Unterbringung in einer Entziehungsanstalt für längstens zwei Jahre zurückstellen, wenn der Verurteilte sich wegen seiner Abhängigkeit in einer seiner Rehabilitation dienenden Behandlung befindet oder zusagt, sich einer solchen zu unterziehen, und deren Beginn gewährleistet ist.

7.6 Betäubungsmittel-Verschreibungsverordnung (BtMVV)

7.6.1 Übersicht über die Regelungen der BtMVV

Die Verordnung über das Verschreiben, die Abgabe und den Nachweis des Verbleibs von Betäubungsmitteln (Betäubungsmittel-Verschreibungsverordnung, BtMVV) vom 20. Januar 1998 (BGBl I S. 74, 80), zuletzt durch Artikel 2 der Verordnung vom 20. Juli 2012 (BGBl I S. 1639) geändert, enthält Regelungen für das Verschreiben, das Betäubungsmittelrezept, den Betäubungsmittelanforderungsschein sowie die Nachweisführung.

Beispiel: Ein Arzt verschreibt ein Betäubungsmittel für einen Patienten in einer Pflegeeinrichtung. Nach § 5b BtMVV lässt er eine Mitarbeiterin die Verschreibung in der Apotheke vorlegen und das Betäubungsmittel dem Patienten durch von ihm beauftragtes, eingewiesenes und kontrolliertes Personal in der Pflegeeinrichtung verabreichen.

Tabelle 76 gibt einen Überblick über die Inhalte der BtMVV.

Tab. 76: Betäubungsmittel-Verschreibungsverordnung (BtMVV)

Fundstelle	Inhalt
§ 1	Grundsätze
§ 2	Verschreiben durch einen Arzt
§ 3	Verschreiben durch einen Zahnarzt
§ 4	Verschreiben durch einen Tierarzt
§ 5	Verschreiben zur Substitution
§ 5a	Substitutionsregister
§ 5b	Verschreiben für Patienten in Alten- und Pflegeheimen, Hospizen und in der spezialisierten ambulanten Palliativversorgung
§ 5c	Verschreiben für den Notfallbedarf in Hospizen und in der spezialisierten ambulanten Palliativversorgung
§ 6	Verschreiben für Einrichtungen des Rettungsdienstes
§ 7	Verschreiben für Kauffahrteischiffe
§ 8	Betäubungsmittelrezept
§ 9	Angaben auf dem Betäubungsmittelrezept
§ 10	Betäubungsmittelanforderungsschein
§ 11	Angaben auf dem Betäubungsmittelanforderungsschein
§ 12	Abgabe

Fundstelle	Inhalt
§ 13	Nachweisführung
§ 14	Angaben zur Nachweisführung
§ 15	Formblätter
§ 16	Straftaten
§ 17	Ordnungswidrigkeiten
§ 18	Übergangsvorschriften

7.6.2 Verschreibung, Betäubungsmittelrezept, Betäubungsmittelanforderungsschein und Nachweisführung

Betäubungsmittel für einen Patienten oder ein Tier und für den Praxisbedarf eines Arztes, Zahnarztes oder Tierarztes dürfen nur gemäß § 1 BtMVV nach Vorlage eines ausgefertigten Betäubungsmittelrezeptes (Verschreibung), für den Stationsbedarf, den Notfallbedarf und den Rettungsdienstbedarf nur nach Vorlage eines ausgefertigten Betäubungsmittelanforderungsscheines (Verschreibung für den Stationsbedarf, den Notfallbedarf und den Rettungsdienstbedarf), abgegeben werden.

Der Verbleib und der **Betäubungsmittelbestand** sind lückenlos nachzuweisen:
- in Apotheken und tierärztlichen Hausapotheken,
- in Praxen der Ärzte, Zahnärzte und Tierärzte,
- auf Stationen der Krankenhäuser und der Tierkliniken,
- in Alten- und Pflegeheimen, in Hospizen und Einrichtungen der spezialisierten ambulanten Palliativversorgung,
- in Einrichtungen der Rettungsdienste,
- in Einrichtungen nach § 5 Absatz 9b sowie
- auf Kauffahrteischiffen, die die Bundesflagge führen.

Die zulässigen Verschreibungsmengen für Ärzte, Zahnärzte und Tierärzte sind in den §§ 2–4 BtMVV geregelt.

Substitution im Sinne der BtMVV ist nach § 5 BtMVV die Anwendung eines ärztlich verschriebenen Betäubungsmittels bei einem opiatabhängigen Patienten (**Substitutionsmittel**) zur
- Behandlung der Opiatabhängigkeit mit dem Ziel der schrittweisen Wiederherstellung der Betäubungsmittelabstinenz einschließlich der Besserung und Stabilisierung des Gesundheitszustandes,
- Unterstützung der Behandlung einer neben der Opiatabhängigkeit bestehenden schweren Erkrankung oder

– Verringerung der Risiken einer Opiatabhängigkeit während einer Schwangerschaft und nach der Geburt.

Das Bundesinstitut für Arzneimittel und Medizinprodukte führt nach § 5a BtMVV für die Länder als vom Bund entliehenes Organ ein **Substitutionsregister** mit Daten über das Verschreiben von Substitutionsmitteln.

Der Arzt, der ein Betäubungsmittel für einen Patienten in einem Alten- und Pflegeheim, einem Hospiz oder in der spezialisierten ambulanten **Palliativversorgung** verschreibt, kann nach § 5b BtMVV bestimmen, dass die Verschreibung nicht dem Patienten ausgehändigt wird. In diesem Falle darf die Verschreibung nur von ihm selbst oder durch von ihm angewiesenes oder beauftragtes Personal seiner Praxis, des Alten- und Pflegeheimes, des Hospizes oder der Einrichtung der spezialisierten ambulanten Palliativversorgung in der Apotheke vorgelegt werden. Das Betäubungsmittel ist dem Patienten vom behandelnden Arzt oder dem von ihm beauftragten, eingewiesenen und kontrollierten Personal des Alten- und Pflegeheimes, des Hospizes oder der Einrichtung der spezialisierten ambulanten Palliativversorgung zu verabreichen oder zum unmittelbaren Verbrauch zu überlassen.

Hospize und Einrichtungen der spezialisierten ambulanten Palliativversorgung dürfen nach § 5c BtMVV in ihren Räumlichkeiten einen Vorrat an Betäubungsmitteln für den unvorhersehbaren, dringenden und kurzfristigen Bedarf ihrer Patienten (**Notfallvorrat**) bereithalten.

Für das Verschreiben des Bedarfs an Betäubungsmitteln für Einrichtungen und Teileinheiten von Einrichtungen des Rettungsdienstes (**Rettungsdienstbedarf**) finden die Vorschriften über das Verschreiben für den Stationsbedarf entsprechende Anwendung.

Betäubungsmittel für Patienten, den Praxisbedarf und Tiere dürfen nach § 8 BtMVV nur auf einem dreiteiligen amtlichen **Betäubungsmittelrezept** verschrieben werden. Betäubungsmittelrezepte werden vom Bundesinstitut für Arzneimittel und Medizinprodukte auf Anforderung an den einzelnen Arzt, Zahnarzt oder Tierarzt ausgegeben. Die nummerierten Betäubungsmittelrezepte sind nur zur Verwendung des anfordernden Arztes, Zahnarztes oder Tierarztes bestimmt und dürfen nur im Vertretungsfall übertragen werden. Die nicht verwendeten Betäubungsmittelrezepte sind bei Aufgabe der ärztlichen, zahnärztlichen oder tierärztlichen Tätigkeit dem Bundesinstitut für Arzneimittel und Medizinprodukte zurückzugeben. Der Arzt, Zahnarzt oder Tierarzt hat die Betäubungsmittelrezepte gegen Entwendung zu sichern. Ein Verlust ist unter Angabe der Rezeptnummern dem Bundesinstitut für Arzneimittel und Medizinprodukte unverzüglich anzuzeigen, das die zuständige oberste Landesbehörde unterrichtet.

Betäubungsmittel für den Stationsbedarf, den Notfallbedarf und den Rettungsdienstbedarf dürfen nach § 10 BtMVV nur auf einem dreiteiligen amtlichen **Betäubungsmittelanforderungsschein** verschrieben werden. Betäubungsmittelanforde-

rungsscheine werden vom Bundesinstitut für Arzneimittel und Medizinprodukte auf Anforderung ausgegeben an:
- den Arzt oder Zahnarzt, der ein Krankenhaus oder eine Krankenhausabteilung leitet,
- den Tierarzt, der eine Tierklinik leitet,
- einen beauftragten Arzt,
- den beauftragten Arzt des Rettungsdienstes oder
- den zuständigen leitenden Notarzt.

Der **Nachweis** von Verbleib und Bestand der Betäubungsmittel in den genannten Einrichtungen ist gemäß § 13 BtMVV unverzüglich nach Bestandsänderung nach amtlichem Formblatt zu führen. Es können Karteikarten oder Betäubungsmittelbücher mit fortlaufend nummerierten Seiten verwendet werden. Die Aufzeichnung kann auch mittels elektronischer Datenverarbeitung erfolgen, sofern jederzeit der Ausdruck der gespeicherten Angaben in der Reihenfolge des amtlichen Formblattes gewährleistet ist.

7.7 Chemikaliengesetz (ChemG)

7.7.1 Übersicht über die Regelungen des ChemG

Zweck des Gesetzes zum Schutz vor gefährlichen Stoffen (Chemikaliengesetz, ChemG) in der Fassung der Bekanntmachung vom 2. Juli 2008 (BGBl I S. 1146), zuletzt durch § 44 Absatz 6 des Gesetzes vom 22. Mai 2013 (BGBl I S. 1324) geändert, ist es nach § 1 ChemG Menschen und die Umwelt vor schädlichen Einwirkungen gefährlicher Stoffe und Gemische zu schützen, insbesondere sie erkennbar zu machen, sie abzuwenden und ihrem Entstehen vorzubeugen. Dies betrifft auch den Umgang mit und das Inverkehrbringen von gefährlichen Stoffen, gefährlichen Gemischen und Biozid-Produkten in Gesundheitsbetrieben.

Beispiel: An einer Universitätsklinik mit Forschungseinrichtungen werden im Rahmen wissenschaftlicher Versuche nicht zugelassene Biozid-Wirkstoffe in den Verkehr gebracht. Nach § 12f ChemG sind schriftliche Aufzeichnungen über die Identität und Herkunft des Biozid-Wirkstoffes, die Angaben zur Kennzeichnung, die gelieferten Mengen sowie Namen und Anschrift der Personen, die den Biozid-Wirkstoff erhalten haben, zu führen und Unterlagen zusammenzustellen, in denen alle verfügbaren Angaben über mögliche Auswirkungen auf die Gesundheit von Mensch oder Tier oder auf die Umwelt enthalten sind.

Tabelle 77 gibt einen Überblick über die Inhalte des ChemG.

Tab. 77: Chemikaliengesetz (ChemG)

Abschnitt	**Inhalt**
Zweck, Anwendungsbereich und Begriffsbestimmungen	Zweck des Gesetzes; Anwendungsbereich; Begriffsbestimmungen; gefährliche Stoffe und gefährliche Gemische; ergänzende Begriffsbestimmungen für Biozid-Produkte
Durchführung der Verordnung (EG) Nr. 1907/2006 und der Verordnung (EG) Nr. 1272/2008	Bundesbehörden; Aufgaben der Bundesstelle für Chemikalien und der Bewertungsstellen; Zusammenarbeit der Bundesstelle für Chemikalien und der anderen beteiligten Bundesoberbehörden; Gebührenfreiheit der nationalen Auskunftsstelle; Informationsaustausch zwischen Bundes- und Landesbehörden; vorläufige Maßnahmen
Zulassung von Biozid-Produkten	Zulassungsbedürftigkeit; Voraussetzungen und Inhalt der Zulassung; Zulassung in besonderen Fällen; Zulassungsverfahren; nachträgliche Änderungen der Zulassung, Aufhebung; Registrierung von Biozid-Produkten mit niedrigem Risikopotential; Anerkennung ausländischer Zulassungen und Registrierungen; Prüfung von Biozid-Wirkstoffen; Forschung und Entwicklung; Zulassungsstelle, Bewertung, Verordnungsermächtigung
Einstufung, Kennzeichnung und Verpackung	Einstufungs-, Kennzeichnungs- und Verpackungspflichten; Ermächtigung zu Einstufungs-, Kennzeichnungs- und Verpackungsvorschriften; Gefahrenhinweis bei der Werbung
Mitteilungspflichten	Mitteilungspflichten bei Gemischen; Mitteilungen für die Informations- und Behandlungszentren für Vergiftungen; Mitteilungspflichten bei Biozid-Produkten und Biozid-Wirkstoffen
Ermächtigung zu Verboten und Beschränkungen sowie zu Maßnahmen zum Schutz von Beschäftigten	Verbote und Beschränkungen; giftige Tiere und Pflanzen Maßnahmen zum Schutz von Beschäftigten
Gute Laborpraxis	Gute Laborpraxis; (GLP) GLP-Bescheinigung; Berichterstattung; ergänzende Vorschriften
Allgemeine Vorschriften	Vorlage von Prüfnachweisen; Verwendung von Prüfnachweisen eines Dritten, Voranfragepflicht; Ausschüsse; Überwachung; Mitwirkung von Zollstellen; Informationspflichten, Schutz von Betriebs- und Geschäftsgeheimnissen; behördliche Anordnungen; Vollzug im Bereich der Bundeswehr; Angleichung an Gemeinschaftsrecht oder Unionsrecht; Kosten; Bußgeldvorschriften; Strafvorschriften; Unwahre GLP-Erklärungen, Erschleichen der GLP-Bescheinigung; Zuwiderhandlungen gegen die Verordnung (EG) Nr. 1907/2006; Zuwiderhandlungen gegen Abgabevorschriften; Einziehung
Schlussvorschriften	Übergangsregelung; Berlin-Klausel
Anhang 1 (zu § 19a Abs. 1) Grundsätze der Guten Laborpraxis (GLP)	
Anhang 2 (zu § 19b Abs. 1) Landessiegel/Coloured Logo Gute Laborpraxis/Good Laboratory Practice GLP-Bescheinigung/Statement of GLP Compliance (gemäß/according to § 19b Abs. 1 Chemikaliengesetz)	

7.7.2 Gefährliche Stoffe, gefährliche Gemische und Biozid-Produkte

Gefährliche Stoffe oder **Gefährliche Gemische** sind nach § 3a ChemG unter anderem Stoffe oder Gemische, die

- explosionsgefährlich,
- brandfördernd,
- hochentzündlich,
- leichtentzündlich,
- entzündlich,
- sehr giftig,
- giftig,
- gesundheitsschädlich,
- ätzend,
- reizend,
- sensibilisierend,
- krebserzeugend,
- fortpflanzungsgefährdend,
- erbgutverändernd oder
- umweltgefährlich sind;

ausgenommen sind gefährliche Eigenschaften ionisierender Strahlen.

Umweltgefährlich sind Stoffe oder Gemische, die selbst oder deren Umwandlungsprodukte geeignet sind, die Beschaffenheit des Naturhaushaltes, von Wasser, Boden oder Luft, Klima, Tieren, Pflanzen oder Mikroorganismen derart zu verändern, dass dadurch sofort oder später Gefahren für die Umwelt herbeigeführt werden können.

Biozid-Produkte sind nach § 3b ChemG unter anderem Biozid-Wirkstoffe und Gemische, die einen oder mehrere Biozid-Wirkstoffe enthalten, in der Form, in welcher sie zum Verwender gelangen, die dazu bestimmt sind, auf chemischem oder biologischem Wege Schadorganismen zu zerstören, abzuschrecken, unschädlich zu machen, Schädigungen durch sie zu verhindern oder sie in anderer Weise zu bekämpfen.

Biozid-Wirkstoffe sind Stoffe mit allgemeiner oder spezifischer Wirkung auf oder gegen Schadorganismen, die zur Verwendung als Wirkstoff in Biozid-Produkten bestimmt sind; als derartige Stoffe gelten auch Mikroorganismen einschließlich Viren oder Pilze mit entsprechender Wirkung und Zweckbestimmung.

Biozid-Produkte dürfen nach § 12a ChemG abgesehen von einigen Ausnahmen nur in den Verkehr gebracht und verwendet werden, wenn sie von der Zulassungsstelle zugelassen worden sind.

Die **Zulassungsstelle** entscheidet nach § 12c ChemG im Rahmen der Zulassung über den zulässigen Verwendungszweck, die zulässige Verwenderkategorie sowie über sonstige Inhaltsbestimmungen, Auflagen und Bedingungen zum Inverkehrbringen und zur Verwendung des Biozid-Produkts. Zulassungsstelle ist nach § 12j ChemG unter anderen die Bundesanstalt für Arbeitsschutz und Arbeitsmedizin, die insoweit der Fachaufsicht des Bundesministeriums für Umwelt, Naturschutz und Reaktorsicherheit unterliegt.

Die **Zulassung** kann nach § 12d ChemG beantragen, wer als Hersteller oder Einführer das Biozid-Produkt erstmalig im Geltungsbereich dieses Gesetzes in den Verkehr bringen will und in einem Mitgliedstaat der Europäischen Union oder einem Vertragsstaat des Abkommens über den Europäischen Wirtschaftsraum niedergelassen ist oder durch einen Bevollmächtigten mit Wohn- oder Geschäftssitz in einem Mitgliedstaat oder Vertragsstaat ständig vertreten wird.

Wer im Rahmen wissenschaftlicher oder verfahrensorientierter Forschung und Entwicklung **Versuche** durchführt, bei denen nicht zugelassene Biozid-Produkte oder ausschließlich zur Verwendung in Biozid-Produkten bestimmte Biozid-Wirkstoffe in den Verkehr gebracht werden, hat nach § 12f ChemG

- schriftliche Aufzeichnungen über die Identität und Herkunft des Biozid-Produkts oder Biozid-Wirkstoffes, die Angaben zur Kennzeichnung, die gelieferten Mengen sowie Namen und Anschrift der Personen, die das Biozid-Produkt oder den Biozid-Wirkstoff erhalten haben, zu führen und
- Unterlagen zusammenzustellen, in denen alle ihm verfügbaren Angaben über mögliche Auswirkungen auf die Gesundheit von Mensch oder Tier oder auf die Umwelt enthalten sind.

7.7.3 Einstufung, Kennzeichnung, Verpackung, Mitteilungspflichten und gute Laborpraxis

Die Einstufung, Kennzeichnung und Verpackung von Stoffen und Gemischen richten sich gemäß § 13 ChemG nach den Bestimmungen der Verordnung (EG) Nr. 1272/2008.

Es ist nach § 15a ChemG verboten, für ein Biozid-Produkt zu werben, ohne in einer sich deutlich vom Rest der Werbung abhebenden Weise die folgenden **Gefahrenhinweise** hinzuzufügen: „Biozide sicher verwenden. Vor Gebrauch stets Kennzeichnung und Produktinformation lesen". In dem Warnhinweis darf das Wort „Biozide" auch durch eine genauere Bezeichnung der Produktart ersetzt werden, für die geworben wird. Die Werbung für Biozid-Produkte darf im Hinblick auf mögliche Risiken des Produkts für Mensch und Umwelt nicht verharmlosend wirken. Sie darf nicht die Angaben „Biozid-Produkt mit niedrigem Risikopotential", „ungiftig", „unschädlich" oder ähnliche Hinweise enthalten.

Wer als Hersteller oder Einführer oder unter Verwendung eines eigenen Handelsnamens ein gefährliches Gemisch oder ein Biozid-Produkt in den Verkehr bringt, hat nach § 16e ChemG dem Bundesinstitut für Risikobewertung

- den Handelsnamen,
- Angaben über die Zusammensetzung,

- die Kennzeichnung,
- Hinweise zur Verwendung,
- Empfehlungen über Vorsichtsmaßnahmen beim Verwenden und Sofortmaßnahmen bei Unfällen

sowie jede spätere Veränderung zu diesen Angaben mitzuteilen, die für die Behandlung von Erkrankungen, die auf Einwirkungen seines Gemisches oder seines Biozid-Produkts zurückgehen können, von Bedeutung sein kann. Die **Mitteilung** hat vor dem erstmaligen Inverkehrbringen oder dem Eintritt der Veränderung zu erfolgen.

Wer als Arzt zur Behandlung oder zur Beurteilung der Folgen einer Erkrankung hinzugezogen wird, bei der zumindest der Verdacht besteht, dass sie auf Einwirkungen gefährlicher Stoffe, gefährlicher Gemische, von Erzeugnissen, die gefährliche Stoffe oder Gemische freisetzen oder enthalten, oder von Biozid-Produkten zurückgeht, hat dem Bundesinstitut für Risikobewertung den Stoff oder das Gemisch, Alter und Geschlecht des Patienten, den Expositionsweg, die aufgenommene Menge und die festgestellten Symptome mitzuteilen. Die Mitteilung hat hinsichtlich der Person des Patienten in anonymisierter Form zu erfolgen.

Nicht-klinische gesundheits- und umweltrelevante Sicherheitsprüfungen von Stoffen oder Gemischen, deren Ergebnisse eine Bewertung ihrer möglichen Gefahren für Mensch und Umwelt in einem Zulassungs-, Erlaubnis-, Registrierungs-, Anmelde- oder Mitteilungsverfahren ermöglichen sollen, sind gemäß § 19a ChemG unter Einhaltung der Grundsätze der **Guten Laborpraxis** nach dem Anhang 1 zu diesem Gesetz durchzuführen, soweit gemeinschaftsrechtlich oder unionsrechtlich nichts anderes bestimmt ist.

Die vom Mitteilungspflichtigen vorzulegenden **Prüfnachweise** und die mit ihnen einzureichenden sonstigen Unterlagen müssen nach § 20 ChemG die Beurteilung ermöglichen, ob das Gemisch, auf das sie sich beziehen, schädliche Einwirkungen auf den Menschen oder die Umwelt hat. Die vom Antragsteller in einem Zulassungs- oder Registrierungsverfahren nach Abschnitt IIa vorzulegenden Prüfnachweise und die mit ihnen einzureichenden sonstigen Unterlagen und Proben müssen die Beurteilung ermöglichen, ob die Zulassungs- oder Registrierungsvoraussetzungen erfüllt sind.

7.8 Gefahrstoffverordnung (GefStoffV)

7.8.1 Übersicht über die Regelungen der GefStoffV

Ziel der Verordnung zum Schutz vor Gefahrstoffen (Gefahrstoffverordnung, GefStoffV) vom 26. November 2010 (BGBl I S. 1643, 1644), zuletzt durch Artikel 2 der Verordnung vom 24. April 2013 (BGBl I S. 944) geändert, ist es nach § 1 GefStoffV den Menschen und die Umwelt vor stoffbedingten Schädigungen zu schützen durch Regelungen zur Einstufung, Kennzeichnung und Verpackung gefährlicher Stoffe und Zubereitungen, Maßnahmen zum Schutz der Beschäftigten und anderer Personen bei Tätigkeiten mit Gefahrstoffen und Beschränkungen für das Herstellen und Verwenden bestimmter gefährlicher Stoffe, Zubereitungen und Erzeugnisse. Auch in Gesundheitsbetrieben arbeiten die Mitarbeiter in Laboren, in Diagnostikeinrichtungen, in der Forschung oder im Rahmen von Behandlungstherapien zumindest vereinzelt mit Gefahrstoffen, weswegen die Vorgaben der GefStoffV zu beachten sind.

Beispiel: In einer Klinikstation stehen in einem Handlager für medizinisches Verbrauchsmaterial seit längerer Zeit Behälter mit nicht mehr benötigten Gefahrstoffresten. Gefahrstoffe, die nicht mehr benötigt werden, und entleerte Behälter, die noch Reste von Gefahrstoffen enthalten können, müssen nach § 8 GefStoffV vom Arbeitsplatz entfernt und sachgerecht gelagert oder entsorgt werden.

Tabelle 78 gibt einen Überblick über die Inhalte der GefStoffV.

Tab. 78: Gefahrstoffverordnung (GefStoffV)

Abschnitt	Inhalt
Zielsetzung, Anwendungsbereich und Begriffsbestimmungen	Zielsetzung und Anwendungsbereich; Begriffsbestimmungen
Gefahrstoffinformation	Gefährlichkeitsmerkmale; Einstufung, Kennzeichnung und Verpackung; Sicherheitsdatenblatt und sonstige Informationspflichten
Gefährdungsbeurteilung und Grundpflichten	Informationsermittlung und Gefährdungsbeurteilung; Grundpflichten
Schutzmaßnahmen	Allgemeine und zusätzliche Schutzmaßnahmen; besondere Schutzmaßnahmen bei Tätigkeiten mit krebserzeugenden, erbgutverändernden und fruchtbarkeitsgefährdenden Gefahrstoffen sowie gegen physikalisch-chemische Einwirkungen, insbesondere gegen Brand- und Explosionsgefährdungen; Tätigkeiten mit explosionsgefährlichen Stoffen und organischen Peroxyden; Betriebsstörungen, Unfälle und Notfälle; Unterrichtung und Unterweisung der Beschäftigten; Zusammenarbeit verschiedener Firmen
Verbote und Beschränkungen	Herstellungs- und Verwendungsbeschränkungen; nationale Ausnahmen von Beschränkungsregelungen nach der Verordnung (EG) Nr. 1907/2006
Vollzugsregelungen und Ausschuss für Gefahrstoffe	Unterrichtung der Behörde; behördliche Ausnahmen, Anordnungen und Befugnisse; Ausschuss für Gefahrstoffe
Ordnungswidrigkeiten und Straftaten	Chemikaliengesetz – Anzeigen, Tätigkeiten, EG-Rechtsakte, Herstellungs- und Verwendungsbeschränkungen

Abschnitt	Inhalt
Anhang I (zu § 8 Absatz 8, § 11 Absatz 3) Besondere Vorschriften für bestimmte Gefahrstoffe und Tätigkeiten	
Nr. 1	Brand- und Explosionsgefährdungen
Nr. 2	Partikelförmige Gefahrstoffe
Nr. 3	Schädlingsbekämpfung
Nr. 4	Begasungen
Nr. 5	Ammoniumnitrat
Anhang II (zu § 16 Absatz 2) Besondere Herstellungs- und Verwendungsbeschränkungen für bestimmte Stoffe, Zubereitungen und Erzeugnisse	
Nr. 1	Asbest
Nr. 2	2-Naphthylamin, 4-Aminobiphenyl, Benzidin, 4-Nitrobiphenyl
Nr. 3	Pentachlorphenol und seine Verbindungen
Nr. 4	Kühlschmierstoffe und Korrosionsschutzmittel
Nr. 5	Biopersistente Fasern
Nr. 6	Besonders gefährliche krebserzeugende Stoffe

7.8.2 Gefahrstoffe, Gefährdungsbeurteilung und Pflichten im Gesundheitsbetrieb

Gefahrstoffe sind nach § 2 GefStoffV unter anderem

- gefährliche Stoffe und Zubereitungen mit Gefährlichkeitsmerkmalen,
- Stoffe, Zubereitungen und Erzeugnisse, die explosionsfähig sind,
- Stoffe, Zubereitungen und Erzeugnisse aus denen bei der Herstellung oder Verwendung die vorgenannten Stoffe entstehen oder freigesetzt werden,
- Stoffe und Zubereitungen, die die vorgenannten Kriterien nicht erfüllen, aber auf Grund ihrer physikalisch-chemischen, chemischen oder toxischen Eigenschaften und der Art und Weise, wie sie am Arbeitsplatz vorhanden sind oder verwendet werden, die Gesundheit und die Sicherheit der Beschäftigten gefährden können,
- alle Stoffe, denen ein Arbeitsplatzgrenzwert zugewiesen worden ist.

__Gefährlichkeitsmerkmale__ sind nach § 3 GefStoffV beispielsweise die Eigenschaften explosionsgefährlich, brandfördernd, hochentzündlich, leichtentzündlich, entzündlich, giftig, gesundheitsschädlich, ätzend, reizend, sensibilisierend, krebserzeugend (kanzerogen), fortpflanzungsgefährdend (reproduktionstoxisch), erbgutverändernd (mutagen), umweltgefährlich.

Im Rahmen einer **Gefährdungsbeurteilung** gemäß § 6 GefStoffV als Bestandteil der Beurteilung der Arbeitsbedingungen nach dem Arbeitsschutzgesetz hat der Arbeitgeber festzustellen, ob die Beschäftigten Tätigkeiten mit Gefahrstoffen ausüben oder ob bei Tätigkeiten Gefahrstoffe entstehen oder freigesetzt werden können. Er hat ein **Gefahrstoffverzeichnis** der im Betrieb verwendeten Gefahrstoffe zu führen, in dem auf die entsprechenden Sicherheitsdatenblätter verwiesen wird.

Beispielsweise muss das Gefahrstoffverzeichnis nach § 6 GefStoffV mindestens folgende Angaben enthalten: Bezeichnung des Gefahrstoffs, Einstufung des Gefahrstoffs oder Angaben zu den gefährlichen Eigenschaften, Angaben zu den im Betrieb verwendeten Mengenbereichen, Bezeichnung der Arbeitsbereiche, in denen Beschäftigte dem Gefahrstoff ausgesetzt sein können.

Zu den **Grundpflichten** des Arbeitgebers zählen nach § 7 GefStoffV unter anderem:
- Der Arbeitgeber darf eine Tätigkeit mit Gefahrstoffen erst aufnehmen lassen, nachdem eine Gefährdungsbeurteilung durchgeführt und die erforderlichen Schutzmaßnahmen ergriffen worden sind.
- Der Arbeitgeber hat Gefahrstoffe oder Verfahren durch Stoffe, Zubereitungen oder Erzeugnisse oder Verfahren zu ersetzen (**Substitution**), die unter den jeweiligen Verwendungsbedingungen für die Gesundheit und Sicherheit der Beschäftigten nicht oder weniger gefährlich sind.
- Der Arbeitgeber hat Gefährdungen der Gesundheit und der Sicherheit der Beschäftigten bei Tätigkeiten mit Gefahrstoffen auszuschließen. Ist dies nicht möglich, hat er sie auf ein Minimum zu reduzieren. Diesen Geboten hat der Arbeitgeber durch die Festlegung und Anwendung geeigneter Schutzmaßnahmen Rechnung zu tragen.
- Beschäftigte müssen die bereitgestellte persönliche **Schutzausrüstung** verwenden, solange eine Gefährdung besteht.
- Der Arbeitgeber stellt sicher, dass die persönliche Schutzausrüstung an einem dafür vorgesehenen Ort sachgerecht aufbewahrt wird, die persönliche Schutzausrüstung vor Gebrauch geprüft und nach Gebrauch gereinigt wird und schadhafte persönliche Schutzausrüstung vor erneutem Gebrauch ausgebessert oder ausgetauscht wird.
- Der Arbeitgeber hat die Funktion und die Wirksamkeit der technischen Schutzmaßnahmen regelmäßig, mindestens jedoch jedes dritte Jahr, zu überprüfen. Das Ergebnis der Prüfungen ist aufzuzeichnen und vorzugsweise zusammen mit der Dokumentation aufzubewahren.
- Der Arbeitgeber stellt sicher, dass die **Arbeitsplatzgrenzwerte** eingehalten werden. Er hat die Einhaltung durch Arbeitsplatzmessungen oder durch andere geeignete Methoden zur Ermittlung der Exposition zu überprüfen.
- Sofern Tätigkeiten mit Gefahrstoffen ausgeübt werden, für die kein Arbeitsplatzgrenzwert vorliegt, hat der Arbeitgeber regelmäßig die Wirksamkeit der ergriffenen technischen Schutzmaßnahmen durch geeignete Ermittlungsmethoden zu überprüfen, zu denen auch Arbeitsplatzmessungen gehören können.

- Wer **Arbeitsplatzmessungen** von Gefahrstoffen durchführt, muss fachkundig sein und über die erforderlichen Einrichtungen verfügen.

7.8.3 Schutzmaßnahmen, Betriebsstörungen und Unterrichtungspflicht

Der Arbeitgeber hat bei Tätigkeiten mit Gefahrstoffen nach § 8 GefStoffV unter anderem die folgenden allgemeinen **Schutzmaßnahmen** zu ergreifen:
- geeignete Gestaltung des Arbeitsplatzes und geeignete Arbeitsorganisation,
- Bereitstellung geeigneter Arbeitsmittel für Tätigkeiten mit Gefahrstoffen und geeignete Wartungsverfahren zur Gewährleistung der Gesundheit und Sicherheit der Beschäftigten bei der Arbeit,
- Begrenzung der Anzahl der Beschäftigten, die Gefahrstoffen ausgesetzt sind oder ausgesetzt sein können,
- Begrenzung der Dauer und der Höhe der Exposition,
- angemessene Hygienemaßnahmen, insbesondere zur Vermeidung von Kontaminationen, und die regelmäßige Reinigung des Arbeitsplatzes,
- Begrenzung der am Arbeitsplatz vorhandenen Gefahrstoffe auf die Menge, die für den Fortgang der Tätigkeiten erforderlich ist,
- geeignete Arbeitsmethoden und Verfahren, welche die Gesundheit und Sicherheit der Beschäftigten nicht beeinträchtigen oder die Gefährdung so gering wie möglich halten, einschließlich Vorkehrungen für die sichere Handhabung, Lagerung und Beförderung von Gefahrstoffen und von Abfällen, die Gefahrstoffe enthalten, am Arbeitsplatz.

Er hat ferner sicherzustellen, dass
- alle verwendeten Stoffe und Zubereitungen identifizierbar sind,
- gefährliche Stoffe und Zubereitungen innerbetrieblich mit einer Kennzeichnung versehen sind, die ausreichende Informationen über die Einstufung, über die Gefahren bei der Handhabung und über die zu beachtenden Sicherheitsmaßnahmen enthält,
- Apparaturen und Rohrleitungen so gekennzeichnet sind, dass mindestens die enthaltenen Gefahrstoffe sowie die davon ausgehenden Gefahren eindeutig identifizierbar sind,
- die Beschäftigten gemäß den Ergebnissen der Gefährdungsbeurteilung in Arbeitsbereichen, in denen sie Gefahrstoffen ausgesetzt sein können, keine Nahrungs- oder Genussmittel zu sich nehmen,
- durch Verwendung verschließbarer Behälter eine sichere Lagerung, Handhabung und Beförderung von Gefahrstoffen auch bei der Abfallentsorgung gewährleistet ist,
- Gefahrstoffe so aufbewahrt oder gelagert werden, dass sie weder die menschliche Gesundheit noch die Umwelt gefährden,

- Gefahrstoffe, die nicht mehr benötigt werden, und entleerte Behälter, die noch Reste von Gefahrstoffen enthalten können, sicher gehandhabt, vom Arbeitsplatz entfernt und sachgerecht gelagert oder entsorgt werden,
- als giftig, sehr giftig, krebserzeugend Kategorie 1 oder 2, erbgutverändernd Kategorie 1 oder 2 oder fortpflanzungsgefährdend Kategorie 1 oder 2 eingestufte Stoffe und Zubereitungen unter Verschluss oder so aufbewahrt oder gelagert werden, dass nur fachkundige und zuverlässige Personen Zugang haben.

Sind die allgemeinen Schutzmaßnahmen nicht ausreichend, um Gefährdungen durch Einatmen, Aufnahme über die Haut oder Verschlucken entgegenzuwirken, hat der Arbeitgeber nach § 9 GefStoffV zusätzlich diejenigen Maßnahmen zu ergreifen, die auf Grund der Gefährdungsbeurteilung sind. Dies umfasst beispielsweise auch besondere Schutzmaßnahmen

- bei Tätigkeiten mit krebserzeugenden, erbgutverändernden und fruchtbarkeitsgefährdenden Gefahrstoffen (§ 10 GefStoffV),
- gegen physikalisch-chemische Einwirkungen, insbesondere gegen Brand- und Explosionsgefährdungen (§ 11 GefStoffV),
- Tätigkeiten mit explosionsgefährlichen Stoffen und organischen Peroxyden (§ 12 GefStoffV).

Um die Gesundheit und die Sicherheit der Beschäftigten bei **Betriebsstörungen**, Unfällen oder Notfällen zu schützen, hat der Arbeitgeber nach § 13 GefStoffV rechtzeitig die Notfallmaßnahmen festzulegen, die beim Eintreten eines derartigen Ereignisses zu ergreifen sind. Dies schließt die Bereitstellung angemessener Erste-Hilfe-Einrichtungen und die Durchführung von Sicherheitsübungen in regelmäßigen Abständen ein. Im Eintrittsfall hat der Arbeitgeber unverzüglich Maßnahmen zu ergreifen, um betroffene Beschäftigte über die durch das Ereignis hervorgerufene Gefahrensituation im Betrieb zu informieren, die Auswirkungen des Ereignisses zu mindern und wieder einen normalen Betriebsablauf herbeizuführen.

Der Arbeitgeber hat nach § 14 GefStoffV im Rahmen seiner **Unterrichtungspflicht** sicherzustellen, dass den Beschäftigten eine schriftliche **Betriebsanweisung**, die der Gefährdungsbeurteilung Rechnung trägt, in einer für die Beschäftigten verständlichen Form und Sprache zugänglich gemacht wird.

Beispielsweise muss die Betriebsanweisung nach § 14 GefStoffV unter anderem mindestens Informationen enthalten

- *über die am Arbeitsplatz vorhandenen oder entstehenden Gefahrstoffe, wie beispielsweise die Bezeichnung der Gefahrstoffe, ihre Kennzeichnung sowie mögliche Gefährdungen der Gesundheit und der Sicherheit,*
- *über angemessene Vorsichtsmaßregeln und Maßnahmen, die die Beschäftigten zu ihrem eigenen Schutz und zum Schutz der anderen Beschäftigten am Arbeitsplatz durchzuführen haben, dazu gehören insbesondere Hygienevorschriften, Maßnahmen, die zur Verhütung*

einer Exposition zu ergreifen sind, Informationen zum Tragen und Verwenden von persönlicher Schutzausrüstung und Schutzkleidung,
- *über Maßnahmen, die bei Betriebsstörungen, Unfällen und Notfällen und zur Verhütung dieser von den Beschäftigten, insbesondere von Rettungsmannschaften, durchzuführen sind.*

Gemäß der **Anzeigepflicht** nach § 18 GefStoffV hat der Arbeitgeber der zuständigen Behörde jeden Unfall und jede Betriebsstörung, die bei Tätigkeiten mit Gefahrstoffen zu einer ernsten Gesundheitsschädigung von Beschäftigten geführt haben, Krankheits- und Todesfälle, bei denen konkrete Anhaltspunkte dafür bestehen, dass sie durch die Tätigkeit mit Gefahrstoffen verursacht worden sind, mit der genauen Angabe der Tätigkeit und der Gefährdungsbeurteilung unverzüglich anzuzeigen.

Herstellungs- und Verwendungsbeschränkungen, beispielsweise für Biozid-Produkte, ergeben sich insbesondere nach § 16f GefStoffV.

7.9 Gentechnik-Sicherheitsverordnung (GenTSV)

7.9.1 Übersicht über die Regelungen der GenTSV

Die Verordnung über die Sicherheitsstufen und Sicherheitsmaßnahmen bei gentechnischen Arbeiten in gentechnischen Anlagen (Gentechnik-Sicherheitsverordnung, GenTSV) in der Fassung der Bekanntmachung vom 14. März 1995 (BGBl I S. 297), zuletzt durch Artikel 4 der Verordnung vom 18. Dezember 2008 (BGBl I S. 2768) geändert, regelt nach § 1 GenTSV Sicherheitsanforderungen an gentechnische Arbeiten in gentechnischen Anlagen einschließlich der Tätigkeiten im Gefahrenbereich.

Beispiel: An einer Universitätsklinik mit Forschungseinrichtungen werden im Rahmen wissenschaftlicher Versuche Tiere gehalten, die bei gentechnischen Arbeiten verwendet werden. Gemäß § 11 GenTSV sind dabei die in Anhang V genannten Anforderungen an Anlagen und Sicherheitsmaßnahmen zu beachten.

Tabelle 79 gibt einen Überblick über die Inhalte der GenTSV.

Tab. 79: Gentechnik-Sicherheitsverordnung (GenTSV)

Abschnitt	Inhalt
Allgemeine Vorschriften	Anwendungsbereich; Sicherheitsstufen und Sicherheitsmaßnahmen; Begriffsbestimmungen
Grundlagen und Durchführung der Sicherheitseinstufung	Grundlagen der Risikobewertung und der Sicherheitseinstufung; Risikobewertung von Organismen; biologische Sicherheitsmaßnahmen; Sicherheitseinstufung

Abschnitt	Inhalt
Sicherheitsmaßnahmen	Allgemeine Schutzpflicht, Arbeitsschutz; technische und organisatorische Sicherheitsmaßnahmen für Labor- und Produktionsbereich; Haltung von Pflanzen in Gewächshäusern; Haltung von Versuchstieren in Tierhaltungsräumen; Arbeitssicherheitsmaßnahmen; Unterrichtung der Beschäftigten; Anforderungen an die Abwasser- und Abfallbehandlung
Projektleiter	Verantwortlichkeiten des Projektleiters; Sachkunde des Projektleiters
Beauftragter für die Biologische Sicherheit	Bestellung eines Beauftragten; Sachkunde und Aufgaben des Beauftragten; Pflichten des Betreibers
Bußgeldvorschriften	Ordnungswidrigkeiten
Schlussvorschriften	Übergangsvorschrift
Anhang I Risikogruppen der Spender- und Empfängerorganismen/Allgemeine Kriterien für die Sicherheitsbewertung	
Anhang II Biologische Sicherheitsmaßnahmen	
Anhang III Sicherheitsmaßnahmen für Labor- und Produktionsbereich	
Anhang IV Sicherheitsmaßnahmen für Gewächshäuser	
Anhang V Sicherheitsmaßnahmen für Tierhaltungsräume	
Anhang VI (zu § 12) Arbeitsmedizinische Präventionsmaßnahmen	

7.9.2 Sicherheitsstufen und Sicherheitsmaßnahmen für den Labor- und Produktionsbereich

Gentechnische Arbeiten in gentechnischen Anlagen sind nach § 2 GenTSV den im Gentechnikgesetz genannten **Sicherheitsstufen** zuzuordnen. Für jede Sicherheitsstufe sind Sicherheitsmaßnahmen bestimmt.

Die **Risikobewertung** und Zuordnung gentechnischer Arbeiten zu den Sicherheitsstufen des Gentechnikgesetzes erfolgt unter Berücksichtigung der Risikobewertung der Organismen und der vorgesehenen biologischen Sicherheitsmaßnahmen auf der Grundlage einer Gesamtbewertung der in § 4 GenTSV genannten Punkte.

Bei gentechnischen Arbeiten ergibt sich nach § 5 GenTSV das bei der Gesamtbewertung zu beachtende Gefährdungspotential von **Spender- und Empfängerorganismus** aus der Zuordnung der Organismen zu den Risikogruppen 1 bis 4 anhand der Kriterien in Anhang I, soweit diese Kriterien nach dem Stand der Wissenschaft im Einzelfall von Bedeutung sind. Die Bestimmung des Gefährdungspotentials des gentechnisch veränderten Organismus und seine Zuordnung zu den Risikogruppen erfolgt durch die Bewertung der allgemeinen Kriterien nach Anhang I, soweit diese Kriterien im Einzelfall von Bedeutung sind.

Biologische **Sicherheitsmaßnahmen** bestehen, bis auf einige Ausnahmen, nach § 6 GenTSV in der Verwendung von anerkannten **Vektoren** und Empfängerorganismen.

Wer gentechnische Arbeiten durchführen lässt, hat nach § 8 GenTSV im Hinblick auf den Schutz der Beschäftigten zur Feststellung der erforderlichen Maßnahmen mögliche Gefahren zu ermitteln und zu beurteilen.

Gentechnische Arbeiten der Sicherheitsstufen 1 bis 4 nach dem Gentechnikgesetz im **Labor- und Produktionsbereich** dürfen gemäß § 9 GenTSV nur unter Beachtung der in Anhang III genannten Anforderungen an Anlagen und Sicherheitsmaßnahmen durchgeführt werden. Die Anforderungen der niedrigeren Stufen werden von den höheren Stufen eingeschlossen.

Werden in **Gewächshäusern** Pflanzen gehalten, die durch gentechnische Arbeiten entstanden sind oder bei gentechnischen Arbeiten verwendet werden, sind gemäß § 10 GenTSV bei den Sicherheitsstufen nach dem Gentechnikgesetz die in Anhang IV genannten Anforderungen an Anlagen und Sicherheitsmaßnahmen zu beachten.

Werden in **Tierhaltungsräumen** Tiere gehalten, die durch gentechnische Arbeiten entstanden sind oder bei gentechnischen Arbeiten verwendet werden, sind gemäß § 11 GenTSV bei den Sicherheitsstufen nach dem Gentechnikgesetz die in Anhang V genannten Anforderungen an Anlagen und Sicherheitsmaßnahmen zu beachten.

Beschäftigte dürfen nach § 12 GenTSV mit gentechnischen Arbeiten nur beauftragt werden, wenn sie ausreichend qualifiziert und eingewiesen sind. Der Betreiber hat für die Beschäftigten auf der Grundlage der Risikobewertung eine **Betriebsanweisung** zu erstellen, in der die möglichen Gefahren gentechnischer Arbeiten für die menschliche Gesundheit und die Umwelt festgestellt sowie die erforderlichen Sicherheitsmaßnahmen und Verhaltensregeln festgelegt werden. Die Betriebsanweisung muss bei Unfällen mit humanpathogenen Organismen sofort greifbar sein; sie muss auch Informationen über in Frage kommende Maßnahmen zur Immunisierung enthalten.

Abwasser sowie flüssiger und fester **Abfall** aus Anlagen, in denen gentechnische Arbeiten durchgeführt werden, sind nach § 13 GenTSV im Hinblick auf die von gentechnisch veränderten Organismen ausgehenden Gefahren nach dem Stand der Wissenschaft und Technik unschädlich zu entsorgen.

Der **Projektleiter** führt die unmittelbare Planung, Leitung oder Beaufsichtigung der gentechnischen Arbeit oder der Freisetzung durch und hat die in § 14 GenTSV beschriebenen Verantwortlichkeiten.

Er muss gemäß § 15 GenTSV nachweisbare Kenntnisse insbesondere in klassischer und molekularer Genetik und praktische Erfahrungen im Umgang mit Mikroorganismen, Pflanzen oder Tieren und die erforderlichen Kenntnisse über Sicherheitsmaßnahmen und Arbeitsschutz bei gentechnischen Arbeiten besitzen.

Der Betreiber hat gemäß § 16 GenTSV nach Anhörung des Betriebs- oder Personalrats einen oder, wenn dies im Hinblick auf die Art oder den Umfang der gentechnischen Arbeiten oder der Freisetzungen zum Schutz für die im Gentechnikgesetz genannten Rechtsgüter erforderlich ist, mehrere **Beauftragte für die Biologische Sicherheit** (Ausschuss für Biologische Sicherheit) schriftlich zu bestellen.

7.10 Infektionsschutzgesetz (IfSG)

7.10.1 Übersicht über die Regelungen des IfSG

Zweck des Gesetzes zur Verhütung und Bekämpfung von Infektionskrankheiten beim Menschen (Infektionsschutzgesetz, IfSG) vom 20. Juli 2000 (BGBl I S. 1045), durch Artikel 5 Absatz 2 des Gesetzes vom 20. April 2013 (BGBl I S. 868) geändert, ist es nach § 1 IfSG, übertragbaren Krankheiten beim Menschen vorzubeugen, Infektionen frühzeitig zu erkennen und ihre Weiterverbreitung zu verhindern. Dazu ist die Mitwirkung und Zusammenarbeit von Behörden des Bundes, der Länder und der Kommunen, Ärzten, Tierärzten, Krankenhäusern, wissenschaftlichen Einrichtungen sowie sonstigen Beteiligten entsprechend dem jeweiligen Stand der medizinischen und epidemiologischen Wissenschaft und Technik notwendig. Auch soll die Eigenverantwortung der Träger und Leiter von Gemeinschaftseinrichtungen, Lebensmittelbetrieben, Gesundheitseinrichtungen sowie des Einzelnen bei der Prävention übertragbarer Krankheiten verdeutlicht und gefördert werden.

Beispiel: Ein in einer Gemeinschaftsverpflegungeinrichtung eingesetzter Koch wird verdächtigt an Virushepatitis A erkrankt zu sein. Nach § 42 IfSG darf er nicht in der zugehörigen Küche beschäftigt werden.

Tabelle 80 gibt einen Überblick über die Inhalte des IfSG.

Tab. 80: Infektionsschutzgesetz (IfSG)

Abschnitt	Inhalt
Allgemeine Vorschriften	Zweck des Gesetzes; Begriffsbestimmungen; Prävention durch Aufklärung
Koordinierung und Früherkennung	Aufgaben des Robert Koch-Instituts; Bund-Länder-Informationsverfahren
Meldewesen	Meldepflichtige Krankheiten; meldepflichtige Nachweise von Krankheitserregern; zur Meldung verpflichtete Personen; namentliche Meldung; nichtnamentliche Meldung; Übermittlungen durch das Gesundheitsamt und die zuständige Landesbehörde; Meldungen an die

Abschnitt	Inhalt
	Weltgesundheitsorganisation und das Europäische Netzwerk; Erprobung eines elektronischen Informationssystems; Sentinel-Erhebungen; Auswahl der über Sentinel-Erhebungen zu überwachenden Krankheiten; Anpassung der Meldepflicht an die epidemische Lage
Verhütung übertragbarer Krankheiten	Allgemeine Maßnahmen der zuständigen Behörde; besondere Maßnahmen der zuständigen Behörde, Rechtsverordnungen durch die Länder; behördlich angeordnete Entseuchungen, Entwesungen, Bekämpfung von Krankheitserreger übertragenden Wirbeltieren, Kosten; Aufgaben des Gesundheitsamtes in besonderen Fällen; Schutzimpfungen und andere Maßnahmen der spezifischen Prophylaxe; Impfstoffe; Impfausweis; Nosokomiale Infektionen; Resistenzen; Rechtsverordnungen durch die Länder
Bekämpfung übertragbarer Krankheiten	Behandlung übertragbarer Krankheiten; Ermittlungen; Teilnahme des behandelnden Arztes; Unterrichtungspflichten des Gesundheitsamtes; Schutzmaßnahmen; Beobachtung; Quarantäne; berufliches Tätigkeitsverbot; Erlass von Rechtsverordnungen
Zusätzliche Vorschriften für Schulen und sonstige Gemeinschafts-einrichtungen	Gemeinschaftseinrichtungen; gesundheitliche Anforderungen, Mitwirkungspflichten, Aufgaben des Gesundheitsamtes; Belehrung für Personen in der Betreuung von Kindern und Jugendlichen; Einhaltung der Infektionshygiene
Wasser	Beschaffenheit von Wasser für den menschlichen Gebrauch sowie Schwimm- und Badebeckenwasser, Überwachung; Erlass von Rechtsverordnungen; Untersuchungen, Maßnahmen der zuständigen Behörde; Aufgaben des Umweltbundesamtes; Abwasser
Gesundheitliche Anforderungen an das Personal beim Umgang mit Lebensmitteln	Tätigkeits- und Beschäftigungsverbote; Belehrung, Bescheinigung des Gesundheitsamtes
Tätigkeiten mit Krankheitserregern	Erlaubnispflicht für Tätigkeiten mit Krankheitserregern; Ausnahmen; Tätigkeit unter Aufsicht; Versagungsgründe, Voraussetzungen für die Erlaubnis; Rücknahme und Widerruf; Anzeigepflichten; Veränderungsanzeige; Aufsicht; Abgabe; Anforderungen an Räume und Einrichtungen, Gefahrenvorsorge; Verfahren über eine einheitliche Stelle, Entscheidungsfrist
Zuständige Behörde	Benennung der Behörde
Angleichung an Gemeinschaftsrecht	Angleichung an Gemeinschaftsrecht
Entschädigung in besonderen Fällen	Entschädigung; Verhältnis zur Sozialversicherung und zur Arbeitsförderung; Aufwendungserstattung; Sondervorschrift für Ausscheider; Versorgung bei Impfschaden und bei Gesundheitsschäden durch andere Maßnahmen der spezifischen Prophylaxe; Gesundheitsschadensanerkennung; Heilbehandlung; Konkurrenz von Ansprüchen, Anwendung der Vorschriften nach dem Bundesversorgungsgesetz, Übergangsregelungen zum Erstattungsverfahren an die Krankenkas-

Abschnitt	Inhalt
	sen; zuständige Behörde für die Versorgung; Entschädigung bei behördlichen Maßnahmen; Zahlungsverpflichteter; Pfändung; Rechtsweg
Kosten	Kosten
Sondervorschriften	Aufgaben der Bundeswehr und des Gesundheitsamtes; Aufgaben nach dem Seemannsgesetz; Aufgaben des Eisenbahn-Bundesamtes
Straf- und Bußgeldvorschriften	Bußgeldvorschriften; Strafvorschriften; Einziehung
Übergangsvorschriften	Übergangsvorschriften

7.10.2 Meldepflichtige Krankheiten

Zu den **Meldepflichtigen Krankheiten** zählen nach § 6 IfSG beispielsweise unter anderem der Krankheitsverdacht, die Erkrankung sowie der Tod an
- Botulismus
- Cholera
- Diphtherie
- humaner spongiformer Enzephalopathie, außer familiär-hereditärer Formen
- akuter Virushepatitis
- enteropathischem hämolytisch-urämischem Syndrom (HUS)
- virusbedingtem hämorrhagischen Fieber
- Masern
- Meningokokken-Meningitis oder -Sepsis
- Milzbrand
- Mumps
- Pertussis
- Poliomyelitis (als Verdacht gilt jede akute schlaffe Lähmung, außer wenn traumatisch bedingt)
- Pest
- Röteln einschließlich Rötelnembryopathie
- Tollwut
- Typhus abdominalis/Paratyphus
- Varizellen

sowie die Erkrankung und der Tod an einer behandlungsbedürftigen Tuberkulose, auch wenn ein bakteriologischer Nachweis nicht vorliegt. Meldepflichtig sind auch Nachweise auf eine akute Infektion von in § 7 IfSG aufgeführten **Krankheitserregern**.

Zur **Meldung** oder Mitteilung sind unter anderen nach § 8 IfSG verpflichtet

- der feststellende Arzt,
- in Krankenhäusern oder anderen Einrichtungen der stationären Pflege auch der leitende Arzt,
- in Krankenhäusern mit mehreren selbständigen Abteilungen der leitende Abteilungsarzt,
- in Einrichtungen ohne leitenden Arzt der behandelnde Arzt,
- die Leiter von Medizinaluntersuchungsämtern und sonstigen privaten oder öffentlichen Untersuchungsstellen einschließlich der Krankenhauslaboratorien,
- die Leiter von Einrichtungen der pathologisch-anatomischen Diagnostik, wenn ein Befund erhoben wird, der sicher oder mit hoher Wahrscheinlichkeit auf das Vorliegen einer meldepflichtigen Erkrankung oder Infektion durch einen meldepflichtigen Krankheitserreger schließen lässt,
- im Falle bei Tieren, mit denen Menschen Kontakt gehabt haben, auch der Tierarzt,
- Angehörige eines anderen Heil- oder Pflegeberufs, der für die Berufsausübung oder die Führung der Berufsbezeichnung eine staatlich geregelte Ausbildung oder Anerkennung erfordert,
- die Leiter von Pflegeeinrichtungen, Justizvollzugsanstalten, Heimen, Lagern oder ähnlichen Einrichtungen,
- der Heilpraktiker.

Die **Namentliche Meldung** ist in § 9 IfSG geregelt, die **Nichtnamentliche Meldung** in § 10 IfSG.

Nach § 11 IfSG werden die an das Gesundheitsamt der Hauptwohnung namentlich gemeldeten Erkrankungen, Todesfälle sowie Nachweise von Krankheitserregern gemäß den veröffentlichten Falldefinitionen zusammengeführt und spätestens am folgenden Arbeitstag, an die zuständige Landesbehörde sowie von dort spätestens am folgenden Arbeitstag an das Robert Koch-Institut übermittelt.

Das Robert Koch-Institut kann in Zusammenarbeit mit ausgewählten Einrichtungen der Gesundheitsvorsorge oder -versorgung nach § 13 IfSG **Sentinel-Erhebungen** zu Personen, die diese Einrichtungen unabhängig von der Erhebung in Anspruch nehmen, koordinieren und durchführen zur Ermittlung

- der Verbreitung übertragbarer Krankheiten, wenn diese Krankheiten von großer gesundheitlicher Bedeutung für das Gemeinwohl sind und die Krankheiten wegen ihrer Häufigkeit oder aus anderen Gründen über Einzelfallmeldungen nicht erfasst werden können,
- des Anteils der Personen, der gegen bestimmte Erreger nicht immun ist, sofern dies notwendig ist, um die Gefährdung der Bevölkerung durch diese Krankheitserreger zu bestimmen.

7.10.3 Verhütung und Bekämpfung übertragbarer Krankheiten

Werden Tatsachen festgestellt, die zum Auftreten einer übertragbaren Krankheit führen können, oder ist anzunehmen, dass solche Tatsachen vorliegen, so trifft die zuständige Behörde nach § 16 IfSG die notwendigen Maßnahmen zur Abwendung der dem Einzelnen oder der Allgemeinheit hierdurch drohenden Gefahren.

Wenn Gegenstände mit meldepflichtigen Krankheitserregern behaftet sind oder wenn das anzunehmen ist und dadurch eine Verbreitung der Krankheit zu befürchten ist, hat die zuständige Behörde nach § 17 IfSG die notwendigen Maßnahmen zur Abwendung der hierdurch drohenden Gefahren zu treffen.

Zum Schutz des Menschen vor übertragbaren Krankheiten dürfen nach § 18 IfSG bei behördlich angeordneten **Entseuchungen** (Desinfektion), **Entwesungen** (Bekämpfung von Nichtwirbeltieren) und Maßnahmen zur Bekämpfung von Wirbeltieren, durch die Krankheitserreger verbreitet werden können, nur Mittel und Verfahren verwendet werden, die von der zuständigen Bundesoberbehörde in einer Liste im Bundesgesundheitsblatt bekannt gemacht worden sind.

Die zuständige obere Bundesbehörde, die obersten Landesgesundheitsbehörden und die von ihnen beauftragten Stellen sowie die Gesundheitsämter informieren nach § 20 IfSG die Bevölkerung über die Bedeutung von **Schutzimpfungen** und anderen Maßnahmen der spezifischen Prophylaxe übertragbarer Krankheiten.

Der impfende Arzt hat jede Schutzimpfung nach § 22 IfSG unverzüglich in einen **Impfausweis** einzutragen oder, falls der Impfausweis nicht vorgelegt wird, eine Impfbescheinigung auszustellen.

Die Leiter folgender Einrichtungen haben nach § 23 IfSG sicherzustellen, dass die nach dem Stand der medizinischen Wissenschaft erforderlichen Maßnahmen getroffen werden, um **Nosokomiale Infektionen** zu verhüten und die Weiterverbreitung von Krankheitserregern, insbesondere solcher mit **Resistenzen**, zu vermeiden:

- Krankenhäuser,
- Einrichtungen für ambulantes Operieren,
- Vorsorge- oder Rehabilitationseinrichtungen, in denen eine den Krankenhäusern vergleichbare medizinische Versorgung erfolgt,
- Dialyseeinrichtungen,
- Tageskliniken,
- Entbindungseinrichtungen,
- Behandlungs- oder Versorgungseinrichtungen, die mit einer der genannten Einrichtungen vergleichbar sind,
- Arztpraxen, Zahnarztpraxen und
- Praxen sonstiger humanmedizinischer Heilberufe.

Die Leiter folgender Einrichtungen haben sicherzustellen, dass innerbetriebliche Verfahrensweisen zur **Infektionshygiene** in **Hygieneplänen** festgelegt sind

- Krankenhäuser,
- Einrichtungen für ambulantes Operieren,
- Vorsorge- oder Rehabilitationseinrichtungen,
- Dialyseeinrichtungen,
- Tageskliniken,
- Entbindungseinrichtungen und
- Vergleichbare Behandlungs- oder Versorgungseinrichtungen.

Die Landesregierungen können durch Rechtsverordnung vorsehen, dass Leiter von Zahnarztpraxen sowie Leiter von Arztpraxen und Praxen sonstiger humanmedizinischer Heilberufe, in denen invasive Eingriffe vorgenommen werden, sicherzustellen haben, dass innerbetriebliche Verfahrensweisen zur Infektionshygiene in Hygieneplänen festgelegt sind.

Die **Behandlung** von Personen, die an einer übertragbaren Krankheit erkrankt oder dessen verdächtig sind oder die mit einem Krankheitserreger infiziert sind, ist nach § 24 IfSG insoweit im Rahmen der berufsmäßigen Ausübung der Heilkunde nur Ärzten gestattet.

Ergibt sich oder ist anzunehmen, dass jemand krank, krankheitsverdächtig, ansteckungsverdächtig oder Ausscheider ist oder dass ein Verstorbener krank, krankheitsverdächtig oder Ausscheider war, so stellt das **Gesundheitsamt** nach § 25 IfSG die erforderlichen Ermittlungen an, insbesondere über Art, Ursache, Ansteckungsquelle und Ausbreitung der Krankheit.

Das Gesundheitsamt unterrichtet gemäß § 27 IfSG unverzüglich die für die Überwachung örtlich zuständige **Lebensmittelüberwachungsbehörde**, wenn auf Grund von Tatsachen feststeht oder der Verdacht besteht,

- dass ein spezifisches Lebensmittel, das an Endverbraucher abgegeben wurde, in mindestens zwei Fällen mit epidemiologischem Zusammenhang Ursache einer übertragbaren Krankheit ist, oder
- dass Krankheitserreger auf Lebensmittel übertragen wurden und deshalb eine Weiterverbreitung der Krankheit durch Lebensmittel zu befürchten ist.

Kranke, Krankheitsverdächtige, Ansteckungsverdächtige und Ausscheider können nach § 29 IfSG einer **Beobachtung** unterworfen werden.

Die zuständige Behörde hat nach § 30 IfSG anzuordnen, dass Personen, die an Lungenpest oder an von Mensch zu Mensch übertragbarem hämorrhagischem Fieber erkrankt oder dessen verdächtig sind, unverzüglich in einem Krankenhaus oder einer für diese Krankheiten geeigneten Einrichtung in **Quarantäne** abgesondert werden.

Die zuständige Behörde kann Kranken, Krankheitsverdächtigen, Ansteckungsverdächtigen und Ausscheidern nach § 31 IfSG ein **Betätigungsverbot** erteilen und die Ausübung bestimmter beruflicher Tätigkeiten ganz oder teilweise untersagen.

Personen, die an Cholera, Diphtherie, Enteritis durch enterohämorrhagische E. coli (EHEC), virusbedingtem hämorrhagischen Fieber, Haemophilus influenzae Typ b-Meningitis, Impetigo contagiosa (ansteckende Borkenflechte), Keuchhusten, ansteckungsfähiger Lungentuberkulose, Masern, Meningokokken-Infektion, Mumps, Paratyphus, Pest, Poliomyelitis, Scabies (Krätze), Scharlach oder sonstigen Streptococcus pyogenes-Infektionen, Shigellose, Typhus abdominalis, Virushepatitis A oder E, Windpocken erkrankt oder dessen verdächtig oder die verlaust sind, dürfen nach § 34 IfSG in **Gemeinschaftseinrichtungen** keine Lehr-, Erziehungs-, Pflege-, Aufsichts- oder sonstige Tätigkeiten ausüben, bei denen sie Kontakt zu den dort Betreuten haben, bis nach ärztlichem Urteil eine Weiterverbreitung der Krankheit oder der Verlausung durch sie nicht mehr zu befürchten ist. Personen, die in Gemeinschaftseinrichtungen Lehr-, Erziehungs-, Pflege-, Aufsichts- oder sonstige regelmäßige Tätigkeiten ausüben und Kontakt mit den dort Betreuten haben, sind nach § 35 IfSG vor erstmaliger Aufnahme ihrer Tätigkeit und im Weiteren mindestens im Abstand von zwei Jahren von ihrem Arbeitgeber über die gesundheitlichen Anforderungen und Mitwirkungsverpflichtungen zu belehren.

Folgende Einrichtungen legen nach § 36 IfSG in Hygieneplänen innerbetriebliche Verfahrensweisen zur Infektionshygiene fest und unterliegen der infektionshygienischen Überwachung durch das Gesundheitsamt:
- Gemeinschaftseinrichtungen,
- Einrichtungen nach dem Heimgesetz,
- vergleichbare Betreuungs- oder Versorgungseinrichtungen,
- Obdachlosenunterkünfte,
- Gemeinschaftsunterkünfte für Asylbewerber, Spätaussiedler und Flüchtlinge,
- sonstige Massenunterkünfte und
- Justizvollzugsanstalten.

7.10.4 Anforderungen beim Umgang mit Lebensmitteln und Krankheitserregern, Regelung von Entschädigungen

Personen, die
- an Typhus abdominalis, Paratyphus, Cholera, Shigellenruhr, Salmonellose, einer anderen infektiösen Gastroenteritis oder Virushepatitis A oder E erkrankt oder dessen verdächtig sind,
- an infizierten Wunden oder an Hautkrankheiten erkrankt sind, bei denen die Möglichkeit besteht, dass deren Krankheitserreger über Lebensmittel übertragen werden können,
- die Krankheitserreger Shigellen, Salmonellen, enterohämorrhagische Escherichia coli oder Choleravibrionen ausscheiden,

dürfen nach § 42 IfSG nicht tätig sein oder beschäftigt werden

- beim Herstellen, Behandeln oder Inverkehrbringen der genannten Lebensmittel, wenn sie dabei mit diesen in Berührung kommen, oder
- in **Küchen** von Gaststätten und sonstigen Einrichtungen mit oder zur **Gemeinschaftsverpflegung**.

Personen dürfen nach § 43 IfSG gewerbsmäßig die genannten Tätigkeiten erstmalig nur dann ausüben und mit diesen Tätigkeiten erstmalig nur dann beschäftigt werden, wenn durch eine nicht mehr als drei Monate alte Bescheinigung des Gesundheitsamtes oder eines vom Gesundheitsamt beauftragten Arztes nachgewiesen ist, dass sie

- über die genannten Tätigkeitsverbote und über die Verpflichtungen in mündlicher und schriftlicher Form vom Gesundheitsamt oder von einem durch das Gesundheitsamt beauftragten Arzt belehrt wurden und
- nach der Belehrung schriftlich erklärt haben, dass ihnen keine Tatsachen für ein Tätigkeitsverbot bei ihnen bekannt sind.

Wer **Krankheitserreger** in den Geltungsbereich dieses Gesetzes verbringen, sie ausführen, aufbewahren, abgeben oder mit ihnen arbeiten will, bedarf nach § 44 IfSG einer Erlaubnis der zuständigen Behörde. Einer Erlaubnis bedürfen nach § 45 IfSG unter anderen nicht Personen, die zur selbständigen Ausübung des Berufs als Arzt, Zahnarzt oder Tierarzt berechtigt sind, für mikrobiologische Untersuchungen zur orientierenden medizinischen und veterinärmedizinischen Diagnostik mittels solcher kultureller Verfahren, die auf die primäre Anzucht und nachfolgender Subkultur zum Zwecke der Resistenzbestimmung beschränkt sind und bei denen die angewendeten Methoden nicht auf den spezifischen Nachweis meldepflichtiger Krankheitserreger gerichtet sind, soweit die Untersuchungen für die unmittelbare Behandlung der eigenen Patienten für die eigene Praxis durchgeführt werden.

Wer auf Grund dieses Gesetzes als Ausscheider, Ansteckungsverdächtiger, Krankheitsverdächtiger oder als sonstiger Träger von Krankheitserregern Verboten in der Ausübung seiner bisherigen Erwerbstätigkeit unterliegt oder unterworfen wird und dadurch einen Verdienstausfall erleidet, erhält nach § 56 IfSG eine **Entschädigung** in Geld. Die Entschädigung bemisst sich nach dem Verdienstausfall. Für Personen, denen eine Entschädigung zu gewähren ist, besteht nach § 57 IfSG eine Versicherungspflicht in der gesetzlichen Rentenversicherung fort.

Soweit auf Grund einer Maßnahme Gegenstände vernichtet, beschädigt oder in sonstiger Weise in ihrem Wert gemindert werden oder ein anderer nicht nur unwesentlicher Vermögensnachteil verursacht wird, ist nach § 65 IfSG eine Entschädigung in Geld zu leisten; eine Entschädigung erhält jedoch nicht derjenige, dessen Gegenstände mit Krankheitserregern oder mit Gesundheitsschädlingen als vermutlichen Überträgern solcher Krankheitserreger behaftet oder dessen verdächtig sind.

7.11 Kaliumiodidverordnung (KIV)

7.11.1 Übersicht über die Regelungen der KIV

Zweck der Verordnung zur Abgabe von kaliumiodidhaltigen Arzneimitteln zur Iodblockade der Schilddrüse bei radiologischen Ereignissen (Kaliumiodidverordnung, KIV) vom 5. Juni 2003 (BGBl I S. 850), durch Artikel 70 des Gesetzes vom 21. Juni 2005 (BGBl I S. 1818) geändert, ist es nach § 1 KIV, die Versorgung der Bevölkerung mit kaliumiodidhaltigen Arzneimitteln bei radiologischen Ereignissen sicherzustellen.

Beispiel: Die Bundeswehr lagert für ihre Soldaten kaliumiodidhaltige Arzneimittel zur Verminderung der Aufnahme radioaktiven Iods in die menschliche Schilddrüse für den Krisenfall ein.

Tabelle 81 gibt einen Überblick über die Inhalte der KIV.

Tab. 81: Kaliumiodidverordnung (KIV)

Fundstelle	Inhalt
§ 1	Zweck und Anwendungsbereich
§ 2	Ausnahmen vom Siebenten Abschnitt des Arzneimittelgesetzes
§ 3	Ausnahmen vom Zweiten Abschnitt des Arzneimittelgesetzes
§ 4	Ausnahmen vom Achten Abschnitt des Arzneimittelgesetzes
§ 5	Inkrafttreten
Schlussformel	

7.11.2 Ausnahmen vom Arzneimittelgesetz

Nach § 1 KIV gilt die KIV für **Kaliumiodidhaltige Arzneimittel**, die zur Verminderung der Aufnahme radioaktiven Iods in die menschliche Schilddrüse geeignet sind und die für den Bereich der Bundeswehr, der Bundespolizei, der Bereitschaftspolizeien der Länder und des Zivil- und Katastrophenschutzes an die von der zuständigen Behörde bestimmten Stellen zur Aufgabenerfüllung in diesen Bereichen abgegeben, von diesen vorrätig gehalten und zum Endverbrauch abgegeben werden.

Abweichend vom Arzneimittelgesetz können nach § 2 KIV die genannten Arzneimittel vom pharmazeutischen Unternehmer und vom pharmazeutischen Großhändler unmittelbar an die genannten Stellen abgegeben werden. Die Arzneimittel können bei einem radiologischen Ereignis auf Veranlassung der zuständigen Behörde zum Endverbrauch abgegeben werden.

Abweichend vom Arzneimittelgesetz ist nach § 3 KIV die Angabe des Verfallldatums auf den Behältnissen, den äußeren Umhüllungen und den Durchdrückpackungen der Arzneimittel nicht erforderlich, wenn das Verfallsdatum in den Begleitpapieren der Lieferung an die genannten Stellen dokumentiert ist.

7.12 Kreislaufwirtschaftsgesetz (KrWG)

7.12.1 Übersicht über die Regelungen des KrWG

Ziele des Gesetzes zur Förderung der Kreislaufwirtschaft und Sicherung der umweltverträglichen Bewirtschaftung von Abfällen (Kreislaufwirtschaftsgesetz, KrWG), vom 24. Februar 2012 (BGBl I S. 212), durch § 44 Absatz 4 des Gesetzes vom 22. Mai 2013 (BGBl I S. 1324) geändert, sind nach § 1 KrWG die Kreislaufwirtschaft zur Schonung der natürlichen Ressourcen zu fördern und den Schutz von Mensch und Umwelt bei der Erzeugung und Bewirtschaftung von Abfällen sicherzustellen, wobei es sich somit um Aufgaben handelt, denen sich auch der Gesundheitsbetrieb zu stellen hat.

Beispiel: Aktenordner aus dem Patientenarchiv einer Großklinik wurden nach Ablauf der Aufbewahrungsfrist zusammen mit den Inhalten bislang entsorgt. Mit einem neuen Ordnerrücken versehen werden die noch benutzbaren Ordner nach Entfernen des Inhalts im Sinne des § 6 KrWG einer Wiederverwendung zugeführt.

Tabelle 82 gibt einen Überblick über die Inhalte des KrWG.

Tab. 82: Kreislaufwirtschaftsgesetz (KrWG)

Teil	Abschnitt	Inhalt
1	Allgemeine Vorschriften	
2	Grundsätze und Pflichten der Erzeuger und Besitzer von Abfällen sowie der öffentlich-rechtlichen Entsorgungsträger	
	1	Grundsätze der Abfallvermeidung und Abfallbewirtschaftung
	2	Kreislaufwirtschaft
	3	Abfallbeseitigung
	4	Öffentlich-rechtliche Entsorgung und Beauftragung Dritter
3	Produktverantwortung	
4	Planungsverantwortung	
	1	Ordnung und Durchführung der Abfallbeseitigung

Teil	Abschnitt	Inhalt
	2	Abfallwirtschaftspläne und Abfallvermeidungsprogramme
	3	Zulassung von Anlagen, in denen Abfälle entsorgt werden
5	Absatzförderung und Abfallberatung	
6	Überwachung	
7	Entsorgungsfachbetriebe	
8	Betriebsorganisation, Betriebsbeauftragter für Abfall und Erleichterungen für auditierte Unternehmensstandorte	
9	Schlussbestimmungen	
Anlage 1 Beseitigungsverfahren		
Anlage 2 Verwertungsverfahren		
Anlage 3 Kriterien zur Bestimmung des Standes der Technik		
Anlage 4 Beispiele für Abfallvermeidungsmaßnahmen		

7.12.2 Abfallvermeidung und Abfallbewirtschaftung im Gesundheitsbetrieb

Nach § 2 KrWG gelten seine Bestimmungen für die Vermeidung, die Verwertung und die Beseitigung von Abfällen sowie die sonstigen Maßnahmen der Abfallbewirtschaftung.

Nach § 3 KrWG sind **Abfälle** alle Stoffe oder Gegenstände, derer sich ihr Besitzer entledigt, entledigen will oder entledigen muss. Abfälle zur Verwertung sind Abfälle, die verwertet werden; Abfälle, die nicht verwertet werden, sind Abfälle zur Beseitigung.

Bioabfälle sind biologisch abbaubare pflanzliche, tierische oder aus Pilzmaterialien bestehende Abfälle, wie sie beispielsweise als Nahrungs- und Küchenabfälle in der Krankenhausküche vorkommen.

Besitzer von Abfällen ist jede natürliche oder juristische Person, die die tatsächliche Sachherrschaft über Abfälle hat.

Abfallbewirtschaftung sind die Bereitstellung, die Überlassung, die Sammlung, die Beförderung, die Verwertung und die Beseitigung von Abfällen, einschließlich der Überwachung dieser Verfahren, der Nachsorge von Beseitigungsanlagen sowie der Tätigkeiten, die von Händlern und Maklern vorgenommen werden.

Sammlung ist das Einsammeln von Abfällen, einschließlich deren vorläufiger Sortierung und vorläufiger Lagerung zum Zweck der Beförderung zu einer Abfallbehandlungsanlage.

Kreislaufwirtschaft sind die Vermeidung und Verwertung von Abfällen.

Vermeidung ist jede Maßnahme, die ergriffen wird, bevor ein Stoff, Material oder Erzeugnis zu Abfall geworden ist, und dazu dient, die Abfallmenge, die schädlichen Auswirkungen des Abfalls auf Mensch und Umwelt oder den Gehalt an schädlichen Stoffen in Materialien und Erzeugnissen zu verringern.

Wiederverwendung ist jedes Verfahren, bei dem Erzeugnisse oder Bestandteile, die keine Abfälle sind, wieder für denselben Zweck verwendet werden, für den sie ursprünglich bestimmt waren.

Abfallentsorgung sind Verwertungs- und Beseitigungsverfahren, einschließlich der Vorbereitung vor der Verwertung oder Beseitigung.

Verwertung ist jedes Verfahren, als dessen Hauptergebnis die Abfälle innerhalb der Anlage oder in der weiteren Wirtschaft einem sinnvollen Zweck zugeführt werden, indem sie entweder andere Materialien ersetzen, die sonst zur Erfüllung einer bestimmten Funktion verwendet worden wären, oder indem die Abfälle so vorbereitet werden, dass sie diese Funktion erfüllen.

Recycling ist jedes Verwertungsverfahren, durch das Abfälle zu Erzeugnissen, Materialien oder Stoffen entweder für den ursprünglichen Zweck oder für andere Zwecke aufbereitet werden; es schließt die Aufbereitung organischer Materialien ein, nicht aber die energetische Verwertung und die Aufbereitung zu Materialien, die für die Verwendung als Brennstoff oder zur Verfüllung bestimmt sind.

Beseitigung ist jedes Verfahren, das keine Verwertung ist, auch wenn das Verfahren zur Nebenfolge hat, dass Stoffe oder Energie zurückgewonnen werden.

Im Sinne einer **Abfallhierarchie** stehen nach § 6 KrWG die Maßnahmen der Vermeidung und der Abfallbewirtschaftung in folgender Rangfolge, von der ausgehend diejenigen Maßnahmen Vorrang haben, die den Schutz von Mensch und Umwelt bei der Erzeugung und Bewirtschaftung von Abfällen unter Berücksichtigung des Vorsorge- und Nachhaltigkeitsprinzips am besten gewährleisten:
- Vermeidung,
- Vorbereitung zur Wiederverwendung,
- Recycling,
- sonstige Verwertung, insbesondere energetische Verwertung und Verfüllung,
- Beseitigung.

Die Erzeuger oder Besitzer von Abfällen sind nach § 7 KrWG zur Verwertung ihrer Abfälle verpflichtet. Die Verwertung von Abfällen hat Vorrang vor deren Beseitigung. Der Vorrang entfällt, wenn die Beseitigung der Abfälle den Schutz von Mensch und Umwelt am besten gewährleistet.

Zum Zweck des ordnungsgemäßen, schadlosen und hochwertigen **Recyclings** sind nach § 14 KrWG Papier-, Metall-, Kunststoff- und Glasabfälle spätestens ab dem 1. Januar 2015 getrennt zu sammeln, soweit dies technisch möglich und wirtschaftlich zumutbar ist.

Die Erzeuger oder Besitzer von Abfällen, die nicht verwertet werden, sind nach § 15 KrWG zur **Abfallbeseitigung** verpflichtet. Abfälle sind so zu beseitigen, dass das Wohl der Allgemeinheit nicht beeinträchtigt wird.

Die zur Verwertung und Beseitigung Verpflichteten können nach § 22 KrWG Dritte mit der Erfüllung ihrer Pflichten beauftragen. Ihre Verantwortlichkeit für die Erfüllung der Pflichten bleibt hiervon unberührt und so lange bestehen, bis die Entsorgung endgültig und ordnungsgemäß abgeschlossen ist. Die beauftragten Dritten müssen über die erforderliche Zuverlässigkeit verfügen.

7.12.3 Produktverantwortung, gefährliche Abfälle und Abfallbeauftragte

Im Rahmen der **Produktverantwortung** sind nach § 23 KrWG Erzeugnisse möglichst so zu gestalten, dass bei ihrer Herstellung und ihrem Gebrauch das Entstehen von Abfällen vermindert wird und sichergestellt ist, dass die nach ihrem Gebrauch entstandenen Abfälle umweltverträglich verwertet oder beseitigt werden.

Abfälle dürfen nach § 28 KrWG zum Zweck der Beseitigung nur in den dafür zugelassenen **Abfallbeseitigungsanlagen** behandelt, gelagert oder abgelagert werden. Die Errichtung und der Betrieb von Anlagen, in denen eine Entsorgung von Abfällen durchgeführt wird, sowie die wesentliche Änderung einer solchen Anlage oder ihres Betriebes bedürfen gemäß § 35 KrWG der Genehmigung nach den Vorschriften des Bundes-Immissionsschutzgesetzes.

An die Entsorgung sowie die Überwachung **Gefährlicher Abfälle** sind gemäß § 48 KrWG nach Maßgabe dieses Gesetzes besondere Anforderungen zu stellen. Die Erzeuger, Besitzer, Sammler, Beförderer und Entsorger von gefährlichen Abfällen haben nach § 50 KrWG eine **Nachweispflicht** und sowohl der zuständigen Behörde gegenüber als auch untereinander die ordnungsgemäße Entsorgung gefährlicher Abfälle nachzuweisen.

Betreiber von genehmigungsbedürftigen Anlagen im Sinne des Bundes-Immissionsschutzgesetzes, Betreiber von Anlagen, in denen regelmäßig gefährliche Abfälle anfallen, Betreiber ortsfester Sortier-, Verwertungs- oder Abfallbeseitigungsanlagen haben nach § 59 KrWG unverzüglich einen oder mehrere **Abfallbeauftragte** als Betriebsbeauftragte für Abfall zu bestellen, sofern dies im Hinblick auf die Art oder die Größe der Anlagen erforderlich ist. Er berät nach § 60 KrWG den Betreiber und die Betriebsangehörigen in Angelegenheiten, die für die Abfallvermeidung und Abfallbewirtschaftung bedeutsam sein können.

7.13 Medizinprodukte-Betreiberverordnung (MPBetreibV)

7.13.1 Übersicht über die Regelungen der MPBetreibV

Die Verordnung über das Errichten, Betreiben und Anwenden von Medizinprodukten (Medizinprodukte-Betreiberverordnung, MPBetreibV) in der Fassung der Bekanntmachung vom 21. August 2002 (BGBl I S. 3396), zuletzt durch Artikel 4 des Gesetzes vom

29. Juli 2009 (BGBl I S. 2326) geändert, enthält Regelungen zur Instandhaltung und Qualitätssicherung in medizinischen Laboratorien, zu sicherheitstechnische Kontrollen, zum Medizinproduktebuch und Bestandsverzeichnis, zur Aufbewahrung der Gebrauchsanweisungen und der Medizinproduktebücher zu Patienteninformation bei aktiven implantierbaren Medizinprodukten und zu messtechnische Kontrollen.

Beispiel: In einer Arztpraxis kommt ein Medizinprodukt erstmalig zum Einsatz, dass mit einem bereits vorhandenen baugleich ist. Nach § 5 MPBetreibV ist für das neue Produkt keine Einweisung erforderlich, sofern diese für das vorhandene Medizinprodukt bereits erfolgt ist.

Tabelle 83 gibt einen Überblick über die Inhalte der MPBetreibV.

Tab. 83: Medizinprodukte-Betreiberverordnung (MPBetreibV)

Abschnitt	Inhalt
Anwendungsbereich und allgemeine Vorschriften	Anwendungsbereich; allgemeine Anforderungen; Meldung von Vorkommnissen; Instandhaltung; Qualitätssicherung in medizinischen Laboratorien
Spezielle Vorschriften für aktive Medizinprodukte	Betreiben und Anwenden; sicherheitstechnische Kontrollen; Medizinproduktebuch; Bestandsverzeichnis; Aufbewahrung der Gebrauchsanweisungen und der Medizinproduktebücher; Patienteninformation bei aktiven implantierbaren Medizinprodukten
Medizinprodukte mit Messfunktion	Messtechnische Kontrollen
Vorschriften für die Bundeswehr	Medizinprodukte der Bundeswehr
Ordnungswidrigkeiten	Ordnungswidrigkeiten
Übergangs- und Schlussbestimmungen	Übergangsbestimmungen; Sondervorschriften
Anlage 1 (zu § 5 Abs. 1 und Abs. 2, § 6 Abs. 1 und § 7 Abs. 1)	
Anlage 2 (zu § 11 Abs. 1)	

7.13.2 Allgemeine Anforderungen, Instandhaltung und Qualitätssicherung in medizinischen Laboratorien

Die MPBetreibV gilt nach § 1 MPBetreibV für das Errichten, Betreiben, Anwenden und Instandhalten von Medizinprodukten nach dem Medizinproduktegesetz mit Ausnahme der Medizinprodukte zur klinischen Prüfung oder zur Leistungsbewertungsprüfung. Sie gilt nicht für Medizinprodukte, die weder gewerblichen noch wirtschaftlichen Zwecken dienen und in deren Gefahrenbereich keine Arbeitnehmer beschäftigt sind.

Medizinprodukte dürfen gemäß § 2 MPBetreibV nur ihrer Zweckbestimmung entsprechend und nach den Vorschriften dieser Verordnung, den allgemein anerkannten Regeln der Technik sowie den Arbeitsschutz- und Unfallverhütungsvorschriften errichtet, betrieben, angewendet und in Stand gehalten werden.

Medizinprodukte dürfen nur von Personen errichtet, betrieben, angewendet und in Stand gehalten werden, die dafür die erforderliche Ausbildung oder Kenntnis und Erfahrung besitzen.

Miteinander verbundene Medizinprodukte sowie mit Zubehör einschließlich Software oder mit anderen Gegenständen verbundene Medizinprodukte dürfen nur betrieben und angewendet werden, wenn sie dazu unter Berücksichtigung der Zweckbestimmung und der Sicherheit der Patienten, Anwender, Beschäftigten oder Dritten geeignet sind.

Der Anwender hat sich vor der Anwendung eines Medizinproduktes von der Funktionsfähigkeit und dem ordnungsgemäßen Zustand des Medizinproduktes zu überzeugen und die Gebrauchsanweisung sowie die sonstigen beigefügten sicherheitsbezogenen Informationen und Instandhaltungshinweise zu beachten.

Die Meldepflichten und sonstigen Verpflichtungen für Betreiber und Anwender im Zusammenhang mit dem **Medizinprodukte-Beobachtungs- und -Meldesystem** ergeben sich nach § 3 MPBetreibV aus der Medizinprodukte-Sicherheitsplanverordnung.

Der Betreiber darf nach § 4 MPBetreibV nur Personen, Betriebe oder Einrichtungen mit der **Instandhaltung** (Wartung, Inspektion, Instandsetzung und Aufbereitung) von Medizinprodukten beauftragen, die die Sachkenntnis, Voraussetzungen und die erforderlichen Mittel zur ordnungsgemäßen Ausführung dieser Aufgabe besitzen.

Die Aufbereitung von bestimmungsgemäß keimarm oder steril zur Anwendung kommenden Medizinprodukten ist unter Berücksichtigung der Angaben des Herstellers mit geeigneten validierten Verfahren so durchzuführen, dass der Erfolg dieser Verfahren nachvollziehbar gewährleistet ist und die Sicherheit und Gesundheit von Patienten, Anwendern oder Dritten nicht gefährdet wird. Dies gilt auch für Medizinprodukte, die vor der erstmaligen Anwendung desinfiziert oder sterilisiert werden.

Nach Wartung oder Instandsetzung an Medizinprodukten müssen die für die Sicherheit und Funktionstüchtigkeit wesentlichen konstruktiven und funktionellen Merkmale geprüft werden, soweit sie durch die Instandhaltungsmaßnahmen beeinflusst werden können.

Wer Laboratoriumsmedizinische Untersuchungen durchführt, hat nach § 4a MPBetreibV ein **Qualitätssicherungssystem** nach dem allgemein anerkannten Stand der medizinischen Wissenschaft und Technik zur Aufrechterhaltung der erforderlichen Qualität, Sicherheit und Leistung bei der Anwendung von In-vitro-Diagnostika sowie zur Sicherstellung der Zuverlässigkeit der damit erzielten Ergebnisse einzurichten.

7.13.3 Aktive Medizinprodukte und messtechnische Kontrollen

Der Betreiber darf nach § 5 MPBetreibV ein in der Anlage 1 der MPBetreibV aufgeführtes Medizinprodukt nur betreiben, wenn zuvor der Hersteller oder eine dazu befugte Person, die im Einvernehmen mit dem Hersteller handelt,
- dieses Medizinprodukt am Betriebsort einer **Funktionsprüfung** unterzogen hat und
- die vom Betreiber beauftragte Person anhand der Gebrauchsanweisung sowie beigefügter sicherheitsbezogener Informationen und Instandhaltungshinweise in die sachgerechte Handhabung, Anwendung und den Betrieb des Medizinproduktes sowie in die zulässige Verbindung mit anderen Medizinprodukten, Gegenständen und Zubehör eingewiesen hat.

Eine Einweisung ist nicht erforderlich, sofern diese für ein baugleiches Medizinprodukt bereits erfolgt ist. Die Durchführung der Funktionsprüfung und die Einweisung der vom Betreiber beauftragten Person sind zu belegen.

Der Betreiber hat nach § 6 MPBetreibV bei Medizinprodukten, für die der Hersteller **Sicherheitstechnische Kontrollen** vorgeschrieben hat, diese nach den Angaben des Herstellers und den allgemein anerkannten Regeln der Technik sowie in den vom Hersteller angegebenen Fristen durchzuführen oder durchführen zu lassen. Über die sicherheitstechnische Kontrolle ist ein Protokoll anzufertigen, das das Datum der Durchführung und die Ergebnisse der sicherheitstechnischen Kontrolle unter Angabe der ermittelten Messwerte, der Messverfahren und sonstiger Beurteilungsergebnisse enthält.

Für die in den Anlagen 1 und 2 der MPBetreibV aufgeführten Medizinprodukte hat der Betreiber nach § 7 MPBetreibV ein **Medizinproduktebuch** zu führen. In das Medizinproduktebuch sind folgende Angaben zu dem jeweiligen Medizinprodukt einzutragen:
- Bezeichnung und sonstige Angaben zur Identifikation des Medizinproduktes,
- Beleg über Funktionsprüfung und Einweisung,
- Name des Beauftragten, Zeitpunkt der Einweisung sowie Namen der eingewiesenen Personen,
- Fristen und Datum der Durchführung sowie das Ergebnis von vorgeschriebenen sicherheits- und messtechnischen Kontrollen und Datum von Instandhaltungen sowie der Name der verantwortlichen Person oder der Firma, die diese Maßnahme durchgeführt hat,
- soweit mit Personen oder Institutionen Verträge zur Durchführung von sicherheits- oder messtechnischen Kontrollen oder Instandhaltungsmaßnahmen bestehen, deren Namen oder Firma sowie Anschrift,
- Datum, Art und Folgen von Funktionsstörungen und wiederholten gleichartigen Bedienungsfehlern,
- Meldungen von Vorkommnissen an Behörden und Hersteller.

Der Betreiber hat nach § 8 MPBetreibV für alle aktiven nichtimplantierbaren Medizinprodukte der jeweiligen Betriebsstätte ein **Bestandsverzeichnis** zu führen. In das Bestandsverzeichnis sind für jedes Medizinprodukt folgende Angaben einzutragen:

- Bezeichnung, Art und Typ, Loscode oder die Seriennummer, Anschaffungsjahr des Medizinproduktes,
- Name oder Firma und die Anschrift des für das jeweilige Medizinprodukt Verantwortlichen nach dem Medizinproduktegesetz,
- die der CE-Kennzeichnung hinzugefügte Kennnummer der Benannten Stelle, soweit diese nach den Vorschriften des Medizinproduktegesetzes angegeben ist,
- soweit vorhanden, betriebliche Identifikationsnummer,
- Standort und betriebliche Zuordnung,
- die vom Hersteller angegebene Frist für die sicherheitstechnische Kontrolle oder die vom Betreiber festgelegte Frist für die sicherheitstechnische Kontrolle.

Die **Gebrauchsanweisungen** und die dem Medizinprodukt beigefügten Hinweise sind nach § 9 MPBetreibV so aufzubewahren, dass die für die Anwendung des Medizinproduktes erforderlichen Angaben dem Anwender jederzeit zugänglich sind.

Die für die Implantation verantwortliche Person hat nach § 10 MPBetreibV dem Patienten, dem ein aktives Medizinprodukt implantiert wurde, nach Abschluss der Implantation eine schriftliche Information auszuhändigen, in der die für die Sicherheit des Patienten nach der Implantation notwendigen Verhaltensanweisungen in allgemein verständlicher Weise enthalten sind.

Der Betreiber hat nach § 11 MPBetreibV **Messtechnische Kontrollen**

- für die in der Anlage 2 aufgeführten Medizinprodukte,
- für die Medizinprodukte, die nicht in der Anlage 2 aufgeführt sind und für die jedoch der Hersteller solche Kontrollen vorgesehen hat,

auf der Grundlage der anerkannten Regeln der Technik durchzuführen oder durchführen zu lassen.

Durch die messtechnischen Kontrollen wird festgestellt, ob das Medizinprodukt die zulässigen maximalen Messabweichungen (Fehlergrenzen) einhält. Bei den messtechnischen Kontrollen werden die Fehlergrenzen zugrunde gelegt, die der Hersteller in seiner Gebrauchsanweisung angegeben hat. Enthält eine Gebrauchsanweisung keine Angaben über Fehlergrenzen, sind in harmonisierten Normen festgelegte Fehlergrenzen einzuhalten. Liegen dazu keine harmonisierten Normen vor, ist vom Stand der Technik auszugehen.

7.14 Medizinproduktegesetz (MPG)

7.14.1 Übersicht über die Regelungen des MPG

Zweck des Gesetzes über Medizinprodukte (Medizinproduktegesetz, MPG) in der Fassung der Bekanntmachung vom 7. August 2002 (BGBl I S. 3146), zuletzt durch Artikel 11 des Gesetzes vom 19. Oktober 2012 (BGBl I S. 2192) geändert, ist es nach § 1 MPG, den Verkehr mit Medizinprodukten zu regeln und dadurch für die Sicherheit, Eignung und Leistung der Medizinprodukte sowie die Gesundheit und den erforderlichen Schutz der Patienten, Anwender und Dritter zu sorgen.

Beispiel: Ein Medizinproduktevetrieb sucht neue Mitarbeiter. Nach § 31 MPG darf nur berufsmäßig Fachkreise fachlich informieren oder in die sachgerechte Handhabung der Medizinprodukte als Medizinprodukteberater einweisen, wer die für die jeweiligen Medizinprodukte erforderliche Sachkenntnis und Erfahrung für die Information und, soweit erforderlich, für die Einweisung in die Handhabung der jeweiligen Medizinprodukte besitzt.

Tabelle 84 gibt einen Überblick über die Inhalte des MPG.

Tab. 84: Medizinproduktegesetz (MPG)

Abschnitt	Inhalt
Zweck, Anwendungsbereich des Gesetzes, Begriffsbestimmungen	Zweck und Anwendungsbereich des Gesetzes; Begriffsbestimmungen
Anforderungen an Medizinprodukte und deren Betrieb	Verbote zum Schutz von Patienten, Anwendern und Dritten; Verantwortlicher für das erstmalige Inverkehrbringen; Voraussetzungen für das Inverkehrbringen und die Inbetriebnahme; grundlegende Anforderungen; harmonisierte Normen, gemeinsame technische Spezifikationen; CE-Kennzeichnung; Voraussetzungen für das erstmalige Inverkehrbringen und die Inbetriebnahme von Systemen und Behandlungseinheiten sowie für das Sterilisieren von Medizinprodukten; Sondervorschriften für das Inverkehrbringen und die Inbetriebnahme; Sonderanfertigungen, Medizinprodukte aus Eigenherstellung, Medizinprodukte zur klinischen Prüfung oder für Leistungsbewertungszwecke, Ausstellen; Klassifizierung von Medizinprodukten, Abgrenzung zu anderen Produkten; Errichten, Betreiben, Anwenden und Instandhalten von Medizinprodukten
Benannte Stellen und Bescheinigungen	Benennung und Überwachung der Stellen, Anerkennung und Beauftragung von Prüflaboratorien; Benennung und Überwachung von Konformitätsbewertungsstellen für Drittstaaten; Erlöschen, Rücknahme, Widerruf und Ruhen der Benennung; Geltungsdauer

Abschnitt	Inhalt
	von Bescheinigungen der Benannten Stellen; Einschränkung, Aussetzung und Zurückziehung von Bescheinigungen, Unterrichtungspflichten
Klinische Bewertung, Leistungsbewertung, klinische Prüfung, Leistungsbewertungsprüfung	Klinische Bewertung, Leistungsbewertung; allgemeine Voraussetzungen zur klinischen Prüfung; besondere Voraussetzungen zur klinischen Prüfung; Verfahren bei der Ethik-Kommission; Genehmigungsverfahren bei der Bundesoberbehörde; Rücknahme, Widerruf und Ruhen der Genehmigung oder der zustimmenden Bewertung; Änderungen nach Genehmigung von klinischen Prüfungen; Durchführung der klinischen Prüfung; Meldungen über Beendigung oder Abbruch von klinischen Prüfungen; Ausnahmen zur klinischen Prüfung; Leistungsbewertungsprüfung
Überwachung und Schutz vor Risiken	Allgemeine Anzeigepflicht; Durchführung der Überwachung; Verfahren bei unrechtmäßiger und unzulässiger Anbringung der CE-Kennzeichnung; Verfahren zum Schutze vor Risiken; Medizinprodukte-Beobachtungs- und -Meldesystem; Sicherheitsbeauftragter für Medizinprodukte; Medizinprodukteberater
Zuständige Behörden, Rechtsverordnungen, sonstige Bestimmungen	Aufgaben und Zuständigkeiten der Bundesoberbehörden im Medizinproduktebereich; datenbankgestütztes Informationssystem, Europäische Datenbank; Ausfuhr; Kosten; Zusammenarbeit der Behörden und Benannten Stellen im Europäischen Wirtschaftsraum und der Europäischen Kommission; Verordnungsermächtigungen; allgemeine Verwaltungsvorschriften
Sondervorschriften für den Bereich der Bundeswehr	Anwendung und Vollzug des Gesetzes; Ausnahmen
Straf- und Bußgeldvorschriften	Strafvorschriften; Bußgeldvorschriften; Einziehung
Übergangsbestimmungen	Übergangsbestimmungen

7.14.2 Anforderungen an Medizinprodukte und deren Betrieb

Das MPG gilt nach § 2 MPG für **Medizinprodukte** und deren Zubehör. Zubehör wird als eigenständiges Medizinprodukt behandelt. Das MPG gilt auch für das Anwenden, Betreiben und Instandhalten von Produkten, die nicht als Medizinprodukte in Verkehr gebracht wurden, aber mit der Zweckbestimmung eines Medizinproduktes im Sinne der Anlagen 1 und 2 der Medizinprodukte-Betreiberverordnung eingesetzt werden. Dieses Gesetz gilt auch für Produkte, die dazu bestimmt sind, Arzneimittel im Sinne des Arzneimittelgesetzes zu verabreichen.

Beispielsweise sind Medizinprodukte nach § 3 MPG unter anderem alle einzeln oder miteinander verbunden verwendeten Instrumente, Apparate, Vorrichtungen, Software, Stoffe und Zubereitun-

gen aus Stoffen oder andere Gegenstände einschließlich der vom Hersteller speziell zur Anwendung für diagnostische oder therapeutische Zwecke bestimmten und für ein einwandfreies Funktionieren des Medizinproduktes eingesetzten Software, die vom Hersteller zur Anwendung für Menschen mittels ihrer Funktionen zum Zwecke

- *der Erkennung, Verhütung, Überwachung, Behandlung oder Linderung von Krankheiten,*
- *der Erkennung, Überwachung, Behandlung, Linderung oder Kompensierung von Verletzungen oder Behinderungen,*
- *der Untersuchung, der Ersetzung oder der Veränderung des anatomischen Aufbaus oder eines physiologischen Vorgangs oder*
- *der Empfängnisregelung*

zu dienen bestimmt sind und deren bestimmungsgemäße Hauptwirkung im oder am menschlichen Körper weder durch pharmakologisch oder immunologisch wirkende Mittel noch durch Metabolismus erreicht wird, deren Wirkungsweise aber durch solche Mittel unterstützt werden kann.

Verantwortlicher für das erstmalige **Inverkehrbringen** von Medizinprodukten ist nach § 5 MPG der Hersteller oder sein Bevollmächtigter.

Medizinprodukte, mit Ausnahme von Sonderanfertigungen, Medizinprodukten aus Eigenherstellung, Medizinprodukten gemäß § 11 sowie Medizinprodukten, die zur klinischen Prüfung oder In-vitro-Diagnostika, die für Leistungsbewertungszwecke bestimmt sind, dürfen nach § 6 MPG in Deutschland nur in den Verkehr gebracht oder in Betrieb genommen werden, wenn sie mit einer **CE-Kennzeichnung** versehen sind.

Mit der CE-Kennzeichnung dürfen Medizinprodukte nur versehen werden, wenn die Grundlegenden Anforderungen, die auf sie unter Berücksichtigung ihrer Zweckbestimmung anwendbar sind, erfüllt sind und ein für das jeweilige Medizinprodukt vorgeschriebenes **Konformitätsbewertungsverfahren** durchgeführt worden ist.

Medizinprodukte, die eine CE-Kennzeichnung tragen und die entsprechend ihrer Zweckbestimmung innerhalb der vom Hersteller vorgesehenen Anwendungsbeschränkungen zusammengesetzt werden, um in Form eines Systems oder einer Behandlungseinheit erstmalig in den Verkehr gebracht zu werden, müssen nach § 10 MPG keinem Konformitätsbewertungsverfahren unterzogen werden.

Für Medizinprodukte mit Ausnahme der In-vitro-Diagnostika und der aktiven implantierbaren Medizinprodukte erfolgt nach § 13 MPG eine **Klassifizierung**.

Die Überwachung der **Benannten Stellen**, die an der Durchführung von Konformitätsbewertungsverfahren für Medizinprodukte, die ionisierende Strahlen erzeugen oder radioaktive Stoffe enthalten, beteiligt sind, wird nach § 15 MPG insoweit im Auftrag des Bundes durch die Länder ausgeführt.

Soweit die von einer Benannten Stelle im Rahmen eines Konformitätsbewertungsverfahrens erteilte **Bescheinigung** eine begrenzte Geltungsdauer hat, kann nach § 17 MPG die Geltungsdauer auf Antrag um jeweils höchstens fünf Jahre verlängert werden.

7.14.3 Klinische Bewertung und Prüfung, Schutz vor Risiken

Die Eignung von Medizinprodukten für den vorgesehenen Verwendungszweck ist nach § 19 MPG durch eine **Klinische Bewertung** anhand von klinischen Daten zu belegen, soweit nicht in begründeten Ausnahmefällen andere Daten ausreichend sind.

Die Eignung von In-vitro-Diagnostika für den vorgesehenen Verwendungszweck ist durch eine **Leistungsbewertung** anhand geeigneter Daten zu belegen.

Mit der **Klinischen Prüfung** eines Medizinproduktes darf nach § 20 MPG in Deutschland erst begonnen werden, wenn die zuständige Ethik-Kommission diese zustimmend bewertet und die zuständige Bundesoberbehörde diese genehmigt hat.

Betriebe und Einrichtungen mit Sitz in Deutschland, in denen Medizinprodukte hergestellt, klinisch geprüft, einer Leistungsbewertungsprüfung unterzogen, verpackt, ausgestellt, in den Verkehr gebracht, errichtet, betrieben, angewendet oder Medizinprodukte, die bestimmungsgemäß keimarm oder steril zur Anwendung kommen, aufbereitet werden, unterliegen nach § 26 MPG insoweit der **Überwachung** durch die zuständigen Behörden.

Die zuständige Behörde trifft nach § 28 MPG alle erforderlichen Maßnahmen zum Schutze der Gesundheit und zur Sicherheit von Patienten, Anwendern und Dritten vor Gefahren durch Medizinprodukte, soweit nicht das Atomgesetz oder eine darauf gestützte Rechtsverordnung für Medizinprodukte, die ionisierende Strahlen erzeugen oder radioaktive Stoffe enthalten, für die danach zuständige Behörde entsprechende Befugnisse vorsieht.

Die zuständige Bundesoberbehörde hat, soweit nicht eine oberste Bundesbehörde im Vollzug des Atomgesetzes oder der auf Grund dieses Gesetzes erlassenen Rechtsverordnungen zuständig ist, nach § 29 MPG zur Verhütung einer Gefährdung der Gesundheit oder der Sicherheit von Patienten, Anwendern oder Dritten die bei der Anwendung oder Verwendung von Medizinprodukten auftretenden Risiken, insbesondere Nebenwirkungen, wechselseitige Beeinflussung mit anderen Stoffen oder Produkten, Gegenanzeigen, Verfälschungen, Funktionsfehler, Fehlfunktionen und technische Mängel in einem **Medizinprodukte-Beobachtungs- und -Meldesystem** zentral zu erfassen, auszuwerten und zu bewerten. Sie hat die zu ergreifenden Maßnahmen zu koordinieren, insbesondere, soweit sie alle schwerwiegenden unerwünschten Ereignisse während klinischer Prüfungen oder Leistungsbewertungsprüfungen von In-vitro-Diagnostika oder folgende Vorkommnisse betreffen:

- jede Funktionsstörung, jeden Ausfall oder jede Änderung der Merkmale oder der Leistung eines Medizinproduktes sowie jede Unsachgemäßheit der Kennzeichnung oder Gebrauchsanweisung, die direkt oder indirekt zum Tod oder zu einer schwerwiegenden Verschlechterung des Gesundheitszustandes eines Patienten oder eines Anwenders oder einer anderen Person geführt haben oder hätten führen können,

– jeden Grund technischer oder medizinischer Art, der auf Grund der in Nummer 1 genannten Ursachen durch die Merkmale und die Leistungen eines Medizinproduktes bedingt ist und zum systematischen Rückruf von Medizinprodukten desselben Typs durch den Hersteller geführt hat.

Wer als Verantwortlicher seinen Sitz in Deutschland hat, hat gemäß § 30 MPG unverzüglich nach Aufnahme der Tätigkeit eine Person mit der zur Ausübung ihrer Tätigkeit erforderlichen Sachkenntnis und der erforderlichen Zuverlässigkeit als **Sicherheitsbeauftragten für Medizinprodukte** zu bestimmen.

Wer berufsmäßig Fachkreise fachlich informiert oder in die sachgerechte Handhabung der Medizinprodukte einweist (**Medizinprodukteberater**), darf nach § 31 MPG diese Tätigkeit nur ausüben, wenn er die für die jeweiligen Medizinprodukte erforderliche Sachkenntnis und Erfahrung für die Information und, soweit erforderlich, für die Einweisung in die Handhabung der jeweiligen Medizinprodukte besitzt.

Das Deutsche Institut für medizinische Dokumentation und Information richtet nach § 33 MPG ein **Informationssystem** über Medizinprodukte zur Unterstützung des Vollzugs dieses Gesetzes ein und stellt den für die Medizinprodukte zuständigen Behörden des Bundes und der Länder die hierfür erforderlichen Informationen zur Verfügung.

7.15 Verordnung über klinische Prüfungen von Medizinprodukten (MPKPV)

7.15.1 Übersicht über die Regelungen der MPKPV

Die Verordnung über klinische Prüfungen von Medizinprodukten (MPKPV) vom 10. Mai 2010 (BGBl I S. 555) enthält Regelungen zur Kennzeichnung, Antragstellung und Durchführung der klinischen Prüfung und Leistungsbewertungsprüfung, sowie zu Bewertungs- und Genehmigungsverfahren.

Beispiel: Ein medizintechnischer Ingenieur soll bei einer Leistungsbewertungsprüfung als Prüfer tätig sein. Nach § 9 MPKPV müssen Prüfer und Hauptprüfer entsprechend qualifizierte Ärzte oder Ärztinnen, bei für die Zahnheilkunde bestimmten Medizinprodukten entsprechend qualifizierte Zahnärzte oder Zahnärztinnen sein. Personen ohne ärztliche oder zahnärztliche Qualifikation dürfen als Prüfer oder Hauptprüfer tätig werden, sofern sie zur Ausübung eines Berufs berechtigt sind, der zu einer klinischen Prüfung oder Leistungsbewertungsprüfung qualifiziert.

Tabelle 85 gibt einen Überblick über die Inhalte der MPKPV.

Tab. 85: Verordnung über klinische Prüfungen von Medizinprodukten (MPKPV)

Fundstelle	Inhalt
§ 1	Anwendungsbereich
§ 2	Kennzeichnung
§ 3	Antragstellung
§ 4	Ergänzende Informationen der Genehmigungsbehörden
§ 5	Bewertungsverfahren
§ 6	Genehmigungsverfahren
§ 7	Verfahren bei klinischen Prüfungen und Leistungsbewertungsprüfungen von Medizinprodukten mit geringem Sicherheitsrisiko
§ 8	Änderungen
§ 9	Anforderungen an Prüfer
§ 10	Durchführung der klinischen Prüfung und Leistungsbewertungsprüfung
§ 11	Überwachung

7.15.2 Kennzeichnung, Antragstellung und Durchführung der klinischen Prüfung und Leistungsbewertungsprüfung

Die MPKPV gilt nach § 1 MPKPV für **Klinische Prüfungen** und genehmigungspflichtige **Leistungsbewertungsprüfungen** gemäß dem Medizinproduktegesetz, deren Ergebnisse verwendet werden sollen zu

- der Durchführung eines Konformitätsbewertungsverfahrens gemäß der Medizinprodukte-Verordnung,
- der Durchführung eines Konformitätsbewertungsverfahrens mit einem Medizinprodukt, das die CE-Kennzeichnung tragen darf, zur Erlangung einer neuen Zweckbestimmung, die über die der CE-Kennzeichnung zugrunde liegende Zweckbestimmung hinausgeht, oder
- der Gewinnung und Auswertung von Erfahrungen des Herstellers bezüglich der klinischen Sicherheit und Leistung eines Medizinproduktes, das die CE-Kennzeichnung tragen darf, sofern zusätzlich invasive oder andere belastende Untersuchungen durchgeführt werden.

Die **Kennzeichnung** von Medizinprodukten, die für klinische Prüfungen bestimmt sind, mit dem Hinweis „nur für klinische Prüfungen" und von Produkten für Leistungsbewertungszwecke mit dem Hinweis „nur für Leistungsbewertungszwecke", muss nach § 2 MPKPV den Schutz der Probanden, Anwender oder Dritter und die Rückverfolgbarkeit sicherstellen, die Identifizierung des einzelnen Medizinproduktes ermöglichen und eine ordnungsgemäße Anwendung des Medizinproduktes gewährleisten.

Der **Zulassungsantrag** nach dem Medizinproduktegesetz ist gemäß § 3 MPKPV im Wege der Datenübertragung über das zentrale Erfassungssystem des Deutschen Instituts für Medizinische Dokumentation und Information einzureichen. Ihm sind der vom Prüfer oder Hauptprüfer oder vom Leiter der klinischen Prüfung oder vom Leiter der Leistungsbewertungsprüfung sowie vom Sponsor oder seinem Vertreter unterzeichnete **Prüfplan** oder bei Leistungsbewertungsprüfungen der **Evaluierungsplan** sowie das Handbuch des klinischen Prüfers beizufügen.

Die zuständige Ethik-Kommission führt nach § 5 MPKPV das **Bewertungsverfahren** durch.

Die zuständige Bundesoberbehörde überprüft nach § 6 MPKPV im Rahmen des **Genehmigungsverfahrens**, ob die zu prüfenden Medizinprodukte ausreichend sicher sind und die klinische Prüfung so gestaltet ist, dass die etwaigen Restrisiken vertretbar sind.

Änderungen nach dem Medizinproduktegesetz sind gemäß § 8 MPKPV vom Sponsor über das zentrale Erfassungssystem beim Deutschen Institut für Medizinische Dokumentation und Information anzuzeigen.

Prüfer und Hauptprüfer müssen nach § 9 MPKPV entsprechend qualifizierte Ärzte oder Ärztinnen, bei für die Zahnheilkunde bestimmten Medizinprodukten entsprechend qualifizierte Zahnärzte oder Zahnärztinnen sein. Personen ohne ärztliche oder zahnärztliche Qualifikation dürfen als Prüfer oder Hauptprüfer tätig werden, sofern sie zur Ausübung eines Berufs berechtigt sind, der zu einer klinischen Prüfung oder Leistungsbewertungsprüfung qualifiziert.

Der **Sponsor** und der Prüfer stellen nach § 10 MPKPV sicher, dass die **Prüfungsdurchführung** der klinische Prüfung oder der Leistungsbewertungsprüfung in Übereinstimmung mit einem dem Stand der Wissenschaft und Technik entsprechenden, von der zuständigen Ethik-Kommission zustimmend bewerteten und, sofern keine Befreiung von der Genehmigungspflicht besteht, von der zuständigen Behörde genehmigten Prüf- oder Evaluierungsplan erfolgt. Der Sponsor und der Prüfer haben im Hinblick auf die Planung, Durchführung und Auswertung einer klinischen Prüfung oder Leistungsbewertungsprüfung sicherzustellen, dass die vollständige Nachvollziehbarkeit aller Beobachtungen und Befunde, die korrekte Erhebung und Verarbeitung der Daten und die korrekte Ableitung von Schlussfolgerungen gewährleistet sind. Der Sponsor hat durch geeignete Maßnahmen sicherzustellen, dass die Einhaltung des klinischen Prüf- oder Evaluierungsplans durch alle an der Prüfung Beteiligten regelmäßig und systematisch überprüft wird.

7.16 Verordnung über die Verschreibungspflicht von Medizinprodukten (MPVerschrV)

7.16.1 Übersicht über die Regelungen der MPVerschrV

Die Verordnung über die Verschreibungspflicht von Medizinprodukten (MPVerschrV) in der Fassung der Bekanntmachung vom 21. August 2002 (BGBl I S. 3393), durch Artikel 1a der Verordnung vom 23. Juni 2005 (BGBl I S. 1798) geändert, enthält Regelungen zur Verschreibungspflicht von Medizinprodukten, Verschreibungsinhalten und Ausnahmen von der Verschreibungspflicht.

Beispiel: Auf der Verschreibung fehlt die Mengenangabe. Damit gilt nach § 2 MPVerschrV die kleinste Packung als verschrieben.

Tabelle 86 gibt einen Überblick über die Inhalte der MPVerschrV.

Tab. 86: Verordnung über die Verschreibungspflicht von Medizinprodukten (MPVerschrV)

Fundstelle	Inhalt
§ 1	Verschreibungspflichtige Medizinprodukte
§ 2	Verschreibungsinhalte
§ 3	Wiederholte Abgabe
§ 4	Dringende Fälle
§ 5	Verschreibungen von Dentisten
§ 6	Ausnahmen
§ 7	Strafvorschrift
§ 8	Übergangsbestimmung
Anlage (zu § 1 Abs. 1 Nr. 1)	

7.16.2 Verschreibungspflichtige Medizinprodukte, Inhalte der Verschreibung und Ausnahmen

Medizinprodukte,
- die in der Anlage dieser Verordnung aufgeführt sind oder
- die Stoffe oder Zubereitungen aus Stoffen enthalten, die der Verschreibungspflicht nach der Verordnung über verschreibungspflichtige Arzneimittel unterliegen, oder auf die solche Stoffe aufgetragen sind,

dürfen als **Verschreibungspflichtige Medizinprodukte** nach § 1 MPVerschrV nur bei Vorliegen einer ärztlichen oder zahnärztlichen Verschreibung an andere Personen als Ärzte oder Zahnärzte abgegeben werden.

Die Verschreibung muss nach § 2 MPVerschrV enthalten
- Name, Berufsbezeichnung und Anschrift des verschreibenden Arztes, Zahnarztes oder Dentisten,
- Datum der Ausfertigung,
- Name der Person, für die das Medizinprodukt bestimmt ist,
- bei Sonderanfertigungen die spezifischen Auslegungsmerkmale, nach denen dieses Produkt eigens angefertigt werden soll,
- abzugebende Menge oder gegebenenfalls Maße des verschriebenen Medizinproduktes,
- bei Medizinprodukten, die in der Apotheke hergestellt werden sollen, eine Gebrauchsanweisung, soweit diese nach dem Medizinproduktegesetz vorgeschrieben ist,
- die eigenhändige Unterschrift der ärztlichen Person oder, bei Verschreibungen in elektronischer Form, deren qualifizierte elektronische Signatur nach dem Signaturgesetz.

Ist die Verschreibung für den Praxisbedarf eines Arztes, Zahnarztes, für ein Krankenhaus oder für Einrichtungen oder Teileinheiten von Einrichtungen des Rettungsdienstes bestimmt, so genügt ein entsprechender Vermerk.

Fehlt bei Medizinprodukten in abgabefertigen Packungen die Angabe der Menge oder gegebenenfalls der Maße des verschriebenen Medizinproduktes, so gilt die kleinste Packung als verschrieben.

Die wiederholte Abgabe eines verschreibungspflichtigen Medizinproduktes auf dieselbe Verschreibung über die verschriebene Menge hinaus ist nach § 3 MPVerschrV unzulässig.

Verschreibungspflichtige Medizinprodukte dürfen nach § 4 MPVerschrV ohne Vorliegen einer Verschreibung an Ärzte oder Zahnärzte oder in dringenden Fällen nach fernmündlicher Unterrichtung durch einen Arzt oder Zahnarzt auch an andere Personen abgegeben werden, wenn sich der Apotheker Gewissheit über die Person des Arztes oder Zahnarztes verschafft hat.

Von der Verschreibungspflicht sind nach § 6 MPVerschrV Medizinprodukte ausgenommen, soweit sie der Zweckbestimmung nach nur von einem Arzt oder Zahnarzt angewendet werden können.

7.17 Medizinprodukte-Sicherheitsplanverordnung (MPSV)

7.17.1 Übersicht über die Regelungen der MPSV

Die Verordnung über die Erfassung, Bewertung und Abwehr von Risiken bei Medizinprodukten (Medizinprodukte-Sicherheitsplanverordnung, MPSV) vom 24. Juni 2002 (BGBl I S. 2131), zuletzt durch Artikel 3 der Verordnung vom 10. Mai 2010 (BGBl I S. 555) geändert, regelt nach § 1 MPSV die Verfahren zur Erfassung, Bewertung und Abwehr von Risiken im Verkehr oder in Betrieb befindlicher Medizinprodukte.

Beispiel: Ein Verantwortlicher nach dem Medizinproduktegesetz meldet ein Vorkommnis 1 Woche nach dessen Eintritt. Gemäß § 5 MPSV hat er Vorkommnisse entsprechend der Eilbedürftigkeit der durchzuführenden Risikobewertung zu melden, spätestens jedoch innerhalb von 30 Tagen, nachdem er Kenntnis hiervon erhalten hat. Bei Gefahr im Verzug hat die Meldung unverzüglich zu erfolgen. Rückrufe sowie Vorkommnisse sind spätestens mit Beginn der Umsetzung der Maßnahmen zu melden.

Tabelle 87 gibt einen Überblick über die Inhalte der MPSV.

Tab. 87: Medizinprodukte-Sicherheitsplanverordnung (MPSV)

Abschnitt	Inhalt
Anwendungsbereich, Begriffsbestimmungen	Anwendungsbereich; Begriffsbestimmungen
Meldung von Vorkommnissen und Rückrufen	Meldepflichten; Ausnahmen von der Meldepflicht und besondere Verfahren; Fristen; Meldung durch Vertreiber; Modalitäten der Meldung
Risikobewertung durch die zuständige Bundesoberbehörde	Aufgaben der Behörde; Ziel und Inhalt der Risikobewertung; Verfahren der Risikobewertung; Befugnisse der Behörde Mitwirkungspflichten; Abschluss der Risikobewertung
Korrektive Maßnahmen	Eigenverantwortliche korrektive Maßnahmen des Verantwortlichen nach § 5 des Medizinproduktegesetzes; Eigenverantwortliche korrektive Maßnahmen des Sponsors von klinischen Prüfungen oder Leistungsbewertungsprüfungen; Maßnahmen der zuständigen Behörden; Verpflichtung zur Mitwirkung an den korrektiven Maßnahmen; Maßnahmen der zuständigen Behörden gegen Betreiber und Anwender; Notfallplanung der zuständigen Behörden
Unterrichtungspflichten und Informationsaustausch	Unterrichtung des Bundesministeriums für Gesundheit durch die zuständige Bundesbehörde; Informationsaustausch zwischen der zuständigen Bundesoberbehörde und den zuständigen Landesbehörden; europäischer und internationaler Informationsaustausch; Unterrichtung sonstiger Behörden, Organisationen und Stellen; wis-

Abschnitt	Inhalt
	senschaftliche Aufarbeitung der durchgeführten Risikobewertungen; Veröffentlichung von Informationen über das Internet
Anlage (zu § 16 Abs. 2 Satz 1)	

7.17.2 Verfahren zur Erfassung, Bewertung und Abwehr von Risiken bei Medizinprodukten

Der Verantwortliche nach dem Medizinproduktegesetz hat nach § 3 MPSV **Vorkommnisse**, die in Deutschland aufgetreten sind, sowie in Deutschland durchgeführte **Rückrufe** der zuständigen Bundesoberbehörde zu melden. In anderen Vertragsstaaten des Abkommens über den Europäischen Wirtschaftsraum aufgetretene Vorkommnisse und durchgeführte Rückrufe hat er den dort zuständigen Behörden zu melden. Rückrufe, die auf Grund von Vorkommnissen, die außerhalb des Europäischen Wirtschaftsraums aufgetreten sind, auch im Europäischen Wirtschaftsraum durchgeführt werden, sind meldepflichtig. Wer Medizinprodukte beruflich oder gewerblich betreibt oder anwendet, hat dabei aufgetretene Vorkommnisse der zuständigen Bundesoberbehörde zu melden.

Der Verantwortliche nach dem Medizinproduktegesetz hat gemäß § 5 MPSV Vorkommnisse entsprechend der **Eilbedürftigkeit** der durchzuführenden Risikobewertung zu melden, spätestens jedoch innerhalb von 30 Tagen, nachdem er Kenntnis hiervon erhalten hat. Bei **Gefahr im Verzug** hat die Meldung unverzüglich zu erfolgen. Rückrufe sowie Vorkommnisse sind spätestens mit Beginn der Umsetzung der Maßnahmen zu melden.

Die zuständige Bundesoberbehörde hat nach § 8 MPSV für alle ihr zu meldenden Vorkommnisse, Rückrufe und schwerwiegenden unerwünschten Ereignisse, die ihr bekannt werden, eine **Risikobewertung** vorzunehmen. Sie hat wissenschaftliche Untersuchungen durchzuführen oder durchführen zu lassen, um mögliche Risiken zu ermitteln. Ziel und Inhalt der Risikobewertung durch die zuständige Bundesoberbehörde nach § 9 MPSV ist es, festzustellen, ob ein unvertretbares Risiko vorliegt und welche korrektiven Maßnahmen geboten sind. Die Risikobewertung erfolgt nach § 10 MPSV in Zusammenarbeit mit dem Verantwortlichen nach dem Medizinproduktegesetz und, soweit erforderlich, mit den jeweils betroffenen Betreibern und Anwendern. Die Risikobewertung im Falle von klinischen Prüfungen oder Leistungsbewertungsprüfungen schließt die Zusammenarbeit mit dem Sponsor oder dem Leiter der klinischen Prüfung oder der Leistungsbewertungsprüfung ein.

Der Verantwortliche nach dem Medizinproduktegesetz hat nach § 14 MPSV die gebotenen **Korrektiven Maßnahmen** durchzuführen. Bei der Auswahl der Maßnahmen hat er die in den Grundlegenden Anforderungen der einschlägigen Richtlinien formulierten Grundsätze der integrierten Sicherheit anzuwenden. Er hat Vorkehrungen zu treffen, damit erforderlichenfalls der Rückruf von Medizinprodukten, von denen unvertretbare Risiken ausgehen, schnell und zuverlässig durchgeführt werden kann.

Soweit durch Maßnahmen eine ausreichende Risikominimierung nicht oder nicht hinreichend schnell erreicht wird oder erreicht werden kann, treffen nach § 17 MPSV die zuständigen Behörden die notwendigen Maßnahmen, um das Betreiben oder Anwenden der betroffenen Medizinprodukte zu untersagen oder einzuschränken.

Die zuständige Bundesoberbehörde informiert nach § 19 MPSV das Bundesministerium für Gesundheit unverzüglich über alle eingehenden Meldungen, die Vorkommnisse mit Todesfolge oder sonstige besonders bedeutsame Vorkommnisse betreffen. Darüber hinaus unterrichtet sie das Bundesministerium für Gesundheit über alle korrektiven Maßnahmen, die in Deutschland im Verkehr oder in Betrieb befindliche Produkte betreffen.

Die zuständige Bundesoberbehörde führt nach § 23 MPSV eine regelmäßige wissenschaftliche Aufarbeitung der durchgeführten Risikobewertungen durch und gibt die Ergebnisse bekannt.

7.18 Gesetz zum Schutz vor nichtionisierender Strahlung bei der Anwendung am Menschen (NiSG)

7.18.1 Übersicht über die Regelungen des NiSG

Das Gesetz zum Schutz vor nichtionisierender Strahlung bei der Anwendung am Menschen (NiSG) vom 29. Juli 2009 (BGBl I S. 2433), durch Artikel 5 des Gesetzes vom 8. April 2013 (BGBl I S. 734) geändert, regelt nach § 1 NiSG den Schutz und die Vorsorge im Hinblick auf schädliche Wirkungen nichtionisierender Strahlung, die durch die Anwendung nichtionisierender Strahlung am Menschen verursacht werden können.

Beispiel: Ein Praxisinhaber erhält eine Kostenrechnung, nachdem die zuständige Behörde die Nichteinhaltung von Grenzwerten bei einer älteren Anlage zur medizinischen Anwendung nichtionisierender Strahlung festgestellt hat. Nach § 7 NiSG sind die Kosten für Überwachungsmaßnahmen oder Anordnungen zu tragen, wenn die Überprüfung ergibt, dass die Grenzwerte oder sonstigen Anforderungen nicht eingehalten werden.

Tabelle 88 gibt einen Überblick über die Inhalte des NiSG.

Tab. 88: Gesetz zum Schutz vor nichtionisierender Strahlung bei der Anwendung am Menschen (NiSG)

Fundstelle	Inhalt
§ 1	Anwendungsbereich
§ 2	Schutz in der Medizin
§ 3	Schutz bei kosmetischen oder sonstigen Anwendungen
§ 4	Nutzungsverbot für Minderjährige
§ 5	Ermächtigung zum Erlass von Rechtsverordnungen
§ 6	Befugnisse der zuständigen Behörden
§ 6a	Bekanntgabe von Prüfstellen
§ 7	Kosten
§ 8	Bußgeldvorschriften

7.18.2 Schutz in der Medizin, bei sonstigen Anwendungen und Nutzungsverbote

Das NiSG gilt nach § 1 NiSG für
- den Betrieb von Anlagen zur medizinischen Anwendung **Nichtionisierender Strahlung** in der Heil- und Zahnheilkunde und
- für den Betrieb von Anlagen zur Anwendung nichtionisierender Strahlung außerhalb der Medizin, soweit die Anlagen gewerblichen Zwecken dienen oder im Rahmen wirtschaftlicher Unternehmungen Anwendung finden.

In Ausübung der Heil- oder Zahnheilkunde am Menschen dürfen nach § 2 NiSG beim Betrieb von Anlagen, die nichtionisierende Strahlung aussenden können, die für bestimmte Anwendungsarten festgelegten Werte nur dann überschritten werden, wenn eine berechtigte Person hierfür die rechtfertigende **Indikation** gestellt hat. Berechtigte Person ist,
- wer als Ärztin oder Arzt oder Zahnärztin oder Zahnarzt approbiert ist oder
- wer sonst zur Ausübung des ärztlichen oder zahnärztlichen Berufs berechtigt ist
- und über die erforderliche Fachkunde verfügt, um die Risiken der jeweiligen Anwendung nichtionisierender Strahlung für den Menschen beurteilen zu können.

Die rechtfertigende Indikation ist die Entscheidung, dass und in welcher Weise nichtionisierende Strahlung am Menschen in der Heil- oder Zahnheilkunde angewendet wird. Sie erfordert die Feststellung, dass der gesundheitliche Nutzen einer Anwendung nichtionisierender Strahlung am Menschen größer ist als ihr Risiko.

Anlagen, die nichtionisierende Strahlung aussenden können, dürfen nach § 3 NiSG zu **Kosmetischen Anwendungen** oder sonstigen Zwecken am Menschen außerhalb der Heil- oder Zahnheilkunde nur betrieben werden, wenn bei ihrem Betrieb die festgelegten Anforderungen eingehalten werden.

Die Benutzung von Anlagen zur Bestrahlung der Haut mit künstlicher ultravioletter Strahlung in Sonnenstudios, ähnlichen Einrichtungen oder sonst öffentlich zugänglichen Räumen darf nach § 4 NiSG **Minderjährigen** nicht gestattet werden.

Die zuständige Behörde kann nach § 6 NiSG zur **Überwachung** der Einhaltung der Vorschriften dieses Gesetzes und der Rechtsverordnungen Anlagen oder deren Betrieb überprüfen. Kommt die Betreiberin oder der Betreiber einer Anlage einer vollziehbaren behördlichen Anordnung nicht nach, so kann die zuständige Behörde den Betrieb der Anlage ganz oder teilweise untersagen, bis die Anordnung erfüllt ist.

Die Person, die eine Anlage nach den Vorschriften dieses Gesetzes betreibt, hat nach § 7 NiSG die Kosten für Überwachungsmaßnahmen oder Anordnungen zu tragen, wenn die Überprüfung der Anlage durch die zuständige Behörde oder einen von dieser beauftragten Dritten ergibt, dass die Grenzwerte oder sonstigen Anforderungen die in diesem Gesetz oder in einer Rechtsverordnung festgelegt wurden, nicht eingehalten werden.

7.19 Röntgenverordnung (RöV)

7.19.1 Übersicht über die Regelungen der RöV

Die Verordnung über den Schutz vor Schäden durch Röntgenstrahlen (Röntgenverordnung, RöV) in der Fassung der Bekanntmachung vom 30. April 2003 (BGBl I S. 604), durch Artikel 2 der Verordnung vom 4. Oktober 2011 (BGBl I S. 2000) geändert, enthält Strahlenschutzgrundsätze, Überwachungs- und Betriebsvorschriften sowie Regelungen zu außergewöhnliche Ereignisabläufen oder Betriebszuständen bei der Anwendung von Röntgenstrahlung.

Beispiel:. Für die Röntgenbehandlung eines Patienten wird ein Behandlungsplan angelegt. Nach § 27 RöV muss er alle erforderlichen Daten der Röntgenbehandlung enthalten, insbesondere die Dauer und Zeitfolge der Bestrahlungen, die Oberflächendosis und die Dosis im Zielvolumen, die Lokalisation und die Abgrenzung des Bestrahlungsfeldes, die Einstrahlrichtung, die Filterung, der Röntgenröhrenstrom, die Röntgenröhrenspannung und der Brennfleck-Haut-Abstand sowie die Festlegung des Schutzes gegen Streustrahlung.

Tabelle 89 gibt einen Überblick über die Inhalte der RöV.

Tab. 89: Röntgenverordnung (RöV)

Abschnitt	Unter-abschnitt	Inhalt
1	Allgemeine Vorschriften	
1a	Strahlenschutzgrundsätze	
2	Überwachungsvorschriften	
	1	Betrieb von Röntgeneinrichtungen und Störstrahlern
	2	Sonstige Tätigkeiten im Zusammenhang mit Röntgeneinrichtungen und Störstrahlern
	3	Bauartzulassung
3	Vorschriften für den Betrieb	
	1	Allgemeine Vorschriften
	2	Anwendung von Röntgenstrahlen am Menschen
	2a	Medizinische Forschung
	3	Anwendung von Röntgenstrahlung in der Tierheilkunde oder in sonstigen Fällen
	4	Vorschriften über die Strahlenexposition
4	Arbeitsmedizinische Vorsorge	
5	Außergewöhnliche Ereignisabläufe oder Betriebszustände	
6	Formvorschriften	
7	Ordnungswidrigkeiten	
8	Schlussvorschriften	
Anlage 1 (zu § 8 Abs. 1 Satz 1) Vorschriften über die Bauart von Röntgenstrahlern, die zur Anwendung von Röntgenstrahlung am Tier bestimmt sind (Röntgenstrahler in Röntgeneinrichtungen für tiermedizinische Zwecke, soweit sie nicht nach den Vorschriften des Medizinproduktegesetzes erstmalig in Verkehr gebracht sind)		
Anlage 2 (zu § 8 Abs. 1 Satz 1) Vorschriften über die Bauart von Röntgenstrahlern und Röntgeneinrichtungen, die zur Anwendung in den in § 30 bezeichneten Fällen bestimmt sind (Röntgeneinrichtungen für nichtmedizinische Zwecke), und von Störstrahlern (§ 5 Abs. 3)		
Anlage 3 (zu § 31a) Gewebe-Wichtungsfaktoren		
Anlage 4 (zu § 38 Abs. 1 Satz 3) Ärztliche Bescheinigung nach § 38 der Röntgenverordnung		
Anlage 5 (zu § 2a Absatz 3)		

7.19.2 Strahlenschutzgrundsätze und Überwachungsvorschriften

Die RöV gilt nach § 1 RöV für Röntgeneinrichtungen und Störstrahler, in denen **Röntgenstrahlung** mit einer Grenzenergie von mindestens fünf Kiloelektronvolt durch beschleunigte Elektronen erzeugt werden kann und bei denen die Beschleunigung der Elektronen auf eine Energie von einem Megaelektronvolt begrenzt ist.

Medizinische **Strahlenexpositionen** im Rahmen der Heilkunde, Zahnheilkunde oder der medizinischen Forschung müssen nach § 2a RöV einen hinreichenden Nutzen erbringen, wobei ihr Gesamtpotenzial an diagnostischem oder therapeutischem Nutzen einschließlich des unmittelbaren gesundheitlichen Nutzens für den Einzelnen und des Nutzens für die Gesellschaft abzuwägen ist gegenüber der von der Strahlenexposition möglicherweise verursachten Schädigung des Einzelnen.

Wer eine Tätigkeit nach dieser Verordnung plant, ausübt oder ausüben lässt, ist nach § 2c RöV verpflichtet, jede unnötige Strahlenexposition von Mensch und Umwelt zu vermeiden. Wer eine Tätigkeit nach dieser Verordnung plant, ausübt oder ausüben lässt, ist verpflichtet, jede Strahlenexposition von Mensch und Umwelt unter Beachtung des Standes der Technik und unter Berücksichtigung aller Umstände des Einzelfalles auch unterhalb der Grenzwerte so gering wie möglich zu halten.

Wer eine Tätigkeit nach dieser Verordnung plant, ausübt oder ausüben lässt, ist nach § 2b RöV verpflichtet, dafür zu sorgen, dass die **Dosisgrenzwerte** dieser Verordnung nicht überschritten werden.

Wer eine **Röntgeneinrichtung** betreibt oder deren Betrieb wesentlich verändert, bedarf nach § 3 RöV der Genehmigung.

Beispielsweise bedarf einer Genehmigung nach § 4 RöV nicht, wer eine Röntgeneinrichtung betreibt,

- *deren Röntgenstrahler bauartzugelassen ist,*
- *deren Herstellung und erstmaliges In-Verkehr-Bringen unter den Anwendungsbereich des Medizinproduktegesetzes fällt oder*
- *die in Verkehr gebracht worden ist und außerhalb der Heilkunde oder Zahnheilkunde eingesetzt wird,*

wenn er die Inbetriebnahme der zuständigen Behörde spätestens zwei Wochen vorher anzeigt.

Soweit dies für den sicheren Betrieb notwendig ist, hat der **Strahlenschutzverantwortliche** nach § 13 RöV für die Leitung oder Beaufsichtigung dieses Betriebes die erforderliche Anzahl von **Strahlenschutzbeauftragten** schriftlich zu bestellen.

Der Strahlenschutzverantwortliche hat nach § 15 RöV unter Beachtung des Standes der Technik zum Schutz des Menschen und der Umwelt vor den schädlichen Wirkungen von Röntgenstrahlung durch geeignete Schutzmaßnahmen, insbesondere durch Bereitstellung geeigneter Räume, Schutzvorrichtungen, Geräte und Schutzausrüstungen für Personen, durch geeignete Regelung des Betriebsablaufs und durch Bereitstellung ausreichenden und geeigneten Personals, erforderlichenfalls durch Außerbetriebsetzung, unter anderem dafür zu sorgen, dass jede unnötige Strahlenexposition von Menschen vermieden wird und jede Strahlenexposition von Menschen unter Berücksichtigung aller Umstände des Einzelfalles auch unterhalb der festgesetzten Grenzwerte so gering wie möglich gehalten wird.

Die zuständige Behörde kann den Strahlenschutzverantwortlichen nach § 15a RöV verpflichten, eine **Strahlenschutzanweisung** zu erlassen, in der die in dem Betrieb zu beachtenden Strahlenschutzmaßnahmen aufzuführen sind.

7.19.3 Betriebsvorschriften und außergewöhnliche Ereignisse

Als eine Grundlage für die Qualitätssicherung bei der Durchführung von **Röntgenuntersuchungen** in der Heilkunde oder Zahnheilkunde erstellt und veröffentlicht das Bundesamt für Strahlenschutz nach § 16 RöV diagnostische Referenzwerte. Die veröffentlichten diagnostischen Referenzwerte sind bei der Untersuchung von Menschen zu Grunde zu legen.

Es ist dafür zu sorgen, dass bei Röntgeneinrichtungen zur Untersuchung von Menschen vor der Inbetriebnahme eine **Abnahmeprüfung** durch den Hersteller oder Lieferanten durchgeführt wird, durch die festgestellt wird, dass die erforderliche Bildqualität mit möglichst geringer Strahlenexposition erreicht wird. Nach jeder Änderung der Einrichtung oder ihres Betriebes, welche die Bildqualität oder die Höhe der Strahlenexposition beeinflussen kann, ist dafür zu sorgen, dass eine Abnahmeprüfung durch den Hersteller oder Lieferanten durchgeführt wird, die sich auf die Änderung und deren Auswirkungen beschränkt.

In regelmäßigen Zeitabständen, mindestens jedoch monatlich, ist eine **Konstanzprüfung** durchzuführen, durch die ohne mechanische oder elektrische Eingriffe festzustellen ist, ob die Bildqualität und die Höhe der Strahlenexposition den Angaben in der letzten Aufzeichnung noch entsprechen.

Nach § 18 RöV ist unter anderem dafür zu sorgen, dass

- die beim Betrieb einer Röntgeneinrichtung beschäftigten Personen anhand einer deutschsprachigen Gebrauchsanweisung durch eine entsprechend qualifizierte Person in die sachgerechte Handhabung eingewiesen werden und über die Einweisung unverzüglich Aufzeichnungen angefertigt werden,
- eine Ausfertigung des Genehmigungsbescheides oder, sofern eine Bauartzulassung erteilt ist, ein Abdruck des Zulassungsscheins und der Betriebsanleitung aufbewahrt wird,
- die Gebrauchsanweisung und die Bescheinigung, der letzte Prüfbericht und gegebenenfalls die Bescheinigungen über **Sachverständigenprüfungen** nach wesentlichen Änderungen des Betriebes der Röntgeneinrichtung bereitgehalten werden,
- der Text dieser Verordnung zur Einsicht ständig verfügbar gehalten wird,
- eine Röntgeneinrichtung in Zeitabständen von längstens fünf Jahren durch einen Sachverständigen nach dem Stand der Technik insbesondere auf sicherheitstechnische Funktion, Sicherheit und Strahlenschutz überprüft und eine Durchschrift des dabei anzufertigenden Prüfberichts den zuständigen Stellen unverzüglich übersandt wird und

– bei einer Röntgeneinrichtung zur Anwendung von Röntgenstrahlung am Menschen ein aktuelles Bestandsverzeichnis geführt und der zuständigen Behörde auf Verlangen vorgelegt wird.

Bei genehmigungs- und anzeigebedürftigen Tätigkeiten nach der RöV sind gemäß § 19 RöV **Strahlenschutzbereiche** einzurichten. Je nach Höhe der Strahlenexposition wird zwischen Überwachungsbereichen und Kontrollbereichen unterschieden.

Kontrollbereiche sind abzugrenzen und während der Einschaltzeit zu kennzeichnen. Die Kennzeichnung muss deutlich sichtbar mindestens die Worte „Kein Zutritt – Röntgen" enthalten; sie muss auch während der Betriebsbereitschaft vorhanden sein.

Eine Röntgeneinrichtung darf nach § 20 RöV nur in einem allseitig umschlossenen **Röntgenraum** betrieben werden, der in der Genehmigung oder in der Bescheinigung des Sachverständigen bezeichnet ist. Abweichend davon darf eine Röntgeneinrichtung zur Untersuchung außerhalb des Röntgenraumes betrieben werden, wenn der Zustand der zu untersuchenden Person oder des zu untersuchenden Tieres oder dessen Größe dies zwingend erfordert. Dabei sind besondere Vorkehrungen zum Schutz Dritter vor Röntgenstrahlung zu treffen.

Der Schutz beruflich strahlenexponierter Personen vor Strahlung ist nach § 21 RöV vorrangig durch bauliche und technische Vorrichtungen oder durch geeignete Arbeitsverfahren sicherzustellen. Bei Personen, die sich im Kontrollbereich aufhalten, ist sicherzustellen, dass sie die erforderliche Schutzkleidung tragen und die erforderlichen Schutzausrüstungen verwenden.

Röntgenstrahlung darf nach § 23 RöV unmittelbar am Menschen in Ausübung der Heilkunde oder Zahnheilkunde nur angewendet werden, wenn eine berechtigte Person hierfür die rechtfertigende **Indikation** gestellt hat.

In der Heilkunde oder Zahnheilkunde darf Röntgenstrahlung am Menschen nach § 24 RöV nur angewendet werden von

– Personen, die als Ärzte approbiert sind oder denen die Ausübung des ärztlichen Berufs erlaubt ist und die für das Gesamtgebiet der Röntgenuntersuchung oder Röntgenbehandlung die erforderliche Fachkunde im Strahlenschutz besitzen,
– Personen, die als Ärzte oder Zahnärzte approbiert sind oder denen die Ausübung des ärztlichen oder zahnärztlichen Berufs erlaubt ist und die für das Teilgebiet der Anwendung von Röntgenstrahlung, in dem sie tätig sind, die erforderliche Fachkunde im Strahlenschutz besitzen,
– Personen, die als Ärzte oder Zahnärzte approbiert sind oder zur Ausübung des ärztlichen oder zahnärztlichen Berufs berechtigt sind und nicht über die erforderliche Fachkunde im Strahlenschutz verfügen, wenn sie unter ständiger Aufsicht und Verantwortung einer Person berechtigten tätig sind und über die erforderlichen Kenntnisse im Strahlenschutz verfügen.

Bei der **Röntgendurchleuchtung** von Menschen ist nach § 26 RöV zur Gewährleistung des Standes der Technik zumindest eine Einrichtung zur elektronischen Bildverstärkung mit Fernsehkette und automatischer Dosisleistungsregelung oder eine andere, mindestens gleichwertige Einrichtung zu verwenden. Der Röntgenstrahler darf nur während der Durchleuchtung oder zum Anfertigen einer Aufnahme eingeschaltet sein.

Vor der **Röntgenbehandlung** muss nach § 27 RöV von einer berechtigten Person und, soweit es die Art der Behandlung erfordert, einem Medizinphysik-Experten ein auf den Patienten bezogener **Bestrahlungsplan** einschließlich der Bestrahlungsbedingungen schriftlich festgelegt werden. Aus dem Bestrahlungsplan müssen alle erforderlichen Daten der Röntgenbehandlung zu ersehen sein, insbesondere die Dauer und Zeitfolge der Bestrahlungen, die Oberflächendosis und die Dosis im Zielvolumen, die Lokalisation und die Abgrenzung des Bestrahlungsfeldes, die Einstrahlrichtung, die Filterung, der Röntgenröhrenstrom, die Röntgenröhrenspannung und der Brennfleck-Haut-Abstand sowie die Festlegung des Schutzes gegen Streustrahlung.

Bei Röntgenuntersuchungen sind nach § 28 RöV **Röntgenpässe** bereitzuhalten und der untersuchten Person anzubieten.

Wer zum Zweck der medizinischen Forschung Röntgenstrahlung am Menschen anwendet, bedarf nach § 28a RöV der Genehmigung.

Personen, die einer beruflichen **Strahlenexposition** durch Tätigkeiten nach dieser Verordnung ausgesetzt sind, sind gemäß § 31 RöV zum Zweck der Kontrolle und arbeitsmedizinischen Vorsorge folgenden Kategorien zugeordnet:

- Kategorie A: Personen, die einer beruflichen Strahlenexposition ausgesetzt sind, die im Kalenderjahr zu einer effektiven Dosis von mehr als 6 Millisievert oder einer höheren Organdosis als 45 Millisievert für die Augenlinse oder 150 Millisievert für die Haut, die Hände, die Unterarme, die Füße und Knöchel führen kann.
- Kategorie B: Personen, die einer beruflichen Strahlenexposition ausgesetzt sind, die im Kalenderjahr zu einer effektiven Dosis von mehr als 1 Millisievert oder einer höheren Organdosis als 15 Millisievert für die Augenlinse oder 50 Millisievert für die Haut, die Hände, die Unterarme, die Füße und Knöchel führen kann, ohne in die Kategorie A zu fallen.

Für beruflich strahlenexponierte Personen enthält § 31a RöV **Dosisgrenzwerte**.

Die **Berufslebensdosis** als Summe der in allen Kalenderjahren ermittelten effektiven Dosen beruflich strahlenexponierter Personen darf nach § 31b RöV den Grenzwert von 400 Millisievert nicht überschreiten.

Eine beruflich strahlenexponierte Person der Kategorie A darf nach § 37 RöV im Kontrollbereich Aufgaben nur wahrnehmen, wenn sie innerhalb eines Jahres vor Beginn der Aufgabenwahrnehmung von einem Arzt arbeitsmedizinisch untersucht worden ist und dem Strahlenschutzverantwortlichen eine von diesem Arzt ausgestellte Bescheinigung vorliegt, nach der der Aufgabenwahrnehmung keine gesundheitlichen Bedenken entgegenstehen.

Außergewöhnliche Ereignisabläufe oder Betriebszustände beim Betrieb einer Röntgeneinrichtung oder eines Störstrahlers sind nach § 42 RöV der zuständigen Behörde unverzüglich zu melden, wenn
- zu besorgen ist, dass eine Person eine Strahlenexposition erhalten haben kann, die die Grenzwerte der Körperdosis übersteigt oder
- sie von erheblicher sicherheitstechnischer Bedeutung sind.

7.20 Transfusionsgesetz (TFG)

7.20.1 Übersicht über die Regelungen des TFG

Der Zweck des Gesetzes zur Regelung des Transfusionswesens (Transfusionsgesetz, TFG) in der Fassung der Bekanntmachung vom 28. August 2007 (BGBl I S. 2169), durch Artikel 12 des Gesetzes vom 17. Juli 2009 (BGBl I S. 1990) geändert, ist es nach § 1 TFG zur Gewinnung von Blut und Blutbestandteilen von Menschen und zur Anwendung von Blutprodukten für eine sichere Gewinnung von Blut und Blutbestandteilen und für eine gesicherte und sichere Versorgung der Bevölkerung mit Blutprodukten zu sorgen und deshalb die Selbstversorgung mit Blut und Plasma auf der Basis der freiwilligen und unentgeltlichen Blutspende zu fördern.

Beispiel: Bei einer Blutspende werden Hepatitis-Viren festgestellt. Nach § 19 TFG ist die entnommene Spende auszusondern und dem Verbleib vorangegangener Spenden nachzugehen.

Tabelle 90 gibt einen Überblick über die Inhalte des TFG.

Tab. 90: Transfusionsgesetz (TFG)

Abschnitt	Inhalt
Zweck des Gesetzes, Begriffsbestimmungen	Zweck des Gesetzes; Begriffsbestimmungen
Gewinnung von Blut und Blutbestandteilen	Versorgungsauftrag; Anforderungen an die Spendeeinrichtungen; Auswahl der spendenden Personen; Aufklärung, Einwilligung; Anforderungen zur Entnahme der Spende; Spenderimmunisierung; Blutstammzellen und andere Blutbestandteile; Aufwandsentschädigung; Spenderdokumentation, Datenschutz; Blutdepots; Verordnungsermächtigung; Richtlinien zum Stand der Erkenntnisse der medizinischen Wissenschaft und Technik zur Gewinnung von Blut und Blutbestandteilen

Abschnitt	Inhalt
Anwendung von Blutprodukten	Anforderungen an die Durchführung; Dokumentation, Datenschutz; Qualitätssicherung; Unterrichtungspflichten; nicht angewendete Blutprodukte; Stand der medizinischen Wissenschaft und Technik zur Anwendung von Blutprodukten
Rückverfolgung	Verfahren; Verordnungsermächtigung
Meldewesen	Koordiniertes Meldewesen; epidemiologische Daten; Verordnungsermächtigung
Sachverständige	Arbeitskreis Blut
Pflichten der Behörden	Mitteilungspflichten der Behörden
Sondervorschriften	Bundeswehr
Bestimmung der zuständigen Bundesoberbehörden und sonstige Bestimmungen	Zuständige Bundesoberbehörden; Ausnahmen vom Anwendungsbereich; Verhältnis zu anderen Rechtsbereichen; Angleichung an Gemeinschaftsrecht
Straf- und Bußgeldvorschriften	Strafvorschriften; Bußgeldvorschriften
Übergangsvorschriften	
Schlussvorschriften	Rückkehr zum einheitlichen Verordnungsrang; Inkrafttreten

7.20.2 Gewinnung von Blut und Blutbestandteilen

Die **Spendeeinrichtungen** haben nach § 3 TFG die Aufgabe, Blut und Blutbestandteile zur Versorgung der Bevölkerung mit Blutprodukten zu gewinnen. Sie unterstützen sich gegenseitig, insbesondere im Falle des Auftretens von Versorgungsengpässen.

Eine Spendeeinrichtung darf nach § 4 TFG nur betrieben werden, wenn

- eine ausreichende personelle, bauliche, räumliche und technische Ausstattung vorhanden ist,
- die Spendeeinrichtung oder der Träger von Spendeeinrichtungen eine leitende ärztliche Person bestellt hat, die die erforderliche Sachkunde nach dem Stand der medizinischen Wissenschaft besitzt, und
- bei der Durchführung der Spendeentnahmen von einem Menschen eine ärztliche Person vorhanden ist.

Es dürfen nach § 5 TFG nur Personen zur **Spendeentnahme** zugelassen werden, die unter der Verantwortung einer ärztlichen Person nach dem Stand der medizinischen Wissenschaft und Technik für tauglich befunden worden sind und die Tauglichkeit durch eine ärztliche Person festgestellt worden ist. Die Zulassung zur Spendeentnahme soll nicht erfolgen, soweit und solange die spendewillige Person nach Richtlinien der Bundesärztekammer von der Spendeentnahme auszuschließen oder zurückzustellen ist. Bei der Gewinnung von Eigenblut, Blut zur Stammzellseparation und Plasma zur Fraktionierung ist die Tauglichkeit der spendenden Personen auch nach den Besonderheiten dieser Blutprodukte zu beurteilen.

Eine Spendeentnahme darf nach § 6 TFG nur durchgeführt werden, wenn die spendende Person vorher in einer für sie verständlichen Form über Wesen, Bedeutung und Durchführung der Spendeentnahme und der Untersuchungen sachkundig aufgeklärt worden ist und in die Spendeentnahme und die Untersuchungen eingewilligt hat. Aufklärung und Einwilligung sind von der spendenden Person schriftlich zu bestätigen. Sie muss mit der Einwilligung gleichzeitig erklären, dass die Spende verwendbar ist, sofern sie nicht vom vertraulichen Selbstausschluss Gebrauch macht.

Die Entnahme der Spende darf nach § 7 TFG nur durch eine ärztliche Person oder durch anderes qualifiziertes Personal unter der Verantwortung einer ärztlichen Person erfolgen.

Eine für die Gewinnung von Plasma zur Herstellung von speziellen Immunglobulinen erforderliche **Spenderimmunisierung** darf nach § 8 TFG nur durchgeführt werden, wenn und solange sie im Interesse einer ausreichenden Versorgung der Bevölkerung mit diesen Arzneimitteln geboten ist. Sie ist nach dem Stand der medizinischen Wissenschaft und Technik durchzuführen.

Die für die **Separation** von Blutstammzellen und anderen Blutbestandteilen erforderliche Vorbehandlung der spendenden Personen ist gemäß § 9 TFG nach dem Stand der medizinischen Wissenschaft durchzuführen.

Die Spendeentnahme soll unentgeltlich erfolgen. Der spendenden Person kann nach § 10 TFG eine **Aufwandsentschädigung** gewährt werden, die sich an dem unmittelbaren Aufwand je nach Spendeart orientieren soll.

Jede Spendeentnahme und die damit verbundenen Maßnahmen sind nach § 11 TFG unbeschadet ärztlicher Dokumentationspflichten für die in diesem Gesetz geregelten Zwecke, für Zwecke der ärztlichen Behandlung der spendenden Person und für Zwecke der Risikoerfassung nach dem Arzneimittelgesetz zu protokollieren.

7.20.3 Anwendung von Blutprodukten, Rückverfolgung und Meldewesen

Blutprodukte sind gemäß § 13 TFG nach dem Stand der medizinischen Wissenschaft und Technik anzuwenden. Es müssen die Anforderungen an die Identitätssicherung, die vorbereitenden Untersuchungen, einschließlich der vorgesehenen Testung auf Infektionsmarker und die Rückstellproben, die Technik der Anwendung sowie die Aufklärung und Einwilligung beachtet werden. Ärztliche Personen, die im Zusammenhang mit der Anwendung von Blutprodukten Laboruntersuchungen durchführen oder anfordern, müssen für diese Tätigkeiten besonders sachkundig sein. Die Anwendung von Eigenblut richtet sich auch nach den Besonderheiten dieser Blutprodukte. Die zu behandelnden Personen sind, soweit es nach dem Stand der medizinischen Wissenschaft vorgesehen ist, über die Möglichkeit der Anwendung von Eigenblut aufzuklären.

Die behandelnde ärztliche Person hat nach § 14 TFG jede Anwendung von Blutprodukten und von gentechnisch hergestellten Plasmaproteinen zur Behandlung von Hämostasestörungen für die in diesem Gesetz geregelten Zwecke, für Zwecke der ärztlichen Behandlung der von der Anwendung betroffenen Personen und für Zwecke der Risikoerfassung nach dem Arzneimittelgesetz zu dokumentieren oder dokumentieren zu lassen. Die Dokumentation hat die Aufklärung und die Einwilligungserklärungen, das Ergebnis der Blutgruppenbestimmung, soweit die Blutprodukte blutgruppenspezifisch angewendet werden, die durchgeführten Untersuchungen sowie die Darstellung von Wirkungen und unerwünschten Ereignissen zu umfassen.

Einrichtungen der Krankenversorgung, die Blutprodukte anwenden, haben nach § 15 TFG ein System der **Qualitätssicherung** für die Anwendung von Blutprodukten nach dem Stand der medizinischen Wissenschaft und Technik einzurichten. Sie haben eine ärztliche Person zu bestellen, die für die transfusionsmedizinischen Aufgaben verantwortlich und mit den dafür erforderlichen Kompetenzen ausgestattet ist (**Transfusionsverantwortliche Person**). Sie haben zusätzlich für jede Behandlungseinheit, in der Blutprodukte angewendet werden, eine ärztliche Person zu bestellen, die in der Krankenversorgung tätig ist und über transfusionsmedizinische Grundkenntnisse und Erfahrungen verfügt (**Transfusionsbeauftragte Person**). Hat die Einrichtung der Krankenversorgung eine Spendeeinrichtung oder ein Institut für Transfusionsmedizin oder handelt es sich um eine Einrichtung der Krankenversorgung mit Akutversorgung, so ist zusätzlich eine Kommission für transfusionsmedizinische Angelegenheiten (**Transfusionskommission**) zu bilden.

Im Falle des Verdachts der unerwünschten Reaktion oder Nebenwirkung eines Blutproduktes ist nach § 16 TFG unverzüglich der pharmazeutische Unternehmer und im Falle des Verdachts einer schwerwiegenden unerwünschten Reaktion oder Nebenwirkung eines Blutproduktes und eines Plasmaproteinpräparates zusätzlich die zuständige Bundesoberbehörde zu unterrichten.

Nicht angewendete Blutprodukte sind nach § 17 TFG innerhalb der Einrichtungen der Krankenversorgung sachgerecht zu lagern, zu transportieren, abzugeben oder zu entsorgen. Transport und Abgabe von Blutprodukten aus zellulären Blutbestandteilen und Frischplasma dürfen nur nach einem im Rahmen des Qualitätssicherungssystems schriftlich festgelegten Verfahren erfolgen. Nicht angewendete Eigenblutentnahmen dürfen nicht an anderen Personen angewendet werden. Der Verbleib nicht angewendeter Blutprodukte ist zu dokumentieren.

Wird von einer Spendeeinrichtung festgestellt oder hat sie begründeten Verdacht, dass eine spendende Person mit HIV, mit Hepatitis-Viren oder anderen Erregern, die zu schwerwiegenden Krankheitsverläufen führen können, infiziert ist, ist nach § 19 TFG die entnommene Spende auszusondern und dem Verbleib vorangegangener Spenden nachzugehen. Das Verfahren zur Überprüfung des Verdachts und zur **Rückverfolgung** richtet sich nach dem Stand der wissenschaftlichen Erkenntnisse.

Die Träger der Spendeeinrichtungen, die pharmazeutischen Unternehmer und die Einrichtungen der Krankenversorgung haben nach § 21 TFG jährlich die Zahlen zu dem Umfang der Gewinnung von Blut und Blutbestandteilen, der Herstellung, des Imports und Exports und des Verbrauchs von Blutprodukten und Plasmaproteinen sowie die Anzahl der behandlungsbedürftigen Personen mit angeborenen Hämostasestörungen der zuständigen Bundesoberbehörde zu melden.

Die Träger der Spendeeinrichtungen erstellen nach § 22 TFG getrennt nach den einzelnen Spendeeinrichtungen vierteljährlich und jährlich unter Angabe der Gesamtzahl der getesteten Personen eine Liste über die Anzahl der spendenden Personen, die auf einen **Infektionsmarker** bestätigt positiv getestet worden sind, sowie vierteljährlich über die Anzahl der durchgeführten Untersuchungen.

Das TFG findet nach § 28 TFG keine Anwendung auf die Entnahme einer geringfügigen Menge Blut zu diagnostischen Zwecken, auf homöopathische Eigenblutprodukte, autologes Blut zur Herstellung von biotechnologisch bearbeiteten Gewebeprodukten und auf die Entnahme einer geringfügigen Menge Eigenblut zur Herstellung von Produkten für die zahnärztliche Behandlung, sofern diese Produkte in der Zahnarztpraxis auf der Grundlage des von der Bundeszahnärztekammer festgestellten und in den Zahnärztlichen Mitteilungen veröffentlichten Standes der medizinischen Wissenschaft und Technik hergestellt und angewendet werden.

7.21 Transplantationsgesetz (TPG)

7.21.1 Übersicht über die Regelungen des TPG

Ziel des Gesetzes über die Spende, Entnahme und Übertragung von Organen und Geweben (Transplantationsgesetz, TPG) in der Fassung der Bekanntmachung vom 4. September 2007 (BGBl I S. 2206), zuletzt durch Artikel 2a des Gesetzes vom 19. Oktober 2012 (BGBl I S. 2192) geändert, ist es nach § 1 TPG, die Bereitschaft zur Organspende in Deutschland zu fördern. Hierzu soll jede Bürgerin und jeder Bürger regelmäßig im Leben in die Lage versetzt werden, sich mit der Frage seiner eigenen Spendebereitschaft ernsthaft zu befassen und aufgefordert werden, die jeweilige Erklärung auch zu dokumentieren. Um eine informierte und unabhängige Entscheidung jedes Einzelnen zu ermöglichen, sieht dieses Gesetz eine breite Aufklärung der Bevölkerung zu den Möglichkeiten der Organ- und Gewebespende vor.

Beispiel: Eine 15-Jährige ist als Knochmarkspenderin in einem Notfall als geeignet testiert worden. Die Entnahme von Knochenmark bei einer minderjährigen Person zum Zwecke der Übertragung ist nach Maßgabe des § 8a TPG zulässig:

Tabelle 91 gibt einen Überblick über die Inhalte des TPG.

Tab. 91: Transplantationsgesetz (TPG)

Abschnitt	**Inhalt**
Allgemeine Vorschriften	Ziel und Anwendungsbereich des Gesetzes; Begriffsbestimmungen; Aufklärung der Bevölkerung, Erklärung zur Organ- und Gewebespende, Organ- und Gewebespenderegister, Organ- und Gewebespendeausweis
Entnahme von Organen und Geweben bei toten Spendern	Entnahme mit Einwilligung des Spenders; Entnahme mit Zustimmung anderer Personen; Entnahme bei toten Embryonen und Föten; Nachweisverfahren; Achtung der Würde des Organ- und Gewebespenders; Datenerhebung und -verwendung; Auskunftspflicht
Entnahme von Organen und Geweben bei lebenden Spendern	Entnahme von Organen und Geweben; Entnahme von Knochenmark bei minderjährigen Personen; Entnahme von Organen und Geweben in besonderen Fällen; Entnahme von Organen und Geweben zur Rückübertragung;
Gewebeeinrichtungen, Untersuchungslabore, Register	Besondere Pflichten der Gewebeeinrichtungen; Untersuchungslabore; Register über Gewebeeinrichtungen
Entnahme, Vermittlung und Übertragung von Organen, Zusammenarbeit bei der Entnahme von Organen und Geweben	Zulässigkeit der Organentnahme und -übertragung, Vorrang der Organspende; Entnahmekrankenhäuser; Transplantationsbeauftragte; Transplantationszentren; Organ- und Spendercharakterisierung, Transport von Organen, Verordnungsermächtigung zur Organ- und Spendercharakterisierung und zum Transport; Zusammenarbeit bei der Entnahme von Organen und Geweben, Koordinierungsstelle; Organvermittlung, Vermittlungsstelle
Meldungen, Dokumentation, Rückverfolgung, Datenschutz, Fristen	Dokumentation, Rückverfolgung, Verordnungsermächtigung zur Meldung schwerwiegender Zwischenfälle und schwerwiegender unerwünschter Reaktionen; Dokumentation übertragener Gewebe durch Einrichtungen der medizinischen Versorgung; Meldung schwerwiegender Zwischenfälle und schwerwiegender unerwünschter Reaktionen bei Geweben; Rückverfolgungsverfahren bei Geweben; Datenschutz; Aufbewahrungs- und Löschungsfristen
Richtlinien zum Stand der Erkenntnisse der medizinischen Wissenschaft, Verordnungsermächtigung	Richtlinien zum Stand der Erkenntnisse der medizinischen Wissenschaft bei Organen; Verordnungsermächtigung; Richtlinien zum Stand der Erkenntnisse der medizinischen Wissenschaft zur Entnahme von Geweben und deren Übertragung
Verbotsvorschriften	Verbot des Organ- und Gewebehandels
Straf- und Bußgeldvorschriften	Organ- und Gewebehandel; Strafvorschriften; Bußgeldvorschriften
Schlussvorschriften	Zuständige Bundesoberbehörde; Verhältnis zu anderen Rechtsbereichen; Bundeswehr; Änderung des Strafgesetzbuches; Übergangsregelungen; Inkrafttreten, Außerkrafttreten

7.21.2 Entnahme von Organen und Geweben

Das TPG gilt nach § 1 für die Spende und die Entnahme von **Menschlichen Organen oder Geweben** zum Zwecke der Übertragung sowie für die Übertragung der Organe oder der Gewebe einschließlich der Vorbereitung dieser Maßnahmen. Es gilt ferner für das Verbot des Handels mit menschlichen Organen oder Geweben.

Die **Entnahme** von Organen oder Geweben ist, soweit nichts Abweichendes bestimmt ist, nach § 3 TPG nur zulässig, wenn
- der Organ- oder Gewebespender in die Entnahme eingewilligt hatte,
- der Tod des Organ- oder Gewebespenders nach Regeln, die dem Stand der Erkenntnisse der medizinischen Wissenschaft entsprechen, festgestellt ist und
- der Eingriff durch einen Arzt vorgenommen wird.

Abweichend darf die Entnahme von Geweben auch durch andere dafür qualifizierte Personen unter der Verantwortung und nach fachlicher Weisung eines Arztes vorgenommen werden.

Die Entnahme von Organen oder Geweben ist unzulässig, wenn
- die Person, deren Tod festgestellt ist, der Organ- oder Gewebeentnahme widersprochen hatte,
- nicht vor der Entnahme bei dem Organ- oder Gewebespender der endgültige, nicht behebbare Ausfall der Gesamtfunktion des Großhirns, des Kleinhirns und des Hirnstamms nach Verfahrensregeln, die dem Stand der Erkenntnisse der medizinischen Wissenschaft entsprechen, festgestellt ist.

Der Arzt hat den nächsten Angehörigen des Organ- oder Gewebespenders über die beabsichtigte Organ- oder Gewebeentnahme zu unterrichten. Die entnehmende Person hat Ablauf und Umfang der Organ- oder Gewebeentnahme aufzuzeichnen.

Die Entnahme mit Zustimmung anderer Personen ist in § 4 TPG geregelt.

Die Entnahme von Organen oder Geweben bei einem toten **Embryo** oder **Fötus** ist nur zulässig, wenn
- der Tod des Embryos oder Fötus nach Regeln, die dem Stand der Erkenntnisse der medizinischen Wissenschaft entsprechen, festgestellt ist,
- die Frau, die mit dem Embryo oder Fötus schwanger war, durch einen Arzt über eine in Frage kommende Organ- oder Gewebeentnahme aufgeklärt worden ist und in die Entnahme der Organe oder Gewebe schriftlich eingewilligt hat und
- der Eingriff durch einen Arzt vorgenommen wird.

Die Aufklärung und die Einholung der Einwilligung dürfen erst nach der Feststellung des Todes erfolgen.

Die im Rahmen des **Nachweisverfahrens** an den Feststellungen und Untersuchungen beteiligten Ärzte dürfen nach § 5 TPG weder an der Entnahme noch an der

Übertragung der Organe oder Gewebe des Spenders beteiligt sein. Sie dürfen auch nicht Weisungen eines Arztes unterstehen, der an diesen Maßnahmen beteiligt ist. Die Feststellung der Untersuchungsergebnisse und ihr Zeitpunkt sind von den Ärzten unter Angabe der zugrunde liegenden Untersuchungsbefunde unverzüglich jeweils in einer Niederschrift aufzuzeichnen und zu unterschreiben.

Die Organ- oder Gewebeentnahme bei **Verstorbenen** und alle mit ihr zusammenhängenden Maßnahmen müssen nach § 6 TPG unter Achtung der Würde des Organ- oder Gewebespenders in einer der ärztlichen Sorgfaltspflicht entsprechenden Weise durchgeführt werden. Der Leichnam des Organ- oder Gewebespenders muss in würdigem Zustand zur Bestattung übergeben werden. Zuvor ist dem nächsten Angehörigen Gelegenheit zu geben, den Leichnam zu sehen.

Die Entnahme von Organen oder Geweben zum Zwecke der Übertragung auf andere ist bei **Lebenden**, soweit nichts Abweichendes bestimmt ist, nach § 8 TPG nur zulässig, wenn

- die Person volljährig und einwilligungsfähig ist, aufgeklärt worden ist und in die Entnahme eingewilligt hat, nach ärztlicher Beurteilung als Spender geeignet ist und voraussichtlich nicht über das Operationsrisiko hinaus gefährdet oder über die unmittelbaren Folgen der Entnahme hinaus gesundheitlich schwer beeinträchtigt wird,
- die Übertragung des Organs oder Gewebes auf den vorgesehenen Empfänger nach ärztlicher Beurteilung geeignet ist, das Lebens dieses Menschen zu erhalten oder bei ihm eine schwerwiegende Krankheit zu heilen, ihre Verschlimmerung zu verhüten oder ihre Beschwerden zu lindern,
- im Fall der Organentnahme ein geeignetes Organ eines Spenders im Zeitpunkt der Organentnahme nicht zur Verfügung steht und
- der Eingriff durch einen Arzt vorgenommen wird.

Die Entnahme einer Niere, des Teils einer Leber oder anderer nicht regenerierungsfähiger Organe ist darüber hinaus nur zulässig zum Zwecke der Übertragung auf Verwandte ersten oder zweiten Grades, Ehegatten, eingetragene Lebenspartner, Verlobte oder andere Personen, die dem Spender in besonderer persönlicher Verbundenheit offenkundig nahestehen.

Die Entnahme von **Knochenmark** bei einer minderjährigen Person zum Zwecke der Übertragung ist nach Maßgabe des § 8a TPG zulässig:

Die Entnahme von Organen oder Geweben zum Zwecke der **Rückübertragung** ist nach § 8c TPG bei einer lebenden Person nur zulässig, wenn die Person

- einwilligungsfähig ist, entsprechend aufgeklärt worden ist und in die Entnahme und die Rückübertragung des Organs oder Gewebes eingewilligt hat,
- die Entnahme und die Rückübertragung des Organs oder Gewebes im Rahmen einer medizinischen Behandlung erfolgen und nach dem allgemein anerkannten Stand der medizinischen Wissenschaft für diese Behandlung erforderlich sind und

– die Entnahme und die Rückübertragung durch einen Arzt vorgenommen werden.

Eine **Gewebeeinrichtung**, die Gewebe entnimmt oder untersucht, darf unbeschadet der Vorschriften des Arzneimittelrechts nach § 8d nur betrieben werden, wenn sie einen Arzt bestellt hat, der die erforderliche Sachkunde nach dem Stand der medizinischen Wissenschaft besitzt.

Die für Gewebespender vorgeschriebenen Laboruntersuchungen dürfen nur von einem **Untersuchungslabor** vorgenommen werden, für das eine Erlaubnis nach den Vorschriften des Arzneimittelgesetzes erteilt worden ist.

7.21.3 Vermittlung und Übertragung von Organen, Verbotsvorschriften

Nach § 9 TPG darf die Entnahme von Organen bei verstorbenen Spendern nur in Entnahmekrankenhäusern durchgeführt werden. Die Übertragung von Organen verstorbener Spender sowie die Entnahme und Übertragung von Organen lebender Spender darf nur in Transplantationszentren werden. Die mögliche Entnahme und Übertragung eines Organs hat Vorrang vor der Entnahme von Geweben; sie darf nicht durch eine Gewebeentnahme beeinträchtigt werden.

Entnahmekrankenhäuser sind gemäß § 9a TPG die nach dem Sozialgesetzbuch oder nach anderen gesetzlichen Bestimmungen zugelassenen Krankenhäuser, die nach ihrer räumlichen und personellen Ausstattung in der Lage sind, Organentnahmen von möglichen Spendern zu ermöglichen. Sie bestellen nach § 9b TPG mindestens einen **Transplantationsbeauftragten**, der für die Erfüllung seiner Aufgaben fachlich qualifiziert ist.

Transplantationszentren sind gemäß § 10 TPG Krankenhäuser oder Einrichtungen an Krankenhäusern, die nach dem Sozialgesetzbuch oder nach anderen gesetzlichen Bestimmungen für die Übertragung von Organen verstorbener Spender sowie für die Entnahme und Übertragung von Organen lebender Spender zugelassen sind.

Die Entnahme von Organen verstorbener Spender einschließlich der Vorbereitung von Entnahme, Vermittlung und Übertragung ist nach § 11 TPG gemeinschaftliche Aufgabe der Transplantationszentren und der Entnahmekrankenhäuser in regionaler Zusammenarbeit. Zur Organisation dieser Aufgabe errichten oder beauftragen der Spitzenverband Bund der Krankenkassen, die Bundesärztekammer und die Deutsche Krankenhausgesellschaft oder die Bundesverbände der Krankenhausträger gemeinsam eine geeignete Einrichtung (Koordinierungsstelle).

Die von der **Koordinierungsstelle** beauftragte Person stellt nach § 10a TPG unter ärztlicher Beratung und Anleitung sicher, dass die Organe für eine Übertragung nur freigegeben werden, wenn nach ärztlicher Beurteilung die Organ- und Spendercharakterisierung nach dem Stand der medizinischen Wissenschaft und Technik ergeben hat, dass das Organ für eine Übertragung geeignet ist.

Zur Vermittlung der vermittlungspflichtigen Organe errichten oder beauftragen der Spitzenverband Bund der Krankenkassen, die Bundesärztekammer und die Deutsche Krankenhausgesellschaft oder die Bundesverbände der Krankenhausträger nach § 12 TPG gemeinsam eine geeignete **Vermittlungsstelle.**

Die Koordinierungsstelle verschlüsselt nach § 13 TPG in einem mit den Transplantationszentren abgestimmten Verfahren die personenbezogenen Daten des Organspenders und bildet eine Kenn-Nummer, die ausschließlich der Koordinierungsstelle einen Rückschluss auf die Person des Organspenders zulässt, um eine lückenlose **Rückverfolgung** der Organe zu ermöglichen.

Nach § 17 TPG ist es verboten, mit Organen oder Geweben, die einer Heilbehandlung eines anderen zu dienen bestimmt sind, Handel zu treiben. Dies gilt unter anderem nicht für

- die Gewährung oder Annahme eines angemessenen Entgelts für die zur Erreichung des Ziels der Heilbehandlung gebotenen Maßnahmen, insbesondere für die Entnahme, die Konservierung, die weitere Aufbereitung einschließlich der Maßnahmen zum Infektionsschutz, die Aufbewahrung und die Beförderung der Organe oder Gewebe, sowie
- Arzneimittel, die aus oder unter Verwendung von Organen oder Geweben hergestellt sind und den Vorschriften des Arzneimittelgesetzes unterliegen.

Ebenso ist verboten, Organe oder Gewebe, die Gegenstand verbotenen Handeltreibens sind, zu entnehmen, auf einen anderen Menschen zu übertragen oder sich übertragen zu lassen.

7.22 TPG-Gewebeverordnung (TPG-GewV)

7.22.1 Übersicht über die Regelungen der TPG-GewV

Die Verordnung über die Anforderungen an Qualität und Sicherheit der Entnahme von Geweben und deren Übertragung nach dem Transplantationsgesetz (TPG-Gewebeverordnung, TPG-GewV) vom 26. März 2008 (BGBl I S. 512), durch Artikel 2 der Verordnung vom 11. Februar 2013 (BGBl I S. 188) geändert, findet nach § 1 TPG-GewV Anwendung auf Gewebeeinrichtungen im Sinne des Transplantationsgesetzes, die Gewebe im Sinne des Transplantationsgesetzes entnehmen (Entnahmeeinrichtung) oder die die für Gewebespender erforderlichen Laboruntersuchungen in einem Untersuchungslabor nach dem Transplantationsgesetz durchführen oder durchführen lassen. Sie gilt ferner für Einrichtungen der medizinischen Versorgung, die Gewebe im Sinne des Transplantationsgesetzes übertragen.

Beispiel: Bei einem Patienten wird nach einer Gewebeübertragung eine schwerwiegende unerwünschte Reaktion beobachtet. Nach § 9 TPG-GewV ist jede schwerwiegende unerwünschte Reaktion, die bei oder nach der Übertragung des Gewebes beobachtet worden ist und mit der Qualität und Sicherheit des Gewebes in Zusammenhang stehen kann, unverzüglich nach deren Feststellung zu dokumentieren und der Gewebeeinrichtung, von der das Gewebe stammt, unverzüglich zu melden.

Tabelle 92 gibt einen Überblick über die Inhalte der TPG-GewV.

Tab. 92: TPG-Gewebeverordnung (TPG-GewV)

Fundstelle	Inhalt
§ 1	Anwendungsbereich
§ 2	Anforderungen an die Entnahme von Geweben
§ 3	Anforderungen an die ärztliche Beurteilung der medizinischen Eignung des Spenders
§ 4	Anforderungen an Laboruntersuchungen und Untersuchungsverfahren
§ 5	Anforderungen an Spenderakte und Entnahmebericht
§ 6	Voraussetzungen für die Verwendung von Keimzellen im Rahmen von Maßnahmen einer medizinisch unterstützten Befruchtung
§ 7	Dokumentation von übertragenen Geweben durch Einrichtungen der medizinischen Versorgung
§ 8	Meldung schwerwiegender Zwischenfälle durch Einrichtungen der medizinischen Versorgung
§ 9	Meldung schwerwiegender unerwünschter Reaktionen durch Einrichtungen der medizinischen Versorgung
§ 10	Inkrafttreten
Schlussformel	
Anlage 1 Anforderungen an die ärztliche Beurteilung der medizinischen Eignung des toten Spenders nach § 3 Abs. 1	
Anlage 2 Anforderungen an die ärztliche Beurteilung der medizinischen Eignung des lebenden Spenders nach § 3 Abs. 2	
Anlage 3 Erforderliche Laboruntersuchungen und Untersuchungsverfahren nach § 4	
Anlage 4 Erforderliche Laboruntersuchungen für die Verwendung von Keimzellen nach § 6	

7.22.2 Anforderungen, Voraussetzungen und Meldungen bei Gewebeentnahmen und -übertragungen

Zur Einhaltung der Anforderungen an die **Gewebeentnahme** nach dem Transplantationsgesetz ist die Entnahmeeinrichtung gemäß § 2 TPG-GewV insbesondere verpflichtet, sicherzustellen, dass die Art und Weise der Entnahme hinsichtlich der Art der gespendeten Gewebe geeignet ist und die für ihre Verwendung erforderlichen biologischen und physikalischen Eigenschaften erhalten bleiben.

Die **Ärztliche Beurteilung** zur medizinischen Eignung des toten Spenders nach dem Transplantationsgesetz beruht gemäß § 3 TPG-GewV auf der Risikobewertung in Bezug auf die jeweilige Verwendung und der Art des Gewebes. Dabei sind die in Anlage 1 Nr. 1 genannten Anforderungen zu beachten. Der Spender ist von der Spende auszuschließen, wenn einer der in Anlage 1 Nr. 2 genannten Ausschlussgründe erfüllt ist, sofern nicht im Einzellfall aus medizinischen Gründen und aufgrund einer Risikobewertung durch einen Arzt hiervon abgewichen wird. Für die ärztliche Beurteilung des lebenden Spenders von Gewebe mit Ausnahme von Keimzellen gilt Absatz 1 entsprechend mit der Maßgabe, dass die in Anlage 2 genannten Anforderungen zu beachten sind.

Bei den für Gewebespender erforderlichen **Laboruntersuchungen** im Sinne des Transplantationsgesetzes hat nach § 4 TPG-GewV die Entnahmeeinrichtung mindestens die in Anlage 3 Nr. 1 genannten Laboruntersuchungen für Gewebespen der mit Ausnahme von Keimzellen in einem Untersuchungslabor durchzuführen oder durchführen zu lassen. Bei den Untersuchungen, mit Ausnahme der Spende von Keimzellen, sind die in Anlage 3 Nr. 2 festgelegten Anforderungen einzuhalten.

Die Entnahmeeinrichtung legt nach § 5 TPG-GewV vor der Entnahme oder Untersuchung eine **Spenderakte** an.

Die Entnahmeeinrichtung übermittelt der Gewebeeinrichtung, die das entnommene Gewebe be- oder verarbeitet, einen **Entnahmebericht**.

Für die Verwendung von **Keimzellen** im Rahmen von Maßnahmen einer medizinisch unterstützten Befruchtung ist es nach § 6 TPG-GewV erforderlich, dass nach ärztlicher Beurteilung die Verwendung medizinisch indiziert und der gesundheitliche Schutz der Empfängerin und des Kindes gewährleistet sind.

Für die heterologe Verwendung von **Samenzellen** im Rahmen von Maßnahmen einer medizinisch unterstützten Befruchtung ist es über die vorher genannten Anforderungen hinaus erforderlich, dass der Spender nach ärztlicher Beurteilung aufgrund seines Alters, seines Gesundheitszustandes und seiner Anamnese für die Samenspende geeignet ist und durch die Verwendung der gespendeten Samenzellen bedingte Gesundheitsrisiken für andere ausgeschlossen sind.

Die Einrichtungen der medizinischen Versorgung haben gemäß § 7 TPG-GewV zur Erfüllung ihrer Verpflichtung nach dem Transplantationsgesetz dafür zu sorgen, dass jedes übertragene Gewebe mit folgenden Angaben dokumentiert wird:

- Identifikation des Gewebeempfängers durch Angaben zu Familienname, Vorname, Geschlecht, Tag der Geburt und Anschrift oder, soweit zuerkannt, die von der Einrichtung der medizinischen Versorgung für den Gewebeempfänger vergebene Zuordnungsnummer;
- Tag und Uhrzeit der Übertragung;

- Familienname, Vorname und Anschrift des Gewebe übertragenden Arztes;
- Bezeichnung und Kennzeichnungskode des übertragenen Gewebes;
- Name der Gewebeeinrichtung, von der sie das Gewebe erhalten haben.

Die Einrichtungen der medizinischen Versorgung errichten und unterhalten nach § 8 TPG-GewV ein Verfahren zur Erfüllung ihrer Verpflichtung nach dem Transplantationsgesetz, mit dem sichergestellt wird, dass jeder schwerwiegende **Zwischenfall**, der auf die Entnahme, Untersuchung, Aufbereitung, Be- oder Verarbeitung, Konservierung, Aufbewahrung oder Abgabe einschließlich des Transports des verwendeten Gewebes zurückgeführt werden kann, unverzüglich nach dessen Feststellung dokumentiert und der Gewebeeinrichtung, von der sie das Gewebe erhalten haben, unverzüglich gemeldet wird.

Die Einrichtungen der medizinischen Versorgung errichten und unterhalten nach § 9 TPG-GewV ein Verfahren zur Erfüllung ihrer Verpflichtung nach dem Transplantationsgesetz, mit dem sichergestellt wird, dass jede schwerwiegende unerwünschte **Reaktion**, die bei oder nach der Übertragung des Gewebes beobachtet worden ist und mit der Qualität und Sicherheit des Gewebes in Zusammenhang stehen kann, unverzüglich nach deren Feststellung dokumentiert und der Gewebeeinrichtung, von der sie das Gewebe erhalten haben, unverzüglich gemeldet wird.

7.23 Strahlenschutzverordnung (StrlSchV)

7.23.1 Übersicht über die Regelungen der StrlSchV

Zweck der Verordnung über den Schutz vor Schäden durch ionisierende Strahlen (Strahlenschutzverordnung, StrlSchV) vom 20. Juli 2001 (BGBl I S. 1714; 2002 I S. 1459), zuletzt durch Artikel 5 Absatz 7 des Gesetzes vom 24. Februar 2012 (BGBl I S. 212) geändert, ist es nach § 1 StrlSchV, zum Schutz des Menschen und der Umwelt vor der schädlichen Wirkung ionisierender Strahlung Grundsätze und Anforderungen für Vorsorge- und Schutzmaßnahmen zu regeln, die bei der Nutzung und Einwirkung radioaktiver Stoffe und ionisierender Strahlung zivilisatorischen und natürlichen Ursprungs Anwendung finden.

Beispiel: Die Aktivität einer medizinischen Bestrahlungsvorrichtung unterschreitet 5 × 10(hoch)10 Becquerel. Nach § 84 StrlSchV ist hierfür kein allseitig umschlossener Bestrahlungsraum notwendig. Allerdings kann sich beispielsweise nach § 43 StrlSchV ein entsprechender Schutzbedarf vorrangig durch bauliche Vorrichtungen ergeben.

Tabelle 93 gibt einen Überblick über die Inhalte der StrlSchV.

Tab. 93: Strahlenschutzverordnung (StrlSchV)

Teil	Kapitel	Abschnitt	Inhalt
1	Allgemeine Vorschriften		
2	Schutz von Mensch und Umwelt vor radioaktiven Stoffen oder ionisierender Strahlung aus der zielgerichteten Nutzung bei Tätigkeiten		
	1	Strahlenschutzgrundsätze, Grundpflichten und allgemeine Grenzwerte	
	2	Genehmigungen, Zulassungen, Freigabe	
		1	Umgang mit radioaktiven Stoffen
		2	Anlagen zur Erzeugung ionisierender Strahlen
		3	Beschäftigung in fremden Anlagen oder Einrichtungen
		4	Beförderung radioaktiver Stoffe
		5	Grenzüberschreitende Verbringung radioaktiver Stoffe
		6	Medizinische Forschung
		7	Bauartzulassung
		8	Ausnahmen
		9	Freigabe
	3	Anforderungen bei der Nutzung radioaktiver Stoffe und ionisierender Strahlung	
		1	Fachkunde im Strahlenschutz
		2	Betriebliche Organisation des Strahlenschutzes
		3	Schutz von Personen in Strahlenschutzbereichen; physikalische Strahlenschutzkontrolle
		4	Schutz von Bevölkerung und Umwelt bei Strahlenexpositionen aus Tätigkeiten
		5	Schutz vor sicherheitstechnisch bedeutsamen Ereignissen
		6	Begrenzung der Strahlenexposition bei der Berufsausübung
		7	Arbeitsmedizinische Vorsorge beruflich strahlenexponierter Personen
		8	Sonstige Anforderungen
		9	Radioaktive Abfälle
	4	Besondere Anforderungen bei der medizinischen Anwendung radioaktiver Stoffe und ionisierender Strahlung	
		1	Heilkunde und Zahnheilkunde
		2	Medizinische Forschung
	5	Anwendung radioaktiver Stoffe oder ionisierender Strahlung in der Tierheilkunde	

Teil	Kapitel	Abschnitt	Inhalt
3	Schutz von Mensch und Umwelt vor natürlichen Strahlungsquellen bei Arbeiten		
	1	Grundpflichten	
	2	Anforderungen bei terrestrischer Strahlung an Arbeitsplätzen	
	3	Schutz der Bevölkerung bei natürlich vorkommenden radioaktiven Stoffen	
	4	Kosmische Strahlung	
	5	Betriebsorganisation	
4	Schutz des Verbrauchers beim Zusatz radioaktiver Stoffe zu Produkten		
5	Gemeinsame Vorschriften		
	1	Berücksichtigung von Strahlenexpositionen	
	2	Befugnisse der Behörde	
	3	Formvorschriften	
	4	Ordnungswidrigkeiten	
	5	Schlussvorschriften	
Anlage I (zu §§ 8, 12, 17, 21) Genehmigungsfreie Tätigkeiten			
Anlage II (zu §§ 9, 14, 107) Erforderliche Unterlagen zur Prüfung von Genehmigungsanträgen			
Anlage III (zu §§ 3, 8, 10, 18, 20, 29, 43, 44, 45, 50, 53, 65, 66, 68, 70, 71, 105, 106, 107, 117) Freigrenzen, Freigabewerte für verschiedene Freigabearten, Werte der Oberflächenkontamination, Liste der Radionuklide im radioaktiven Gleichgewicht			
Anlage IV (zu § 29) Festlegungen zur Freigabe			
Anlage V (zu § 25) Voraussetzungen für die Bauartzulassung von Vorrichtungen			
Anlage VI (zu §§ 3, 47, 49, 55, 117) Dosimetrische Größen, Gewebe- und Strahlungs-Wichtungsfaktoren			
Anlage VII (zu §§ 29 und 47) Annahmen bei der Ermittlung der Strahlenexposition			
Anlage VIII (zu den §§ 61, 62, 63) Ärztliche Bescheinigung			
Anlage IX (zu § 68) Strahlenzeichen			
Anlage X (zu §§ 72 bis 79) Radioaktive Abfälle: Benennung, Buchführung, Transportmeldung			
Anlage XI (zu §§ 93, 95, 96) Arbeitsfelder, bei denen erheblich erhöhte Expositionen durch natürliche terrestrische Strahlungsquellen auftreten können			
Anlage XII (zu §§ 97 bis 102) Verwertung und Beseitigung überwachungsbedürftiger Rückstände			
Anlage XIII (zu §§ 51 und 53) Information der Bevölkerung			
Anlage XIV (zu § 48 Abs. 4) Leitstellen des Bundes für die Emissions- und Immissionsüberwachung			
Anlage XV (zu §§ 70, 70a und 71) Standarderfassungsblatt für hochradioaktive Strahlenquellen (HRQ)			
Anlage XVI (zu § 4 Absatz 3) Liste der nicht gerechtfertigten Tätigkeitsarten			

7.23.2 Schutz vor radioaktiven Stoffen oder ionisierender Strahlung

Nach § 3 StrlSchV ist unter anderem beispielsweise unter **Medizinischer Strahlenexposition** die Exposition eines Patienten im Rahmen ihrer Untersuchung oder Behandlung in der Heilkunde oder Zahnheilkunde oder die eines Probanden, an dem mit seiner Einwilligung oder mit Einwilligung seines gesetzlichen Vertreters radioaktive Stoffe oder ionisierende Strahlung in der medizinischen Forschung angewendet werden, zu verstehen.

Nach § 4 StrlSchV müssen medizinische Strahlenexpositionen im Rahmen der Heilkunde, Zahnheilkunde oder der medizinischen Forschung einen hinreichenden Nutzen erbringen, wobei ihr Gesamtpotenzial an diagnostischem oder therapeutischem Nutzen, einschließlich des unmittelbaren gesundheitlichen Nutzens für den Einzelnen und des Nutzens für die Gesellschaft, abzuwägen ist gegenüber der von der Strahlenexposition möglicherweise verursachten Schädigung des Einzelnen.

§ 5 StrlSchV enthält **Dosisgrenzwerte** der effektiven Dosis im Kalenderjahr für den Schutz von Einzelpersonen der Bevölkerung und für den Schutz beruflich strahlenexponierter Personen bei deren Berufsausübung.

§ 6 StrlSchV befasst sich mit der Vermeidung unnötiger Strahlenexposition und der Verpflichtung zur Dosisreduzierung.

Wer mit sonstigen **Radioaktiven Stoffen** nach dem Atomgesetz oder mit Kernbrennstoffen nach dem Atomgesetzes umgeht, bedarf gemäß § 7 StrlSchV der Genehmigung. Den genehmigungsfreien Umgang und den genehmigungsfreier Besitz von Kernbrennstoffen regelt insbesondere § 8 StrlSchV.

Nach § 11 StrlSchV bedarf der Genehmigung, wer eine Anlage zur Erzeugung **Ionisierender Strahlen** betreibt oder die Anlage oder ihren Betrieb wesentlich verändert.

Einer Genehmigung bedarf auch, wer ionisierende Strahlung aus einer **Bestrahlungsvorrichtung**, die Bestandteil einer nach dem Atomgesetz genehmigten Anlage zur Spaltung von Kernbrennstoffen ist, in der Heilkunde, Zahnheilkunde oder Tierheilkunde anwendet.

Wer in fremden Anlagen oder Einrichtungen unter seiner Aufsicht stehende Personen beschäftigt oder Aufgaben selbst wahrnimmt und dies bei diesen Personen oder bei sich selbst im Kalenderjahr zu einer effektiven Dosis von mehr als 1 Millisievert führen kann, bedarf nach § 15 StrlSchV der Genehmigung.

§§ 16 ff StrlSchV enthält Vorgaben zur **Beförderung** radioaktiver Stoffe und §§ 19 ff StrlSchV Regelungen zu deren grenzüberschreitenden Verbringung.

Wer zum Zweck der **Medizinischen Forschung** radioaktive Stoffe oder ionisierende Strahlung am Menschen anwendet, bedarf nach § 23 StrlSchV der Genehmigung.

Die erforderliche **Strahlenschutzfachkunde** wird nach § 30 StrlSchV in der Regel durch eine für den jeweiligen Anwendungsbereich geeignete Ausbildung, praktische Erfahrung und die erfolgreiche Teilnahme an von der zuständigen Stelle anerkannten Kursen erworben. Für Medizinisch-technische Radiologieassistentinnen und Medizinisch-technische Radiologieassistenten gelten gesonderte Regelungen.

Soweit dies für die Gewährleistung des Strahlenschutzes bei der Tätigkeit notwendig ist, hat der **Strahlenschutzverantwortliche** für die Leitung oder Beaufsichtigung dieser Tätigkeiten nach § 31 StrlSchV die erforderliche Anzahl von Strahlenschutzbeauftragten schriftlich zu bestellen. Der Strahlenschutzverantwortliche und der Strahlenschutzbeauftragte haben unter anderem dafür zu sorgen, dass bei Gefahr für Mensch und Umwelt unverzüglich geeignete Maßnahmen zur Abwendung dieser Gefahr getroffen werden.

Nach § 34 StrlSchV ist eine **Strahlenschutzanweisung** zu erlassen, in der die in dem Betrieb zu beachtenden Strahlenschutzmaßnahmen aufzuführen sind.

Bei genehmigungs- und anzeigebedürftigen Tätigkeiten sind nach § 36 StrlSchV **Strahlenschutzbereiche** einzurichten. Je nach Höhe der Strahlenexposition wird zwischen Überwachungsbereichen, Kontrollbereichen und Sperrbereichen, letztere als Teile der Kontrollbereiche, unterschieden; dabei sind äußere und innere Strahlenexposition zu berücksichtigen:

- **Überwachungsbereiche** sind nicht zum Kontrollbereich gehörende betriebliche Bereiche, in denen Personen im Kalenderjahr eine effektive Dosis von mehr als 1 Millisievert oder höhere Organdosen als 15 Millisievert für die Augenlinse oder 50 Millisievert für die Haut, die Hände, die Unterarme, die Füße und Knöchel erhalten können,
- **Kontrollbereiche** sind Bereiche, in denen Personen im Kalenderjahr eine effektive Dosis von mehr als 6 Millisievert oder höhere Organdosen als 45 Millisievert für die Augenlinse oder 150 Millisievert für die Haut, die Hände, die Unterarme, die Füße und Knöchel erhalten können,
- **Sperrbereiche** sind Bereiche des Kontrollbereiches, in denen die Ortsdosisleistung höher als 3 Millisievert durch Stunde sein kann.

In Strahlenschutzbereichen ist nach § 39 StrlSchV in dem für die Ermittlung der Strahlenexposition erforderlichen Umfang jeweils einzeln oder in Kombination

- die **Ortsdosis** oder die Ortsdosisleistung oder
- die Konzentration radioaktiver Stoffe in der Luft oder
- die Kontamination des Arbeitsplatzes

zu messen.

An Personen, die sich im Kontrollbereich aufhalten, ist nach § 40 StrlSchV die **Körperdosis** zu ermitteln.

Zur Ermittlung der Körperdosis wird nach § 41 StrlSchV die **Personendosis** gemessen.

Der Schutz beruflich strahlenexponierter Personen vor äußerer und innerer Strahlenexposition ist nach § 43 StrlSchV vorrangig durch bauliche und technische Vorrichtungen oder durch geeignete Arbeitsverfahren sicherzustellen.

Beim Vorhandensein offener radioaktiver Stoffe ist nach § 44 StrlSchV in Strahlenschutzbereichen, soweit es zum Schutz der sich darin aufhaltenden Personen oder der dort befindlichen Sachgüter erforderlich ist, festzustellen, ob **Kontaminationen** durch diese Stoffe vorliegen. An Personen, die Kontrollbereiche verlassen, in denen offene radioaktive Stoffe vorhanden sind, ist zu prüfen, ob diese kontaminiert sind. Wird hierbei eine Kontamination festgestellt, so sind unverzüglich Maßnahmen zu treffen, die geeignet sind, weitere Strahlenexpositionen und eine Weiterverbreitung radioaktiver Stoffe zu verhindern.

§§ 46 ff StrlSchV enthält Regelungen zum Schutz von Bevölkerung und Umwelt bei Strahlenexpositionen aus Tätigkeiten und §§ 49 ff StrlSchV Vorgaben zum Schutz vor sicherheitstechnisch bedeutsamen Ereignissen.

Personen, die einer beruflichen Strahlenexposition durch Tätigkeiten ausgesetzt sind, sind nach § 54 StrlSchV zum Zwecke der Kontrolle und arbeitsmedizinischen Vorsorge folgenden Kategorien zugeordnet:

- Kategorie A: Personen, die einer beruflichen Strahlenexposition ausgesetzt sind, die im Kalenderjahr zu einer effektiven Dosis von mehr als 6 Millisievert oder einer höheren Organdosis als 45 Millisievert für die Augenlinse oder einer höheren Organdosis als 150 Millisievert für die Haut, die Hände, die Unterarme, die Füße oder Knöchel führen kann.
- Kategorie B: Personen, die einer beruflichen Strahlenexposition ausgesetzt sind, die im Kalenderjahr zu einer effektiven Dosis von mehr als 1 Millisievert oder einer höheren Organdosis als 15 Millisievert für die Augenlinse oder einer höheren Organdosis als 50 Millisievert für die Haut, die Hände, die Unterarme, die Füße oder Knöchel führen kann, ohne in die Kategorie A zu fallen.

Grenzwerte der **Organdosis** sind beispielsweise in § 55 StrlSchV und der **Berufslebensdosis** in § 56 StrlSchV enthalten.

Bei Maßnahmen zur Abwehr von Gefahren für Personen ist nach § 59 StrlSchV anzustreben, dass eine effektive Dosis von mehr als 100 Millisievert nur einmal im Kalenderjahr und eine effektive Dosis von mehr als 250 Millisievert nur einmal im Leben auftritt.

Eine beruflich strahlenexponierte Person der Kategorie A darf nach § 60 StrlSchV im Kontrollbereich Aufgaben nur wahrnehmen, wenn sie innerhalb eines Jahres vor Beginn der Aufgabenwahrnehmung von einem Arzt untersucht worden ist und dem Strahlenschutzverantwortlichen eine von diesem Arzt ausgestellte Bescheinigung vorliegt, nach der der Aufgabenwahrnehmung keine gesundheitlichen Bedenken entgegenstehen.

Der Arzt hat gemäß § 64 StrlSchV die Aufgabe, die Erstuntersuchungen, die erneuten Beurteilungen oder Untersuchungen und die besondere arbeitsmedizinische Vorsorge durchzuführen sowie die Maßnahmen vorzuschlagen, die bei erhöhter Strahlenexposition zur Vorbeugung vor gesundheitlichen Schäden und zu ihrer

Abwehr erforderlich sind. Personen, die an Arbeitsplätzen beschäftigt sind, an denen die Augenlinse besonders belastet wird, sind daraufhin zu untersuchen, ob sich eine **Katarakt** gebildet hat.

Die Lagerung und Sicherung radioaktiver Stoffe ist in § 65 StrlSchV geregelt.

Zur Messung der Personendosis, der Ortsdosis, der Ortsdosisleistung, der Oberflächenkontamination, der Aktivität von Luft und Wasser und bei einer Freimessung aufgrund der Vorschriften dieser Verordnung sind nach § 67 StrlSchV, sofern geeichte Strahlungsmessgeräte nicht vorgeschrieben sind, andere geeignete **Strahlungsmessgeräte** zu verwenden.

§§ 72ff StrlSchV enthält Regelungen zum Umgang mit **Radioaktiven Abfällen**.

7.23.3 Besondere Anforderungen bei der medizinischen Anwendung radioaktiver Stoffe und ionisierender Strahlung sowie Schutz vor natürlichen Strahlungsquellen bei Arbeiten

Die durch ärztliche Untersuchungen bedingte Strahlenexposition ist nach § 81 StrlSchV so weit einzuschränken, wie dies mit den Erfordernissen der medizinischen Wissenschaft zu vereinbaren ist.

In der **Heilkunde** oder **Zahnheilkunde** dürfen nach § 82 StrlSchV radioaktive Stoffe oder ionisierende Strahlung am Menschen nur angewendet werden von

- Personen, die als Ärzte oder Zahnärzte approbiert sind oder denen die Ausübung des ärztlichen Berufs erlaubt ist und die die erforderliche Fachkunde im Strahlenschutz besitzen,
- Personen, die als Ärzte oder Zahnärzte approbiert sind oder denen die Ausübung des ärztlichen oder zahnärztlichen Berufs erlaubt ist und die nicht die erforderliche Fachkunde im Strahlenschutz besitzen, wenn sie auf ihrem speziellen Arbeitsgebiet über die für den Umgang mit radioaktiven Stoffen und die Anwendung ionisierender Strahlung erforderlichen Kenntnisse im Strahlenschutz verfügen und unter ständiger Aufsicht und Verantwortung einer der vorher genannten Personen tätig sind.

Zur Qualitätssicherung der **Medizinischen Strahlenanwendung** bestimmt die zuständige Behörde nach § 83 StrlSchV ärztliche Stellen.

Anlagen zur Erzeugung ionisierender Strahlen sowie Bestrahlungsvorrichtungen, deren Aktivität 5 × 10(hoch)10 Becquerel überschreitet, dürfen nach § 84 StrlSchV in Ausübung der Heilkunde oder Zahnheilkunde nur in allseitig umschlossenen **Bestrahlungsräumen** betrieben werden.

Die Anwendung von radioaktiven Stoffen oder ionisierender Strahlung am Menschen in der **Medizinischen Forschung** ist nach § 87 StrlSchV nur mit dessen persönlicher Einwilligung zulässig. § 88 StrlSchV enthält **Anwendungsverbote** und Anwendungsbeschränkungen für einzelne Personengruppen.

Die **Deckungsvorsorge** im Falle klinischer Prüfungen zur Erfüllung gesetzlicher Schadensersatzverpflichtungen ist nach § 91 StrlSchV mit einigen Ausnahmen für einen Zeitraum von zehn Jahren nach Beendigung des Forschungsvorhabens zu treffen.

Regelungen zur Anwendung radioaktiver Stoffe oder ionisierender Strahlung in der **Tierheilkunde** sind in §§ 92ff StrlSchV enthalten.

§§ 95ff StrlSchV enthält Anforderungen bei **Terrestrischer Strahlung** an Arbeitsplätzen.

§§ 103ff StrlSchV enthält Regelungen zum Schutz vor Expositionen durch **Kosmische Strahlung**.

Für den **Zusatz** radioaktiver Stoffe bei der Herstellung von Konsumgütern, von Arzneimitteln im Sinne des Arzneimittelgesetzes, von Pflanzenschutzmitteln im Sinne des Pflanzenschutzgesetzes, von Schädlingsbekämpfungsmitteln und von Stoffen nach dem Düngemittelgesetz, die im Geltungsbereich dieser Verordnung erworben oder an andere abgegeben werden sollen, bedarf es nach § 106 StrlSchV der Genehmigung.

In das **Strahlenschutzregister** nach dem Atomgesetz werden gemäß § 112 StrlSchV eingetragen:

- die im Rahmen der beruflichen Strahlenexposition ermittelten Dosiswerte sowie dazugehörige Feststellungen der zuständigen Behörde,
- Angaben über registrierte Strahlenpässe und
- die jeweiligen Personendaten (Familienname, Vornamen, Geburtsdatum und -ort, Geschlecht), Beschäftigungsmerkmale und Expositionsverhältnisse sowie die Anschrift des Strahlenschutzverantwortlichen oder des Verpflichteten.

7.24 Vergabeverordnung (VgV)

7.24.1 Übersicht über die Regelungen der VgV

Die Verordnung über die Vergabe öffentlicher Aufträge (Vergabeverordnung, VgV) in der Fassung der Bekanntmachung vom 11. Februar 2003 (BGBl I S. 169), zuletzt durch Artikel 1 der Verordnung vom 12. Juli 2012 (BGBl I S. 1508) geändert, trifft nach § 1 VgV nähere Bestimmungen über das einzuhaltende Verfahren bei der Auftragsvergabe und ist daher für öffentliche Gesundheitseinrichtungen relevant.

Beispiel: Ein geschätzter Auftragswert für eine Dienstleistung beträgt einschließlich Umsatzsteuer 205.000 Euro. Er liegt damit unterhalb des Schwellenwertes nach § 2 VgV.

Tabelle 94 gibt einen Überblick über die Inhalte der VgV.

Tab. 94: Vergabeverordnung (VgV)

Fundstelle	Inhalt
§ 1	Zweck der Verordnung
§ 2	Schwellenwerte
§ 3	Schätzung des Auftragswertes
§ 4	Vergabe von Liefer- und Dienstleistungsaufträgen
§ 5	Vergabe freiberuflicher Leistungen
§ 6	Vergabe von Bauleistungen
§§ 6a–13	(weggefallen)
§ 14	Bekanntmachung
§ 15	(weggefallen)
§ 16	Ausgeschlossene Personen
§ 7	Melde- und Berichtspflichten
§§ 18–22	(weggefallen)
§ 23	Übergangsbestimmungen
§ 24	Inkrafttreten, Außerkrafttreten
Anlage 1 Kategorien, CPC und CPV-Referenznummern	
Anlage 2 Daten zur Berechnung der über die Lebensdauer von Straßenfahrzeugen anfallenden externen Kosten (entspricht dem Anhang zur Richtlinie 2009/33/EG)	
Anlage 3 Methode zur Berechnung der über die Lebensdauer von Straßenfahrzeugen anfallenden Betriebskosten	

7.24.2 Auftrags- und Schwellenwerte, Auftragsvergabe und ausgeschlossene Personen

Die Verordnung trifft nach § 1 VgV nähere Bestimmungen über das einzuhaltende Verfahren bei der Vergabe öffentlicher Aufträge, deren geschätzte Auftragswerte ohne Umsatzsteuer die in § 2 VgV geregelten **Schwellenwerte** erreichen oder übersteigen.

Bei der Schätzung des **Auftragswertes** ist nach § 3 VgV von der geschätzten Gesamtvergütung für die vorgesehene Leistung einschließlich etwaiger Prämien oder Zahlungen an Bewerber oder Bieter auszugehen.

Bei der Vergabe von **Lieferaufträgen** müssen Auftraggeber gemäß § 4 VgV nach dem Gesetz gegen Wettbewerbsbeschränkungen die Bestimmungen der Vergabe- und Vertragsordnung für Leistungen (VOL/A) anwenden.

Bei der Vergabe von **Dienstleistungsaufträgen** und bei **Auslobungsverfahren**, die zu Dienstleistungsaufträgen führen sollen, müssen Auftraggeber nach dem

Gesetz gegen Wettbewerbsbeschränkungen Bestimmungen der VOL/A anwenden, soweit in § 5 VgV nichts anderes bestimmt ist.

Bei der Vergabe von Aufträgen für Dienstleistungen, die im Rahmen einer freiberuflichen Tätigkeit erbracht oder im Wettbewerb mit freiberuflichen Tätigkeiten angeboten werden, sowie bei Auslobungsverfahren, die zu solchen Dienstleistungsaufträgen führen sollen, müssen Auftraggeber gemäß § 5 VgV nach dem Gesetz gegen Wettbewerbsbeschränkungen Bestimmungen der Vergabeordnung für freiberufliche Leistungen (VOF) anwenden.

Auftraggeber nach dem Gesetz gegen Wettbewerbsbeschränkungen haben gemäß § 6 VgV bei der Vergabe von **Bauaufträgen** und **Baukonzessionen** die Bestimmungen der Vergabe- und Vertragsordnung für Bauleistungen (VOB/A) anzuwenden.

Nach § 14 VgV haben die Auftraggeber bei Bekanntmachungen im Amtsblatt der Europäischen Union die Bezeichnungen des Gemeinsamen Vokabulars für das öffentliche Auftragswesen (Common Procurement Vocabulary, CPV) zur Beschreibung des Auftragsgegenstandes zu verwenden.

Als Organmitglied oder Mitarbeiter eines Auftraggebers oder als Beauftragter oder als Mitarbeiter eines Beauftragen eines Auftraggebers dürfen nach § 16 VgV bei Entscheidungen in einem Vergabeverfahren für einen Auftraggeber als voreingenommen geltende natürliche Personen nicht mitwirken, soweit sie in diesem Verfahren

- Bieter oder Bewerber sind,
- einen Bieter oder Bewerber beraten oder sonst unterstützen oder als gesetzliche Vertreter oder nur in dem Vergabeverfahren vertreten,
- bei einem Bieter oder Bewerber gegen Entgelt beschäftigt oder bei ihm als Mitglied des Vorstandes, Aufsichtsrates oder gleichartigen Organs tätig sind oder für ein in das Vergabeverfahren eingeschaltetes Unternehmen tätig sind, wenn dieses Unternehmen zugleich geschäftliche Beziehungen zum Auftraggeber und zum Bieter oder Bewerber hat, es sei denn, dass dadurch für die Personen kein Interessenkonflikt besteht oder sich die Tätigkeiten nicht auf die Entscheidungen in dem Vergabeverfahren auswirken.

Die Auftraggeber übermitteln nach § 17 VgV der zuständigen Stelle eine jährliche statistische Aufstellung der im Vorjahr vergebenen Aufträge, und zwar getrennt nach öffentlichen Liefer-, Dienstleistungs- und Bauaufträgen.

8. Gesundheitsbetriebliche Finanzierung und Einnahmenerzielung (Gebührenrecht, Krankenhausrecht, Privatversicherungsrecht)

8.1 Abgrenzungsverordnung (AbgrV)

8.1.1 Übersicht über die Regelungen der AbgrV

Die Verordnung über die Abgrenzung der im Pflegesatz nicht zu berücksichtigenden Investitionskosten von den pflegesatzfähigen Kosten der Krankenhäuser (Abgrenzungsverordnung, AbgrV) vom 12. Dezember 1985 (BGBl I S. 2255), zuletzt durch Artikel 6 des Gesetzes vom 21. Juli 2012 (BGBl I S. 1613) geändert, umfasst nach § 1 AbgrV Regelungen zur Abgrenzung der nach dem Krankenhausfinanzierungsgesetz im Pflegesatz nicht zu berücksichtigenden Investitionskosten von den pflegesatzfähigen Kosten.

Beispiel: Ein Tischrechner für die Krankenhausverwaltung kostet 120 Euro. Nach § 2 AbgrV handelt es sich um ein Verbrauchsgut, da auch die wiederbeschafften, abnutzbaren beweglichen Anlagegüter, die einer selbständigen Nutzung fähig sind und deren Anschaffungs- oder Herstellungskosten für das einzelne Anlagegut ohne Umsatzsteuer 150 Euro nicht übersteigen, dazu zählen.

Tabelle 95 gibt einen Überblick über die Inhalte der AbgrV.

Tab. 95: Abgrenzungsverordnung (AbgrV)

Fundstelle	Inhalt
§ 1	Anwendungsbereich
§ 2	Begriffsbestimmungen
§ 3	Zuordnungsgrundsätze
§ 4	Instandhaltungskosten
§ 5	(weggefallen)
§ 6	Inkrafttreten und Übergangsvorschrift
Schlussformel	
Anlage mit Gebrauchsgüter- und Anlagegüterbeispielen, Beispielen für bauliche Einheiten, Gebäudeteilen, Außenanlagen, betriebstechnische Anlagen und Einbauten	

8.1.2 Zuordnungsgrundsätze und Instandhaltungskosten

Die AbgrV gilt nach § 1 AbgrV nicht für
- die Krankenhäuser, auf die das Krankenhausfinanzierungsgesetz keine Anwendung findet,
- die Krankenhäuser, die nach dem Krankenhausfinanzierungsgesetz nicht gefördert werden, es sei denn, dass diese Krankenhäuser auf Grund Landesrechts nach dem Krankenhausfinanzierungsgesetz gefördert werden.

Im Sinne der AbgrV sind nach § 2 AbgrV
- **Anlagegüter**: Die Wirtschaftsgüter des zum Krankenhaus gehörenden Anlagevermögens,
- **Gebrauchsgüter**: Die Anlagegüter mit einer durchschnittlichen Nutzungsdauer bis zu drei Jahren (Verzeichnis I der Anlage),
- **Verbrauchsgüter**: Die Wirtschaftsgüter, die durch ihre bestimmungsgemäße Verwendung aufgezehrt oder unverwendbar werden oder die ausschließlich von einem Patienten genutzt werden und üblicherweise bei ihm verbleiben. Als Verbrauchsgüter gelten auch die wiederbeschafften, abnutzbaren beweglichen Anlagegüter, die einer selbständigen Nutzung fähig sind und deren Anschaffungs- oder Herstellungskosten für das einzelne Anlagegut ohne Umsatzsteuer 150 Euro nicht übersteigen.

Nach den **Zuordnungsgrundsätzen** des § 3 AbgrV sind pflegesatzfähig
- die Kosten der Wiederbeschaffung von Gebrauchsgütern anteilig entsprechend ihrer Abschreibung,
- sonstige Investitionskosten und ihnen gleichstehende Kosten nach Maßgabe des Krankenhausfinanzierungsgesetzes und der Bundespflegesatzverordnung,
- die Kosten der Anschaffung oder Herstellung von Verbrauchsgütern,
- die Kosten der Instandhaltung von Anlagegütern nach Maßgabe des § 4 AbgrV.

Nicht pflegesatzfähig sind die Kosten
- der Errichtung und Erstausstattung von Krankenhäusern mit Ausnahme der Kosten nach § 3 Absatz 1 Nr. 3 AbgrV,
- der Ergänzung von Anlagegütern, soweit diese über die übliche Anpassung der vorhandenen Anlagegüter an die medizinische und technische Entwicklung wesentlich hinausgeht,
- die Kosten der Wiederbeschaffung von Anlagegütern mit einer durchschnittlichen Nutzungsdauer von mehr als drei Jahren (Verzeichnis II der Anlage) mit Ausnahme der Anlagegüter, die als Verbrauchsgüter gelten.

Die durchschnittliche **Nutzungsdauer** eines Anlageguts ist auf der Grundlage der Nutzungsdauer bei einschichtigem Betrieb zu ermitteln. Einem Wirtschaftsgut sind die Lieferungen und Leistungen zuzurechnen, die üblicherweise notwendig sind, um das Wirtschaftsgut anzuschaffen oder herzustellen und in Benutzung zu nehmen.

Instandhaltungskosten sind nach § 4 AbgrV die Kosten der Erhaltung oder Wiederherstellung von Anlagegütern des Krankenhauses, wenn dadurch das Anlagegut in seiner Substanz nicht wesentlich vermehrt, in seinem Wesen nicht erheblich verändert, seine Nutzungsdauer nicht wesentlich verlängert oder über seinen bisherigen Zustand hinaus nicht deutlich verbessert wird. Zu den Kosten gehören auch die Instandhaltungskosten für Anlagegüter, wenn in baulichen Einheiten Gebäudeteile, betriebstechnische Anlagen und Einbauten oder Außenanlagen vollständig oder überwiegend ersetzt werden (Verzeichnis III der Anlage). Für die Beurteilung des überwiegenden Ersetzens sind Maßnahmen, die im Rahmen eines einheitlichen Vorhabens in einem Zeitraum bis zu drei Jahren durchgeführt werden, zusammenzurechnen. Die abgegrenzten Kosten werden nach dem Krankenhausfinanzierungsgesetz pauschal finanziert.

8.2 Gesetz zur Einführung des Wohnortprinzips bei Honorarvereinbarungen für Ärzte und Zahnärzte (ArztWohnortG)

8.2.1 Übersicht über die Regelungen des ArztWohnortG

Das Gesetz zur Einführung des Wohnortprinzips bei Honorarvereinbarungen für Ärzte und Zahnärzte (ArztWohnortG) vom 11. Dezember 2001 (BGBl I S. 3526) umfasst Regelungen zu Ausgangsbetrag, Gesamtvergütungen, Durchschnittsbetrag und Veränderungsrate nach dem Wohnortprinzip.

Beispiel: Nach § 1 ArztWohnortG ergibt sich der Ausgangsbetrag für die für das Jahr 2002 erstmalig nach dem Wohnortprinzip zu vereinbarenden Gesamtvergütungen jeweils durch Multiplikation des Betrags, der sich bei einer Teilung der für das Jahr 2001 geltenden Gesamtvergütung durch die Zahl der Mitglieder der Krankenkasse ergibt mit der Zahl der Mitglieder der Krankenkasse mit Wohnort im Bezirk der vertragsschließenden Kassenärztlichen Vereinigung.

Tabelle 96 gibt einen Überblick über die Inhalte des ArztWohnortG.

Tab. 96: Gesetz zur Einführung des Wohnortprinzips bei Honorarvereinbarungen für Ärzte und Zahnärzte (ArztWohnortG)

Artikel	Inhalt
1	(weggefallen)
2	Übergangsregelungen

Artikel	Inhalt
3	Erhöhung der Gesamtvergütungen in den Jahren 2002 bis 2004
4	Überprüfung der Honorarentwicklung
5	Inkrafttreten
Schlussformel	

8.2.2 Ausgangsbetrag und Wohnortprinzip

Nach § 1 ArztWohnortG ergibt sich der **Ausgangsbetrag** für die für das Jahr 2002 erstmalig nach dem Wohnortprinzip gemäß dem Sozialgesetzbuch zu vereinbarenden **Gesamtvergütungen** jeweils durch Multiplikation folgender Faktoren:
- des Betrags, der sich bei einer Teilung der für das Jahr 2001 geltenden Gesamtvergütung durch die Zahl der Mitglieder der Krankenkasse ergibt,
- der Zahl der Mitglieder der Krankenkasse mit Wohnort im Bezirk der vertragsschließenden Kassenärztlichen Vereinigung.

Die Vertragsparteien der Gesamtverträge für die genannten Krankenkassen in dem im Einigungsvertrag genannten Gebiet, die erstmalig für das Jahr 2002 Gesamtvergütungen für die ambulante vertragsärztliche Versorgung nach dem Wohnortprinzip gemäß dem Sozialgesetzbuch vereinbaren, haben nach § 2 ArztWohnortG in diesen Vereinbarungen sicherzustellen, dass die jeweils vereinbarten Gesamtvergütungen je Mitglied in dem im Einigungsvertrag genannten Gebiet den zu bestimmenden Durchschnittsbetrag nicht unterschreiten.

Der genannte **Durchschnittsbetrag** ist als Mittelwert der für das Jahr 2001 von den Vertragsparteien vereinbarten Gesamtvergütungen je Mitglied, gewichtet mit der Zahl der Mitglieder der beteiligten Krankenkassen, zu bestimmen.

Nach Art 3 ArztWohnortG soll bei der Vereinbarung der Gesamtvergütung für die Jahre 2002 bis 2004 die **Veränderungsrate** um jährlich bis zu drei Prozentpunkte, insgesamt jedoch höchstens sechs Prozentpunkte, überschritten werden, sofern in dem genannten Zeitraum die damit verbundenen Mehrausgaben durch Minderausgaben bei den Leistungen von Krankenkassen und Leistungserbringern in dem jeweiligen Land erwirtschaftet werden und insoweit die Beitragssatzstabilität durch die Erhöhung nicht gefährdet wird.

Im Jahr 2005 werden nach § 4 ArztWohnortG die Auswirkungen der Einführung des **Wohnortprinzips** bei Honorarvereinbarungen für Ärzte und Zahnärzte und der damit verbundenen Beseitigung von Verwerfungen hinsichtlich der Höhe der Kopfpauschalen für die ambulante vertragsärztliche Versorgung bei den Krankenkassen überprüft. Hierzu hat die Bundesregierung dem Deutschen Bundestag zu berichten. Auf der Grundlage dieses Berichtes ist zu prüfen, ob weitere Maßnahmen erforderlich sind, um die weitere stufenweise Angleichung der Vergütungen der Vertragsärzte entsprechend der Angleichung der Lebensverhältnisse zu ermöglichen und damit die ambulante Versorgung sicherzustellen.

8.3 Bundespflegesatzverordnung (BPflV)

8.3.1 Übersicht über die Regelungen der BPflV

Die Verordnung zur Regelung der Krankenhauspflegesätze (Bundespflegesatzverordnung, BPflV) vom 26. September 1994 (BGBl I S. 2750), zuletzt durch Artikel 2 des Gesetzes vom 21. Juli 2012 (BGBl I S. 1613) geändert, umfasst Regelungen zu Krankenhausleistungen, Entgelten, Vereinbarungen über Erlösbudgets und gesondert berechenbare ärztliche und andere Leistungen.

Beispiel: Krankenhaus und Kostenträger können sich nicht über den krankenhausindividuellen Basisentgeltwert einigen. Nach § 13 BPflV entscheidet die Schiedsstelle auf Antrag einer der Parteien.

Tabelle 97 gibt einen Überblick über die Inhalte der BPflV.

Tab. 97: Bundespflegesatzverordnung (BPflV)

Abschnitt	**Inhalt**
Allgemeine Vorschriften	Anwendungsbereich; Krankenhausleistungen
Vergütung der Krankenhausleistungen	Vereinbarung eines Gesamtbetrags für die Jahre 2013 bis 2016; Vereinbarung eines Erlösbudgets für die Jahre 2017 bis 2021; Vereinbarung von Zu- und Abschlägen; Vereinbarung sonstiger Entgelte
Entgeltarten und Abrechnung	Entgelte für allgemeine Krankenhausleistungen; Berechnung der Entgelte
Vereinbarungsverfahren	Vereinbarung auf Bundesebene; Vereinbarung auf Landesebene; Vereinbarung für das einzelne Krankenhaus; vorläufige Vereinbarung; Schiedsstelle; Genehmigung; Laufzeit
Sonstige Vorschriften	Gesondert berechenbare ärztliche und andere Leistungen; Zuständigkeit der Krankenkassen auf Landesebene; Übergangsvorschriften
Anlage Aufstellung der Entgelte und Budgetermittlung (AEB-Psych)	
Anhang 1 (zu Anlage 1) zur Leistungs- und Kalkulationsaufstellung	
Anhang 2 (zu Anlage 1) zur Leistungs- und Kalkulationsaufstellung	
Anhang 3 zur Leistungs- und Kalkulationsaufstellung Gesonderter Ausweis für ausländische Patienten nach § 3 Abs. 4	

8.3.2 Krankenhausleistungen und Entgelte

Gemäß § 1 BPflV werden nach der BPflV die vollstationären und teilstationären Leistungen der Krankenhäuser vergütet, die nach dem Krankenhausfinanzierungsgesetz nicht in das **DRG-Vergütungssystem** einbezogen sind. Die BPflV gilt nicht für die Krankenhäuser,
- auf die das Krankenhausfinanzierungsgesetz keine Anwendung findet,
- die nach dem Krankenhausfinanzierungsgesetz nicht gefördert werden.

Krankenhausleistungen sind nach § 2 BPflV insbesondere ärztliche Behandlung, auch durch nicht fest angestellte Ärztinnen und Ärzte, Krankenpflege, Versorgung mit Arznei-, Heil- und Hilfsmitteln, die für die Versorgung im Krankenhaus notwendig sind, sowie Unterkunft und Verpflegung; sie umfassen allgemeine Krankenhausleistungen und Wahlleistungen. Zu den Krankenhausleistungen gehören nicht die Leistungen der **Belegärzte**.

Nach § 3 BPflV wird das **Vergütungssystem** nach dem Krankenhausfinanzierungsgesetz für die Jahre 2013 bis 2016 budgetneutral für das Krankenhaus eingeführt. Für die **Optionsjahre** 2013 oder 2014 erfolgt die Einführung auf Verlangen des Krankenhauses. Ab dem 1. Januar 2015 ist die Anwendung des Vergütungssystems für alle Krankenhäuser verbindlich. Ab dem krankenhausindividuellen Einführungsjahr bis zum Jahr 2016 ist für ein Krankenhaus ein Gesamtbetrag in entsprechender Anwendung der Bundespflegesatzverordnung in der am 31. Dezember 2012 geltenden Fassung zu vereinbaren, mit der Maßgabe, dass anstelle der Veränderungsrate der Bundespflegesatzverordnung der Veränderungswert als maßgebliche Rate für den Anstieg des Gesamtbetrags gilt.

Für die Abrechnung der Entgelte sind für die Jahre 2013 bis 2016 krankenhausindividuelle **Basisentgeltwerte** zu ermitteln.

Jeweils zum 1. Januar 2017, 2018, 2019, 2020 und 2021 werden nach § 4 BPflV der krankenhausindividuelle Basisentgeltwert und das Erlösbudget des Krankenhauses stufenweise an den **Landesbasisentgeltwert** und das sich daraus ergebende Erlösvolumen angeglichen.

Auf Antrag einer Vertragspartei ist nach § 5 BPflV zu prüfen, ob bei dem Krankenhaus die Voraussetzungen für einen **Zu- oder Abschlag** vorliegen.

In eng begrenzten Ausnahmefällen vereinbaren die Vertragsparteien nach § 6 BPflV **Zusatzentgelte**, die sachgerecht zu kalkulieren sind.

Die allgemeinen Krankenhausleistungen werden gegenüber den Patientinnen und Patienten oder ihren Kostenträgern nach § 7 BPflV mit folgenden Entgelten abgerechnet:
- mit Bewertungsrelationen bewertete Entgelte nach dem auf Bundesebene vereinbarten Entgeltkatalog,
- Zusatzentgelte nach dem auf Bundesebene vereinbarten Entgeltkatalog,
- Ausbildungszuschlag und sonstige Zu- und Abschläge,

- Entgelte für besondere Einrichtungen und für Leistungen, die noch nicht von den auf Bundesebene vereinbarten Entgelten erfasst werden,
- Entgelte für neue Untersuchungs- und Behandlungsmethoden, die noch nicht in die Entgeltkataloge aufgenommen worden sind.

Mit diesen Entgelten werden alle für die Versorgung der Patientinnen und Patienten erforderlichen allgemeinen Krankenhausleistungen vergütet. Darüber hinaus werden folgende Zuschläge abgerechnet:
- der DRG-Systemzuschlag nach dem Krankenhausfinanzierungsgesetz,
- der Systemzuschlag für den Gemeinsamen Bundesausschuss und das Institut für Qualität und Wirtschaftlichkeit im Gesundheitswesen nach dem Sozialgesetzbuch und
- der Telematikzuschlag nach dem Sozialgesetzbuch.

Die **Entgelte für allgemeine Krankenhausleistungen** sind nach § 8 BPflV für alle Patientinnen und Patienten des Krankenhauses einheitlich zu berechnen, wobei die entsprechenden Regelungen des Krankenhausfinanzierungsgesetzes unberührt bleiben.

8.3.3 Vereinbarungen und gesondert berechenbare ärztliche und andere Leistungen

Der Spitzenverband Bund der Krankenkassen und der Verband der privaten Krankenversicherung gemeinsam vereinbaren nach § 9 BPflV mit der Deutschen Krankenhausgesellschaft unter anderem
- einen Katalog nach dem Krankenhausfinanzierungsgesetz mit insbesondere tagesbezogenen Entgelten einschließlich der Bewertungsrelationen sowie in geeigneten Fällen Regelungen zu Zu- oder Abschlägen, die nach Über- oder Unterschreitung erkrankungstypischer Behandlungszeiten vorzunehmen sind,
- einen Katalog ergänzender Zusatzentgelte nach dem Krankenhausfinanzierungsgesetz einschließlich der Vergütungshöhe,
- die Abrechnungsbestimmungen für die genannten Entgelte sowie die Regelungen zu Zu- und Abschlägen,
- Empfehlungen für die Kalkulation und die krankenhausindividuelle Vergütung von Leistungen und neuen Untersuchungs- und Behandlungsmethoden, für die gesonderte Entgelte vereinbart werden können,
- bis zum 31. Oktober jeden Jahres, erstmals für das Jahr 2013, den Veränderungswert nach Maßgabe des Krankenhausentgeltgesetzes für die Begrenzung der Entwicklung des Basisentgeltwerts, wobei bereits anderweitig finanzierte Kostensteigerungen zu berücksichtigen sind, soweit dadurch die Veränderungsrate nach dem Sozialgesetzbuch nicht unterschritten wird.

Zur Bestimmung der Höhe der mit Bewertungsrelationen bewerteten Entgelte vereinbaren nach § 10 BPflV die im Krankenhausfinanzierungsgesetz genannten Vertragsparteien auf Landesebene mit Wirkung für die Vertragsparteien jährlich, erstmals für das Jahr 2017, einen landesweit geltenden Landesbasisentgeltwert für das folgende Kalenderjahr.

Nach Maßgabe der BPflV und unter Beachtung des Versorgungsauftrags des Krankenhauses regeln die Vertragsparteien nach dem Krankenhausfinanzierungsgesetz in der Vereinbarung den Gesamtbetrag, das Erlösbudget, die Summe der Bewertungsrelationen, den krankenhausindividuellen Basisentgeltwert, die Erlössumme, die sonstigen Entgelte, die Zu- und Abschläge und die Mehr- und Mindererlösausgleiche. Die Vereinbarung ist für einen zukünftigen **Vereinbarungszeitraum** zu treffen. Er beträgt ein Kalenderjahr, wenn das Krankenhaus ganzjährig betrieben wird. Ein Zeitraum, der mehrere Kalenderjahre umfasst, kann vereinbart werden.

Können sich die Vertragsparteien insbesondere über die Höhe des Gesamtbetrags, des Erlösbudgets, des krankenhausindividuellen Basisentgeltwerts oder über die Höhe sonstiger Entgelte nicht einigen und soll deswegen die Schiedsstelle angerufen werden, schließen die Vertragsparteien nach § 12 BPflV eine **Vorläufige Vereinbarung**, soweit die Höhe unstrittig ist. Die auf dieser Vereinbarung beruhenden Entgelte sind so lange zu erheben, bis die endgültig maßgebenden Entgelte verbindlich werden.

Kommt eine Vereinbarung ganz oder teilweise nicht zustande, entscheidet nach § 13 BPflV die **Schiedsstelle** nach dem Krankenhausfinanzierungsgesetz auf Antrag einer der Vertragsparteien.

Die Berechnung **Belegärztlicher Leistungen** und die Vereinbarung und Berechnung von Wahlleistungen richten sich gemäß § 16 BPflV nach dem Krankenhausentgeltgesetz.

8.4 Gebührenordnung für Ärzte (GOÄ)

8.4.1 Übersicht über die Regelungen der GOÄ

Die Gebührenordnung für Ärzte (GOÄ) vom 9. Februar 1996 (BGBl I S. 210), zuletzt durch Artikel 17 des Gesetzes vom 4. Dezember 2001 (BGBl I S. 3320) geändert, umfasst Regelungen zu Vergütungen, Gebühren, Entschädigungen, Wegegeld und Ersatz von Auslagen für Ärzte.

Beispiel: Ein Arzt macht einen 28 km entfernten Hausbesuch. Hierfür kann er Gebühren, eine Reiseentschädigung sowie ggf. Auslagenersatz berechnen.

Tabelle 98 gibt einen Überblick über die Inhalte der GOÄ.

Tab. 98: Gebührenordnung für Ärzte (GOÄ)

Fundstelle	Inhalt
§ 1	Anwendungsbereich
§ 2	Abweichende Vereinbarung
§ 3	Vergütungen
§ 4	Gebühren
§ 5	Bemessung der Gebühren für Leistungen des Gebührenverzeichnisses
§ 5a	Bemessung der Gebühren in besonderen Fällen
§ 5b	Bemessung der Gebühren bei Versicherten des Standardtarifes der privaten Krankenversicherung
§ 6	Gebühren für andere Leistungen
§ 6a	Gebühren bei stationärer Behandlung
§ 7	Entschädigungen
§ 8	Wegegeld
§ 9	Reiseentschädigung
§ 10	Ersatz von Auslagen
§ 11	Zahlung durch öffentliche Leistungsträger
§ 12	Fälligkeit und Abrechnung der Vergütung, Rechnung
Anlage Gebührenverzeichnis für ärztliche Leistungen (Teil I)	
Anlage Gebührenverzeichnis für ärztliche Leistungen (Teil II	

8.4.2 Vergütungen, Gebühren, Entschädigungen und Ersatz von Auslagen für Ärzte

Vergütungen darf der Arzt nach § 1 GOÄ nur für Leistungen berechnen, die nach den Regeln der ärztlichen Kunst für eine medizinisch notwendige ärztliche Versorgung erforderlich sind. Leistungen, die über das Maß einer medizinisch notwendigen ärztlichen Versorgung hinausgehen, darf er nur berechnen, wenn sie auf Verlangen des Zahlungspflichtigen erbracht worden sind. Als Vergütungen stehen dem Arzt nach § 3 GOÄ Gebühren, Entschädigungen und Ersatz von Auslagen zu.

Gebühren sind nach § 4 GOÄ Vergütungen für die im **Gebührenverzeichnis** (Anlage) genannten ärztlichen Leistungen. Die einzelne **Gebührenhöhe** bemisst sich gemäß § 5 GOÄ und soweit in der GOÄ nichts anderes bestimmt ist, nach dem Einfachen bis Dreieinhalbfachen des Gebührensatzes. **Gebührensatz** ist der Betrag, der sich ergibt, wenn die Punktzahl der einzelnen Leistung des Gebührenverzeichnisses mit dem Punktwert vervielfacht wird. Der **Punktwert** beträgt 5,82873 Cent. Bei der Bemessung von Gebühren sind sich ergebende Bruchteile eines Pfennigs unter 0,5 abzurunden und Bruchteile von 0,5 und mehr aufzurunden. Innerhalb des

Gebührenrahmens sind die Gebühren unter Berücksichtigung der Schwierigkeit und des Zeitaufwandes der einzelnen Leistung sowie der Umstände bei der Ausführung nach billigem Ermessen zu bestimmen.

Abweichungen von der Gebührenbemessung sind in §§ 5 ff GOÄ geregelt.

Als **Entschädigungen** für Besuche erhält der Arzt nach § 7 GOÄ Wegegeld und Reiseentschädigung; hierdurch sind Zeitversäumnisse und die durch den Besuch bedingten Mehrkosten abgegolten.

Der Arzt kann nach § 8 GOÄ für jeden Besuch ein **Wegegeld** berechnen.

Bei Besuchen über eine Entfernung von mehr als 25 Kilometern zwischen Praxisstelle des Arztes und Besuchsstelle tritt nach § 9 GOÄ an die Stelle des Wegegeldes eine **Reiseentschädigung**.

Neben den für die einzelnen ärztlichen Leistungen vorgesehenen Gebühren können nach § 10 GOÄ als **Auslagenersatz** nur berechnet werden

- die Kosten für diejenigen Arzneimittel, Verbandmittel und sonstigen Materialien, die der Patient zur weiteren Verwendung behält oder die mit einer einmaligen Anwendung verbraucht sind, soweit in der GOÄ nichts anderes bestimmt ist,
- Versand- und Portokosten, soweit deren Berechnung nicht ausgeschlossen ist,
- die im Zusammenhang mit Leistungen nach Abschnitt O bei der Anwendung radioaktiver Stoffe durch deren Verbrauch entstandenen Kosten sowie
- die nach den Vorschriften des Gebührenverzeichnisses als gesondert berechnungsfähig ausgewiesenen Kosten.

Die Berechnung von Pauschalen ist nicht zulässig.

Wenn ein Leistungsträger im Sinne des Sozialgesetzbuchs oder ein sonstiger öffentlich-rechtlicher Kostenträger die Zahlung leistet, sind die ärztlichen Leistungen gemäß § 11 GOÄ nach den Gebührensätzen des Gebührenverzeichnisses zu berechnen.

Die Vergütung wird nach § 12 GOÄ fällig, wenn dem Zahlungspflichtigen eine dieser Verordnung entsprechende **Rechnung** erteilt worden ist. Sie muss insbesondere enthalten:

- das Datum der Erbringung der Leistung,
- bei Gebühren die Nummer und die Bezeichnung der einzelnen berechneten Leistung einschließlich einer in der Leistungsbeschreibung gegebenenfalls genannten Mindestdauer sowie den jeweiligen Betrag und den Steigerungssatz,
- bei Gebühren für stationäre, teilstationäre sowie vor- und nachstationäre privatärztliche Leistungen zusätzlich den Minderungsbetrag,
- bei Entschädigungen den Betrag, die Art der Entschädigung und die Berechnung,
- bei Ersatz von Auslagen den Betrag und die Art der Auslage.

Durch Vereinbarung mit genannten Leistungs- und Kostenträgern kann eine abweichende Regelung getroffen werden.

8.5 Gebührenordnung für Psychologische Psychotherapeuten und Kinder- und Jugendlichenpsychotherapeuten (GOP)

8.5.1 Übersicht über die Regelungen der GOP

Die Gebührenordnung für Psychologische Psychotherapeuten und Kinder- und Jugendlichenpsychotherapeuten (GOP) vom 8. Juni 2000 (BGBl I S. 818), durch § 5 Satz 3 der Verordnung vom 18. Oktober 2001 (BGBl I S. 2721) geändert, umfasst Regelungen zu Vergütungen für die beruflichen Leistungen von Psychotherapeuten.

Beispiel: Ein Psychotherapeut berechnet eine Leistung außerhalb der GOÄ. Nach § 1 GOP sind Vergütungen nur für Leistungen berechnungsfähig, die in den Abschnitten B und G des Gebührenverzeichnisses der GOÄ aufgeführt sind.

Tabelle 99 gibt einen Überblick über die Inhalte der GOP.

Tab. 99: Gebührenordnung für Psychologische Psychotherapeuten und Kinder- und Jugendlichenpsychotherapeuten (GOP)

Fundstelle	Inhalt
§ 1	Vergütungen
§ 2	(weggefallen)
§ 3	Inkrafttreten
Schlussformel	

8.5.2 Vergütungen für Psychologische Psychotherapeuten und Kinder- und Jugendlichenpsychotherapeuten

Die **Vergütungen** für die beruflichen Leistungen der Psychologischen Psychotherapeuten und der Kinder- und Jugendlichenpsychotherapeuten im Sinne des Psychotherapeutengesetzes richten sich gemäß § 1 GOP nach der Gebührenordnung für Ärzte in der Fassung der Bekanntmachung vom 9. Februar 1996 (BGBl I S. 210), geändert durch Artikel 17 des Gesetzes vom 22. Dezember 1999 (BGBl I S. 2626), soweit nicht durch Bundesgesetz etwas anderes bestimmt ist.

Vergütungen sind nur für Leistungen berechnungsfähig, die in den Abschnitten B und G des Gebührenverzeichnisses der Gebührenordnung für Ärzte aufgeführt sind. § 6 Abs. 2 der Gebührenordnung für Ärzte gilt mit der Maßgabe, dass psychotherapeutische Leistungen, die nicht im Gebührenverzeichnis der Gebührenordnung für Ärzte enthalten sind, entsprechend einer nach Art, Kosten- und Zeitaufwand gleichwertigen Leistung der Abschnitte B und G des Gebührenverzeichnisses der Gebührenordnung für Ärzte berechnet werden können.

8.6 Gebührenordnung für Zahnärzte (GOZ)

8.6.1 Übersicht über die Regelungen der GOZ

Die Gebührenordnung für Zahnärzte (GOZ) vom 22. Oktober 1987 (BGBl I S. 2316), zuletzt durch Artikel 1 der Verordnung vom 5. Dezember 2011 (BGBl I S. 2661) geändert, umfasst Regelungen zu Vergütungen, Gebühren, Entschädigungen, Wegegeld und Ersatz von Auslagen für Zahnärzte.

Beispiel: Ein Zahnarzt berechnet eine Leistung ohne Komplikationen mit dem 2,3fachen Gebührensatz. Dies bildet nach Schwierigkeit und Zeitaufwand eine durchschnittliche Leistung nach § 5 GOZ ab.

Tabelle 100 gibt einen Überblick über die Inhalte der GOZ.

Tab. 100: Gebührenordnung für Zahnärzte (GOZ)

Fundstelle	Inhalt
§ 1	Anwendungsbereich
§ 2	Abweichende Vereinbarung
§ 3	Vergütungen
§ 4	Gebühren
§ 5	Bemessung der Gebühren für Leistungen des Gebührenverzeichnisses
§ 6	Gebühren für andere Leistungen
§ 7	Gebühren bei stationärer Behandlung
§ 8	Entschädigungen
§ 9	Ersatz von Auslagen für zahntechnische Leistungen
§ 10	Fälligkeit und Abrechnung der Vergütung, Rechnung
§ 11	Übergangsvorschrift
§ 12	Überprüfung
Anlage 1 Gebührenverzeichnis für zahnärztliche Leistungen	
Anlage 2 Liquidationsvordruck	

8.6.2 Vergütungen, Gebühren, Entschädigungen und Ersatz von Auslagen für Zahnärzte

Nach § 1 GOZ darf der Zahnarzt **Vergütungen** nur für Leistungen berechnen, die nach den Regeln der zahnärztlichen Kunst für eine zahnmedizinisch notwendige zahnärztliche Versorgung erforderlich sind. Leistungen, die über das Maß einer zahnmedizinisch notwendigen zahnärztlichen Versorgung hinausgehen, darf er nur berechnen, wenn sie auf Verlangen des Zahlungspflichtigen erbracht worden sind.

Durch Vereinbarung zwischen Zahnarzt und Zahlungspflichtigem kann nach § 2 GOZ eine von dieser Verordnung abweichende Gebührenhöhe festgelegt werden. Sie ist nach persönlicher Absprache im Einzelfall zwischen Zahnarzt und Zahlungspflichtigem vor Erbringung der Leistung des Zahnarztes schriftlich zu treffen. Dieses muss neben der Nummer und der Bezeichnung der Leistung, dem vereinbarten Steigerungssatz und dem sich daraus ergebenden Betrag auch die Feststellung enthalten, dass eine Erstattung der Vergütung durch Erstattungsstellen möglicherweise nicht in vollem Umfang gewährleistet ist. Weitere Erklärungen darf die Vereinbarung nicht enthalten. Der Zahnarzt hat dem Zahlungspflichtigen einen Abdruck der Vereinbarung auszuhändigen.

Leistungen nach § 1 und ihre Vergütung müssen in einem **Heil- und Kostenplan** schriftlich vereinbart werden. Der Heil- und Kostenplan muss vor Erbringung der Leistung erstellt werden; er muss die einzelnen Leistungen und Vergütungen sowie die Feststellung enthalten, dass es sich um Leistungen auf Verlangen handelt und eine Erstattung möglicherweise nicht gewährleistet ist.

Nach § 4 GOZ sind **Gebühren** Vergütungen für die im Gebührenverzeichnis (Anlage 1) genannten zahnärztlichen Leistungen. Mit den Gebühren sind die Praxiskosten einschließlich der Kosten für Füllungsmaterial, für den Sprechstundenbedarf, für die Anwendung von Instrumenten und Apparaten sowie für Lagerhaltung abgegolten, soweit nicht im Gebührenverzeichnis etwas anderes bestimmt ist.

Die einzelne **Gebührenhöhe** bemisst sich gemäß § 5 GOZ nach dem Einfachen bis Dreieinhalbfachen des Gebührensatzes. **Gebührensatz** ist der Betrag, der sich ergibt, wenn die Punktzahl der einzelnen Leistung des Gebührenverzeichnisses mit dem Punktwert vervielfacht wird. Der **Punktwert** beträgt 5,62421 Cent. Bei der Bemessung von Gebühren sind sich ergebende Bruchteile eines Cents unter 0,5 abzurunden und Bruchteile von 0,5 und mehr aufzurunden; die Rundung ist erst nach der Multiplikation mit dem Steigerungsfaktor vorzunehmen. Der 2,3-fache Gebührensatz bildet die nach Schwierigkeit und Zeitaufwand durchschnittliche Leistung ab.

Selbstständige zahnärztliche Leistungen, die in das Gebührenverzeichnis nicht aufgenommen sind, können nach § 6 GOZ entsprechend einer nach Art, Kosten- und Zeitaufwand gleichwertigen Leistung des Gebührenverzeichnisses dieser Verordnung berechnet werden.

Als **Entschädigungen** für Besuche erhält der Zahnarzt nach § 8 GOZ Wegegeld oder Reiseentschädigung; hierdurch sind Zeitversäumnisse und die durch den Besuch bedingten Mehrkosten abgegolten. Der Zahnarzt kann für jeden Besuch ein **Wegegeld** berechnen. Bei Besuchen außerhalb eines Radius von 25 Kilometern um die Praxisstelle des Zahnarztes tritt an die Stelle des Wegegeldes eine **Reiseentschädigung**.

Neben den für die einzelnen zahnärztlichen Leistungen vorgesehenen Gebühren können nach § 9 GOZ als Auslagen die dem Zahnarzt tatsächlich entstandenen angemessenen Kosten für **Zahntechnische Leistungen** berechnet werden, soweit diese Kosten nicht nach den Bestimmungen des Gebührenverzeichnisses mit den Gebühren abgegolten sind.

Die Vergütung wird gemäß § 10 GOZ fällig, wenn dem Zahlungspflichtigen eine dieser Verordnung entsprechende **Rechnung** nach der Anlage 2 erteilt worden ist.

8.7 Krankenhausentgeltgesetz (KHEntgG)

8.7.1 Übersicht über die Regelungen des KHEntgG

Nach dem Gesetz über die Entgelte für voll- und teilstationäre Krankenhausleistungen (Krankenhausentgeltgesetz, KHEntgG) vom 23. April 2002 (BGBl I S. 1412, 1422), zuletzt durch Artikel 3 des Gesetzes vom 3. April 2013 (BGBl I S. 617) geändert, und dem Krankenhausfinanzierungsgesetz werden gemäß § 1 KHEntgG die vollstationären und teilstationären Leistungen der DRG-Krankenhäuser vergütet. Es umfasst unter anderem Regelungen zu Krankenhausleistung, Entgelte, Wahlleistungen und Kostenerstattung der Ärzte.

Beispiel: Ein Krankenhaus führt bei einer Entgeltabrechnung einen Ausbildungszuschlag an. Nach § 7 KHEntgG zählt dieser zu den Entgelten, mit denen die allgemeinen Krankenhausleistungen gegenüber den Patienten oder ihren Kostenträgern abgerechnet werden.

Tabelle 101 gibt einen Überblick über die Inhalte des KHEntgG.

Tab. 101: Krankenhausentgeltgesetz (KHEntgG)

Abschnitt	Inhalt
Allgemeine Vorschriften	Anwendungsbereich; Krankenhausleistungen
Vergütung der Krankenhausleistungen	Grundlagen; Vereinbarung eines Erlösbudgets ab dem Jahr 2009; Vereinbarung und Abrechnung von Zu- und Abschlägen; Vereinbarung sonstiger Entgelte
Entgeltarten und Abrechnung	Entgelte für allgemeine Krankenhausleistungen; Berechnung der Entgelte

Abschnitt	Inhalt
Vereinbarungsverfahren	Vereinbarung auf Bundesebene; Vereinbarung auf Landesebene; Vereinbarung für das einzelne Krankenhaus; Vorläufige Vereinbarung; Schiedsstelle; Genehmigung; Laufzeit
Gesondert berechenbare ärztliche und andere Leistungen	Wahlleistungen; Belegärzte; Kostenerstattung der Ärzte
Sonstige Vorschriften	Zuständigkeit der Krankenkassen auf Landesebene; Übermittlung und Nutzung von Daten
Anlage 1 Aufstellung der Entgelte und Budgetermittlung (AEB) nach § 11 Abs. 4 des Krankenhausentgeltgesetzes (KHEntgG)	

8.7.2 Krankenhausleistung, Entgelte, Wahlleistungen und Kostenerstattung der Ärzte

Krankenhausleistungen sind nach § 2 KHEntgG insbesondere ärztliche Behandlung, auch durch nicht fest angestellte Ärztinnen und Ärzte, Krankenpflege, Versorgung mit Arznei-, Heil- und Hilfsmitteln, die für die Versorgung im Krankenhaus notwendig sind, sowie Unterkunft und Verpflegung; sie umfassen allgemeine Krankenhausleistungen und Wahlleistungen.

Die **Vergütung** der voll- und teilstationären allgemeinen Krankenhausleistungen erfolgt gemäß § 3 KHEntgG durch

- ein von den Vertragsparteien gemeinsam vereinbartes Erlösbudget,
- eine von den Vertragsparteien gemeinsam vereinbarte Erlössumme für krankenhausindividuell zu vereinbarende Entgelte,
- Entgelte für neue Untersuchungs- und Behandlungsmethoden,
- Zusatzentgelte für die Behandlung von Blutern,
- Zu- und Abschläge.

Das von den Vertragsparteien zu vereinbarende **Erlösbudget** umfasst nach § 4 KHEntgG für voll- und teilstationäre Leistungen die Fallpauschalen und die Zusatzentgelte. Das Erlösbudget wird leistungsorientiert ermittelt, indem für die voraussichtlich zu erbringenden Leistungen Art und Menge der Entgelte nach mit der jeweils maßgeblichen Entgelthöhe multipliziert werden. Die Entgelthöhe für die Fallpauschalen wird ermittelt, indem diese nach den Vorgaben des Entgeltkatalogs und der Abrechnungsbestimmungen mit den effektiven Bewertungsrelationen und mit dem Landesbasisfallwert bewertet werden.

Auf Antrag einer Vertragspartei ist nach § 5 KHEntgG zu prüfen, ob bei dem Krankenhaus die Voraussetzungen für einen **Zu- oder Abschlag** vorliegen.

Für Leistungen, die noch nicht mit den DRG-Fallpauschalen und Zusatzentgelten sachgerecht vergütet werden können, und für besondere Einrichtungen vereinbaren die Vertragsparteien gemäß § 6 KHEntgG fall- oder tagesbezogene Entgelte oder in eng begrenzten Ausnahmefällen **Zusatzentgelte**, sofern die Leistungen oder besonderen Einrichtungen nach Feststellung der Vertragsparteien dem Krankenhausfinanzierungsgesetz von der Anwendung der DRG-Fallpauschalen und Zusatzentgelte ausgenommen sind.

Die allgemeinen Krankenhausleistungen werden nach § 7 KHEntgG gegenüber den Patienten oder ihren Kostenträgern mit folgenden **Entgelten** abgerechnet:
- Fallpauschalen nach dem auf Bundesebene vereinbarten Entgeltkatalog,
- Zusatzentgelte nach dem auf Bundesebene vereinbarten Entgeltkatalog,
- gesonderte Zusatzentgelte,
- der Ausbildungszuschlag und sonstige Zu- und Abschläge,
- Entgelte für besondere Einrichtungen und für Leistungen, die noch nicht von den auf Bundesebene vereinbarten Fallpauschalen und Zusatzentgelten erfasst werden,
- Entgelte für neue Untersuchungs- und Behandlungsmethoden, die noch nicht in die Entgeltkataloge aufgenommen worden sind,
- Qualitätssicherungszuschläge sowie Qualitätssicherungsabschläge.

Die Entgelte für allgemeine Krankenhausleistungen sind nach § 8 KHEntgG für alle Benutzer des Krankenhauses einheitlich zu berechnen.

Der Spitzenverband Bund der Krankenkassen und der Verband der privaten Krankenversicherung gemeinsam vereinbaren nach § 9 KHEntgG mit der Deutschen Krankenhausgesellschaft unter anderem
- einen **Fallpauschalen-Katalog** einschließlich der **Bewertungsrelationen** sowie Regelungen zu Verlegungsfällen und zur Grenzverweildauer und der in Abhängigkeit von diesen zusätzlich zu zahlenden Entgelte oder vorzunehmenden Abschläge (effektive Bewertungsrelationen),
- einen Katalog ergänzender Zusatzentgelte einschließlich der Vergütungshöhe,
- die Abrechnungsbestimmungen für die Entgelte sowie die Regelungen über Zu- und Abschläge,
- Empfehlungen für die Kalkulation und Vergütung neuer Untersuchungs- und Behandlungsmethoden, für die gesonderte Entgelte vereinbart werden können,
- die Erhöhungsrate für Tariferhöhungen,
- den Veränderungswert für die Begrenzung der Entwicklung des Basisfallwerts.

Zur Bestimmung der Höhe der Fallpauschalen vereinbaren die Vertragsparteien nach § 10 KHEntgG auf Landesebene jährlich einen **Landesbasisfallwert** für das folgende Kalenderjahr.

Unter Beachtung des Versorgungsauftrags des Krankenhauses regeln die Vertragsparteien nach § 11 KHEntgG in der Vereinbarung das Erlösbudget, die Summe der Bewertungsrelationen, die sonstigen Entgelte, die Erlössumme, die Zu- und Abschläge und die Mehr- und Mindererlösausgleiche. Die Vereinbarung ist für einen zukünftigen Zeitraum zu schließen. Der **Vereinbarungszeitraum** beträgt ein Kalenderjahr, wenn das Krankenhaus ganzjährig betrieben wird. Ein Zeitraum, der mehrere Kalenderjahre umfasst, kann vereinbart werden.

Kommt eine Vereinbarung ganz oder teilweise nicht zustande, entscheidet nach § 13 KHEntgG die **Schiedsstelle** auf Antrag einer der genannten Vertragsparteien.

Die **Genehmigung** des landesweit geltenden Basisfallwerts, des Erlösbudgets, der Entgelte und der Zu- und Abschläge ist nach § 14 KHEntgG von einer der Vertragsparteien bei der zuständigen Landesbehörde zu beantragen.

Neben den Entgelten für die voll- und teilstationäre Behandlung dürfen nach § 17 KHEntgG andere als die allgemeinen Krankenhausleistungen als **Wahlleistungen** gesondert berechnet werden, wenn die allgemeinen Krankenhausleistungen durch die Wahlleistungen nicht beeinträchtigt werden und die gesonderte Berechnung mit dem Krankenhaus vereinbart ist.

Soweit **Belegärzte** zur Erbringung ihrer Leistungen Ärzte des Krankenhauses in Anspruch nehmen, sind sie nach § 19 KHEntgG verpflichtet, dem Krankenhaus die entstehenden Kosten zu erstatten. Soweit Ärzte zur Erbringung sonstiger vollstationärer oder teilstationärer ärztlicher Leistungen, die sie selbst berechnen können, Personen, Einrichtungen oder Mittel des Krankenhauses in Anspruch nehmen, sind sie verpflichtet, dem Krankenhaus die auf diese Leistungen entfallenden Kosten zu erstatten.

8.8 Krankenhausfinanzierungsgesetz (KHG)

8.8.1 Übersicht über die Regelungen des KHG

Das Gesetz zur wirtschaftlichen Sicherung der Krankenhäuser und zur Regelung der Krankenhauspflegesätze (Krankenhausfinanzierungsgesetz, KHG) in der Fassung der Bekanntmachung vom 10. April 1991 (BGBl I S. 886), zuletzt durch Artikel 2 des Gesetzes vom 3. April 2013 (BGBl I S. 617) geändert, hat nach § 1 KHG die wirtschaftliche Sicherung der Krankenhäuser zum Ziel, um eine bedarfsgerechte Versorgung der Bevölkerung mit leistungsfähigen, eigenverantwortlich wirtschaftenden Krankenhäusern zu gewährleisten und zu sozial tragbaren Pflegesätzen beizutragen.

Beispiel: Von zwei Krankenhäusern in räumlicher Nähe wurde eines in den Krankenhausplan aufgenommen, das andere nicht. Nach § 8 KHG besteht kein Anspruch auf Feststellung der Aufnahme in den Krankenhausplan und in das Investitionsprogramm. Bei notwendiger Auswahl zwischen mehreren Krankenhäusern entscheidet die zuständige Landesbehörde unter Berücksichtigung der öffentlichen Interessen und der Vielfalt der Krankenhausträger nach pflichtgemäßem Ermessen, welches Krankenhaus den Zielen der Krankenhausplanung des Landes am besten gerecht wird.

Tabelle 102 gibt einen Überblick über die Inhalte des KHG.

Tab. 102: Krankenhausentgeltgesetz (KHG)

Abschnitt	Inhalt
Allgemeine Vorschriften	Grundsatz; Begriffsbestimmungen; Anwendungsbereich; nicht förderungsfähige Einrichtungen; Krankenhausplanung und Investitionsprogramme; Mitwirkung der Beteiligten
Grundsätze der Investitionsförderung	Voraussetzungen der Förderung; Fördertatbestände; Entwicklungsauftrag zur Reform der Investitionsfinanzierung; landesrechtliche Vorschriften über die Förderung
Vorschriften über Krankenhauspflegesätze	Verordnung zur Regelung der Pflegesätze; Grundsätze für die Pflegesatzregelung; Finanzierung von Ausbildungskosten; Einführung eines pauschalierenden Entgeltsystems für DRG-Krankenhäuser; Prüfung der Abrechnung von Pflegesätzen; Einführung eines pauschalierenden Entgeltsystems für psychiatrische und psychosomatische Einrichtungen; Pflegesatzverfahren; Schiedsstelle; Nichtanwendung von Pflegesatzvorschriften
Sonstige Vorschriften	Zuständigkeitsregelung; Auskunftspflicht und Statistik; Darlehen aus Bundesmitteln; Berlin-Klausel

8.8.2 Förderung, Krankenhausplanung und Investitionsprogramme

Die Krankenhäuser werden nach § 4 KHG dadurch wirtschaftlich gesichert, dass
- ihre Investitionskosten im Wege öffentlicher Förderung übernommen werden und
- sie leistungsgerechte Erlöse aus den Pflegesätzen, die nach Maßgabe dieses Gesetzes auch Investitionskosten enthalten können, sowie Vergütungen für vor- und nachstationäre Behandlung und für ambulantes Operieren erhalten.

Die Länder stellen zur Verwirklichung der genannten Ziele nach § 6 KHG **Krankenhauspläne** und **Investitionsprogramme** auf; Folgekosten, insbesondere die Auswirkungen auf die Pflegesätze, sind zu berücksichtigen. Hat ein Krankenhaus auch für die Versorgung der Bevölkerung anderer Länder wesentliche Bedeutung, so ist die Krankenhausplanung insoweit zwischen den beteiligten Ländern abzustimmen. Die Länder stimmen ihre Krankenhausplanung auf die pflegerischen Leistungserfordernisse nach dem Sozialgesetzbuch ab, insbesondere mit dem Ziel, Krankenhäuser von Pflegefällen zu entlasten und dadurch entbehrlich werdende Teile eines Krankenhauses nahtlos in wirtschaftlich selbständige ambulante oder stationäre Pflegeeinrichtungen umzuwidmen.

Die Krankenhäuser haben gemäß § 8 KHG nach Maßgabe des KHG Anspruch auf **Investitionsförderung**, soweit und solange sie in den Krankenhausplan eines Landes und bei Investitionen in das Investitionsprogramm aufgenommen sind. Die Aufnahme oder Nichtaufnahme in den Krankenhausplan wird durch Bescheid festgestellt. Gegen den Bescheid ist der Verwaltungsrechtsweg gegeben. Ein Anspruch auf Feststellung der Aufnahme in den Krankenhausplan und in das Investitionsprogramm besteht nicht. Bei notwendiger Auswahl zwischen mehreren Krankenhäusern entscheidet die zuständige Landesbehörde unter Berücksichtigung der öffentlichen Interessen und der Vielfalt der Krankenhausträger nach pflichtgemäßem Ermessen, welches Krankenhaus den Zielen der Krankenhausplanung des Landes am besten gerecht wird.

Die Länder fördern auf Antrag des Krankenhausträgers nach § 9 KHG **Investitionskosten**, die entstehen insbesondere

- für die Errichtung von Krankenhäusern einschließlich der Erstausstattung mit den für den Krankenhausbetrieb notwendigen Anlagegütern,
- für die Wiederbeschaffung von Anlagegütern mit einer durchschnittlichen Nutzungsdauer von mehr als drei Jahren.

Die Länder bewilligen auf Antrag des Krankenhausträgers ferner **Fördermittel**

- für die Nutzung von Anlagegütern, soweit sie mit Zustimmung der zuständigen Landesbehörde erfolgt,
- für Anlaufkosten, für Umstellungskosten bei innerbetrieblichen Änderungen sowie für Erwerb, Erschließung, Miete und Pacht von Grundstücken, soweit ohne die Förderung die Aufnahme oder Fortführung des Krankenhausbetriebs gefährdet wäre,
- für Lasten aus Darlehen, die vor der Aufnahme des Krankenhauses in den Krankenhausplan für förderungsfähige Investitionskosten aufgenommen worden sind,
- als Ausgleich für die Abnutzung von Anlagegütern, soweit sie mit Eigenmitteln des Krankenhausträgers beschafft worden sind und bei Beginn der Förderung nach diesem Gesetz vorhanden waren,
- zur Erleichterung der Schließung von Krankenhäusern,
- zur Umstellung von Krankenhäusern oder Krankenhausabteilungen auf andere Aufgaben, insbesondere zu ihrer Umwidmung in Pflegeeinrichtungen oder selbständige, organisatorisch und wirtschaftlich vom Krankenhaus getrennte Pflegeabteilungen.

Die Länder fördern die Wiederbeschaffung kurzfristiger Anlagegüter sowie kleine bauliche Maßnahmen durch feste jährliche Pauschalbeträge, mit denen das Krankenhaus im Rahmen der Zweckbindung der Fördermittel frei wirtschaften kann.

Das Nähere zur Förderung wird nach § 11 KHG durch Landesrecht bestimmt.

8.8.3 Pflegesatzregelungen und -verfahren

Die **Pflegesätze** und die Vergütung für vor- und nachstationäre Behandlung nach dem Sozialgesetzbuch sind gemäß § 17 KHG für alle Benutzer des Krankenhauses einheitlich zu berechnen. Die Pflegesätze sind im Voraus zu bemessen. Bei der Ermittlung der Pflegesätze ist der Grundsatz der Beitragssatzstabilität nach Maßgabe dieses Gesetzes und des Krankenhausentgeltgesetzes zu beachten. Überschüsse verbleiben dem Krankenhaus; Verluste sind vom Krankenhaus zu tragen.

Im Pflegesatz sind unter anderem nicht zu berücksichtigen Kosten für
- Leistungen, die nicht der stationären oder teilstationären Krankenhausversorgung dienen,
- wissenschaftliche Forschung und Lehre, die über den normalen Krankenhausbetrieb hinausgehen.

Instandhaltungskosten sind im Pflegesatz zu berücksichtigen. Dazu gehören auch Instandhaltungskosten für Anlagegüter, wenn in baulichen Einheiten Gebäudeteile, betriebstechnische Anlagen und Einbauten oder wenn Außenanlagen vollständig oder überwiegend ersetzt werden.

Für die Vergütung der allgemeinen Krankenhausleistungen ist nach § 17b KHG ein durchgängiges, leistungsorientiertes und pauschalierendes **Vergütungssystem** einzuführen. Das Vergütungssystem hat Komplexitäten und Comorbiditäten abzubilden; sein Differenzierungsgrad soll praktikabel sein. Mit den Entgelten werden die allgemeinen vollstationären und teilstationären Krankenhausleistungen für einen Behandlungsfall vergütet.

Der Krankenhausträger wirkt nach § 17c KHG durch geeignete Maßnahmen darauf hin, dass
- keine Patienten in das Krankenhaus als **Fehlbelegungen** aufgenommen werden, die nicht der stationären Krankenhausbehandlung bedürfen, und bei Abrechnung von tagesbezogenen Pflegesätzen keine Patienten im Krankenhaus verbleiben, die nicht mehr der stationären Krankenhausbehandlung bedürfen,
- eine vorzeitige Verlegung oder Entlassung aus wirtschaftlichen Gründen unterbleibt,
- die Abrechnung der vergüteten Krankenhausfälle ordnungsgemäß erfolgt.

Für die Vergütung der allgemeinen Krankenhausleistungen von Fachkrankenhäusern und selbständigen, gebietsärztlich geleiteten Abteilungen an somatischen Krankenhäusern für die Fachgebiete Psychiatrie und Psychotherapie, Kinder- und Jugendpsychiatrie und -psychotherapie (psychiatrische Einrichtungen) sowie Psychosomatische Medizin und Psychotherapie (psychosomatische Einrichtungen) ist nach § 17d KHG ein durchgängiges, leistungsorientiertes und pauschalierendes Vergütungssystem auf der Grundlage von tagesbezogenen Entgelten einzuführen.

Die nach Maßgabe des KHG für das einzelne Krankenhaus zu verhandelnden Pflegesätze werden gemäß § 18 KHG zwischen dem Krankenhausträger und den Sozialleistungsträgern vereinbart. Die Landeskrankenhausgesellschaft, die Landesverbände der Krankenkassen, die Ersatzkassen und der Landesausschuss des Verbandes der privaten Krankenversicherung können sich am **Pflegesatzverfahren** beteiligen.

Die Bundesregierung wird nach § 28 KHG ermächtigt, jährliche Erhebungen über Krankenhäuser als Bundesstatistik anzuordnen. Diese **Krankenhausstatistik** kann unter anderem folgende Sachverhalte umfassen:
- Art des Krankenhauses und der Trägerschaft,
- im Krankenhaus tätige Personen nach Geschlecht, Beschäftigungsverhältnis, Tätigkeitsbereich, Dienststellung, Aus- und Weiterbildung,
- sachliche Ausstattung und organisatorische Einheiten des Krankenhauses,
- Kosten nach Kostenarten,
- in Anspruch genommene stationäre und ambulante Leistungen,
- Patienten nach Alter, Geschlecht, Wohnort, Erkrankungen nach Hauptdiagnosen,
- Ausbildungsstätten am Krankenhaus.

Auskunftspflichtig sind die Krankenhausträger gegenüber den statistischen Ämtern der Länder; die Rechtsverordnung kann Ausnahmen von der Auskunftspflicht vorsehen.

8.9 Nutzungszuschlags-Gesetz (NutzZG)

8.9.1 Übersicht über die Regelungen des NutzZG

Das Gesetz über nutzungsbezogene Zuschläge bei Verwendung der elektronischen Gesundheitskarte außerhalb der Gesetzlichen Krankenversicherung (Nutzungszuschlags-Gesetz, NutzZG) vom 22. Juni 2005 (BGBl I S. 1720, 1724), durch Artikel 16 des Gesetzes vom 17. Juli 2009 (BGBl I S. 1990) geändert, umfasst nach § 1 NutzZG Regelungen zur Erhebung nutzungsbezogener Zuschläge, wenn eine elektronische Gesundheitskarte, die den Vorgaben der Gesellschaft für Telematik nach dem SGB entspricht, bei Behandlungen eingesetzt wird, die nicht dem SGB unterliegen.

Beispiel: Ein Arzt berechnet einen Zuschlag nach NutzZG. Er muss sie nach § 3 NutzZG als berechnungsfähige Auslage in der Rechnung gesondert ausweisen.

Tabelle 103 gibt einen Überblick über die Inhalte des NutzZG.

Tab. 103: Nutzungszuschlags-Gesetz (NutzZG)

Fundstelle	Inhalt
§ 1	Anwendungsbereich
§ 2	Erhebung der Zuschläge
§ 3	Ausweis der Zuschläge

8.9.2 Nutzung der elektronischen Gesundheitskarte

Für die Nutzung der elektronischen **Gesundheitskarte** können Ärztinnen und Ärzte, Zahnärztinnen und Zahnärzte sowie Psychologische Psychotherapeutinnen und Psychologische Psychotherapeuten und Kinder- und Jugendlichenpsychotherapeutinnen und Kinder- und Jugendlichenpsychotherapeuten nach § 2 NutzZG der Zahlungspflichtigen oder dem Zahlungspflichtigen nutzungsbezogene **Zuschläge** berechnen.

Im Rahmen wahlärztlicher Behandlung nach dem Krankenhausentgeltgesetz dürfen keine Zuschläge berechnet werden.

Die Zuschläge gelten nach § 3 NutzZG als gesondert berechnungsfähige **Auslagen** im Sinne der GOÄ und GOZ. Sie sind in der Rechnung gesondert auszuweisen.

9. Rechnungswesen des Gesundheitsbetriebs

9.1 Krankenhaus-Buchführungsverordnung (KHBV)

9.1.1 Übersicht über die Regelungen der KHBV

Die Verordnung über die Rechnungs- und Buchführungspflichten von Krankenhäusern (Krankenhaus-Buchführungsverordnung, KHBV) in der Fassung der Bekanntmachung vom 24. März 1987 (BGBl I S. 1045), zuletzt durch Artikel 7 Absatz 1 des Gesetzes vom 20. Dezember 2012 (BGBl I S. 2751) geändert, regelt bis auf die in § 1 KHBV genannten Ausnahmen die Rechnungs- und Buchführungspflichten von Krankenhäusern.

Beispiel: Ein Kreiskrankenhaus hat 90 Betten. Es kann gemäß § 9 KHBV von den Pflichten einer Kosten- und Leistungsrechnung befreit werden, soweit die mit diesen Pflichten verbundenen Kosten in keinem angemessenen Verhältnis zu dem erreichbaren Nutzen stehen und die in § 8 genannten Zwecke auf andere Weise erreicht werden können.

Tabelle 104 gibt einen Überblick über die Inhalte der KHBV.

Tab. 104: Krankenhaus-Buchführungsverordnung (KHBV)

Fundstelle	Inhalt
§ 1	Anwendungsbereich
§ 2	Geschäftsjahr
§ 3	Buchführung, Inventar
§ 4	Jahresabschluss
§ 5	Einzelvorschriften zum Jahresabschluss
§ 6	Aufbewahrung und Vorlegung von Unterlagen
§ 7	(weggefallen)
§ 8	Kosten- und Leistungsrechnung
§ 9	Befreiungsvorschrift
§ 10	Ordnungswidrigkeiten
§ 11	Übergangsvorschrift
§ 12	(weggefallen)
§ 13	(Inkrafttreten)
Anlage 1 Gliederung der Bilanz	
Anlage 2 Gliederung der Gewinn- und Verlustrechnung	

Fundstelle	Inhalt
Anlage 3 Anlagennachweis	
Anlage 4 Kontenrahmen für die Buchführung	
Anlage 5 Kostenstellenrahmen für die Kosten- und Leistungsrechnung	

9.1.2 Buchführung, Inventar, Jahresabschluss, Kosten- und Leistungsrechnung nach der KHBV

Nach § 1 KHBV (1) regeln sich die **Rechnungs- und Buchführungspflichten** von Krankenhäusern nach den Vorschriften dieser Verordnung und deren Anlagen, unabhängig davon, ob das Krankenhaus Kaufmann im Sinne des Handelsgesetzbuchs ist, und unabhängig von der Rechtsform des Krankenhauses. Die KHBV gilt nicht für

- die Krankenhäuser, auf die das Krankenhausfinanzierungsgesetz keine Anwendung findet,
- die Krankenhäuser, die nach dem Krankenhausfinanzierungsgesetz nicht gefördert werden, es sei denn, dass diese Krankenhäuser auf Grund Landesrechts nach dem Krankenhausfinanzierungsgesetz gefördert werden, oder
- die Bundeswehrkrankenhäuser und die Krankenhäuser der Träger der gesetzlichen Unfallversicherung.

Das **Geschäftsjahr** ist nach § 2 KHBV das Kalenderjahr.

Das Krankenhaus führt gemäß § 3 KHBV seine Bücher nach den Regeln der kaufmännischen doppelten **Buchführung**; im Übrigen gelten die Regelungen des Handelsgesetzbuchs. Die Konten sind nach dem Kontenrahmen der Anlage 4 einzurichten, es sei denn, dass durch ein ordnungsmäßiges Überleitungsverfahren die Umschlüsselung auf den Kontenrahmen sichergestellt wird. Für das **Inventar** gelten die Regelungen des Handelsgesetzbuchs.

Der **Jahresabschluss** des Krankenhauses besteht nach § 4 KHBV aus der **Bilanz**, der **Gewinn- und Verlustrechnung** und dem **Anhang** einschließlich des Anlagennachweises. Die Bilanz ist nach der Anlage 1, die Gewinn- und Verlustrechnung nach der Anlage 2, der Anlagennachweis nach der Anlage 3 zu gliedern; im Übrigen richten sich Inhalt und Umfang des Jahresabschlusses nach Absatz 3. Der Jahresabschluss soll innerhalb von vier Monaten nach Ablauf des Geschäftsjahres aufgestellt werden.

Vermögensgegenstände des **Anlagevermögens**, deren Nutzung zeitlich begrenzt ist, sind nach § 5 KHBV zu den Anschaffungs- oder Herstellungskosten, vermindert um **Abschreibungen**, anzusetzen. Kann ein Krankenhaus, das erstmals nach den Grundsätzen dieser Verordnung eine Bewertung des Anlagevermögens vornimmt, zum Stichtag der Eröffnungsbilanz die tatsächlichen Anschaffungs- oder Herstellungskosten nicht ohne unvertretbaren Aufwand ermitteln, so sind den

Preisverhältnissen des vermutlichen Anschaffungs- oder Herstellungszeitpunkts entsprechende Erfahrungswerte als Anschaffungs- oder Herstellungskosten anzusetzen.

Nicht auf dem Krankenhausfinanzierungsgesetz beruhende Zuweisungen und **Zuschüsse** der öffentlichen Hand für Investitionen in aktivierte Vermögensgegenstände des Anlagevermögens sind in der Bilanz auf der Passivseite als „Sonderposten aus Zuweisungen und Zuschüssen der öffentlichen Hand", vermindert um den Betrag der bis zum jeweiligen Bilanzstichtag angefallenen Abschreibungen auf die mit diesen Mitteln finanzierten Vermögensgegenstände des Anlagevermögens, auszuweisen.

Fördermittel nach dem Krankenhausfinanzierungsgesetz für Investitionen in aktivierte Vermögensgegenstände des Anlagevermögens sind in der Bilanz auf der Passivseite als „Sonderposten aus Fördermitteln nach KHG", vermindert um den Betrag der bis zum jeweiligen Bilanzstichtag angefallenen Abschreibungen auf die mit diesen Mitteln finanzierten Vermögensgegenstände des Anlagevermögens, auszuweisen.

Unter dem **Eigenkapital** sind bei Krankenhäusern in einer anderen Rechtsform als der Kapitalgesellschaft oder ohne eigene Rechtspersönlichkeit als „festgesetztes Kapital" die Beträge auszuweisen, die vom Krankenhausträger auf Dauer zur Verfügung gestellt werden. Als „Kapitalrücklagen" sind sonstige Einlagen des Krankenhausträgers auszuweisen. Für **Gewinnrücklagen** gelten die Regelungen des Handelsgesetzbuchs entsprechend.

Für die Aufbewahrung von Unterlagen, die Aufbewahrungsfristen und die Vorlegung von Unterlagen gelten nach § 6 KHBV die Regelungen des Handelsgesetzbuchs.

Das Krankenhaus hat nach § 8 KHBV eine **Kosten- und Leistungsrechnung** zu führen, die eine betriebsinterne Steuerung sowie eine Beurteilung der Wirtschaftlichkeit und Leistungsfähigkeit erlaubt; sie muss die Ermittlung der pflegesatzfähigen Kosten sowie bis zum Jahr 2016 die Erstellung der Leistungs- und Kalkulationsaufstellung nach den Vorschriften der Bundespflegesatzverordnung in der am 31. Dezember 2012 geltenden Fassung ermöglichen. Dazu gehören folgende Mindestanforderungen:

- Das Krankenhaus hat die auf Grund seiner Aufgaben und Struktur erforderlichen Kostenstellen zu bilden. Es sollen, sofern hierfür Kosten und Leistungen anfallen, mindestens die Kostenstellen gebildet werden, die sich aus dem Kostenstellenrahmen der Anlage 5 ergeben. Bei abweichender Gliederung dieser Kostenstellen soll durch ein ordnungsmäßiges Überleitungsverfahren die Umschlüsselung auf den Kostenstellenrahmen sichergestellt werden.
- Die Kosten sind aus der Buchführung nachprüfbar herzuleiten.
- Die Kosten und Leistungen sind verursachungsgerecht nach Kostenstellen zu erfassen; sie sind darüber hinaus den anfordernden Kostenstellen zuzuordnen, soweit dies für die in Satz 1 genannten Zwecke erforderlich ist.

Ein Krankenhaus mit bis zu 100 Betten oder mit nur einer bettenführenden Abteilung kann gemäß § 9 KHBV von den Pflichten nach § 8 befreit werden, soweit die mit diesen Pflichten verbundenen Kosten in keinem angemessenen Verhältnis zu dem erreichbaren Nutzen stehen und die in § 8 genannten Zwecke auf andere Weise erreicht werden können.

9.2 Pflege-Buchführungsverordnung (PBV)

9.2.1 Übersicht über die Regelungen der PBV

Die Verordnung über die Rechnungs- und Buchführungspflichten der Pflegeeinrichtungen (Pflege-Buchführungsverordnung, PBV) vom 22. November 1995 (BGBl I S. 1528), zuletzt durch Artikel 7 Absatz 3 des Gesetzes vom 20. Dezember 2012 (BGBl I S. 2751) geändert, regelt nach § 1 PBV die Rechnungs- und Buchführungspflichten von Pflegeeinrichtungen.

Beispiel: Eine Pflegeeinrichtung stellt den Jahresabschluss im August für das vorhergehende Geschäftsjahr auf. Nach § 2 PBV ist das Geschäftsjahr das Kalenderjahr. Der Jahresabschluss ist nach § 4 PBV innerhalb von sechs Monaten nach Ablauf des Geschäftsjahres aufzustellen.

Tabelle 105 gibt einen Überblick über die Inhalte der PBV.

Tab. 105: Pflege-Buchführungsverordnung (PBV)

Fundstelle	Inhalt
§ 1	Anwendungsbereich
§ 2	Geschäftsjahr
§ 3	Buchführung, Inventar
§ 4	Jahresabschluss
§ 5	Einzelvorschriften zur Bilanz
§ 6	Aufbewahrung und Vorlegung von Unterlagen
§ 7	Kosten- und Leistungsrechnung
§ 8	Wahlrecht für Kapitalgesellschaften
§ 9	Befreiungen
§ 10	Ordnungswidrigkeiten
§ 11	Inkrafttreten und Übergangsvorschriften
Schlussformel	

Fundstelle	Inhalt
Anlage 1 Gliederung der Bilanz	
Anlage 2 Gliederung der Gewinn- und Verlustrechnung	
Anlage 3a Anlagennachweis	
Anlage 3b Nachweis der Förderungen nach Landesrecht (Fördernachweis)	
Anlage 4 Kontenrahmen für die Buchführung (Kontenklasse 0–8)	
Anlage 5 Muster, Kostenstellenrahmen für die Kosten- und Leistungsrechnung	
Anlage 6 Muster, Kostenträgerübersicht	

9.2.2 Buchführung, Inventar, Jahresabschluss, Kosten- und Leistungsrechnung nach der PBV

Gemäß § 1 PBV richten sich die **Rechnungs- und Buchführungspflichten** der Pflegeeinrichtungen nach dieser Verordnung, unabhängig davon, ob die Pflegeeinrichtung Kaufmann im Sinne des Handelsgesetzbuchs ist, und unabhängig von der Rechtsform der Pflegeeinrichtung. Rechnungs-, Buchführungs- und Aufzeichnungspflichten nach anderen Vorschriften bleiben unberührt.

Pflegeeinrichtungen im Sinne dieser Verordnung sind

- ambulante Pflegeeinrichtungen (Pflegedienste),
- teilstationäre und vollstationäre Pflegeeinrichtungen (Pflegeheime),
- mit denen ein Versorgungsvertrag nach dem Sozialgesetzbuch besteht (zugelassene Pflegeeinrichtungen).

Das **Geschäftsjahr** ist nach § 2 PBV das Kalenderjahr.

Die Pflegeeinrichtungen führen gemäß § 3 PBV ihre Bücher nach den Regeln der kaufmännischen doppelten **Buchführung**. Für Buchführung und Inventar gelten die Regelungen des Handelsgesetzbuchs. Die Konten sind nach dem Kontenrahmen der Anlage 4 einzurichten.

Der **Jahresabschluss** der Pflegeeinrichtung besteht nach § 4 PBV aus:

- der Bilanz, gegliedert nach Anlage 1,
- der **Gewinn- und Verlustrechnung**, gegliedert nach Anlage 2, sowie
- dem **Anhang** einschließlich des nach den Anlagen 3a und 3b gegliederten Anlagen- und Fördernachweises.

Der Jahresabschluss ist innerhalb von sechs Monaten nach Ablauf des Geschäftsjahres aufzustellen.

Vermögensgegenstände des **Anlagevermögens**, deren Nutzung zeitlich begrenzt ist, sind nach § 5 PBV in der **Bilanz** höchstens zu den Anschaffungs- oder Herstellungskosten, vermindert um **Abschreibungen**, anzusetzen.

Vermögensgegenstände des Anlagevermögens, die mit öffentlichen **Fördermitteln** oder sonstigen Zuwendungen Dritter angeschafft oder hergestellt worden sind, sind auf der Aktivseite der Bilanz mit dem Bruttowert anzusetzen. Auf der Passivseite der Bilanz sind die bereits zweckentsprechend verwendeten Fördermittel oder Zuwendungen als Sonderposten gesondert auszuweisen, vermindert um den Betrag der bis zum jeweiligen Bilanzstichtag angefallenen Abschreibungen auf die mit diesen Mitteln finanzierten Vermögensgegenstände des Anlagevermögens.

Bei Pflegeeinrichtungen ohne eigene Rechtspersönlichkeit oder in einer anderen Rechtsform als der Kapitalgesellschaft sind in der Bilanz unter dem **Eigenkapital** als „gewährtes Kapital" die Beträge auszuweisen, die der Einrichtung für die Erfüllung ihres Versorgungsauftrags nach dem Elften Buch Sozialgesetzbuch vom Rechtsträger auf Dauer zur Verfügung gestellt werden. Sonstige Einlagen des Rechtsträgers sind als **Kapitalrücklagen** auszuweisen. Für **Gewinnrücklagen** gelten die Regelungen des Handelsgesetzbuchs entsprechend.

Sind der Pflegeeinrichtung vor Aufnahme in den Landespflegeplan für Lasten aus Darlehen Fördermittel bewilligt worden, so ist in Höhe des Teils der jährlichen Abschreibungen auf die mit diesen Mitteln finanzierten Vermögensgegenstände des Anlagevermögens, der nicht durch den Tilgungsanteil der Fördermittel gedeckt ist, in der Bilanz auf der Aktivseite ein „Ausgleichsposten aus Darlehensförderung" zu bilden. Ist der Tilgungsanteil der Fördermittel aus der Darlehensförderung höher als die jährlichen Abschreibungen auf die mit diesen Mitteln finanzierten Vermögensgegenstände des Anlagevermögens, so ist in der Bilanz in Höhe des überschießenden Betrages auf der Passivseite ein „Ausgleichsposten aus Darlehensförderung" zu bilden.

In Höhe der Abschreibungen auf die aus **Eigenmitteln** des Trägers der Pflegeeinrichtung vor Beginn der Förderung beschafften Vermögensgegenstände des Anlagevermögens, für die ein Ausgleich für die Abnutzung in der Zeit ab Beginn der Förderung verlangt werden kann, ist in der Bilanz auf der Aktivseite ein „Ausgleichsposten für Eigenmittelförderung" zu bilden.

Für die Aufbewahrung von Unterlagen, die Aufbewahrungsfristen und die Vorlegung von Unterlagen gelten nach § 6 PBV die Regelungen des Handelsgesetzbuchs.

Die zugelassenen Pflegeeinrichtungen haben nach § 7 PBV eine **Kosten- und Leistungsrechnung** zu führen, die eine betriebsinterne Steuerung sowie eine Beurteilung der Wirtschaftlichkeit und Leistungsfähigkeit ermöglicht. Die Kosten- und Leistungsrechnung muss die Ermittlung und Abgrenzung der Kosten der jeweiligen Betriebszweige sowie die Erstellung der Leistungsnachweise nach den Vorschriften des Sozialgesetzbuchs ermöglichen. Dazu gehören unter anderem folgende Mindestanforderungen:

– Die Pflegeeinrichtungen haben die auf Grund ihrer Aufgaben und Strukturen erforderlichen Kostenstellen zu bilden; dabei kann der Kostenstellenrahmen nach dem Muster der Anlage 5 angewendet werden.

- Die Kosten sind aus der Buchführung nachprüfbar herzuleiten.
- Die Kosten und Leistungen sind verursachungsgerecht nach Kostenstellen zu erfassen; sie sind darüber hinaus den anfordernden Kostenstellen zuzuordnen, soweit dies für die genannten Zwecke erforderlich ist.
- Die Kosten und Leistungen sind verursachungsgerecht den Kostenträgern zuzuordnen; dabei kann die Kostenträgerübersicht nach dem Muster der Anlage 6 angewendet werden.

§ 9 enthält Befreiungsregelungen von den Vorgaben der PBV.

9.3 Publizitätsgesetz (PublG)

9.3.1 Übersicht über die Regelungen des PublG

Die Regelungen des Gesetzes über die Rechnungslegung von bestimmten Unternehmen und Konzernen (Publizitätsgesetz, PublG) vom 15. August 1969 (BGBl I S. 1189), zuletzt durch Artikel 2 Absatz 47 des Gesetzes vom 22. Dezember 2011 (BGBl I S. 3044) geändert, gelten beispielsweise für Gesundheitskonzerne, die entsprechende Größenordnungen nach § 1 PublG aufweisen und unter dessen Geltungsbereich fallen.

Beispiel: Die Umsatzerlöse eines Gesundheitskonzerns betragen 900 Mio. Euro und er beschäftigt 8.000 Mitarbeiter. Er hat nach den Vorschriften des PublG Rechnung zu legen, da zwei der drei in § 1 PublG genannten Merkmale zutreffen.

Tabelle 106 gibt einen Überblick über die Inhalte des PublG.

Tab. 106: Publizitätsgesetz (PublG)

Abschnitt	Inhalt
Rechnungslegung von Unternehmen	Zur Rechnungslegung verpflichtete Unternehmen; Beginn und Dauer der Pflicht zur Rechnungslegung; Geltungsbereich; Gesetzliche Vertreter, Aufsichtsrat, Feststellung, Gericht; Aufstellung von Jahresabschluss und Lagebericht; Prüfung durch die Abschlussprüfer und durch den Aufsichtsrat; Feststellung des Jahresabschlusses; Offenlegung des Jahresabschlusses und des Lageberichts; Prüfung durch den Betreiber des Bundesanzeigers; Nichtigkeit des Jahresabschlusses
Rechnungslegung von Konzernen	Zur Rechnungslegung verpflichtete Mutterunternehmen; Beginn und Dauer der Pflicht zur Konzernrechnungslegung; Aufstellung von Konzernabschluss und Konzernlagebericht; Prüfung des Konzernabschlusses; Offenlegung des Konzernabschlusses

Abschnitt	Inhalt
Straf-, Bußgeld- und Schlussvorschriften	Unrichtige Darstellung; Verletzung der Berichtspflicht; Verletzung der Geheimhaltungspflicht; Bußgeldvorschriften; Festsetzung von Ordnungsgeld; erstmalige Anwendung geänderter Vorschriften; Inkrafttreten

9.3.2 Rechnungslegung, Jahresabschluss und Lagebericht

Ein Unternehmen hat nach § 1 PublG Rechnung zu legen, wenn für den Tag des Ablaufs eines Geschäftsjahrs (**Abschlussstichtag**) und für die zwei darauf folgenden Abschlussstichtage jeweils mindestens zwei der drei nachstehenden Merkmale zutreffen:

- Die **Bilanzsumme** einer auf den Abschlussstichtag aufgestellten Jahresbilanz übersteigt 65 Millionen Euro.
- Die Umsatzerlöse des Unternehmens in den zwölf Monaten vor dem Abschluss-Stichtag übersteigen 130 Millionen Euro.
- Das Unternehmen hat in den zwölf Monaten vor dem Abschluss-Stichtag durchschnittlich mehr als fünftausend Arbeitnehmer beschäftigt.

Das Unternehmen hat nach § 2 PublG erstmals für den dritten der aufeinander folgenden Abschlussstichtage, für die mindestens zwei der drei Merkmale des § 1 Abs. 1 zutreffen, Rechnung zu legen. Es hat jedoch bereits für den ersten Abschlussstichtag Rechnung zu legen, für den mindestens zwei der drei Merkmale des § 1 Abs. 1 zutreffen, wenn auf das Unternehmen während des Geschäftsjahrs das Vermögen eines anderen Unternehmens durch Umwandlung oder in anderer Weise als Ganzes übergegangen ist und auf das andere Unternehmen an den beiden letzten Abschlussstichtagen mindestens zwei der drei Merkmale des § 1 Abs. 1 zutrafen; dies gilt auch, wenn das andere Unternehmen nicht nach diesem Abschnitt Rechnung zu legen brauchte.

Nach § 3 PublG ist dieser Abschnitt unter anderem nur anzuwenden auf Unternehmen in der Rechtsform

- einer Personenhandelsgesellschaft, für die kein Abschluss nach dem Handelsgesetzbuch aufgestellt wird, oder des Einzelkaufmanns,
- des Vereins, dessen Zweck auf einen wirtschaftlichen Geschäftsbetrieb gerichtet ist,
- der rechtsfähigen Stiftung des bürgerlichen Rechts, wenn sie ein Gewerbe betreibt,
- einer Körperschaft, Stiftung oder Anstalt des öffentlichen Rechts, die Kaufmann nach dem Handelsgesetzbuch sind oder als Kaufmann im Handelsregister eingetragen sind.

Nach § 5 PublG haben die gesetzlichen Vertreter des Unternehmens haben den **Jahresabschluss** in den ersten drei Monaten des Geschäftsjahrs für das vergangene Geschäftsjahr aufzustellen.

Nach § 6 PublG sind der Jahresabschluss und der Lagebericht durch einen **Abschlussprüfer** zu prüfen.

Hat das Unternehmen einen **Aufsichtsrat**, so haben die gesetzlichen Vertreter nach § 7 PublG unverzüglich nach Eingang des Prüfungsberichts der Abschlussprüfer den Jahresabschluss, den Lagebericht und den Prüfungsbericht der Abschlussprüfer dem Aufsichtsrat vorzulegen. Der Aufsichtsrat hat den Jahresabschluss und den Lagebericht zu prüfen; er hat über das Ergebnis seiner Prüfung schriftlich zu berichten.

Die gesetzlichen Vertreter des Unternehmens haben für dieses nach § 9 PublG den Jahresabschluss und die im Handelsgesetzbuch bezeichneten Unterlagen, soweit sie aufzustellen sind, in sinngemäßer Anwendung des Handelsgesetzbuchs offenzulegen. In der Bilanz von Personenhandelsgesellschaften dürfen bei der **Offenlegung** die Kapitalanteile der Gesellschafter, die Rücklagen, ein Gewinnvortrag und ein Gewinn unter Abzug der nicht durch Vermögenseinlagen gedeckten Verlustanteile von Gesellschaftern, eines Verlustvortrags und eines Verlusts in einem Posten „Eigenkapital" ausgewiesen werden.

9.3.3 Konzernrechnungslegung und -abschluss

Kann ein Unternehmen mit Sitz (**Hauptniederlassung**) im Inland unmittelbar oder mittelbar einen beherrschenden Einfluss auf ein anderes Unternehmen ausüben, so hat dieses Unternehmen (**Mutterunternehmen**) gemäß § 11 PublG nach den folgenden Vorschriften Rechnung zu legen, wenn für drei aufeinander folgende **Konzernabschlussstichtage** jeweils mindestens zwei der drei folgenden Merkmale zutreffen:
- Die Bilanzsumme einer auf den Konzernabschlussstichtag aufgestellten Konzernbilanz übersteigt 65 Millionen Euro.
- Die Umsatzerlöse einer auf den Konzernabschlussstichtag aufgestellten Konzern-Gewinn- und Verlustrechnung in den zwölf Monaten vor dem Abschluss-Stichtag übersteigen 130 Millionen Euro.
- Die Konzernunternehmen mit Sitz im Inland haben in den zwölf Monaten vor dem Konzernabschlussstichtag insgesamt durchschnittlich mehr als fünftausend Arbeitnehmer beschäftigt.

Die gesetzlichen Vertreter eines Mutterunternehmens, für dessen Abschlussstichtag mindestens zwei der drei Merkmale des § 11 PublG zutreffen, haben nach § 12 PublG unverzüglich beim Betreiber des **Bundesanzeigers** elektronisch die Erklärung einzureichen, dass für diesen Abschlussstichtag zwei der drei Merkmale des § 11 PublG zutreffen.

Die gesetzlichen Vertreter des Mutterunternehmens haben nach § 13 PublG in den ersten fünf Monaten des Konzerngeschäftsjahrs für das vergangene Konzerngeschäftsjahr einen **Konzernabschluss** sowie einen Konzernlagebericht oder einen Teilkonzernabschluss oder einen Teilkonzernlagebericht aufzustellen.

Der Konzernabschluss oder Teilkonzernabschluss ist nach § 14 PublG unter Einbeziehung des Konzernlageberichts oder des Teilkonzernlageberichts durch einen **Abschlussprüfer** zu prüfen.

Hat das Mutterunternehmen einen **Aufsichtsrat**, so haben die gesetzlichen Vertreter den Konzernabschluss oder den Teilkonzernabschluss, den Konzernlagebericht oder den Teilkonzernlagebericht und den Prüfungsbericht des Abschlussprüfers des Konzernabschlusses unverzüglich nach Eingang des Prüfungsberichts dem Aufsichtsrat zur Kenntnisnahme vorzulegen.

Die gesetzlichen Vertreter des Mutterunternehmens haben nach § 15 PublG für dieses den Konzernabschluss oder Teilkonzernabschluss mit dem Bestätigungsvermerk oder dem Vermerk über dessen Versagung und den Konzernlagebericht oder Teilkonzernlagebericht in sinngemäßer Anwendung des Handelsgesetzbuchs offenzulegen.

Für die **Offenlegung**, Veröffentlichung und Vervielfältigung des Konzernabschlusses, Teilkonzernabschlusses, Konzernlageberichts und des Teilkonzernlageberichts und für die Prüfungspflicht des Betreibers des Bundesanzeigers gelten die entsprechenden Vorschriften des Handelsgesetzbuchs sinngemäß.

10. Gesundheitsbetriebliches Informationswesen (Datenverarbeitung und Statistik)

10.1 Bundesdatenschutzgesetz (BDSG)

10.1.1 Übersicht über die Regelungen des BDSG

Zweck des Bundesdatenschutzgesetzes (BDSG) in der Fassung der Bekanntmachung vom 14. Januar 2003 (BGBl I S. 66), zuletzt durch Artikel 1 des Gesetzes vom 14. August 2009 (BGBl I S. 2814) geändert, nach § 1 BDSG ist es, den Einzelnen davor zu schützen, dass er durch den Umgang mit seinen personenbezogenen Daten in seinem Persönlichkeitsrecht beeinträchtigt wird. Dies gilt beispielsweise in Gesundheitsbetrieben nicht nur für den Umgang mit Patientendaten, sondern auch für die personenbezogenen Daten der Mitarbeiter.

Beispiel: In einem Krankenhaus wird der Eingangsbereich durch eine Videokamera überwacht. Nach § 6b BDSG ist die Beobachtung öffentlich zugänglicher Räume mit optisch-elektronischen Einrichtungen zulässig, soweit sie zur Aufgabenerfüllung öffentlicher Stellen, zur Wahrnehmung des Hausrechts oder zur Wahrnehmung berechtigter Interessen für konkret festgelegte Zwecke erforderlich ist und keine Anhaltspunkte bestehen, dass schutzwürdige Interessen der Betroffenen überwiegen.

Tabelle 107 gibt einen Überblick über die Inhalte des BDSG.

Tab. 107: Bundesdatenschutzgesetz (BDSG)

Abschnitt	Unterabschnitt	Inhalt
1	Allgemeine und gemeinsame Bestimmungen	
2	Datenverarbeitung der öffentlichen Stellen	
	1	Rechtsgrundlagen der Datenverarbeitung
	2	Rechte des Betroffenen
	3	Bundesbeauftragter für den Datenschutz und die Informationsfreiheit
3	Datenverarbeitung nicht-öffentlicher Stellen und öffentlich-rechtlicher Wettbewerbsunternehmen	
	1	Rechtsgrundlagen der Datenverarbeitung
	2	Rechte des Betroffenen
	3	Aufsichtsbehörde
4	Sondervorschriften	

Abschnitt	Unterabschnitt	Inhalt
5	Schlussvorschriften	
6	Übergangsvorschriften	

10.1.2 Bestimmungen zur Datenverarbeitung in Gesundheitsbetrieben

Die Bestimmungen gelten nach § 2 BDSG für öffentliche Stellen des Bundes und der Länder, soweit der Datenschutz nicht durch Landesgesetz geregelt ist und für nicht-öffentliche Stellen, soweit sie die **Personenbezogene Daten** unter Einsatz von Datenverarbeitungsanlagen verarbeiten, nutzen oder dafür erheben oder die Daten in oder aus nicht automatisierten Dateien verarbeiten, nutzen oder dafür erheben, es sei denn, die Erhebung, Verarbeitung oder Nutzung der Daten erfolgt ausschließlich für persönliche oder familiäre Tätigkeiten.

Nach § 3 BDSG sind

- Personenbezogene Daten: Einzelangaben über persönliche oder sachliche Verhältnisse einer bestimmten oder bestimmbaren natürlichen Person (Betroffener),
- Automatisierte **Datenverarbeitung**: Erhebung, Verarbeitung oder Nutzung personenbezogener Daten unter Einsatz von Datenverarbeitungsanlagen,
- Erheben: Beschaffen von Daten über den Betroffenen,
- Verarbeiten: Speichern, Verändern, Übermitteln, Sperren und Löschen personenbezogener Daten,
- Löschen: Unkenntlichmachen gespeicherter personenbezogener Daten,
- Nutzen: Jede Verwendung personenbezogener Daten, soweit es sich nicht um Verarbeitung handelt.

Die Erhebung, Verarbeitung und Nutzung personenbezogener Daten sind nach § 4 BDSG nur zulässig, soweit das BDSG oder eine andere Rechtsvorschrift dies erlaubt oder anordnet oder der **Betroffene** eingewilligt hat. Die **Einwilligung** ist nach § 4a BDSG nur wirksam, wenn sie auf der freien Entscheidung des Betroffenen beruht.

Im Rahmen der **Meldepflicht** sind nach § 4d BDSG Verfahren automatisierter Verarbeitungen vor ihrer Inbetriebnahme von nicht-öffentlichen verantwortlichen Stellen der zuständigen Aufsichtsbehörde und von öffentlichen verantwortlichen Stellen des Bundes dem Bundesbeauftragten für den Datenschutz zu melden. Die Meldepflicht entfällt unter anderem, wenn die verantwortliche Stelle einen Beauftragten für den Datenschutz bestellt hat.

Öffentliche und nicht-öffentliche Stellen, die personenbezogene Daten automatisiert verarbeiten, haben nach § 4f BDSG einen **Beauftragten für den Datenschutz** schriftlich zu bestellen. Er hat nach § 4g BDSG insbesondere die ordnungsgemäße Anwendung der Datenverarbeitungsprogramme, mit deren Hilfe personenbezogene

Daten verarbeitet werden sollen, zu überwachen und die bei der Verarbeitung personenbezogener Daten tätigen Personen durch geeignete Maßnahmen mit den Vorschriften dieses Gesetzes sowie anderen Vorschriften über den Datenschutz und mit den jeweiligen besonderen Erfordernissen des Datenschutzes vertraut zu machen.

Das **Datengeheimnis** nach § 5 BDSG untersagt den bei der Datenverarbeitung beschäftigten Personen, personenbezogene Daten unbefugt zu erheben, zu verarbeiten oder zu nutzen.

Nach § 6b BDSG ist die **Videoüberwachung** öffentlich zugänglicher Räume mit optisch-elektronischen Einrichtungen nur zulässig, soweit sie zur Aufgabenerfüllung öffentlicher Stellen, zur Wahrnehmung des Hausrechts oder zur Wahrnehmung berechtigter Interessen für konkret festgelegte Zwecke erforderlich ist und keine Anhaltspunkte bestehen, dass schutzwürdige Interessen der Betroffenen überwiegen.

Für Zwecke der wissenschaftlichen Forschung erhobene oder gespeicherte personenbezogene **Forschungsdaten** dürfen nach § 40 BDSG nur für Zwecke der wissenschaftlichen Forschung verarbeitet oder genutzt werden.

Nach der Anlage zu § 9 BDSG ist im Rahmen folgender **Datenschutzmaßnahmen** zu gewährleisten, dass durch

- **Zugriffskontrolle** die zur Benutzung eines Datenverarbeitungssystems Berechtigten ausschließlich auf die ihrer Zugriffsberechtigung unterliegenden Daten zugreifen können, und dass personenbezogene Daten bei der Verarbeitung, Nutzung und nach der Speicherung nicht unbefugt gelesen, kopiert, verändert oder entfernt werden können,
- **Weitergabekontrolle** personenbezogene Daten bei der elektronischen Übertragung oder während ihres Transports oder ihrer Speicherung auf Datenträger nicht unbefugt gelesen, kopiert, verändert oder entfernt werden können, und überprüft und festgestellt werden kann, an welche Stellen eine Übermittlung personenbezogener Daten durch Einrichtungen zur Datenübertragung vorgesehen ist,
- **Eingabekontrolle** nachträglich überprüft und festgestellt werden kann, ob und von wem personenbezogene Daten in Datenverarbeitungssysteme eingegeben, verändert oder entfernt worden sind,
- **Auftragskontrolle** personenbezogene Daten, die im Auftrag verarbeitet werden, nur entsprechend den Weisungen des Auftraggebers verarbeitet werden können,
- **Verfügbarkeitskontrolle** personenbezogene Daten gegen zufällige Zerstörung oder Verlust geschützt sind,
- **Zutrittskontrolle** Unbefugten der Zutritt zu Datenverarbeitungsanlagen, mit denen personenbezogene Daten verarbeitet oder genutzt werden, verwehrt wird,
- **Zugangskontrolle** Unbefugten die Nutzung von Datenverarbeitungssystemen ermöglicht wird.

Ferner ist zu gewährleisten, dass zu unterschiedlichen Zwecken erhobene Daten getrennt verarbeitet werden können.

Das BDSG enthält ferner zur Datenverarbeitung der *öffentlichen* Stellen beispielsweise unter anderem Regelungen zur

- Datenerhebung (§ 13 BDSG),
- Datenspeicherung, -veränderung und -nutzung (§ 14 BDSG),
- Datenübermittlung (§ 15f BDSG),
- Auskunft an den Betroffenen (§ 19 BDSG),
- Berichtigung, Löschung und Sperrung von Daten (§ 20 BDSG),

sowie zum Bundesbeauftragten für den Datenschutz und die Informationsfreiheit (§§ 21ff BDSG).

Zur Datenverarbeitung *nicht-öffentlicher* Stellen und *öffentlich-rechtlicher Wettbewerbsunternehmen* enthält das BDSG beispielsweise unter anderem Regelungen zur

- Datenerhebung und -speicherung für eigene Geschäftszwecke (§ 28 BDSG),
- Datenübermittlung an Auskunfteien (§ 28a BDSG),
- geschäftsmäßigen Datenerhebung und -speicherung zum Zweck der Übermittlung (§ 29 BDSG), in anonymisierter Form (§ 30 BDSG) oder für die Markt- oder Meinungsforschung (§ 30a BDSG),
- besonderen Zweckbindung (§ 31 BDSG),
- Datenerhebung, -verarbeitung und -nutzung für Zwecke des Beschäftigungsverhältnisses (§ 32 BDSG),
- Benachrichtigung und Auskunft an den Betroffenen (§ 33f BDSG).

10.2 Krankenhausstatistik-Verordnung (KHStatV)

10.2.1 Übersicht über die Regelungen der KHStatV

Die Verordnung über die Bundesstatistik für Krankenhäuser (Krankenhausstatistik-Verordnung, KHStatV) vom 10. April 1990 (BGBl I S. 730), zuletzt durch Artikel 4b des Gesetzes vom 17. März 2009 (BGBl I S. 534) geändert, regelt den Umfang der Erhebungen, Erhebungseinheiten, Erhebungsmerkmale und den Berichtszeitraum der Krankenhaus-Bundesstatistik.

Beispiel: Ein städtisches Klinikum meldet jährlich nach § 3 KHStatV in Verbindung mit § 5 KHStatV unter anderem die Berechnungs- und Belegungstage sowie Patientenzugang und -abgang einschließlich der Einrichtung, in die entlassen wird, jeweils gegliedert nach Art und Zahl sowie nach Fachabteilung.

Tabelle 108 gibt einen Überblick über die Inhalte der KHStatV.

Tab. 108: Krankenhausstatistik-Verordnung (KHStatV)

Fundstelle	Inhalt
§ 1	Umfang der Erhebungen, Begriffsbestimmungen
§ 2	Erhebungseinheiten
§ 3	Erhebungsmerkmale
§ 4	Hilfsmerkmale
§ 5	Periodizität und Berichtszeitraum
§ 6	Auskunftspflicht
§ 7	Übermittlung
§ 8	Inkrafttreten
Schlussformel	

10.2.2 Erhebungen, Periodizität, Berichtszeitraum und Auskunftspflicht

Nach § 1 KHStatV werden **Erhebungen** als Bundesstatistik durchgeführt über
- die Krankenhäuser und Vorsorge- oder Rehabilitationseinrichtungen, ihre organisatorischen Einheiten, ihre personelle Besetzung und sachliche Ausstattung sowie ihre Leistungen,
- die Kosten der Krankenhäuser sowie die Krankenhauspatienten und die Art ihrer Erkrankungen,
- die Ausbildungsstätten an Krankenhäusern.

Erhebungseinheiten sind nach § 2 KHStatV:
- Krankenhäuser einschließlich Ausbildungsstätten,
- Vorsorge- oder Rehabilitationseinrichtungen.

***Erhebungsmerkmale** sind beispielsweise nach § 3 KHStatV unter anderem:*
- *Art des Krankenhauses oder der Vorsorge- oder Rehabilitationseinrichtung sowie Art der Trägerschaft, einschließlich bei öffentlicher Trägerschaft die Rechtsform,*
- *Betten, gegliedert nach Art der Förderung und Fachabteilung sowie nach Art der Nutzung und Vertragsbestimmung,*
- *Einrichtungen der Intensivmedizin und der Geriatrie sowie organisatorisch abgrenzbare Einrichtungen zur Behandlung von Querschnittlähmung, Schwerst-Schädel-Hirn-Verletzungen, Schwerbrandverletzungen, AIDS, Mukoviszidose, Onkologiepatientinnen und -patienten, Transplantationspatientinnen und -patienten oder zur neonatologischen Intensivbehandlung, gegliedert nach Art und Anzahl der Betten, nach Berechnungs- und Belegungstagen sowie der Zahl der behandelten Fälle,*
- *Art und Zahl der medizinisch-technischen Großgeräte,*
- *Art und Zahl der Dialyseplätze,*
- *Art der nicht-bettenführenden Fachabteilungen,*

- *Art der Arzneimittelversorgung,*
- *ärztliches und zahnärztliches Personal, gegliedert nach Geschlecht und Beschäftigungsverhältnis, bei hauptamtlichen Ärzten zusätzlich nach Dienststellung, Gebiets- und Teilgebietsbezeichnung; ferner Belegärzte nach Gebiets- und Teilgebietsbezeichnung und von diesen angestellte Ärzte nach der Gebiets- und Teilgebietsbezeichnung des anstellenden Belegarztes,*
- *nichtärztliches Personal, gegliedert nach Geschlecht, Beschäftigungsverhältnis, Funktionsbereich und Berufsbezeichnung, im Pflegedienst auch nach Einsatz in der Psychiatrie, für in Pflegeberufen Ausgebildete nur nach Geschlecht, Beschäftigungsverhältnis und Art der abgeschlossenen Weiterbildung; ferner Personal der Ausbildungsstätten nach Geschlecht und Beschäftigungsverhältnis sowie Personen in Ausbildung mit oder ohne direktes Beschäftigungsverhältnis bei dem Krankenhaus oder der Vorsorge- oder Rehabilitationseinrichtung nach Geschlecht und Beschäftigungsverhältnis, zusätzlich für Pflegeberufe nach der Art des Pflegeberufes,*
- *vorstationär, nachstationär und teilstationär behandelte Patienten und teilstationäre Berechnungstage, gegliedert nach Fachabteilung, Einrichtungen der Geriatrie und organisatorisch abgrenzbaren Einrichtungen zur Behandlung von Querschnittlähmung, Schwerst-Schädel-Hirn-Verletzungen, Schwerbrandverletzungen, AIDS, Mukoviszidose, Onkologiepatientinnen und -patienten, Transplantationspatientinnen und -patienten, Dialysepatientinnen und -patienten oder der neonatologischen Intensivbehandlung; Zahl ambulanter Operationen und der Angabe, ob ambulante Operationen im Rahmen einer Ermächtigung zur Teilnahme an der vertragsärztlichen Versorgung erbracht wurden,*
- *Entbindungen und Geburten nach Art und Zahl sowie Zahl der wegen Fehlgeburt und Komplikationen im Zusammenhang mit der Entbindung behandelten Frauen,*
- *Berechnungs- und Belegungstage sowie Patientenzugang und -abgang einschließlich der Einrichtung, in die entlassen wird, jeweils gegliedert nach Art und Zahl sowie nach Fachabteilung.*

Hilfsmerkmale sind nach § 4 KHStatV
- Name des Krankenhausträgers oder des Trägers der Vorsorge- oder Rehabilitationseinrichtung,
- Name und Anschrift des Krankenhauses oder der Vorsorge- oder Rehabilitationseinrichtung,
- Name und Telekommunikationsanschlussnummer der für Rückfragen zur Verfügung stehenden Person,
- Institutionskennzeichen des Krankenhauses.

Die Erhebungen werden nach § 5 KHStatV jährlich durchgeführt.

Für die Erhebung besteht nach § 6 KHStatV **Auskunftspflicht**. Auskunftspflichtig sind die Träger der Krankenhäuser und Vorsorge- oder Rehabilitationseinrichtungen.

Die Statistischen Landesämter sind nach § 7 KHStatV berechtigt, mit Zustimmung der Betroffenen jährlich im Rahmen eines Verzeichnisses Name, Anschrift, Träger, Art des Krankenhauses, Fachabteilungen und Bettenzahl von Krankenhäusern sowie von Vorsorge- und Rehabilitationseinrichtungen zu veröffentlichen.

10.3 Pflegestatistik-Verordnung (PflegeStatV)

10.3.1 Übersicht über die Regelungen der PflegeStatV

Die Verordnung zur Durchführung einer Bundesstatistik über Pflegeeinrichtungen sowie über die häusliche Pflege (Pflegestatistik-Verordnung, PflegeStatV) vom 24. November 1999 (BGBl I S. 2282) regelt den Umfang der Erhebungen, Erhebungsmerkmale, den Berichtszeitraum und die Veröffentlichung der Bundesstatistik über Pflegeeinrichtungen.

Beispiel: Eine Pflegeeinrichtung meldet alle zwei Jahre nach § 2 PflegeStatV in Verbindung mit § 4 PflegeStatV unter anderem die betreuten Pflegebedürftigen nach Geschlecht, Geburtsjahr, Grad der Pflegebedürftigkeit sowie bei stationär betreuten Pflegebedürftigen auch die Art der in Anspruch genommenen Pflegeleistung.

Tabelle 109 gibt einen Überblick über die Inhalte der PflegeStatV.

Tab. 109: Pflegestatistik-Verordnung (PflegeStatV)

Fundstelle	Inhalt
§ 1	Umfang der Erhebungen, Begriffsbestimmungen
§ 2	Erhebungsmerkmale
§ 3	Hilfsmerkmale
§ 4	Periodizität und Berichtszeitraum
§ 5	Auskunftspflicht
§ 6	Übermittlung
§ 7	Veröffentlichung
§ 8	Inkrafttreten
Schlussformel	

10.3.2 Erhebungen, Berichtszeitraum, Auskunftspflicht und Veröffentlichung

Erhebungen als Bundesstatistik werden nach § 1 PflegeStatV durchgeführt über
- die Pflegeeinrichtungen,
- die Pflegegeldleistungen.

Pflegeeinrichtungen im Sinne dieser Verordnung sind ambulante Pflegeeinrichtungen (Pflegedienste) sowie teilstationäre und vollstationäre Pflegeeinrichtungen

(Pflegeheime), mit denen ein Versorgungsvertrag nach dem Sozialgesetzbuch besteht (zugelassene Pflegeeinrichtungen).

Erhebungsmerkmale bei den Erhebungen sind nach § 2 PflegeStatV für die Pflegeeinrichtung

- Art der Pflegeeinrichtung und der Trägerschaft,
- in der Pflegeeinrichtung tätige Personen nach Geschlecht, Beschäftigungsverhältnis, Tätigkeitsbereich (einschließlich Beschäftigungsumfang in der Pflege) und Berufsabschluss,
- Zahl und Art der Pflegeplätze,
- betreute Pflegebedürftige nach Geschlecht, Geburtsjahr, Grad der Pflegebedürftigkeit sowie bei stationär betreuten Pflegebedürftigen auch die Art der in Anspruch genommenen Pflegeleistung,
- an die Pflegeeinrichtung nach Art und Höhe der Pflegeleistung zu zahlende Entgelte für allgemeine Pflegeleistungen nach Pflegeklassen und Unterkunft und Verpflegung.

Hilfsmerkmale sind nach § 3 PflegeStatV unter anderem:

- Name und Anschrift des Auskunftspflichtigen,
- Name, Telefon- und Telefaxnummer der für Rückfragen zur Verfügung stehenden Person.

Die Erhebungen werden nach § 4 PflegeStatV zweijährlich, erstmalig für das Jahr 1999, erhoben.

Für die Erhebungen besteht nach § 5 PflegeStatV **Auskunftspflicht**.

An die fachlich zuständigen obersten Bundes- und Landesbehörden dürfen nach § 6 PflegeStatV für die Verwendung gegenüber den gesetzgebenden Körperschaften und für Zwecke der Planung, jedoch nicht für die Regelung von Einzelfällen vom Statistischen Bundesamt und den statistischen Ämtern der Länder Tabellen mit statistischen Daten übermittelt werden, auch soweit Tabellenfelder nur einen einzigen Fall ausweisen. Tabellen, deren Tabellenfelder nur einen einzigen Fall ausweisen, dürfen nur dann übermittelt werden, wenn sie nicht differenzierter als auf Ebene der Landkreise oder der kreisfreien Städte, im Falle der Stadtstaaten auf Bezirksebene, aufbereitet sind.

Die statistischen Ämter der Länder sind nach § 7 PflegeStatV berechtigt, mit Zustimmung der Betroffenen zweijährlich ein Verzeichnis mit Namen, Anschrift, Telefon- und Telefaxnummer, Träger und Art der Pflegeeinrichtung sowie Zahl und Art der Pflegeplätze eines Pflegeheimes zu veröffentlichen.

Sachregister

Printed and bound by CPI Group (UK) Ltd, Croydon, CR0 4YY
30/09/2026
14973061-0002